現代アメリカの教育アセスメント行政の展開

The Development of an Education Assessment Administration in the United States today
- Focusing on the MCAS Test in Massachusetts -

マサチューセッツ州(MCASテスト)を中心に

北野 秋男〔編著〕

黒田友紀+石井英真+長嶺宏作+吉良 直+遠藤貴広〔著〕

東信堂

はしがき

1 近年のテスト政策事情

　意外に思われる人も多いかも知れないが、今日のアメリカは日本以上に厳しいテスト政策が展開されている。とりわけ、各州における州統一テストによる学力向上政策は、1980年代までの標準テストとは比較にならないほど強行的・強圧的なものになっている。90年代の「ハイステイクス・テスト、ないしはタフ・テスト（high-stakes test or tough test）」と呼ばれるテストは、全ての児童・生徒の学力向上を達成するだけでなく、テスト結果が様々な教育政策の立案と実施の基準となるような様相を帯びている。

　こうした児童・生徒の学力を測定・評価する動向は、90年からの10年間ほどで顕著になったものであり、2000年の時点で、19州が高校卒業要件として何らかのテストを実施し、7州が数年以内にこうしたテストの導入を予定している。また48にも及ぶ州がすでに児童・生徒の学力を測定・評価する何らかの州テストを実施している（Education Week, 2000.2.21.）。また、2006年には教育スタンダードとテスティングなどに関する州法を有する州は「全米50州中、アイオワ州を除く49州」（杉浦, 2006: 85）にも達している。たとえば、テキサス州では90年から州内の児童・生徒が「学問的技能に関するテキサス州評価（Texas Assessment of Academic Skills）」（以下、「TAAS」と略す）を受験し、高校卒業試験に合格することが求められている。同じくニューヨーク州でも、全ての児童・生徒が英語で州の機関が実施するテストに合格し、かつ「数学」「理科」「社会」の各教科において、高校卒業試験に合格することが求められている。

　99年9月8日の『ニューズウイーク（*Newsweek*）』は、マクギン（Daniel McGinn）による「The Big Score」（McGinn, 1999: 46-51）を掲載し、全米各州で

実施されている州統一テストに基づく教育改革の実態を明らかにしている。この記事は、冒頭からアメリカのテスト政策を「世紀末には試験地獄」とし、「生徒が落第点を取れば先生もクビになる」「そんな検定試験を義務づける州が増えている」「アメリカの自由な教育は死んだのか」と警告を発している。たとえば、97年のテキサス州のTAASの実施状況は惨憺たる結果となったようだ。ヒューストンのマディソン高校3年生の場合は、何十人も試験に落第し、生徒は自信を失い、親は怒り、教師は当惑した。マディソン高校のアービン校長は、「誰にとっても困難な時期であった」と述べている。TAASに落第した生徒は、補習授業を受けることを義務づけられ、その一部を土曜日にも実施した結果、前年には57人いた落第生がゼロになった。94年には州全体で53％だった合格率が99年の春には78％に上昇し、ようやく改善の兆しが見えるようになった。

　一方、ニューヨーク市でも99年の冬に、小学生を対象とする州テストが初めて実施されている。市全体では17,591人が落第した結果、市当局は37,000人の児童に対して夏期講習への参加を命じた。8月の追試に落ちれば落第が決まるので、児童はみな必死だった。夏期講習を受けた児童のうち、追試に合格して4年生に進級できたのは約60％であった。厳しすぎるという批判もあるが、ルドルフ・クルー市教育長は意に介さない。「子どもがかわいそうという意見もあるが、私はこれが正しいと信じている」。

　イリノイ州では、90年頃から教育改革の名の下に、教師の仕事ぶりを生徒の成績によって評価する動きが見られ、生徒の成績を測定・評価するために、州統一テストが採用されている。この州統一テストは、かっての標準テストとは異なり、州のカリキュラムに即して作成された。出題形式は、マークシート、記述式、小論文で構成されているが、このテストの最大の特色はテストの成績が悪いと夏休みの補習が課され、追試でも合格できなければ落第となり、高校を卒業できない点である。生徒の成績が思わしくなかった教師には減俸や解雇といった処分が待っている。学校全体の成績が悪ければ、学校そのものが州の直接管理下に置かれることもある。こうしたテストによる学習到達度の判定は、本当に子どものためになり、教育改革につながるのだろうか。この点に関しては、「専門家の意見も大きく割れているのが現状だ」

と指摘されている。

2 我が国の教育改革とテスト政策

現在、アメリカでは州統一テストをめぐって賛否両論が渦巻いている。「賛成派」は、ダイエットに体重計が必要なように学校教育にも「試験」が必要だという。試験をすれば、理論上、生徒一人ひとりの学習到達度を把握しやすくなる。一方、「反対派」は「たった一度のテストで生徒の運命を決めていいのか」「州統一試験は教育内容のレベルダウンにつながる」「試験の成績を上げることに教師が必死になっていたら、批判的・創造的で好奇心旺盛な子どもを育てることは難しい」などと主張している。以上、『ニューズウイーク』に掲載されたアメリカのテスト政策の現状報告に関する概要を紹介したが、同じく 2002 年 10 月 30 日にも「自由の国はテスト漬け」(pp. 64-69) というタイトルで、「どの子も置き去りにしない法（No Child Left Behind Act of 2001）」（以下、「NCLB 法」と略す）による州統一テストの実施状況が紹介されている。

『ニューズウイーク』でも紹介されたように、現在のアメリカの各州では州統一テストが実施され、テスト結果が教育政策の立案と実施の基準となっている。ところで、こうしたアメリカのテスト政策はアメリカだけの問題であり、日本とは無関係であろうか。実は、日本でもアメリカと似たような状況が生まれつつある。2007 年から実施された「全国的な学力調査」の実施である。我が国の戦後の教育政策は、一貫して教育における「公共性」を具現化するものであり、全ての生徒にとって平等な教育機会を保障するものであった。しかしながら、83 年に設置された臨時教育審議会の答申以降においては、我が国の教育改革は急速な展開を見せている。臨時教育審議会は、教育における「個性化・自由化」を進めながら、我が国の教育制度を弾力化し、教育の市場化によって競争原理を導入することを提言している。そして、2001 年に文部科学省は「教育改革国民会議」による最終報告の提言をもとに、2007 年度から「全国的な学力調査」を実施している。我が国におけるテスト政策の実態や問題点に関しては、今後別な機会に検討する必要があろうが、いずれにせよ我が国でもテスト結果を用いた教育アセスメント行政の実施は

間近に迫っている。アメリカのテスト政策の分析は、我が国のテスト政策のあり方を考える上でも重要な示唆となろう。

本書は、現在の教育改革が最も急速に、かつ管理主義的に実施されているアメリカを事例として、その教育改革の成果や結果を測定・評価する教育アセスメント行政の構造を解明することである。とりわけ、90年代以降における州統一テストに基づく学力向上政策の理論と実態を解明し、テスト結果による結果至上主義的な今日の教育管理政策を批判的に検証したいと考える。本書における主なる考察の対象は、教育改革の中心に位置づけられる州統一テスト成立の経緯や背景、テスト政策を支える理論的根拠、州統一テストの実施と結果、州統一テストに関する賛否両論を分析することである。

3　本書の目的と課題

本書は、現在のアメリカの州統一テストによる学力向上政策の理論と実態を解明することを目的とするが、その際の主要な視点は、教育内容や学力達成目標としての「スタンダード（standards）」、教育政策の説明責任や結果責任を実施主体に求める「アカウンタビリティ（accountability）」、設定されたスタンダードを評価する「アセスメント（assessment）」である。言い替えれば、今日のアメリカのテスト政策を「スタンダード」「アカウンタビリティ」「アセスメント」というキーワードを中心に読み解く作業を行うものである。

とりわけ、本書においてはアメリカ北東部のマサチューセッツ州の教育改革に注目し、州知事・州議会・州教育行政機関が一体となって推進する同州の学力向上政策の実態を構造的に解明することを目的とする。実は、同州では93年6月18日に「マサチューセッツ州教育改革法（Massachusetts Education Reform Act）」（以下、「州教育改革法」と略す）が成立し、「スタンダード」「アカウンタビリティ」「アセスメント」を理念とする教育改革がスタートした。そして、98年からは州統一テストとなる「マサチューセッツ州総合評価システム（Massachusetts Comprehensive Assessment System）」（以下、「MCAS」と略す）が実施されている。MCASテストとは、公立・私立を問わず州内の全ての児童・生徒を対象にした州統一テストであり、「数学」「理科（科学とテクノロジー）」「歴史・社会科（地理／経済／公民／政治）」「英語（言語）」といった科目の学

力を測定・評価する試験のことである。この州統一テストは、「すべての生徒が高い基準を達成すること」を目的として、「生徒の学業に対する基準を設定し、それぞれの生徒の学力を正しく測定・評価する」（MDE, 1999: 1）ものであった。

　本書がアメリカ北東部のマサチューセッツ州における州統一テストの実態を解明する理由は、同州がアメリカ公教育の起源と発展の中心的役割を担った教育先進州であったにもかかわらず、90年代に入るとテスト政策を中心とした厳しい教育改革が実施されている現状を考慮したものである。こうした動きは、実は同州における伝統的な地方分権主義的教育行政システムの再構築が断行され、中央集権的な教育行政システムが確立されたことを意味する。本書は、90年代以降に実施されたアメリカの結果至上主義的な学力向上政策の理論と実態を、マサチューセッツ州を事例としながら構造的・実証的に解明するものである。

　本書の主なる課題は、具体的には以下の四つの事柄が挙げられる。第一には、70年代から今日までのアメリカの連邦政府、マサチューセッツ州政府における学力向上政策の理念的・制度的・政策的特質を構造的に解明することである。第二には、同州で98年から実施されているMCASテストの導入経緯や実施内容を明らかにしながら、MCASテスト実施後の各学区における学力向上政策の結果や問題点を分析することである。第三には、州の教育アセスメント行政と連動する形で実施される教育内容や教育評価のスタンダード化、バイリンガル教育の廃止、教員政策、教育財政改革などの諸問題を取り上げ、その政策内容を確認することである。第四には、2002年に制定されたNCLB法以後の新たな学力向上政策の展開とテスト政策に反対する動向を分析することである。

4　本書の構成

　本書は、序章・終章を除いて、3部15章で構成されている。序章は、アメリカのテスト政策に関する日米の先行研究を取り上げ、分析した。終章は、本書の総括と日本への影響について考察した。本文となった各章の内容構成は、おおむね以下のように整理される。

第 1 部（第 1 章～第 5 章）は「連邦政府・州政府の学力向上政策」と題し、70 年代以降から現在までの連邦政府の教育政策の変容とその意味、ならびに 93 年の「州教育改革法」成立の経緯と法案の内容を確認する。とりわけ、連邦政府・マサチューセッツ州政府、ならびに同州の各学区の学力向上政策の理論と実態を解明しながら、教育内容や教育評価のスタンダード化、テスト政策導入によるアカウンタビリティ概念の意味内容の変容にも注目する。

　第 1 章は、60 年代から 90 年までの連邦政府の教育改革の意図、特に州の教育政策に対する連邦政府の影響について分析した。すなわち、連邦政府の教育政策の展開が地方分権的なアメリカの教育行政制度の構造下にあって、マサチューセッツ州を初めとする各州の教育改革にどのような影響を及ぼしたかを解明した。第 2 章は、公教育を通じて子どもに身につけさせたい知識・能力、およびその到達水準を設定し、それに基づいて教育改革を進めていく「スタンダード運動（Standards-based Movement）」を取り上げた。とりわけ、スタンダードの理論とスタンダード化の政策を専門職団体の動向を中心に分析した。第 3 章は、マサチューセッツ州知事ウェルド（William F. Weld）の下で超党派的法案として成立する「州教育改革法」の成立経緯や教育改革の主なる内容を検討した。とりわけ、同法の成立経緯に関しては州知事、州議会、教員組合などの動きを中心に、教育改革の内容に関しては、教育財政やアセスメントの問題を中心に解明した。第 4 章は、93 年の「州教育改革法」の立案過程において、教育財政問題が重要な争点となり、その背後にはマクダフィー判決（McDuffy v. Secretary of the Executive Office of Educ.）の影響があったことを指摘した。第 5 章は、マサチューセッツ州で 94 年に立案された「州共通学習内容（Massachusetts Common Core of Learning）」の立案過程と内容的特色を解明することである。また、この改定の中心人物であったジョン・シルバー（John Silber）の教育改革思想を確認した。

　第 2 部（第 6 章～第 10 章）は「MCAS テストによる学力向上政策」と題し、98 年から実施された州統一テスト（MCAS テスト）の内容やテスト結果を分析しながら、テスト政策の及ぼす影響と問題点を批判的に考察した。とりわけ、MCAS テスト実施に伴う同州の教育アセスメント行政の実態を、学区・学校のランキング化、高校卒業要件、教員政策、バイリンガル教育政策、教

育財政改革などの個々の政策から検証し、同州の教育アセスメント行政のあり様を構造的に解明した。

　第6章は、98年の第1回MCASテストの実施方法、テスト問題の特徴、評価基準などを分析した。また、MCASテストの結果を「教員評価」や「高校卒業要件」などにも利用する同州の教育アセスメント行政の政策的意味を考察した。第7章は、93年の「州教育改革法」の制定過程における教師改革に関する議論を検討しながら、同州の教員免許試験や研修制度のあり方を解明した。第8章は、2002年に住民投票で廃止となったマサチューセッツ州のバイリンガル教育政策を学力問題との関連で分析した。とりわけ、バイリンガル教育廃止運動が持つ「政治的主導権争い」という問題に焦点を当てた。第9章は、80～90年代におけるボストン学区の教育改革を取り上げながら、MCASテスト実施後の同学区の学力向上政策の実態を解明し、その意味や問題点を分析した。第10章は、MCASテスト実施後のケンブリッジ学区の学力向上政策を取り上げながら、ケンブリッジ学区の独自の学力向上政策の取り組みを解明した。

　第3部（第11章～第15章）は「NCLB法制定後の学力向上政策」と題し、その基本政策を確認しながら、「報償と罰」を伴うアカウンタビリティ（結果責任）政策の内容を考察した。とりわけ、2002年に制定されたNCLB法後のボストン学区とブルックライン学区の学力向上政策の実態も分析しながら、州の教育アセスメント行政の影響を解明した。また、新たな学力評価の理論的・実践的試みとして注目される「真正の評価（Authentic Assessment）」を取り上げ、その理論的特色やパイロット・スクールでの実践的試みも分析した。

　第11章は、NCLB法の制定背景を詳しく解明しただけでなく、合わせて同法の成果と課題も総括することによって、NCLB法の全貌を解明した。さらには、NCLB法の特色や各州への影響なども分析した。第12章は、NCLB法制定後におけるMCASテストの結果、ならびにボストン学区とブルックライン学区の学力向上政策を分析し、依然として人種間格差、学校間格差などが残存している実態を解明した。第13章は、テスト政策に対抗する理論である「真正の評価」の提唱者であるウィギンズ（Grant P. Wiggins）の教

育評価論を取り上げ、その理論的内容を概観した。また、「真正の評価」論成立に大きく寄与した「エッセンシャル・スクール連盟（Coalition of Essential Schools）」の実践的取り組みにも注目した。第14章は、「真正の評価」を導入しているボストンのパイロット・スクールの教育改革の実態を解明しながら、パイロット・スクールの試みが公立学校改革にとってのモデルとなりうるか否かを検討した。第15章は、スタンダードとアカウンタビリティを機軸とする現代アメリカの学力向上政策の展開を総括した。そして、スタンダードに基づく教育システムを民主的な教育改革の装置として編み直す方策について検討した。

本書のタイトルは、『現代アメリカの教育アセスメント行政の展開－マサチューセッツ州（MCASテスト）を中心に－』である。本書のメイン・テーマは、マサチューセッツ州の州統一テスト（MCASテスト）を取り上げながら、MCASテストが学区・学校のランキング化、高校卒業要件、教員評価、バイリンガル教育廃止、教育財政改革などに一元的に利用される教育アセスメント行政の展開を解明することである。そして、同時に、この教育アセスメント行政を存立させる基盤となった連邦政府－州政府－学区－学校の権限関係の変容、教育内容や評価のスタンダード化、教育政策の説明責任や結果責任を実施主体に求めるアカウンタビリティ政策の展開などを解明することである。

参考・引用文献

杉浦慶子2006「米国ワシントン州の教育スタンダードに基づく学力政策－制度的枠組みの生成とNo Child Left Behind（NCLB）法の影響－」『東北大学大学院教育学研究科年報』第55集・第1号、pp. 83-103.
橋爪貞夫1992『2000年のアメリカ－教育戦略：その背景と批判』黎明書房.
Daniel, McGinn 1999.9.6. "The Big Score" Newsweek, Newsweek, Inc. pp. 46-51.
Education Week 2002.2.21. Vol. XIX. No. 21.
MDE 1999 Testing; *Schedule For State Educational Testing(1997-2000)*, Massachusetts Department of Education, pp. 1-25.

目　次

はしがき …………………………………………………………… i

序　章　アメリカのテスト政策に関する先行研究………… 北野秋男　3
はじめに ……………………………………………………… 3
1　「人種問題」とテスト政策 ……………………………… 5
2　「スタンダード」とテスト政策 ………………………… 7
3　「アカウンタビリティ」とテスト政策 ………………… 10
4　「アセスメント」とテスト政策 ………………………… 13
5　「真正の評価」とテスト政策 …………………………… 15
6　「NCLB法」とテスト政策 ……………………………… 17
　注　20
　参考・引用文献　22

第1部　連邦政府・州政府の学力向上政策　25

第1章　アメリカ連邦政府の教育改革……………………… 長嶺宏作　27
はじめに ……………………………………………………… 27
1　「ESEA法」の制定理念 ………………………………… 28
2　「ESEA法」の問題点 …………………………………… 31
3　「新連邦主義」と「ESEA法」再改定 ………………… 34
4　州政府主導による教育改革の始まり …………………… 37
5　90年代の「ESEA法」におけるアカウンタビリティ政策 41
おわりに ……………………………………………………… 45
　注　47
　引用・参考文献　48

第2章　アメリカにおけるスタンダード設定論の検討…… 石井英真　52
　　　－McRELデータベースに焦点を当てて－
はじめに ……………………………………………………… 52
1　教科の専門団体によるスタンダードの開発 …………… 54
2　McRELデータベースに見るスタンダード設定論 …… 58
3　スタンダード設定をめぐる理論的課題 ………………… 66

おわりに………………………………………………………… 71
　　　注 72
　　　引用・参考文献一覧 73

第3章　「マサチューセッツ州教育改革法」の成立 ……… 北野秋男 76
　　はじめに………………………………………………………… 76
　　1　教育行政システムの転換 …………………………………… 76
　　2　ウェルド知事の改革案 ……………………………………… 79
　　3　州議会の「教育改革法案」の内容 ………………………… 83
　　4　「州教育改革法」の特徴…………………………………… 86
　　5　教育内容のスタンダード化 ………………………………… 89
　　おわりに………………………………………………………… 91
　　　注 92
　　　引用・参考文献 94

第4章　マサチューセッツ州の教育財政改革……………… 長嶺宏作 97
　　はじめに………………………………………………………… 97
　　1　問題設定―調整問題としての教育財政― ………………… 98
　　2　教育費の増大と納税者の反乱 ……………………………… 99
　　3　ローズ判決とマクダフィー判決 …………………………… 103
　　4　新しい州教育財政制度とハンコック判決 ………………… 106
　　5　教育財政と教育改革 ………………………………………… 112
　　おわりに………………………………………………………… 114
　　　注 114
　　　引用・参考文献 115

第5章　「州共通学習内容」の改定とジョン・シルバーの
　　　　教育改革思想………………………………………… 北野秋男 117
　　はじめに………………………………………………………… 117
　　1　ナショナル・カリキュラムとナショナル・テスト … 118
　　2　「州共通学習内容」と「2000年の目標」………………… 122
　　3　「州共通学習内容」の改定………………………………… 125
　　4　シルバーの教育改革思想 …………………………………… 126
　　5　アメリカの初等・中等教育が直面する諸問題 …………… 129
　　おわりに………………………………………………………… 133
　　　注 134
　　　引用・参考文献 135

第 2 部　MCAS テストによる学力向上政策　139

第 6 章　第 1 回 MCAS テストの実施と結果 …………………… 北野秋男 141
　はじめに …………………………………………………… 141
　1　80 年代までの各州のテスト政策 ……………………… 141
　2　MCAS テストの実施 …………………………………… 144
　3　得点基準とテスト問題 ………………………………… 147
　4　第 1 回 MCAS テストの結果 …………………………… 149
　5　テスト政策の特色 ……………………………………… 153
　6　MCAS テストへの賛否両論 …………………………… 155
　おわりに …………………………………………………… 158
　　注　159
　　引用・参考文献　161

第 7 章　テストとアカウンタビリティに基づく教師改革 … 黒田友紀 163
　　－教員免許試験・研修制度改革に焦点をあてて－
　はじめに …………………………………………………… 163
　1　80 年代以降の教師改革の動向 ………………………… 164
　2　「州教育改革法」制定過程における教師改革の議論 … 167
　3　「州教育改革法」と新しい教員免許・研修制度 ……… 171
　4　新しい教員免許制度と研修制度—その問題と課題— … 173
　おわりに—マス・パートナーズの挑戦：教職の専門性に
　　立脚した教師の評価— ………………………………… 176
　　注　177
　　引用・参考文献　178

第 8 章　学力向上政策とバイリンガル教育廃止運動 ……… 北野秋男 182
　はじめに …………………………………………………… 182
　1　マサチューセッツ州のバイリンガル教育 …………… 183
　2　ブルックライン学区のバイリンガル教育 …………… 186
　3　州知事・州議会におけるバイリンガル教育廃止の動き … 188
　4　住民投票によるバイリンガル教育廃止の動き ……… 191
　5　バイリンガル教育存続派の動き ……………………… 193
　6　「州基本法：第 218 章」の成立 ………………………… 195
　7　住民投票「Question2」の実施 ………………………… 196
　おわりに …………………………………………………… 198
　　注　199
　　引用・参考文献　202

第9章　ボストン学区における学力向上政策 …………… 北野秋男　205
　　はじめに ………………………………………………………… 205
　　1　ボストン学区の人種差別撤廃問題 ………………………… 206
　　2　「任命制」教育委員会制度の確立 ………………………… 208
　　3　メニーノ市長とペイザント教育長 ………………………… 211
　　4　『子どもの重点化』政策 …………………………………… 213
　　5　MCASテストの結果 ………………………………………… 216
　　おわりに ………………………………………………………… 219
　　　注　220
　　　引用・参考文献　222

第10章　ケンブリッジ学区における学力向上政策 ……… 黒田友紀　225
　　はじめに ………………………………………………………… 225
　　1　ケンブリッジ学区の教育政策 ……………………………… 227
　　2　MCASテストの成績とテストへのリアクション …… 231
　　3　ケンブリッジ学区の学力向上政策 ………………………… 235
　　おわりに ………………………………………………………… 237
　　　注　239
　　　引用・参考文献　240

第3部　NCLB法制定後の学力向上政策　243

第11章　NCLB法の制定背景、特殊性、現状と課題 ……… 吉良　直　245
　　はじめに ………………………………………………………… 245
　　1　NCLB法制定の背景 ………………………………………… 246
　　2　NCLB法の概要と特殊性 …………………………………… 251
　　3　NCLB法の実施状況と成果 ………………………………… 254
　　4　NCLB法の問題点 …………………………………………… 256
　　5　今後の研究課題とアメリカ教育界の課題 ………………… 260
　　おわりに ………………………………………………………… 261
　　　注　262
　　　引用・参考文献　263

第12章　NCLB法制定後のマサチューセッツ州に
　　　　　おける学力向上政策 ……………………………… 北野秋男　266
　　はじめに ………………………………………………………… 266
　　1　NCLB法のマサチューセッツ州への影響 ………………… 267
　　2　2003年のMCASテストの結果 ……………………………… 270

3　MCASテスト結果の分析 ………………………………… 273
　　4　ボストン学区の学力向上政策 …………………………… 276
　　5　ボストン学区ハイ・スクールの学力格差 ……………… 278
　　6　ブルックライン学区の学力向上政策 …………………… 281
　　おわりに ……………………………………………………… 283
　　　注　284
　　　引用・参考文献　285

第13章　標準テスト批判の諸相 …………………………… 遠藤貴広　287
　　　　　―「真正の評価」の理論と実態―
　　はじめに ……………………………………………………… 287
　　1　ウィギンズの「真正の評価」論 ………………………… 288
　　2　エッセンシャル・スクール連盟の取り組み ………… 292
　　3　学校改革における「真正の評価」の役割 …………… 297
　　おわりに ……………………………………………………… 299
　　　注　300
　　　引用・参考文献　301

第14章　ボストン学区におけるパイロット・スクール
　　　　　改革の検討―「真正の評価」に焦点をあてて― ………… 黒田友紀　305
　　はじめに ……………………………………………………… 305
　　1　パイロット・スクールの成立と特徴 ………………… 306
　　2　パイロット・スクールにおける「真正の評価」……… 309
　　3　パイロット・スクールの実践 ………………………… 313
　　4　パイロット・スクールの評価と影響 ………………… 317
　　　　―パイロット・スクール改革の広まり―
　　おわりに ……………………………………………………… 320
　　　注　320
　　　引用・参考文献　322

第15章　「スタンダードに基づく教育改革」の再定義に
　　　　　向けて―NCLB法制定後のアカウンタビリティ強化の観点から― 石井英真　324
　　はじめに ……………………………………………………… 324
　　1　アメリカにおけるスタンダード運動の展開 ………… 325
　　2　NCLB法制定以降のアメリカ教育の動向 …………… 332
　　3　アカウンタビリティの新たなモデル ………………… 336
　　おわりに ……………………………………………………… 340
　　　注　342
　　　引用・参考文献　343

終　章　マサチューセッツ州教育改革の評価………………北野秋男 345
　　はじめに………………………………………………………… 345
　　1　アメリカの教育改革………………………………………346
　　　　―「スタンダード」「アカウンタビリティ」「アセスメント」―
　　2　アメリカのテスト政策批判 ……………………………… 349
　　3　ＭＣＡＳテスト支持者の見解 …………………………… 352
　　4　ＭＣＡＳテスト批判者の見解 …………………………… 354
　　5　ＭＣＡＳテストに対する評価 …………………………… 356
　　6　教育アセスメント行政の展開 …………………………… 358
　　7　日米の教育改革の差異 …………………………………… 361
　　注　362
　　引用・参考文献　363

あとがき………………………………………………………… 365
事項索引………………………………………………………… 371
人名索引………………………………………………………… 375
執筆者紹介……………………………………………………… 377

現代アメリカの教育アセスメント行政の展開
－マサチューセッツ州（MCASテスト）を中心に－

序章
アメリカのテスト政策に関する先行研究

北野秋男

はじめに

　本書は、米国マサチューセッツ州における近年の州統一テストを用いた学力向上政策の理論と実態を構造的に解明し、結果至上主義的な教育改革を批判的に検証するものである。現状では、マサチューセッツ州を事例としながら、州統一テストによる教育アセスメント行政の理念と実態を構造的に解明した研究は見られない。本書の独創的な点は、90年代以降のアメリカ教育改革における学力向上政策の理念的・政策的文脈を整理しながら、全ての児童・生徒の学力を測定・評価するシステムとして機能するテスト政策の理念と実態を解明する点にある。

　マサチューセッツ州の州統一テスト分析した先行研究は存在しないものの、テストそれ自体の意味や有効性を解明した研究は昔も今も多数存在する。予め断っておくが、本書はテストそれ自体やテストの実施に反対するものではないし、テストの正統性や有効性を問うものでもない。テストは、すでに古今東西、いずれの国でも古くから利用されてきたものである。たとえば、アメリカでは個人の能力を決定する要因として、「遺伝か環境か」、「個人の問題か社会的・経済的・家庭的問題か」などの議論が繰り返しなされてきた。また、教育測定の領域における「技術主義者」と「結果主義者」の対立・論争など、その功罪や問題点も多くの研究者がすでに指摘してきたことである[1]。たとえば、教育哲学者のケネス・ハウ（Kenneth R. Howe）はテスト結果の「偏り」が特定の集団に関わって生じる場合には、テスト自体の「正当性が欠如」していると見なすが、その理由は「技術主義者」が主張するテストには

「基準の偏り」が存在するからである。ハウは、「テストに過度に頼ることは、テストが正確に測定しうる基準、特に様々な勉学上の才能や成績の重要性を不当に高め、事実上どのような領域でも適用するすべての目的に役立つ資格のように、この基準を見なすことになる」（ハウ，2004: 151-153）と指摘する[2]。いずれにせよ、テストそれ自体の「正当性」や「偏り」を問題としても、「テストの提唱者が自ら前提としている概念を表明することは（あるとしても）希であり、諸概念を混合している場合」も多い（ハウ，2004: 161）。テストそれ自体の正当性や有効性を判断することは困難な問題であり、それだけでも何冊もの研究書ができるであろう。

テストは、一般的に生徒の学業を測定・評価する点で単純明瞭であり、比較分析が容易となる。しかしながら、今日のアメリカのようにテストを教育改革の「万能薬（panacea）」と見なすことは非常に危険である。テストは、得点結果に基づく単純明瞭な評価方法として様々な比較分析が容易となるが、だからこそ、その利用には多大な危険性を伴うことも忘れるべきではない。また、テスト結果を学区・学校、及び教員評価などの教育政策の基準として用いることも問題である。テスト結果の重視は、教師の「教育の自由」を奪い、複雑で多様な教育内容や教育過程を画一化する恐れもある。そして、児童・生徒、教師、親の目をテスト結果に釘付けにし、テストの得点結果を教育成果と混同したり、挙げ句の果てには人格的に優れた人間か否かの指標にもなりうる危険性もある。

本章は、以上のような前提の下に、現在進行中のアメリカの州統一テストによる学力向上政策に関する日米の先行研究を分析することを課題とする。しかしながら、テストに関する先行研究は膨大な数に達し、筆者一人では全ての先行研究を検証することは物理的・時間的に不可能である。そこで、本書の研究課題のキーワードである「スタンダード」「アカウンタビリティ」「アセスメント」を中心に、テスト政策研究の動向、連邦政府・州政府・学区によるテスト政策、テストによる測定・評価などの問題も交えながら、テストを用いた学力向上政策を主要課題とした先行研究を概観することとする。さらには、2002年に連邦政府によって制定され、各州の学力向上政策に多大な影響を及ぼした「どの子も置き去りにしない法（No Child Left Behind Act of

2001)」(以下、「NCLB 法」と略す)に関する先行研究についても概観しておきたい。

本章で取り上げた先行研究は、次のような原則で採用されている。アメリカにおける先行研究に関しては 90 年代以降に刊行され、かつ収集可能であった図書だけに限定し、博士論文や学会誌などの学術論文は検討対象とはしていない(一部例外あり)。これらの図書を本文中において取り上げる場合には、メイン・タイトルのみを表示し、その他の情報は〈引用・参考文献一覧〉において表記した。我が国の先行研究に関しては、引用文献以外は 90 年代以降に刊行された図書・学術論文を対象とし、本文中に文献情報を明示した。

1 「人種問題」とテスト政策

全米規模で実施されるテストそれ自体の有効性に関する研究は、1910 年代半ばに知能検査やアチーヴメント・テストが導入されて以来、繰り返し行われてきたものである。人間の能力は生得的に規定され、かつ計測可能であり、結果的には正規分布するという偏差値神話は、今日でも絶対的な能力評価基準としての有効性を保っている。しかし、歴史的に振り返れば、こうした人間の能力や知能を測定・評価する様々な検査やテストの有効性を疑問視する見解も多く見られる。古くは「人間の能力は遺伝的なものか、それとも環境によって決定されるか」という心理学上の論争を経て、60〜70 年代には人種間格差の問題が取り上げられている。1968『コールマン・レポート (Coleman Report)』の調査やジェンクス (Christopher Jencks) らの共同研究成果である 1972『不平等 (Inequality)』においては、白人とマイノリティ間における学業成績の格差は学校教育の結果や資源とは無関係である、と指摘されている[3]。むろん、こうした指摘は、その後の補償教育政策やテスト政策の実施に多大な論争を引き起こし、今日でも未解決のままである。70 年代以降における教育政策の最大の論点は、「人種間格差の解消であった」と言っても過言ではない。

近年、ハーバード大学で社会政策研究を行うジェンクスは、長い間論じられてきた黒人と白人のテスト・スコアのギャップの原因や根拠は、「公立学校

における人種差別問題」「黒人学校への不当な資金配分」に加えて、一般的に指摘されてきた三つの「保守的な見解」——「遺伝子の違い」「貧困の文化」「シングル・マザーの家庭環境」——であったと総括している（Jencks, 1998: 10）。ジェンクスらは、1998『黒人と白人のテスト・スコアのギャップ（The Black-White Test Score Gap）』において学校教育の効果を再評価しようとする。同書は、初等・中等学校における各種のテスト・スコア、大学入学試験、IQ スコア、「全米学力調査（National Assessment of Educational Progress）」（以下、「NAEP」と略す）における「読解（reading）」や「数学」のテスト結果によって、黒人と白人の学力格差が改善されたという統計的事実を用いながら、これまで既成事実と見なされてきた黒人と白人のテスト・スコアのギャップの原因や根拠を「偏見」に基づく、誤ったものとして批判的に論じている。またテスト・スコアの改善に関する新たな提言も行なわれている。たとえば、ジェンクスらは黒人と白人のテスト・スコアのギャップを合理的に説明する新たな見解としての「文化と学校教育（culture and schooling）」の問題を提示する（Jencks, 1998: 11）[4]。

すなわち、第一には、経済学者や社会学者が伝統的に指摘してきた親の年収、親の職業、親の学歴などの要因だけでなく、心理学者が指摘する家族の構成員同士の交流（親子間のコミュニケーション密度）や外世界との相互作用の問題にも着目している。第二には、黒人学校と白人学校の様々なリソースの差異を検討するだけでなく、小規模クラスや有能な教師の下で黒人と白人生徒が同じ教室経験を持つ場合、どのように反応するかにも着目している。いわば、ジェンクスらの研究は黒人と白人におけるテスト・スコアのギャップを家族関係の心理学と教室内の文化的な影響に着目すべきことを提言したものであった。そして、黒人と白人のテスト・スコアのギャップを縮小する具体的な提言として、「就学前の学校への入学の拡大」「能力別の集団とカリキュラムのトラッキングの縮小」「十分な基礎知識をもつ教師の選択」「小規模クラスの維持」など、六つの具体的提案を行っている（Jencks, 1998: 318）。同じく、人種問題の観点から学力の埋めがたいギャップを考察の対象にした研究がサーンストーム（Abigail Thernstrom and Stephan Thernstrom）の 2003『ノー・エクスキューズ（No Excuses）』である。同書は、黒人・ヒスパニックと白人・アジア人の間における様々な学力格差の問題に注目しながら、「学力におけ

る人種的ギャップは教育上の危機であり、現状の人種的不平等の主たる原因でもある」(Thernstrom, 2003: 1) と指摘する。もちろん、ジェンクスらも指摘したように、60年代と比較すれば、今日の黒人の高校卒業率は大幅に改善され、大学進学率も向上した。しかしながら、黒人と白人の学力格差は一向に縮まらない。この問題は、たんなる人種間の学力格差問題を意味しない。まさに黒人やヒスパニックの「公民権の問題」に他ならないのである。同書においては、黒人やヒスパニックに一流の教育を提供し、白人やアジア人との明白な学力格差を改善することが緊急の課題として認識されるが、学力格差の要因をたんなる人種・民族的な能力や家庭環境の違い、学校予算の不足や劣悪な教師の問題などに帰すことなく、学習への努力や態度の形成、教師の学問的な文化や質の向上、学校の構造や教授学の改善などの諸問題に焦点を合わせる。しかしながら、学力の人種間ギャップを縮小するためには結果的にはテスト・スコアの改善が必要であり、黒人やヒスパニックの生徒において「テストが測定する技能と知識を獲得するための努力が期待される」(Thernstrom, 2003: 2) と指摘する。

2 「スタンダード」とテスト政策

　教育内容や学力に関する「教育スタンダード」は、一般的には各州が設定するものと各教科の専門団体が設定する全国的なものの二種類が存在する。たとえば、カリフォルニア州では先駆的に82年に各教科に関する「教育スタンダード」を設け、州カリキュラムと学力テストの導入が行われているが、他の多くの州では89年から92年の間に実施されている（岸本、1998: 30）。一方、連邦政府によるナショナル・カリキュラムの策定は、89年のブッシュ政権以後に具体化する。とりわけ、94年に誕生するクリントン政権は「2000年の目標：アメリカを教育する法（Goals 2000: Educate America Act）」において、カリキュラムと測定・評価制度に関する「全米基準（national standards）」を策定し、積極的に生徒の学力向上を達成する政策を掲げている。こうした連邦政府や州政府が教育内容に関する基準を設定すること、さらには州統一テストによる到達度の測定・評価を行うものが「スタンダードに基づく運動

（Standards-based Movement）」と呼ばれるものである[5]。この「全米基準」を求めるカリキュラムとテストのスタンダード運動を批判的に検証した研究は多数存在するが、とりわけアップル（Michael M. Apple）はスタンダード運動を「新自由主義的な意味での市場志向、建前上の弱い国家、カリキュラムや価値観に対するより強力な統制の新保守主義的な押しつけ、そしてすべてのレベルの学校に厳格な形式の説明責任を導入する『新管理主義』的な提案」であった、と総括している（Apple, 2006: 29）[6]。

　また、各教科の専門団体が連邦政府の補助金を受けながら設定した「教育スタンダード」の動向に関しては国内の先行研究が注目される。たとえば、「数学」は他の教科に先駆けて89年に全米的な「教育スタンダード」が策定されている。石井英真は、2006「米国スタンダード開発における方法原理の解明」と2007「アメリカにおけるスタンダード設定論の検討－McRELデータベースに焦点を当てて－」『教育目標・評価学会紀要』（第17号, pp. 46-56）において、89年に「全米数学教師協会（National Council of Teachers of Mathematics）」（以下、「NCTM」と略す）によって開始されるカリキュラムと評価に関する各教科のスタンダード化の動向に注目し、学区・学校レベルにおけるローカルなスタンダード化の動きを支援したMcREL（Mid-continent Regional Educational Laboratory）の活動内容を解明している。McRELは、95年に各教科のナショナル・スタンダードを整理・統合したデータベースを開発したが、このことは「米国のスタンダードの設定論の方向性と到達点を明らかにする」（石井, 2006: 22）ものであった。同じく、2000年にNCTMによるPre-Kから第12学年までの学校数学のスタンダードの内容を紹介した論文が渡辺忠信2001「アメリカの算数・数学カリキュラム：NCTMスタンダードの役割と今後の展望」『日本数学教育学会誌』（第83巻第12号, pp. 35-43）である。

　科学教育、技術教育に関するスタンダード設定の経緯と内容を紹介した翻訳や研究論文も刊行されている。科学教育に関しては、National Research Councilによって96年に発表された「全米科学教育スタンダード」の概要を訳出した（長洲南海男監修）2003『全米科学教育スタンダード－アメリカ科学教育の未来を展望する－』（梓出版）があり、幼稚園から高等学校までの児童・生徒が必要とする科学的知識、理解、態度のスタンダードを紹介

序　章　アメリカのテスト政策に関する先行研究　9

している。国際技術教育学会（宮川秀俊他訳）2002『国際競争力を高めるアメリカの教育戦略』（教育開発研究所）は、「国際技術教育学会（International Technology Education Association）」による第次一報告「万人のための技術：技術学習のための理論的根拠と構造」（1996年）と第二次報告「技術内容スタンダード」（2000年）をもとに、幼稚園から第12学年までの全ての児童・生徒が学ぶべき技術教育スタンダードを紹介している。その他として、岸本睦久は1998「「教育スタンダード」をめぐる動向」現代アメリカ教育研究会編『カリキュラム開発をめざすアメリカの挑戦』（教育開発研究所, pp. 17-37）において、80年代以降の連邦政府による教育内容、学力、教育条件などに関するスタンダードの特徴や政策を概観し、紀井美香子は2001「教育評価改革に関する考察－アメリカ・ニューヨーク州における高等学校卒業資格試験の改革を軸として－」『お茶の水女子大学人間文化研究年報』第25号, pp. 69-75）において、ニューヨーク州における「教育スタンダード」の開発や教育評価改革の動向を紹介している。

　教育内容のスタンダード化と一体化した「標準テスト」によるテスト政策、ないしは「標準テスト」それ自体を批判的に検証する先行研究は相当な数に達する。スタンフォード大学のダーリング-ハモンド（L. Darling-Hammond）は90年代以降のテスト政策を批判的に論じている一人であり、2005『能力に向けた学校の構築（*Constructing Schools for Competence*）』において、近年の過度な標準化された試験を実施する改革を「スタンダードに基づく改革（Standards-based Reform）」と呼び、こうした試験の実施が教育を決まり切った型にはめ込む危険性を持つ、と指摘している（Darling-Hammond, 2005: 2）。ジャーナリストのサックス（Peter Sacks）は、アメリカが「標準テストの麻薬常習者（standardized-testing junkies）」の国であるとし、学校教育における標準テストが能力主義の「門番」の役目を果たしてきた、と指摘する（Sacks, 1999: 5, 6）。教師経験者のコーン（Alfie Kohn）は、標準テストを過度に強調すればするほど学校現場をドリル学習や無意味な暗記学習に追い込み、「教育の質的改善にとって逆効果となる」と批判する（Kohn, 1999: 79）。また、実際に多くの州統一テストを立案した前UCLA教育学大学院名誉教授のポッパム（James Popham）も、2001『テストの真実（*The Truth about Testing*）』、2004『アメリカ

の"落ちこぼれ"学校（American's" Failing"Schools）』において、標準テストや州統一テストの有効性を疑問視する見解を表明し、多くの州で学校の進歩を測定するために「教育上無神経なテスト」が使われている、と指摘する（Popham, 2004: 67, 139）。

3 「アカウンタビリティ」とテスト政策

アメリカでアカウンタビリティ概念が提唱されたのは70年代と考えられるが、その理念や政策は多岐にわたり、明確な概念整理も未だ不十分な状態である。70年代から80年代後半までのアメリカの教育アカウンタビリティの概念史を研究した山下晃一1998「アメリカにおける教育アカウンタビリティの今日的課題」においては、80年代後半以降における教育アカウンタビリティの議論を内容的側面から把握することを試みている。山下によれば、70年代以降の教育アカウンタビリティは、社会的背景という観点から見た場合「アウトプットとしての教育の成果」が問われ、「インプットとしての教育費の問題認識」と結びつき、「効率性の教育への適用」といった論理の一貫性を確認できるという（山下, 1998: 44）。こうした論理構造を持ったアカウンタビリティ概念は、その後の教育政策に適用され、教育組織を生産組織と見なし、経済的な指標を用いて責任の遂行を測定することが求められた。そして、80年代冒頭には州主導によるトップダウン方式による全米的な教育水準の回復と全ての学校に対する最低限の教育保障を行うこと（第1の波）が目指されたが、80年代中頃からは専門職的自律性に委ねたボトムアップ的な改革も実施（第2の波）された。こうした80年代の教育アカウンタビリティの内容は、「生徒の学業達成度を向上させ、その向上を広く保障しようとしたもの」であり、「教育の領域に固有のアカウンタビリティが追求され始めた」ことを意味した（山下, 1998: 45）。

89年に第41代大統領に就任したブッシュ（George H. W. Bush）は、同年に全米の州知事を集めた教育サミットを開催し、91年3月には「全米共通教育目標」を達成するための「2000年のアメリカ：教育戦略（America 2000: An Education Strategy）」を宣言する。ブッシュ政権の教育政策は、連邦政府や州

政府の政治・行政主導による本格的な教育改革の始まりを意味するが、とりわけ教育アカウンタビリティ政策は「改革努力の進展の度合いを生徒の達成度、特に学力によって明確に測定し、それを広範囲な規模で公表して相互比較を促すこと」（山下, 1998: 46）となり、学区・学校に対する学力向上の結果責任が追及されることとなった。

こうした80年代以降の連邦政府や州政府における「カリキュラム」「テスト」「アカウンタビリティ」の各政策動向を分析した研究がファーマン（Susan H. Fuhrman）らの1991『カリキュラムとテスト政策（*The Politics of Curriculum and Testing*）』である。同書においては、連邦政府における教育アカウンタビリティ政策の理論的研究を行ったスタンフォード大学のスミス（Marshall S. Smith）らの「体系的学校改革（Systemic School Reform）」（pp. 233-267）の提案が注目される。スミスらが主張する「体系的学校改革」とは、「総合的な教育管理政策」「結果に応じた改革」とも呼ばれ、「結果（output）」と「投資（input）」を関連づけて制度的な教育改善のメカニズムを構築する、というものである。マクファーソン（R. Macpherson）も1996『教育的アカウンタビリティ（*Educative Accountability*）』において、90年前後のアカウンタビリティ政策の展開がテストによる学業成績の向上に一元化されたものとして、批判的に検証している（Macpherson, 1996: 92-93）。National Research Councilは、1991『ハイステークス（*High Stakes*）』においてクリントン政権で立案された全米テストをトラッキング、進級、卒業の決定に用いる際の危険性を指摘している。

近年テスト政策の理念を批判的に検証するハウは、2004『教育の平等と正義』において、現代の教育政策が「テストに基づくアカウンタビリティと親の選択」を焦点にしている、と断言する（ハウ, 2004: vi）[7]。ハウは、今日のテスト政策が生徒の成績、教師の業績、カリキュラム、教育行財政改革、経済的競争力などを「改善する鍵」として、教育改革の中核的な役割を担っていることを指摘しながら、テストに過度に頼ることの危険性を指摘する（ハウ, 2004: 153）。ハーバード大学のエルモア（Richard F. Elmore）も、2004『内から外へ向かう学校改革』（邦訳『現代アメリカの教育改革』）において、90年代初頭以降における教育改革の中心テーマが生徒の学力達成についてのアカウンタビリティであったとし、それは「連邦、州、地方の政策の焦点がインプッ

ト（主として資金）の配分からアウトプット（一般的に、生徒のテストの成績という形をとる）へと劇的に持続的に移ったことを現している」(Elmore, 2006: 3) と述べている。エルモアは、学校自身が子どもの学習改善を果たす上での「内部アカウンタビリティ」を定式化・構造化し、教育行政による「外部アカウンタビリティ」がこれを支援することが重要であるとしている (Elmore, 2004: 120)。エルモアは、「スタンダードに基づく改革」ではなく「達成に基づく改革 (Performance-based Reform)」を支持し、教室内の児童・生徒の教育と学習の達成という公共利益のためにアカウンタビリティを機能させるべきであると主張している[8]。

　一方、近年のアカウンタビリティに基づくテスト政策におけるマイナス面だけでなくプラス面も論じた研究としては、ジョーンズ (M. Gail Jones) らの 2003『ハイステイクス・テストの思いがけない結果 (The Unintended Consequences of High-Stakes Testing)』、スカーラ (Linda Skrla) とシューリッヒ (J. J. Scheurich) による 2004『教育的公平とアカウンタビリティ (Educational Equity and Accountability)』、教育ジャーナリストのシュラッグ (Peter Schrag) による 2003『ファイナル・テスト (Final Test)』などが挙げられる。スカーラらの研究は、テキサス州のテスト政策や NCLB 法の影響を考察しながら、テスト政策が人種間格差や経済格差に基づく学力格差を縮小し、教育的公平を達成するためには有効であるとみなす (Skrla & Scheurich, 2004: 3)。シュラッグは、州裁判所における司法裁定がいかにして公立学校での資金調達の方法を変えたかを、カリフォルニア、ケンタッキー、ニュージャージーなど 8 州の事例を選び、膨大な裁判資料を用いて詳細に記述している。シュラッグの研究は、テスト政策を直接的に扱った研究ではないが、2000 年以来「高度な学問的基準、ハイステイクス・テスト、学校のアカウンタビリティ、そして十分な資源に対するキャンペーンの間の密接な関係がアメリカの教育における最大の話題となった」(Schrag, 2003: iv) と指摘し、学校における平等性と妥当性の問題を各州における学校改革（学校財政とアカウンタビリティの問題）と関連づけながら解明したものである。シュラッグは、ハイステイクス・テストそれ自体は「未だに不公平か、差別的であると異議を唱えられている」が、近年では「児童・生徒がそれらのテストに合格し、基準を満たすことを可能

にする必要な資源に対する要求が、貧しいマイノリティの子どもたちにとっての主要な武器となった」と述べ、テスト政策への攻撃よりも「テストが子どもたちの教育機会の改善に使われている」側面に着目すべきことを指摘する（Schrag, 2003: 6）。

国内の先行研究としては、黒崎勲が1996「国家・アカウンタビリティ・市場：アメリカ教育改革の動向」において、全米教育目標の設定や学校選択制度に見られる一連の市場原理に基づく教育改革がナショナリズムと市場経済が共犯的に連動したというよりも、「これまでの専門職主義の名の下で教育関係者の自由にゆだねられてきた教育システムの有効性を疑い、これに対して厳しく責任（アカウンタビリティ）を問う声が広がってきたということ」（黒崎, 1996: 117）であったと指摘する。西村史子は、各州における近年の教育財政改革を動向を主要な研究課題としながらも、2003「フロリダ州における教育財政改革の動向」（『児童学研究』聖徳大学児童学研究所, 第5号, pp. 25-32）において、フロリダ州統一テストと学校のランキング評価の影響を論じている。

4 「アセスメント」とテスト政策

州レベルの教育アセスメントの動向と実態を批判的に解明した先行研究も数多い。テキサス州ヒューストン市内の3校のマグネット・スクールを調査しながら、州テストを中心とした教育改革を描いた研究がライス大学のマクニール（Linda M. McNeil）による2000『学校改革の矛盾（*Contradictions of School Reform*）』である。テキサス州の州テストTAAS（Texas Assessment of Academic Skills）は90年に全米初の州テストとして開始されたが、同書は、ロス・ペロー（H. Ross Perot）によって先導された政治家がカリキュラムやテストのスタンダード化を求め、教育改革にビジネス・モデルの管理を導入した際の諸矛盾を解明している。マクニールは、州テストを教育改革の「万能薬」とみなす方法が有能な教師の技能を減少させ、人種的な学力ギャップを拡大し、行政システムとしての官僚統制を強化した、と指摘している。州テストの得点アップを目指すやり方は、実は「人種的な不平等を永続化させるものであった」（McNeil, 2000: 270）と結論づけている。

現在のハイステイクス・テストによる抑圧を、ルイジアナ州レッドバッド小学校第 3・第 4 学年を事例として批判的に検証した研究がルイジアナ大学のジョンソン（Dale D. Johnson and Bonnie Johnson）による 2002『ハイステイクス（High Stakes）』である。ルイジアナ州自体が全米の中でも最低レベルの学力しかない州と評価されるが、1948 年に創設されたレッドバッド小学校は 611 名の生徒のうちの 98％が、無償（ないしは減額された）の朝食・昼食プログラムの受給資格を持つ最貧地区の学校であった（Johnson and Johnson, 2002: xvii）。ジョンソンらは、2000 年 8 月 21 日から 2001 年 6 月 1 日までの約 10 ヶ月間、同校の第 3・第 4 学年の教師として、ハイステイクス・テストの抑圧に晒されながら最貧困地区の学校で学ぶマイノリティ児童の学習実態や教師の教授実践を詳細に報告する。報告の中心は、「ルイジアナ教育アセスメント・プログラム」と州テストによる増大した集権化がもたらす抑圧や不合理さの実態分析である。

精神分析学者でハーバード大学のマクダネル（Lorraine M. McDonnel）の 2004『政治・信念・教育テスト（Politics, Persuasion, and Educational Testing）』は、カリフォルニア州、ケンタッキー州、ノースカロライナ州の 3 州における州テストの立案過程や実施状況を分析対象としながら、テスト政策に関する政治的権力とその危険性を解明する。同書は、「［州テストによる］教育アセスメント政策の政治的なダイナミックスに注目することは、いわゆる［教育］文化戦争（何が反対者を分裂させ、いかに反対者の差異を調停できるか）の理解を促進することに貢献する」（McDonnel, 2004: 3）とし、問題解決に向けた方策を考察する。ロスマン（Robert Rothman）は、1995『メジャリング・アップ（Measuring Up）』において、各州の初等・中等学校のアセスメント・プログラムの事例研究を通じて、教室内の教授と学習に多大な影響を及ぼすテスト政策の変容を解明する。

国内の研究としては、坪井由実 1998『アメリカ都市教育委員会制度』（勁草書房）が挙げられる。同研究は、80 年代までの都市部の教育アセスメント行政に言及してはいるが、90 年代以降の教育改革と教育アセスメント行政の問題を研究対象とはしていない。近年の州統一学力テスト政策に真っ先に注目した研究が恒吉僚子 2000「公教育におけるハイ・ステークス（high-stakes）

なテスト―プリンス・ジョージズ郡のリコンスティテユ‐ションー」(日本教育学会『教育学研究』第67巻第4号, pp. 417-426) である。同論文は、メリーランド州の州テストが州内のプリンス・ジョージズ郡における教職員の配置転換に利用された事例を紹介する。北野秋男は、2003「〈研究ノート〉マサチューセッツ州におけるテスト政策と教育アセスメント行政の実態―「マサチューセッツ州総合評価システム」の成立と影響―」(日本教育学会『教育学研究』第70巻第4号, pp. 89-98)、2007年「アメリカにおける学力向上政策― MCAS テストによる教育アセスメント行政の実態―」(大桃敏行他編『教育改革の国際比較』ミネルヴァ書房, pp. 111-126) において、同州の学力向上政策を州統一テストと関連づけて解明している。

カリフォルニア州におけるチャーター・スクールと学力問題の関係を考察した論文が藤原尚美 2005「チャータースクールに見る「学力」問題―説明責任と目指す学力の狭間で―」(『アメリカ教育学会紀要』第16号, pp. 25-35) である。また、州統一学力テストの特徴を整理し、その妥当性・信頼性・公正性の観点から批判的に考察した研究として深掘聰子 2006「米国における州統一学力テストの導入―公教育の質保障と民間参画の条件として―」(『アメリカ教育学会紀要』第17号, pp. 54-62) が挙げられる。深掘は、州学力テストにおいては、州統一テストそれ自体には「履修カリキュラムとの不適合(妥当性)」「ノルム集団を規準とすることの制約(信頼性)」「集団による得点の偏り(公正性)」の問題が存在すると指摘した上で、98年から実施されているニューヨーク州統一学力テストの実施状況とニューヨーク市における公教育への民間参画の動きに注目している。岡村千恵子は、2007「アメリカのミドル・レベル教育における学力評価のあり方に関する一考察」(『アメリカ教育学会紀要』第18号, pp. 54-66) において、2004年の NAEP における第8学年の「読解」と「数学」の学力結果を基に、ミドル・レベル教育における学力評価のあり方を考察する。

5 「真正の評価」とテスト政策

標準テストを批判するだけでなく、それに代わる新たな評価方法としての

「真正の評価（Authentic Assessment）」を主張する動きにも注目したい。「真正の評価」とは、「大人が現実社会で直面するような課題に取り組ませる中で評価することを志向するアプローチ」である（遠藤, 2003: 34）。この「真正の評価」論の代表的研究者として、ウィギンズ（Grant P. Wiggins）、ガードナー（Howard Gardner）、サイザー（Theodore Sizer）、ダーリング-ハモンドらを挙げることができる。たとえば、ダーリング-ハモンドの1995『実践としての真正の評価（Authentic Assessment in Action）』は、2つの初等学校と3つの中等学校における真正の評価を実施した際の事例研究によって、カリキュラム、教師の教授活動、学校組織、生徒の学習活動などに対して、いかなる影響を及ぼしたかを検証したものである。ダーリング-ハモンドは、「真正の評価」によって「児童・生徒が観念に反応するか、もしくは事実を確認したりする選択式のテストよりも、科学実験や社会科学調査を行うこと、エッセイや論文を書くこと、文学を読み解釈すること、現実世界の文脈の中で数学的問題を解くことができる」（Daring-Hammond, 1995: 2）と述べている。ジェネシック（Valerie J. Janesick）の2001『アセスメント論争（The Assessment Debate）』は、80年代から開始された標準テストによる教育アセスメント運動に対抗する「真正の評価」に注目する。同書は、真正の評価に関する参考図書であり、その内容は真正の評価の基本概念と歴史的推移、標準テストとの理論的差異、ポートフォリオ（Portfolios）と真正の評価、最近の研究動向、アメリカ国内の様々な研究活動組織などを紹介するものである。

　国内の先行研究を挙げれば、遠藤貴広が各州のテスト政策に基づく評価のあり方に対抗する動きとしての「真正の評価」を理論的に紹介した一連の研究を刊行している。「真正の評価」の提唱者の一人とされ、この用語を初めて用いたとされるウィギンズの理論に注目した遠藤は、その概念や基本原理などを2003「G. ウィギンズの教育評価論における「真正性」概念」において解明している[9]。また、遠藤は2007「米国エッセンシャル・スクール連盟における「逆向き計画」による学校改革－セイヤー中・高等学校の実践を例に－」（京都大学大学院教育学研究科紀要, 第53号, pp. 220-232）において、「真正の評価」実践理論の成立に大きく寄与した「エッセンシャル・スクール連盟」と、同連盟に加入しているニューハンプシャー州ウィンチェスター公立

中等学校セイヤー校おけるカリキュラム設計の実践理論も分析している。その他には、「真正の評価」の概念や学習理論を平易に紹介した松尾知明 2005「アメリカ合衆国の教育改革と「真正の評価」」（『学力の総合的研究』高浦勝義研究部長還暦記念論文集編集委員会編，黎明書房, pp. 87-100）、95 年にボストン学区・教員組合・教育長の共同によって創設されたパイロット・スクールにおいて実践された真正の評価を扱った黒田友紀 2006「ボストン市におけるパイロット・スクール改革の検討－「真正の評価（オーセンティック・アセスメント）に焦点をあてて－」（『アメリカ教育学会紀要』第 17 号, pp. 13-21）が挙げられる。

一方、石井英真 2004「「改訂版タキソノミー」における教育目標・評価論に関する一考察」（京都大学大学院教育学研究科紀要，第 50 号, pp. 172-185）は、2001 年にアメリカで開発された「改訂版タキソノミー」が「真正の評価」や「パフォーマンス評価」に対する批判的検討を内包するものであったと指摘している。石井は、80 年代以降の教育評価研究の新たな動向としてウィギンズの「真正の評価」を取り上げつつも、その無批判な受容に対する「改訂版」の論者たちの批判を検討している。

6 「NCLB法」とテスト政策

NCLB 法の成立 2 年後に、NCLB 法の実施を好意的に解釈し、その成果の検証には時間的な余裕が必要であるとした研究がヘス（Frederick M. Hess）とフィン（Chester E. Finn, Jr.）による 2004 年 "Leaving No Child Behind"（邦訳『格差社会アメリカの教育改革』）である。同書は、NCLB 法による 2 年連続して十分な年間進歩を達成できない場合の「公立学校選択（public school choice）」、ならびに 3 年連続して十分な年間進歩を達成できない場合の当該学区における「追加教育サービス」──約 30 時間の無料の放課後個人指導に受講登録する機会──の実施内容を中心に、その「ねらい」と「効果」を各州や各学区の実態に基づいて検証している。フロリダ州、コロラド州、ミシガン州、マサチューセッツ州などの各州と各大都市部を調査対象としながら、NCLB 法における「公立学校選択」と「追加教育サービス」が「もたついている学

校に閉じこめられた生徒たちに、よりよい教育を提供することを意図し－また同時に、競争的な圧力によって、そうした学校が向上する刺激を引き起こすことを意図した」（Hess, 2004: 424）と結論づけている。また、高校社会科教師や大学教授の経歴を持つヘスは「学校改革、都市教育、学区統治、アカウンタビリティ、学校選択」などの現代の教育改革に幅広くコメントしながら、賞罰に基づく教育政策や教師の自由と柔軟性を認めるような個人の能力を基本とした教育改革の必要性を説いている。

ヘスは、2004『常識の学校改革（*Common Sense School Reform*）』においても、NCLB 法を支持しながら、これまで行われてきた様々な「現状改革」ではなく教師の責任と柔軟性などを尊重した「常識改革」の必要性を強調する（Hess, 2004: 10-11）。ウイスコンシン大学社会学・教育政策の教授であるギャモラン（Adam Gamoran）らは 2007『スタンダードに基づく改革と貧困のギャップ（*Standards-Based Reform and the Poverty Gap*）』において、最新のデータと研究成果によって NCLB 法による教育改革が教員の資質向上などの面で効果的であった点を論証する。

一方、NCLB 法を批判的に検証した先行研究は多い。たとえば、アップルは 2006 年「市場と測定（Markets and Measurement）」と題する論文によって、NCLB 法の目的が「主にテストの実施と説明責任の履行である」だけでなく、「より広く教育の民営化や市場化の動きに道を開く」（Apple, 2006: 25）ものであった点を強調する。同法は、新自由主義者や新保守主義者らの保守派による「政治ショー」であり、「読み書き能力やその教授法を再定義し、ただ一つの教え方だけを押しつけ」、「説明責任は統一達成度テストの得点に一元化され、比較目的に悪用される」ものであった。NCLB 法とは、テストの得点によってアメリカ公立学校を「優秀校」「失敗校」に区分し、教師の教育の自由を奪い、さらなる不利益を受ける子どもの数を増加させ、テストで評価可能な事柄だけを「正当な知識」と見なすようになるなどの「ひどい発想」に基づくものであった、と批判する（Apple, 2006: 25-26）。さらに、アップルはテストの実施による連邦政府の統制と介入の増大が教育の民営化と結合している点も見抜き、集権制を排した市場主義モデルとカリキュラム統制・テスト・説明責任などの中央集権化とは矛盾しないことを指摘する。

その他には、ハーバード大学「公民権プロジェクト（The Civil Rights Project）」が行った2001『基準の強化か、それとも関門の強化か（Raising Standards or Raising Barriers?）』と2005『学校現実を満たすNCLB（NCLB Meets School Realities）』が挙げられる。前者は、ハイステイクス・テストの児童・生徒への悪影響と改善策を提言し、後者は6州にまたがる11学区の実態調査をもとに、NCLB法によるマイノリティや貧困階層の生徒に与えた現実的影響を考察する。マクギン（Patric J. McGuinn）は、2006『NCLB法と連邦政府の教育政策の変遷、1965-2005（No Child Left Behind and the Transformation of Federal Education Policy, 1965-2005）』で「初等・中等教育法」から「NCLB法」成立までの連邦政府による教育アセスメント政策の動向を分析する。パールスタイン（Linda Perlstein）の2007『受験（Tested）』は、メリーランド州内のミドル・スクールの事例を通じて、NCLB法の影響を批判的に検証する。

　国内の先行研究としては、連邦政府が州による基準の設定と学力検査の実施を求めた経緯や背景を解明した矢野裕俊2003「アメリカにおける学力問題―基準の設定とアカウンタビリティがもたらすもの」（日本比較教育学会『比較教育学研究』第29号, pp. 42-52）」、NCLB法の内容と学力テストの結果や課題を論じた赤星晋作2005「NCLB法における学力テストとアカウンタビリティ」（『アメリカ教育学会紀要』第16号, pp. 66-74）、土屋恵司2006「2001年初等中等教育改正法（NCLB法）の施行状況と問題点」（国立国会図書館調査及び立法考査局『Foreign Legislation: 外国の立法（立法情報・翻訳・解説）』（No. 227, pp. 129-136）などが挙げられる。酒井研作は、2006「米国における教育アカウンタビリティ・システム構築の動向―「落ちこぼれを作らないための初等中等教育法」を中心に―」（広島大学大学院教育学研究科紀要, 第三部, 第55号, pp. 77-82）において、NCLB法の内容を中心に学力成果に関するアカウンタビリティ・システムの分析を行い、2007「カリフォルニア州公立学校アカウンタビリティ法にみる学校改善活動の特質と課題」（広島大学大学院教育学研究科紀要, 第三部, 第56号, pp. 93-99）において、99年カリフォルニア州の「公立学校アカウンタビリティ法」を中心に、同州のアカウンタビリティ・システムの構造分析を行っている。また、NCLB法の州や地方学区への影響を考察した小玉重夫2004「ミネソタ州におけるNo Child Left Behind（NCLB）法の実

施とアカウンタビリティの変容－学校選択の政治的文脈－」(『多文化国家米国における学校の公共性論議に関する史的研究』日本学術振興会科学研究費報告書, pp. 177-186)、おもに NCLB 法前後におけるコロラド州の成果主義に基づく教師報償政策を論じた中田康彦 2005「1980 年代以降の合衆国の教育改革における教師報償政策の位置－NCLB 法への経緯と成果主義－」(『一橋論叢』日本評論社, pp. 138-157) なども挙げられる。

その他には、杉浦慶子 2006「米国ワシントン州の教育スタンダードに基づく学力政策－制度的枠組みの生成と No Child Left Behind (NCLB) 法の影響－」(『東北大学大学院教育学研究科年報』第 55 集・第 1 号, pp. 83-103)、赤星晋作 2007「NCLB 法における学力テストの成果と課題－フィラデルフィア市の事例を中心として－」(『アメリカ教育学会紀要』第 17 号, pp. 3-14) も刊行されている。杉浦は、「スタンダード」「アカウンタビリティ」「アセスメント」の 3 つのキーワードを中心にワシントン州におけるマイノリティ教育政策の動向を考察する。NCLB 法において「高度な適格性を有する教員」の配置に関する施策の特質を解明した小野瀬善行 2006「アメリカ NCLB 法制下における「高度な適格性を有する教員」(Highly Qualified Teachers) に関する施策の特質－多様な教員資格認定制度の整備を中心に－」筑波大学大学院人間総合科学研究科教育学専攻『教育学論集』第 2 集, pp. 63-79) も挙げておきたい。

注

1 教育測定の領域では「技術主義者」と「結果主義者」の新旧の対立がある。「技術主義者」は、「テストの正当性や偏りの問題を社会的条件から切り離し」、「専門家が認定したグランドルールによって全ての人が行動すべき事を主張する」が、近年登場する「結果主義者」は、「技術主義者が採用している科学的探求と価値判断との明確な区分を否定し、テストの正当性や偏りの問題を社会的条件に不可避的に埋め込まれているものと見なす。したがって、結果主義者は、テストの使用によって生ずる広範な社会的結果の観点から、テストの実施は評価されなければならいと主張する」(ハウ, 2004: 150)。こうしたテスト自体の正当性、偏り、正義などの教育哲学的問題に関しては、ハウの 2004『教育の平等と正義』が参考となる。

2 ハウは、今日のアメリカにおける「教育機会の平等」をテーマとして掲げ、ラディカル・リベラリズムの立場から、教育の政策や実践をめぐる現在の論争を教育哲学的考察によって解明しようと試みている。実は、アメリカでも「教育機会の平等」という解釈は「アクセスの平等」「補償的対応」「結果の平等」など多様である (ハウ, 2004: i-iv)。

3 68年の『コールマン・レポート』は、「結果の平等」という新たな教育の機会均等概念を打ち出し、真の平等性を達成するためには、生徒自身の能力や生徒の社会的・経済的・家庭的背景の問題ではなく、学力の達成は学校側の責任であると指摘した。つまりは、『コールマン・レポート』は生徒の学力達成のためには教育の資源を意図的に配分し、人種的不均衡の改善を達成するという補償教育政策の理論的根拠となったのである。この問題に詳しい黒崎によれば、『コールマン・レポート』においては教育の機会均等原則の再定義がなされ、「1970年代の教育の機会均等原則の新しい理解の出発点となった」(黒崎, 1989: 97)と評価する。新しい教育機会均等原則とは、伝統的な「機会の平等」から新たに「結果の平等」概念に転換することである。換言すれば、たんなる教育条件の改善から、学校が責任を持って教育の結果に及ぼす効果が平等化されるべきである、と主張される。『コールマン・レポート』では、補償教育政策の実施も提言される(黒崎, 1989: 99)。

4 ジェンクスらが考察した研究内容の関連からすれば、学校教育の改善だけでなく、家庭環境と親の子育て技法の改善、能力や才能ではなく、日本人や台湾人にしばしば見られる「保守的な徳(conservative virtue)」としての「努力(hard work)」を強調する研究も興味深い。スティーブンソン(Harold W. Stevenson)とスティグラー(James W. Stigler)の1992『学習ギャップ(*The Learning Gap*)』は、アジアの経済発展の「奇跡」はアジアの子どもたちの学力の「奇跡」と同程度に印象的であり、その原因がアジア人の「献身(dedication)」と「努力」の結果であったとする(Stevenson & Stigler, 1992: 222)。

5 クリントン政権下での「スタンダード運動」は、議会で多数を占める共和党の反対によって成立しなかったとは言え、教育内容や教育評価の「スタンダード」を求める運動は80年代から顕著になったものである。たとえば、ラヴィッチ(Diane Ravitch)らの「新保守主義者」はアメリカ国民の共通文化の必要性を唱え、教育内容と評価のスタンダード化を推進する運動を展開する。ラヴィッチは、91年に共和党のブッシュ政権下で教育省長官の補佐官を1年半にわたって務め、教育内容と教育評価の全米基準の立案を推進した人物である。

6 全米カリキュラムや全米テストの危険性に対する警鐘は、アップルが繰り返し行ってきたものである。たとえば、「ナショナル・カリキュラムやナショナル・テストを教育上正統化することの背後には、たいへん危険なイデオロギー的攻撃がある」(アップル, 1994: 9-10)とし、テストによる測定が「社会的対立や文化的・経済的破壊がいっそう悪化するであろう」(アップル, 1994: 29)と述べている。

7 ラヴィッチ以外にはハーシュ(E. D. Hirsch)、ブルーム(A. Bloom)も有名である。ラヴィッチの代表的著作としては、教育内容のスタンダード化を扱った研究が1995a『未来の米国教育を論じる(*Debating the Future of American Education*)』、1995b『米国教育における全米基準(*National Standards in American Education*)』である。ラヴィッチを編者として、ブルッキング協会が98年から学力向上に関する教育政策の論文を毎年集録(1998〜2006)したのが『教育政策(*Brooking Papers on Education Policy*)』である。また、2000『レフト・バック(*Left Back: A Century of Failed School Reforms*)』は、テスト政策の立案者となったラヴィッチの思想を知る上では重要であろう。なお、『レフトバック』は宮本健市郎・末藤美津子らによって2008『学校改革抗争の100年：20世紀アメリカの教育史』(東信堂)として翻訳・刊

行されている。
8 エルモアは、アメリカの教育が歴史的には教育政策と教育実践が乖離してきた点を指摘し、教育制度や運営の仕組みを変えるのではなく、「教育実践のありかた」「教師と児童の関係」「教師集団のあり方」「学校と教育行政の関係」などを変えて、子どもたちの学習を改善することが重要であるとした(Elmore, 2004: 120, 205)。
9 遠藤は、2004「G.ウィッギンズの「看破」学習－1980年代後半のエッセンシャル・スクール連盟における「本質的な問い」を踏まえて－」(日本教育方法学会紀要『教育方法学研究』第30巻, pp. 47-58)、2005「G.ウィッギンズのカリキュラム論における「真正の評価」論と「逆向き設計」論の関連」(京都大学大学院教育学研究科紀要, 第51号, pp. 262-274)も刊行している。

参考・引用文献

アップル, マイケル W.(長尾彰夫訳)1994『カリキュラム・ポリテックス－現代の教育改革とナショナル・カリキュラム－』東信堂.
石井英真 2006「米国スタンダード開発における方法原理の解明－McRELデータベースの検討を中心に－」平成18年度日本学術振興会科学研究費補助金成果報告書『学力向上をめざす評価規準と評価方法の開発－』pp. 21-30.
遠藤貴弘 2003「G.ウィッギンズの教育評価論における「真正性」概念－「真正の評価」論に対する批判を踏まえて－」教育目標・評価学会『教育目標・評価学会紀要』第13号, pp. 34-43.
岸本睦久 1998「『教育スタンダード』をめぐる動向」現代アメリカ教育研究会編『カリキュラム開発をめざすアメリカの挑戦』教育開発研究所, pp. 17-37.
ハウ, ケネス(大桃敏行他訳) 2004『教育の平等と正義』東信堂
黒崎勲 1996「国家・アカウンタビリティ・市場：アメリカ教育改革の動向」東京都立大学人文学部『人文学報』No. 270, 教育学(31), pp. 113-126.
黒崎勲 1989『教育と不平等－現代アメリカ教育制度研究－』新曜社.
山下晃一 1998「アメリカにおける教育アカウンタビリティの今日的課題－1980年代後半以降の動向を中心に－」関西教育行政学会『教育行財政研究』第25号, pp. 43-53.
Apple, Michael M. 2006 "Markets and Measurement; Audit Cultures, Commodification, and Class Strategies in Education"(山本雄二訳 2006「市場と測定－教育における監査文化・商品化・階級戦略」教育社会学会『教育社会学研究』第78集, pp.25-44)
Daring-Hammond, L. 1995 *Authentic Assessment in Action; Studies of Schools and Students at Work*, New York: Teachers College Press.
Darling-Hammond, L. 2005 "Constructing Schools for Competence: Teaching, Assessing, and Organization for Student Success", pp. 1-31.(東京大学21世紀COE基礎学力研究開発センター・第4回国際シンポジウム『基礎学力－政策課題と教育改革』国連大学)
Elmore, Richard F. 2004 *School Reform from the Inside out Policy*, Practice, and Performance, Boston, MA: Harvard University Press.(神山正弘訳2006『現代アメリカの教育改革：教育政策・教育実践・学力』同時代社)
Fuhrman, Susan H. and Malen, Betty 1991 *The Politics of Curriculum and Testing*, Bristol,

PA: The Falmer Press.
Gamoran, Adam 2007 *Standards-Based Reform and the Poverty Gap: Lessons for No Child Left Behind*, Washington, D.C. Brookings Institution Press.
Hess, Frederick M. and Finn, Jr. Chester E. 2004 *Leaving No Child Behind; Options for Kids in Failing Schools*, New York: Palgrave Macmillan.(後洋一訳 2004『格差社会アメリカの教育改革－市場モデルの学校選択は成功するか－』明石書店)
Hess, Frederick M. 2004 *Common Sense School Reform*, New York: Palgrave Macmillan.
Janesick, Valerie J. 2001 *The Assessment Debate; A Reference Handbook*, Santa Barbara: California, ABC-CLIO Inc.
Jencks, Christopher S. 1972 *Inequality: A Reassessment of the Effect of Family and Schooling in America*, New York: Basic Books Inc.(橋爪貞夫・高木正太郎訳 1978『不平等－学業成績を左右するものは何か』黎明書房).
Jencks, Christopher S. 1998 *The Black-White Test Score Gap*, Washington, D. C. :The Brooking Institution Press.
Johnson, Dale D. and Johnson, Bonnie 2002 *High Stakes; Children, Testing, and Failure in American Schools*, Lanham: Maryland, Rowman & Littlefield Publishers, Inc.
Johnson, Dale D. and Johnson, Bonnie 2008 *Stop High-Stakes Testing; An Appeal to American's Conscience*, Lanham: Maryland, Rowman & Littlefield Publishers, Inc.
Jones, M.Gale and Jones Brett D., 2003 *The Unintended Consequences of High-Stakes Testing*, Lanham: Maryland, Rowman & Littlefield Publishers, Inc.,
Kohn, Alfie 1999 *The Schools Our Children Deserve; Moving Beyond Traditional Classrooms and" Tougher Standards"*, Boston: MA, Houghton Mifflin Company.
McDonnel, Lorraine M. 2004 *Politics, Persuasion, and Educational Testing*, Cambridge: MA,Harvard University Press.
Macpherson, R.J.S. 1996 *Educative Accountability: Theory, Practice, Policy and Research in Educational Accountability*, New York: Pergman.
McGuinn, Patrick J. 2006 *No Child Left Behind and the Transformation of Federal Education Policy, 1965-2005*, Lawrence: Kansas, The University Press of Kansas.
McNeil, Linda M. 2000 *Contradictions of School Reform; Educational Costs of Standardized Testing*, New York: Routledge.
National Research Council 1999 *High Stakes: Testing for Tracking, Promotion, and Graduation*,WashingtonD.C.: National Academy Press.
Orfield, Gary and Kornhaber, Mindy L. 2001 *Raising Standards or Raising Barriers ? : Inequality and High-Stakes Testing in Public Education*, New York; The Century Foundation Press.
Perlstein, Linda 2007 *Tested: One American School Struggles to Make the Grade*, New York: Henry Holt and Company.
Popham, James 2001 *The Truth about Testing; An Educator's Call to Action*, Alexandria: VA. Association for Supervision and Curriculum Development.
Popham, James 2004 *American's" Failing" Schools: How Parents and Teachers can Cope with No Child Left Behind*, New York, RoutledgeFalmer.
Ravitch, Diane 1995a *Debating the Future of American Education; Do We Need National*

Standards and Assessments ?, Washington, D. C. :The Brooking Institution.
Ravitch, Diane 1995b *National Standards in American Education; A Citizen's Guide*, Washington, D. C.: The Brooking Institution.
Ravitch, Diane 1998 *Brookings Papers on Education Policy*, Washington D.C.: Brookings Institution Press.
Ravitch, Diane 2000 *Left Back: A Century of Battles Over School Reform*, New York: Simon & Schuster（末藤美津子・宮本健市郎・佐藤隆之訳）2008『学校改革抗争の100年：20世紀アメリカの教育史』東信堂）
Rivera, Ralph and Nieto Sonia 1993 *The Education of Latino Students in Massachusetts: Issues, Research, and Policy Implications*, MA: The University of Massachusetts Press.
Rothman, Robert 1995 *Measuring Up; Standards, Assessment, and the School Reform*, San Francisco, Jossey-Bass Publishers.
Sacks, Peter 1999 *Standardized Minds; The High Price of American's Testing Culture and What We can do to Change It*, Cambridge: MA, Perseus Books.
Schrag, Peter 2003 *Final Test; The Battle for Adequacy in American's, Schools*, New York: The New Press.
Skrla, Linda & Scheurich, J.J. 2004 *Educational Equity and Accountability; Paradigms, Policies*, and Politics, New York: RoutledgeFalmer.
Stevenson, Harold W. and Stigler, James W. 1992 *The Learning Gap; Why Our Schools Are Failing and What We Can Learn from Japanese and Chinese Education*, New York: Simon & Schuster Paperback.
Sunderman, Gail L. and Kim, James S. 2005 *NCLB Meets School Realities: Lessons from the Field*, Thousand Oaks: California, Corwin Press.
Thernstrom, Abigail and Thernstrom, Stephan 2003 *No Excuses; Closing the Racial Gap in Learning*, New York: Simons & Schuster Paperbacks.
Whitford, Betty L. and Jones, Ken 2000 *Accountability, Assessment, and Teacher Commitment:Lessons from Kentucky's Reform Efforts*, Albany, N.Y.: State University of New York.

第1部
連邦政府・州政府の学力向上政策

第1章
アメリカ連邦政府の教育改革

長嶺宏作

はじめに

　アメリカ連邦政府は1990年代に入り、「スタンダードに基づく改革（Standards-based Reform）」と呼ばれる州で統一したカリキュラムと教育到達目標を設定し、その結果を評価する体系的な教育改革を推進した。具体的には、連邦政府は94年に「2000年の目標：アメリカを教育する法（Goals 2000: Educate America Act）」（以下、「2000年の目標」と略す）、「アメリカ学校改善法（Improving America's School Act of 1994）」（以下、「IASA法」と略す）、2002年に「どの子も置き去りにしない法（No Child Left Behind Act of 2001）」（以下、「NCLB法」と略す）」を成立させた。これらの一連の教育法によって連邦政府の教育政策は、今まで間接的にしか関与しなかった州と地方学区の教育政策に大きな影響を与えることとなる。

　ただし、このスタンダードに基づく改革による教育改革の進展は、連邦政府が65年に制定した「初等中等教育法（Elementary and Secondary Education Act of 1965）」（以下、「ESEA法」と略す）」の再改定に伴い進められたという点に注意する必要がある。そもそもブッシュ（George H.W. Bush）政権で廃案となった「2000年のアメリカ：教育戦略（America 2000: An Education Strategy）」を、94年にクリントン政権が「2000年の目標」として成立させたが、同法は、全米の教育到達目標を掲げスタンダード・カリキュラムを設置するための、また、その達成度を評価するシステムを整備する補助金を交付することを目的とするものであった。連邦政府は、この「2000年の目標」を実現すべく、同年にESEA法の再改定であるIASA法の中にスタンダード・カリキュラム

を設定し、評価するための政策を各州に義務づけることで、実質的なアカウンタビリティを求めたのである。そして、2002年のNCLB法では、こうした政策が各州において連邦政府の意図通りに実施されていないとして、さらにアカウンタビリティ政策が強化されることとなった。

　しかし、以上のような「スタンダードに基づく改革」の進展が、必ずしも連邦政府による一方的で強制的な政策展開を意味したわけではない。たとえば、本書のメイン・テーマとなっている「マサチューセッツ州教育改革法（Massachusetts Education Reform Act）」（以下、「州教育改革法」と略す）が成立したのは93年であった。すなわち、マサチューセッツ州でも教育改革が同時進行的に議論されてはいたが、法案の成立は連邦政府よりもマサチューセッツ州の方が先であったことがわかる。当時、ブッシュ大統領の下で教育省長官であったアレキサンダー（Lamer Alexander）がマサチューセッツ州を訪れた際に、副知事であったセルーチィ（Paul A. Cellucci）は「私たちは、私たちの学校に、アカウンタビリティ、イノヴェーション、ならびに競争を取り入れて、上と下からの改革を引き受ける。連邦政府による『2000年の目標』は、これらの改革にとって重要な内容である」（The Common Wealth of Massachusetts Executive Department, 1991: 2）と述べ、連邦政府の政策との協調を訴えた[1]。副知事セルーチの表明は、マサチューセッツ州の教育改革が連邦政府と共同歩調を取ることを明言したものであった。

　そこで本章は、マサチューセッツ州をはじめとする各州の教育改革に重大な影響を及ぼした連邦政府の教育政策と各州に対する関与のあり方を解明することを目的とする。言い換えれば、連邦政府の教育政策の展開が地方分権的なアメリカの教育行政制度の構造下にあって、どのように行われたかを解明するものである。

1　「ＥＳＥＡ法」の制定理念

　「アメリカ合衆国憲法修正第10条」では、「この憲法によって合衆国に委ねられておらず、またそれによって州に禁じられていない権限は、それぞれの州または人民に留保されている」と規定され、教育は合衆国に委ねられて

いない州の留保事項とされている。さらに、合衆国憲法により州が教育における最終的な権限を持っているが、実質的な権限は州から地方学区に委任されている（佐藤, 1973; 上原, 1971）。この地方分権的な構造は、かってタヤック（David B. Tyack）が「唯一最善の学校（The One Best System）」と呼んだ民主主義的な理念と地方自治の理念の下に発展してきたアメリカの教育行政制度の特質であった（Tyack, 1974）。

　しかし、連邦政府は30年代のニューディール政策以降、本来は州の領域であった国内経済政策にも関与し、60年代からジョンソン大統領（Lyndon Johnson）の「貧困への戦い（War on Poverty）」の下で福祉、教育政策の分野にも積極的に関与していくことになる。たとえば、教育分野では61年にコナント（James B. Conant）が都市貧困地域を問題とした『スラムと郊外（Slums and Suburbs）』を発表し、都市部のスラムという新しい貧困問題を社会に問いかけている（Conant, 1961）。コナントの提起した問題は、都市部貧困地域に住む黒人の生活状況が改善されていないだけでなく、54年のブラウン判決以後の人種統合教育の実質的な実現から程遠い現実を明らかにしたものであり、その改善を目指して連邦政府の一層強いリーダーシップと再配分政策を求めるものであった。すなわち、64年の「経済機会均等法（Economy Opportunity Act）」によるヘッドスタート・プログラムの開始、65年の貧困児童に補助金を配分するESEA法の成立など、連邦政府は補償教育政策の分野において積極的な関与を始めることになる。

　しかし、たとえばESEA法の成立による連邦政府の関与は、主に貧困児童への補助金を通して州と地方学区の教育政策を支援するものであって、伝統的な地方自治主義の理念を変えるものではなかった。ESEA法の第1章、すなわち、「タイトルⅠ（Title I）」は低所得家庭の子どもに対して補助金を交付する政策であり、年収2,000ドル以下（現在は生活保護世帯）の低所得家庭の子どもを補助の対象とするものであった。学区に対する具体的な補助金の配分方法は、学区一人当たりの教育費に貧困児童数を掛けた額を2で割るという方法が採用された。いわゆる「マッチング・グラント（Matching Grant）」と呼ばれる方式であるが、それは学区の教育支出を掛けることで学区の教育予算の増額を促し、かつ2で割ることで連邦政府の補助金が学区の教育支出

を超えないように配慮されたものであった。

　マッチング・グラント方式の意味を再確認すれば、連邦政府の補助金は地方政府の教育支出を支援する形で行われるものであって、教育政策の中心財源はあくまでも州や地方学区によって負担すべきことを明確にするものである。ESEA 法では、今日でも「協力と供出（supplement, not supplant）」という原則が維持され、連邦政府による補助金は特定目的にのみに支出される特定補助金（categorical grants）であり、決して一般財源（general grants）として補助されないものであった。この原則は、連邦政府から地方政府への統制を制限するために ESEA 法による補助金の適用範囲を限定するものであり、結果的には、学区間格差の是正や州間格差の是正という問題の根本的解決をもたらさないだけでなく、貧困児童が集中する学区への傾斜的配分も行なわれないことも意味した。この原則は、いわば「一時しのぎ（Band-Aid）」の政策、ないしは対処療法的な政策であったといえよう（Kantor, 2006）。

　ESEA 法に代表される連邦政府による補助金の分配方式は、いわばアメリカの地方分権的な制度構造の伝統と「抑制と均衡（checks and balances）」による連邦主義の理念に影響されたものであり、アメリカの制度構造の限界を呈示したものでもあった。すなわち、60 年代のケネディ（John F. Kennedy）、ジョンソン政権と続くリベラルな連邦議会においては、何度か地方学区の教育予算を補助するために一般財源を交付する試みが行われたが、伝統的な地方自治の伝統を維持しようとする議員からの激しい抵抗を受け、失敗に帰している（長嶺, 2007）。さらに、公教育への一般補助金構想は、64 年にケネディ大統領が提案し否決されたが、今日までこの種の法案は一度も提案すらされていない。

　ただし、当初の ESEA 法では現実的な方策として特定補助金として政策分野を限定することで連邦政府による無制限の統制を防ぎ、かつ補助金の運用権限を地方学区に大幅に委譲することで一般財源並みの裁量権を地方学区に付与するという妥協案が取られている。つまり、初期の ESEA 法は特定補助金という原則を守りながらも、その実態は一般補助金にもなりうる余地が残され、むしろ「特定財源」か「一般財源」かの区別を曖昧にするような方策が取られたわけである（MacLaughlin, 1976）。言い換えれば、制定当時の

ESEA法の補助金運用は地方学区にほとんど委任され、連邦政府は補助金の配分を行うだけであり、補助金の適正な運用は地方学区に対する全面的な信頼を基盤として成り立っていたことになる（Kantor, 1991）。

2 「ESEA法」の問題点

しかし、ESEA法制定当時の上院議員であったロバート・ケネディ（Robert F. Kennedy）は、この補助金運用システムの欠陥をすでに指摘している。65年、ESEA法の成立過程の議論の中でロバート・ケネディは「ただ補助額を算出し、特定の学区や特定の教育制度に支出することは、……泥の中にお金を捨てるようなものではないか。もし私たちが、どのプログラムが効果的か、どこに重点を置かなければならないのか、そして、何が行われ、あるいは行われたか……を把握する何らかの検査体制がないならば、法案の意義の大部分が失われるだろう。……しかし、より重要な問題は、次世代のアメリカを担う若者を失うことである」（Subcommittee on Education of the Committee on Labor and Public Welfare, 1965, 2.4, ）と述べ、地方学区に対する管理体制の不備という問題を指摘している。

ロバート・ケネディが危惧した問題は、すでに現実問題となっていた。初期のESEA法の実態を研究したマーフィ（Jenome Murphy）によれば、「タイトルⅠ」による補助金運用がマサチューセッツ州においてどのように実施されたかを分析したところ、運用に関する規制が緩いために地方学区の行政官が本来とは別な目的のために予算を流用した実態を暴露している（Murphy, 1971）。さらに、マサチューセッツ州内の450に及ぶ補助金プログラムに対して、監督官は2人の正規職員と3人の臨時職員（パート）で構成されていただけでなく、地方学区におけるESEA法の「タイトルⅠ」の予算の使用報告書は、たった2枚の書類にまとめられていたに過ぎなかった。つまりは、ESEA法による連邦政府の補助金が「自由な予算（free money）」として地方学区では流用されていたことになる（Kanstoroom et al, 2002）。

こうしたマサチューセッツ州の事例からもわかるように、ESEA法の現実的な運用方法には多くの問題が内包されていた。その問題は、マサチューセッ

ツ州のみならず、他の州でも発生しうる制度的・構造的な問題でもあった。スタンフォード大学教授で教育政治学に詳しいカースト（Michael W. Kirst）は、連邦政府の補助金を監督・調整する州の教育行政能力の欠陥を指摘し、「ESEAのタイトルⅤは、州による立案と評価のために州教育行政局への一般的な財源の補助を行っている。1972年まで、4分の3の州教育局職員の在籍年数は3年以下であった。1972年のテキサス州教育局の財源の70％は、連邦政府による補助であった」（Kirst, 1995: 43）と述べている。カーストが指摘するように、70年代においては各州には専門的な教育行政官が配置されておらず、連邦政府の補助金によって州教育局の大部分の職員は維持されていたことになる（坪井, 1998: 259）。

さらには、州教育行政能力の低さだけでなく、補助金の配分方法にも問題があった。たとえば、初期のESEA法の補助金の一部は、直接的に各学区に配分される方式が取られていたが、この方式は80年まで拡大し、全補助金の3割を占めるまでになっていた。しかし、このことは州政府を迂回して不利益を受ける都市貧困地域へと直接配分され、その地方学区の教育委員会などで活動する公民権運動家を支援するという側面も持っていた（Gitell, 1973）[2]。そのため、州を素通りして地方学区に補助金が交付されることは、教育統治上の権限関係を混乱させるだけでなく、教育問題を政治問題化させるという危険性も孕んでいた。

連邦政府の再配分政策は、社会的に不利益を受けている集団への支援を行うものであったが、その反面、利益を受けない集団との利害対立を増大させ、双方ともに利益誘導型の政治を誘発させる危険性を伴うものであった。ESEA法による補助金は、マイノリティの権利擁護を様々な形で支援するために運用されたが、各種の政治団体による利益誘導型の政治に転用され、本来の使用目的を逸脱する危険性を内包するものであった（Lowi, 1969）。

以上のような問題に対して、連邦政府も無策な状態であったわけではない。表1－1は、ESEA法の再改定の変遷をまとめたものである[3]。連邦政府は、同法の度重なる改定を通じて、当初の一般補助金のような地方学区の裁量権を徐々に削減していった。そして、同時に連邦政府による補助金の配分の際には、地方学区の一般教育支出との明確な区別を要求するなど、財政上の支

表1-1　ESEAの主要な再改定変遷

1965年	第89回議会　PL89-10、Elementary and Secondary Education Act of 1965
1966年	第89回議会　PL89-750　タイトルⅠの対象の拡大と予算の増強。
1968年	第90回議会（First Session）PL90-247、Elementary and Secondary Education Amendants of 1967（3年間） ESEAの拡大　他のプログラムの導入
1970年	第91回議会　PL91-239、3年間
1974年	第93回議会　PL93-380、73年に revenue sharing 法案が否決されたため、74年に既存の枠組みを使用しての再改定（4年間）
1978年	第95回議会　PL95-561、（5年間）
1981年	第97回議会　PL97-35（Education Consolidation and Improvement Act of 1981）「3年を待たずして、レーガン大統領が改定を行う。タイトルⅡだけを4つの一括補助金に合併して、ESEAの予算が縮小された。（82年7月〜87年9月まで適用。84年の改定は88年まで延期。）」
1988年 （87年度）	第100回議会　PL100-297（Hawkins-Stafford Act of 1988） 強制力は弱いものの学力成果に対するアカウンタビリティが求められる。（5年間1993年まで）
1994年	第103回議会　PL103-227（Goals 2000: Educate America Act） ESEAの改定ではないが、Goals 2000 の目標が事実上、ESEAの目標となる。
1994年	第103回議会　PL103-382（Improving America's School Act of 1994） Goals 2000 の目標をもとに、スタンダード・カリキュラムの設定や学力評価などによるアカウンタビリティが義務づけられる。
2002年	第107回議会　PL107-110（No Child Left Behind Act of 2001） スタンダードの設定と学力評価の結果に対するアカウンタビリティが、より厳格に求められ、達成しなかった場合には、学校の閉校処置などが命じられる。（2002年〜2007年まで）
2009年	2007年から審議されるも成立せず、審議中

（出典：筆者作成）

出の適切性を求める「財政上のアカウンタビリティ（fiscal accountability）」を求めた。たとえば、68年のESEA法の改定では、人種統合教育を行っていない学区・学校には補助金を配分しないなどの条件が加えられている。このことは、人種統合と平等化の進展を目的とするインプット・プロセス規制を強化することによる適切な運用を目指したものであった。

　しかし、こうした状況が大きく転換するのは80年代以降であった。レーガン政権下では、社会福祉政策が見直されるとともにESEA法の存在意義も厳しく問い直され、アカウンタビリティが求められてくる。70年代のESEA法改定の際には、何らかの教育達成を求める要求や条文がまったくなかった

わけではないが、明確な形で教育達成が求められるのは88年の改定における学力調査であった。そして、94年のIASA法改定の際に学力テストの実施が本格的に導入されることになる。結論を述べれば、ESEA法に基づく連邦政府の教育政策は、制定当初は規制が少なく、70年代以降はインプット・プロセス規制を整備していくが、88年の改定からは徐々にアウトプット規制にシフトしたと言える。こうした教育政策の構造転換は、ESEA法による補助金政策の運用原則を大きく変化させることにもなったが、少なくとも州と地方学区に対する一定程度の規制は必要不可避であった。しかしながら、連邦政府による規制が地方自治を侵すような統制とならないように、連邦政府と地方との適切な関係を築くことが重要な課題であった。

3 「新連邦主義」と「ＥＳＥＡ法」再改定

83年に出された『危機に立つ国家（*A Nation at Risk*）』の最重要課題は、「凡庸の波（Tide of Mediocrity）」と表現されたアメリカの生徒の学力低下を回復することであった（National Commission on Excellence in Education, 1983）。『危機に立つ国家』により教育の質の向上は緊急の課題として提起された。そして、ESEA法においても学力向上を目指した政策の遂行が求められていく。ただし、ESEA法の貧困児童への補助による教育格差の是正を目指した政策目標が変化したわけではなく、その教育格差が学力格差として強く意識されるようになったに過ぎない。もともとESEA法においては、教育格差をなくすための教育条件の整備と是正（インプット）に力点があったとすれば、88年以降は教育格差をなくための教育の質（学力）の改善（アウトプット）に向けた政策をどのように構築するかに力点が移ったと言える。すなわち、教育格差の是正は教育の機会の保障から実質的な教育の質（学力）の保証へと転換したといえる。

これまでは80年代におけるESEA法の政策枠組みの転換を考察してきたが、本節では、教育政策における政府間の関係の変化を、80年代の教育改革の二つの方向性を検討しながら考察する。一つは、「規制」と「専門職化」の動向であり、もう一つは「規制緩和」と「ラディカルな分権化」の動向で

ある。80年代は、この二つの教育改革の方向性が競合し、時には矛盾しながらも同時進行するという時代であった。

ESEA法の成立によって、前節でも述べたように州教育行政機関の整備を促し、当初の政策実施の失敗から「規制」と「専門職化」が進んだ。教育行政学者のピーターソンとウオン（Paul E. Peterson & Kenneth W. Wong）が「政府間関係の適応化（Intergovernmental Accommodation）」と呼ぶように、70年代後半から徐々に州教育行局や地方学区の組織化、さらにはESEA法の効率的運用などの改善が行われ、「行政官の専門職化」「地方学区行政官の連邦教育政策への配慮」「補助金に対する詳細な条件づけによる規制」などの対応策が取られ、連邦政府の補助金は各学区でも適正に運用されるようになっていく（Peterson et al, 1986）。こうした70年代後半から見られた連邦政府の補助金に対する「規制」と「専門職化」の政策は、同時に詳細な規制に拘束される官僚主義化も意味しており、80年代のレーガン政権の登場とともに「規制緩和」の方策へと方向転換が目指された。

レーガン政権は、「新連邦主義」を提唱したが、その基本原則は連邦政府が対外政策を担い、州政府が国内政策を担うという建国期以来の「連邦主義」の思想に先祖帰りしようとするものであった。レーガン政権は、「小さな政府」として連邦政府の規模を縮小し、60年代以降拡大した連邦政府の内政に関わる政策を州政府や地方政府に委譲しようと試みた（新藤, 1991）。言い換えれば、この「新連邦主義」とはニューディール期から拡大し続けた連邦政府の役割へのアンチテーゼでもあった。具体的な政策としては、連邦政府のいくつかの特定補助金を統廃合し、「一括補助金（block grant）」によって全体の補助金の額を縮小すると同時に、特定補助金に設けられた規制を補助金の適用範囲を広げることによって規制を緩和することを試みた。

レーガン政権下における具体的な教育政策によって、「規制緩和」の方策を確認しておきたい。たとえば、81年の「教育統合改善法（Education Consolidation Improvement Act）」（以下、「ECIA法」と略す）は、学校図書館や教材などに充てられるESEA法の「タイトルⅡ」のプログラムとして規定されていた29の特定補助金を4つのカテゴリーに分けられた一括補助金へと統廃合する法律であった（上寺, 1992）。この法律の制定とともに、連邦政府の

教育費予算は10億ドル削減されたが、同時に一括補助金によって、補助金の適用範囲が緩和されることで、州と地方学区の裁量権が増した。ECIA法制定のねらいは、こうした規制緩和によって学校統治を州と地方学区に戻し、連邦政府の干渉を後退させようとする「ねらい」もあった（Nelson, 2005: 226）。

ただし、80年代からのESEA法による補助金の配分方法は、それまでの連邦政府から地方学区へと直接的に配分する方法から、州が介在し、調整する方法へと方針転換されている。その結果、80年代は各州が教育政策における連邦政府の補助金に対する調整者としての役割を担うこととなり、「新連邦主義」による州への権限委譲は連邦政府からの分権化という側面を持ちつつ、地方学区に対しては州政府による集権化の側面を内包するものでもあった。

たとえば、教育行財政の実態に詳しい本田によれば、州の役割はレーガン期の分権化政策の推進によって増大したが、同時に各州において州政府主導によって「スクール・ベースド・マネジメント（School-Based Management）」などの更なる各学校への分権化は、地方学区から権限を失わせる可能性を秘めていた（本田, 1996）。つまりは、この現象は本田が指摘するように「統制をともなう集権化と規制緩和をともなう分権化が同時進行している」（本田, 1996: 208)」と見なされるものであった。80年代の教育改革を一言で言えば、一方で連邦政府の「補助金」を統廃合しながらも「規制緩和」による分権化の政策を遂行し、他方ではこの「補助金交付の再編」とともに、州政府を中心とした新たな集権化された制度構造を構築しようとする試みでもあった。

結果から言えば、80年代の補助金運用システムに見られる「連邦政府－州政府間」の権限関係の変化は、州政府を教育政策の立案と実施の際の重要なアクターとして登場させるものであった。すなわち、州政府はたんなる連邦政府の補助金の調整者という役割から脱却し、自らも積極的に教育政策の立案に関与し、教育政策の遂行の際には中心的な役割を担うようになる。こうした権限関係の変容の背景には、州の財政負担が増えたこと、教育政策が次第に州の政策の中での重要性を増したことなどが指摘されるが、この州政府の権限拡大は、皮肉にもレーガン政権下で一度は縮小されたはずの連邦政

府の教育政策に対する関与を増大させることとなる。この点は、次節で検討する。

4　州政府主導による教育改革の始まり

　連邦政府の教育政策に対する関与の増大は、前節でも述べたように83年の『危機に立つ国家』を契機とするものであった。『危機に立つ国家』による学力向上への国家的関心の高まりは、必然的に教育問題を全米的な政治課題へと発展させていった。たとえば、連邦政府レベルではESEA法の「タイトルⅠ」の内容にも具体的に盛り込まれたように、「インプット・プロセス規制」を中心とした補助金による統制のあり方から、結果を重視する「アウトプット規制」への転換をもたらすこととなった。

　また、80年代から州知事や市長職に当選した政治家の中で民主党と共和党の所属政党の区別なく、学力向上などの教育政策を選挙公約に掲げる者が登場するようになった。本書でも取り上げるマサチューセッツ州やボストン市の事例は、こうした政治的文脈からすればまさに典型的なものであり、その他の数多くの州や都市部でも同じような事例が見られ、我が国の多くの先行研究が指摘するところである（北野, 2003; 坪井, 1998）。

　ただし、こうした州政府や都市部における教育改革は、決して連邦政府からトップダウン的に強制されたものではない。たとえば、『危機に立つ国家』に見られるように、連邦政府の提出した報告は、いわば「権威ある説教（bully pulpit）」として機能したに過ぎず、連邦政府は積極的に教育政策を打ち出さなかった[4]。実際の教育改革の立案と政策遂行は、あくまでも州政府による自発的な行動であった。逆に、80年代後半の州知事主導による教育改革がESEA法による教育政策にも反映されていくことになる。

　この州知事の教育改革に対する積極的な関与を示したものが、「全米知事会（National Governors' Association）」による86年の報告書『今、成果のとき（Time for Results）』であった（NGA, 1986）。この報告書では、「知事のほかには、州においてアジェンダを設定できる人物はいない。知事のアジェンダは、州のアジェンダとなり、州のアジェンダは全米のアジェンダとなる。特に教育に

おいては。なぜなら、教育は州の責任だからである」（NGA, 1986: 4）と述べられているが、州知事のアジェンダがまさに、その後の連邦政府の教育改革を牽引していくことになる。

　全米知事会の報告書に見られるように、州知事が中心となった教育改革の動きは連邦政府へと拡大するものとなった。それはブッシュ大統領の呼びかけで 89 年に行われた「教育サミット（education summit）」の開催である。ブッシュ大統領は、ヴァージニア州のチャルロットビルにおいて、初めて全米 50 州の知事、連邦議会の議員、教育関係者らを集めて全米教育サミットを開催し、会議では教育改革の目標となりうる基本的なコンセンサスが参加者の間で形成された。このサミットでのコンセンサスとは、①「全米教育目標」を設定すること、②州は全ての生徒に対して学力レベルの向上を目指すという認識を持つこと、③州・財界人・親・教育関係者の間で、教育改革においてなすべきこととして、学力レベルの向上を目指すこと、そのために必要な手段、技術、資源を学校と教員に与えること、④結果に応じたアカウンタビリティをもつこと、であった（Bush, 1989）。

　実は、91 年に提案された「2000 年のアメリカ」は、教育サミットでのコンセンサスにしたがってブッシュ大統領が議会に提案した法案であった。ブッシュ大統領の法案は議会の反対にあって成立しなかったものの、94 年にクリントン大統領（Bill Clinton）は、このブッシュ大統領の意思を引き継ぎ「2000 年の目標」として法案を成立させている。クリントン政権下で法案が成立した要因としては、政権が変わっても教育政策の立案者が教育サミットの中心人物であったからに他ならない。ブッシュ政権下で教育長官を務めたアレキサンダーは、前テネシー州知事であり、全米知事会の代表を務めた人物であった。クリントン政権下で教育長官を務めたライリー（Richard W. Riley）は、前サウスカロライナ州知事として教育サミットに参加しており、連邦政府の教育長官としては最長の 8 年間の任期を全うした人物である。二人は、ともに知事時代に 86 年の報告書『今、成果のとき』を取りまとめ、89 年の「教育サミット」を主導した中心人物であった。そして、教育長官に就任し、ブッシュ・クリントン政権の教育政策を立案、実行したわけである。

　さらに、クリントン自身も、アーカンソー州知事として教育サミットに参

加し、副議長を務め、中心的な役割を担っていた。「教育サミット」の当時、民主党の教育政策のブレーンの一人であったシュワーツ（Robert B. Schwartz）によれば、教育サミットでクリントンは次のように発言したという。「クリントンは、もし連邦政府が州知事に自由に予算を拡大させず、改革に支出しないような政治的状況を作り出すのであれば、教育目標を設定するという法案〔2000年のアメリカ〕は空虚な政治的実践であり、私たちの教育制度全体が進歩するための偉大な機会が失われると主張した」（Schwartz, 2003: 139）。この州政府による教育政策への積極的関与を提唱するクリントン大統領の演説は、ブッシュ大統領の目指す連邦政府による教育目標の設定という課題の意義を認めつつ、さらに共和党政権の教育政策への消極的な姿勢に対して釘をさすものであった。また、クリントン大統領の発言は、大統領に教育政策に積極的に関与しようとする州知事たちの背後に立つことを要求し、逆に『危機に立つ国家』以後の連邦政府のアジェンダとなった全米的な適正水準にまで到達するために、大統領の主導性に対して州知事たちの同意を得ようとするものであった。

　このような関係をマナ（Paul Manna）は、「権威の借用（Borrowing Strength）」と表現している（Manna, 2007）。連邦政府の教育政策には、直接的な行政的能力もなければ、法的権限もないために、州政府の「権威を借用」する必要がある。一方、州政府の側も自らの教育改革の政治的な支持を取りつけるために連邦政府の政治的な「権威を借用」し、政策を正当化した。80年代に起きた連邦政府と州政府の接近は、双方の教育政策への関心の増大に伴い、連邦政府と州政府が相互の利害関係を一致させ、実現したものであった。

　しかし、連邦政府と州知事の政治的な協力関係の構築以上に重要な事柄として指摘できることは、現実の政策遂行の際に新たに緊密な関係性が維持された点である。そして、この協力関係の構築に多大な理論的影響を及ぼした人物こそスミスとオデイ（Marshall S. Smith & Jennifer O'Day）であり、彼らが提唱した「体系的改革（Systemic Reform）」であった（長嶺, 2009）。スミスは、クリントン政権下の教育省の副長官を務めて、「2000年の目標」とIASA法の成立に尽力した人物である。スミスらは今日でいう「スタンダードに基づく改革」の理論化に寄与した人物であり、スミスらが提唱した「体系的改革」

によって「スタンダードに基づく改革」が体系的な教育改革枠組みへと意味を変化させることになる。

　スミスらは、89年の「教育サミット」で「体系的改革」を提唱し、多くの州知事から注目を集めた。「体系的改革」とは、州が教育改革におけるリーダーシップを持ちながら地方学区が実際の改革を推進し、連邦政府が州と学区の教育改革を支援するという新しいビジョンを打ち出したものである。スミスらは「私たちが提案したことは、集権的な調整を通した統合性の増加と学校レベルの専門的な判断の増加であり、そして両者の間の双方向的でダイナミックな関係である」(Smith & O'Day, 1991: 254) と述べている。スミスらの提案は、州と地方学区に対して教育結果に対するアカウンタビリティを求めることで、州で実施されている教育政策や各学区独自の教育政策に統一的な方向性を与え、体系的な教育改善の方向性を導きだそうとするものであった (Smith & O'Day, 1991)。

　本田が指摘する集権化と分権化の混在、ないしはレーガン期に起きた連邦から州への委譲と州の権限の拡大は、インプット・プロセス規制からアウトプット規制に転換するアカウンタビリティの政策枠組みによって、政府間の関係を新しく構築することになった。具体的には、ESEA法の70年代に批判された硬直的な制度運用のあり方の一因となっていた財政上のアカウンタビリティの代わりとして教育結果のアカウンタビリティを求めることによって、大幅な規制緩和を可能にした。そして、教育結果に対する評価は、どのプログラムとどの学校に配分した予算が効果的に使われているかを判断する基準を与え、集権的な調整も可能にした。したがって、初期のESEA法が課題としていたような必要な子どもへの支援を、形式的にならざるを得ない財政上のアカウンタビリティではなく、教育の本質的な効果を問う政策枠組みによって教育の質の改善を目指したと指摘できる。

　「ESEA法」による平等性の追求や『危機に立つ国家』からの優秀性の追及は、無論、連邦政府だけで解決できるものではない。州知事が連邦政府の関与を求めたように、連邦政府も州政府と地方学区の役割に期待している。つまりは、「体系的改革」とは連邦政府と州政府と地方学区が教育の質の向上を目指して、一体となって教育改革を進める体制づくりを目指すもので

あった。

5 90年代の「ESEA法」におけるアカウンタビリティ政策

本節では、90年代に「教育サミット」において合意された「スタンダードに基づく改革」がどのような内容でESEA法に盛り込まれたかを考察する。89年の「教育サミット」により、連邦政府が教育問題に積極的に関与する政治的なコンセンサスが形成され、学力問題や公教育改革に対して積極的な政策を打ち出すようになる。たとえば、90年にブッシュ大統領が提案し、州知事が合意し、参加する形で「全米教育目標委員会（National Education Goal Panel）」が組織されたが、この委員会は、連邦政府と州政府の教育政策を全米教育目標に到達しているか否かを評価し、連邦議会に報告する義務を負った委員会である。また、94年の「2000年の目標」の成立に合わせて、「全米教育スタンダードと改善協議会（National Education Standards and Improving Council）」も設置されている。この協議会ではアメリカ教育史上初の試みとなったナショナル・スタンダードのガイドラインが議論され、教育改革の指針作りが行われた。

しかし、連邦政府が教育政策に急速に関与し始めることに対して、連邦議会は反対姿勢を強く打ち出すようになる。とりわけ、94年の連邦議会選挙により40年ぶりに上下院とも共和党が支配したことにより、「2000年の目標」に掲げられたナショナル・スタンダードの設定は、地方学区の自治を侵しているとしてバック・スラッシュが起きた。選挙後の議会では「全米教育スタンダードと改善協議会」は廃止され、「2000年の目標」を廃案にする活動や「教育省」を廃止する声さえも高まった。その結果、「2000年の目標」の廃案は免れたものの、「2000年の目標」が要求した「ナショナル・スタンダード」と「ナショナル・アセスメント」の設定は実現されなかった（Jennings, 1998）。実質的には「2000年の目標」は全米の教育目標を掲げたものの、スタンダードの設定とテストを実施するために4億ドルの補助金を配分したに過ぎなかった。

しかし、この「2000年の目標」が実質的な効力を持つことになったのは、

94年のESEA法の再改定であるIASA法の「タイトルⅠ」において「2000年の目標」が政策目標となり、その到達度を評価するために学力テストなどによる教育結果を測定することを義務づけた点にある。

冒頭でも述べたように、アメリカ連邦政府の教育政策の権限は制限されており、特定目的に支出された補助金とともに通達される命令（mandate）に過ぎない[5]。したがって、ESEA法による補助金を受給する学区は連邦政府の命令に従う必要があるが、補助金を受給しない学区においては、ESEA法に基づく命令に従う必要はない。ただし、現実には60％以上の学区が「タイトルⅠ」による補助金を受けているために、その実質的な影響力は少なくない。

IASA法では、「タイトルⅠ」において教育の質の向上を実現するために、州に統一的なカリキュラム・スタンダードを設定することを求め、そのカリキュラムに準じた学力テストなどの教育評価を行うことを求めた。また、教育結果を求める代わりに、インプット・プロセス規制によって限定された補助金の支出のあり方も緩和した。特に、従来は地方学区の一般教育支出と区別して連邦政府の補助金を使用しなければならなかった財政上のアカウンタビリティから解放され、教育結果を問うアカウンタビリティを引き換えに、地方学区の教育費と連邦政府の補助金を統合的に使用できるプログラムが実施できるようになった点は注目される（Wang & Wong, 2002）。

IASA法の意図は、アウトプットに力点が移ったもののインプット・プロセス規制に伴う問題を改善することであった。言い換えれば、教育の質の向上につながるような再配分政策のあり方を模索するものであったともいえる。たとえば、再配分政策の問い直しという点では、94年の連邦議会では結果に対する基準だけでなく、「学習への機会（opportunity to learn）」と呼ばれる高い教育の質を達成するために必要な教育財政の基準を設定する試みがなされた。「2000年の目標」の審議過程では、ESEA法の「タイトルⅠ」の対象となる貧困児童に対して、厳しい達成目標を課すことは現実の実態から乖離しているとして、他の生徒と同じ内容のカリキュラムや環境を保障するスタンダードを設定することが議論された。この「学習への機会」が意味するところは、アメリカの公教育制度が、事実上、落ちこぼれの生徒に対して

大学進学や就職に必要な教育機会を与えていないという反省から生まれたものであった（Smith & O'Day, 1993）。

しかし、「学習への機会」の理念は「2000年の目標」では具現化されていない。その理由は、議会において共和党が反対しただけでなく、支出の負担を強いられる州知事からの反対があったためである。それでも「学習への機会」の概念に見られるような高い達成目標に応じてより多くの教育予算を配分するという論理は、現在の学区間格差の是正を求めた裁判でも新たな基準として機能し始めている。第4章でも改めて述べることになるが、90年代には各州で州の教育財政の学区間格差を違憲とする判決が下されている。こうした事実から考えれば、スタンダードの設定とアセスメントによるアカウンタビリティ政策は、補助金の配分や財政上の適切な判断基準として効果を上げているとも言える。

しかし、IASA法によって導入されたアウトプット規制は、諸刃の剣であった。**表1－2**で見られるように、88年の改定から2002年の改定までの間に、ますます学力結果に対するアカウンタビリティが求められるように変化した。特に、2002年のNCLB法では、全ての児童に対して学力テストを実施しなければならないとされ、それも第3学年から第8学年を対象に毎年度行うこととなった。さらに、学校選択やバウチャーのような形態をとる教材などへの補助も行い、学校の評価を親に通知することも求められている。NCLB法においては、IASA法で議論された「規制緩和」や「学習への機会」などアウトプットに引きつけられたインプットの議論は後退し、市場の論理の導入と結果の重視に力点が置かれることとなった。

NCLB法におけるアカウンタビリティの問題は、第11章でも再び論じられるが、要約すれば、NCLB法では学力向上という問題に関して成果が上がらない場合には、学校や学区には改善命令や再開校の処置がされるなどの制裁処置（sanction）が実施されるということである。NCLB法では、ある学校が2年間、学力不振校（low performing school）として適正年次進捗度（adequate yearly progress）を満たさない場合、3年目からは学校選択をする権利が親に告知される。そして、4年目には一人当たり約500ドルから1,500ドル程度の教材や家庭教師を雇うことのできるバウチャーが渡され、5年目には学校

表1—2 タイトルI政策の変遷

政策		1960s-1980s	Hawkins-Stafford 1988	IASA 1994	NCLB 2001
アカウンタビリティ		行政上の規制	学校の成果に対するアカウンタビリティ	規制緩和とより厳格なアカウンタビリティ	州全体の単一のアカウンタビリティ
		財政上の監視	地方学区と州への「タイトル1」政策の効果の評価		学校選択と補助教育サービス
カリキュラム		「タイトル1」の生徒のための別のカリキュラム	「タイトル1」と通常学級の生徒の協調的カリキュラム	州が高度な内容と学力を発育するためのカリキュラムを設定する	州が全ての生徒に対してスタンダード・カリキュラムを開発する義務
				発展的カリキュラム	科学的調査に基づく
教育方法		取り出し授業	地方学区が、教授プログラムに焦点を当てたニーズ・アセスメントを行う	効果的教授実践	教育実践は科学的調査に基づく
		補助教員を使った教授		取り出し授業ではなく、学習時間の延長	教員と補助教員の高い質を求める
			スクールワイド・プログラム	スクールワイド・プログラム	スクールワイド・プログラム
アセスメント		「タイトル1」とそれ以外の生徒の抽出比較調査	抽出比較調査	AYP（1年毎の適切な教育成果）	AYP（1年毎の適切な教育成果）
		標準偏差等による評価	NAEPで生徒の、読み、書き、計算の特定のデータを求める	タイトル1の生徒も同様に、全ての生徒を対象	第3学年から第8学年までテスト
				地方学区が、評価の計画を立てる	州にNAEPの参加を義務づける
					サブグループごと

（出典：Wong & Nicotera, 2004:94-95）

改善だけでなく根本的な改革が学校に迫られる。最後の7年目にはオルタナティブ・ガバナンスとして民間企業やチャータースクールとして再開校しなければならない、というものであった。また、アセスメントにおいても人種・民族別に学校は評価され、それぞれのグループごとに学力到達度を達成しなくてはならい、とされている（Title I, Part A, Subpart 1, Section 1116）。

　以上のようなNCLB法による連邦政府の介入主義的な政策は、教育サミッ

ト以来、協調的な関係にあった州知事との関係を険悪なものとした。アメリカにおいて連邦政府の教育政策の権限は、究極的には州にあり、連邦政府の行き過ぎた関与は州と地方学区の強い抵抗に遭遇する場合があった。近年においても、いくつかの州議会で NCLB 法に反対する決議が成立し、司法の場でも連邦政府の関与の違憲性を問う裁判も行われている（Hendrie,2005;Hoff, 2005）。

さらに NCLB 法では、スタンダード・カリキュラムが「高度でアカデミックなカリキュラム」を設定しなければならないとあるが、具体的な内容に関する規定は存在しない（Title I, Part A, Subpart 1, Section1111(b), (1)）。また、NCLB 法の政策目標として 2014 年までに各州で行われるテストにおいても、「習熟（Proficient）」レベルに全員が到達することを掲げているが（Title I, Part A, Subpart 1, Section1111(b), (2),(F)）、具体的に州で行う統一的なテストの詳細は規定されていない。このことからすると、連邦政府の役割は教育改革のための枠組みを示すという点で外在的であり、その内容については関与しないという点で連邦主義の理念を守っているといえる。言い換えれば、州が設定する学力テストの難易度やカリキュラムは各州で異なり、連邦政府の政策は州政府の同意なしには成立し得ない側面がある（Manzo, 2007）。教育政治学者のコーサー（Kenn R. Kosar）は、「多くの人は、NCLB 法は革命的であるというけれども、進化にすぎない」（Kosar, 2005: 195）と述べ、連邦政府の教育政策の関与は、従来の原則を超えるものではなかった点を指摘している。

もちろん NCLB 法は、上記で示した厳格な学力目標を達成できない場合においては、制裁処置を取るという政策自体を連邦政府による関与・介入であると指摘することもできよう。しかし、それでも連邦政府の主導性の意味するところは、教育改善を目指すための制度的な枠組みを提供するだけであって、具体的な政策内容と運用は州と学区に任されていると言えよう。

おわりに

本章では、70 年代から 90 年代までの ESEA 法による政策内容の変容を確認しながら、連邦政府による教育政策への影響力が増してきたことを明らか

にした。ただし、連邦政府の影響力の拡大に対する州や地方学区の立場や関係性は、現在でも論争的な状況に置かれていることは明白である。たとえば、94年の「2000年の目標」とIASA法成立後の中間選挙後の議会で最初に提案・可決された法案が、「無財源命令禁止法（Unfunded Mandated Reform Act）」であった。この法案は、連邦政府が財源処置を行わないままに州と地方学区への命令を行うことを禁止する法案であり、大統領の究極的な統治権を否定するほどの拘束力を持つものではないものの、連邦政府からの命令に対する抑制として成立したものである。

この「無財源命令禁止法」の制定によって、実は、NCLB法が州の権限を犯すものであるとする訴訟が起きている。2008年1月7日に出された第6巡回裁判所でのポンティアック学区等対アメリカ合衆国教育省（Pontiac School District, et al. v. Secretary of the United States Dep't of Education）裁判は、連邦政府の補助金を受けている複数の学区が原告となり、連邦政府が政府支出の補助金以上の負担を複数の学区に強制していると訴えたものである。1審の判決は原告側の敗訴となったが、2審では原告側の訴えを認めた判決が下されている。この訴訟は、「無財源命令禁止法」で明記された州と学区が自らの財源負担によって連邦政府の政策を行うことは違反であること、アカウンタビリティ政策によって生まれる様々な命令については遵守する必要がないことを訴えたものであった。ただし、NCLB法に対する批判の多くも、この裁判の原告の訴えも、アカウンタビリティ政策自体を問うものではなく、アカウンタビリティ政策を前提にした上で、その具体的な適用の問題性や財源の適切性をめぐる議論となっている。

また、IASA法やNCLB法によって規定された教育政策は、厳しいアカウンタビリティ政策の遂行が求められているとはいえ、必ずしも各州レベルにおいて順調に合意を得られたわけではない。たとえば、「2000年の目標」で掲げられた要件を満たすスタンダードの設定とアセスメントを実施した州は、2000年の時点で14州しか存在しないと報告されている（GAO, 2002）。政策の実施の詳細は、連邦政府の法案内容どおりには実現できないことが多い。この点を積極的に評価すれば、連邦・州・地方学区の三者はアカウンタビリティが求められる教育改革が進展する中でも基本的には相互に抑制し、

均衡を維持しているといえ、現在も連邦主義の特質が機能しているということも指摘できよう。しかしながら、本章の結論の一つは、依然としてアメリカの教育行政制度が地方自治を基盤として機能するものであるが、その意味内容は80年代と90年代では大きく異なるものとなり、とりわけ州のテスト政策や教育財政政策においては連邦政府や州政府の影響は顕著なものとなったといえる。

　本章で考察した問題を、マサチューセッツ州の場合に当てはめて考えて見たい。第3章でも論じられるように、同州でも民主党と共和党議員の多数が同意して93年に「州教育改革法」が成立している。マサチューセッツ州でも、連邦政府の教育政策には好意的であり、アカウンタビリティ政策自体に対する反対も存在しない。むろん、過度の適用や単純な適用については反対もあった。だが、この連邦政府の教育政策がマサチューセッツ州でも合意を得た背景には、連邦政府の介入が「あくまでも補助金の再配分をめぐるもの」であることに限定されたこと、教育の質の保障を実現するためには「一定の制度的な統一性を担保する」必要性があり、同州においてもアカウンタビリティを中心とした政策枠組みへの合意形成がなされたと言えよう。すなわち、アメリカのアカウンタビリティ政策は、たんなる統制や説明責任を求めるものであっただけでなく、むしろ「政府間の調整を行う紐帯」となりうるものであった。現在のESEA法による教育改革が、どの程度の影響力を各州や学区に対して保持し、どのような統治制度構造の変化をともなうかは、今後の推移を注意深く見守る必要がある。

注

1　91年の10月24日にウースターの医療センターで行われた会議での発言から引用。

2　厳密にいえばギッテル(Marilyn Gittell)は71年までのニューヨークでは当時の3分の2以上のESEA法の補助金が地方学区さえも素通りし、コミュニティ・スクール・ボード(Community School Board)に配分されていた点を指摘している。この形式は、地方教育委員会に対する中産階級の親たちの影響力が強く、貧困な状況にある黒人が多くを占める学校に予算が配分されない場合があったために、より直接的に配分しようと意図するものであった(Gittell, 1973)。しかし、今日からみれば70年代以降の公民権運動の挫折と黒人至上主義の台頭などもあって、対立関係の激化と利害関係をかえって増大させる一因にもなったといえる。

3 連邦政府の教育政策の特徴は、基本的に全てが時限立法であったという点であり、ESEA法は当初は3年毎に改定されていたが、その後は5年に一度改定されている。その他にも期限を待たずして改定された場合や、連邦議会で審議が紛糾し年度中に合意が至らない時に、約1年（年度関係上2年に跨る場合もある）の猶予を持って継続審議され、合意した場合などもある。また、同法は、再改定のたびに当時の連邦政府の意図が反映されている。たとえば70年代の争点は、ESEA法の補助金の拡大とインプット・プロセス規制を通した人種統合と平等化の進展にあった。

4 「bully pulpit」とは、セオドア・ルーズベルト（Theodore Roosevelt）がアメリカの大統領（あるいは、ホワイトハウス）が会衆（国民）を説教する（唱道する）ために無比の機会を占有している、と述べたことに由来する。一般的に「公職の権威」や「自己宣伝の機会」など訳されるが、ここでは「権威ある説教」とした。

5 IASA法やNCLB法のように、州と地方学区に対する連邦政府の命令（mandates）を正当化できる根拠は、「合衆国憲法第1条8節」にある一般福祉条項（general welfare clause）である。この条文には、連邦政府は「アメリカ合衆国の防衛と一般福祉のために」支出し、税を課す権限があるとされる。この権限に基づき補助金が支出され、支出される補助金から連邦政府の権限が生まれている。たとえば、95年のIASA法から「特定の(specific)」という言葉が法案に入るようになった。これはNCLB法においても同様であり、直接的な命令は「合衆国憲法第10条」に違憲するが、連邦政府は一般福祉条項を使って連邦政府の特定の政策目的のための間接的な命令を正当化するためのものでもあった。ライヤン（James E. Ryan）によると、支出条項を使った連邦政府から州と地方学区への間接的な命令は、政治上の権限による規制はできるが、司法ではまだ基準が確定できないため難しい、と述べている（Ryan, 2004）。

引用・参考文献

上寺康司 1992「アメリカ合衆国における連邦教育包括補助金制度の構造と機能に関する一考察―政府間教育財政関係に着目して―」上原貞雄編『現代アメリカ教育行政の研究』渓水社.

上原貞雄 1971『アメリカ教育行政の研究―その中央集権化の傾向―』東海大学出版.

北野秋男 2003「〈研究ノート〉マサチューセッツ州におけるテスト政策と教育アセスメント行政の実態―「マサチューセッツ州総合評価システム」の成立と影響―」日本教育学会『教育学研究』第70巻, 第4号, pp. 559-568.

佐藤全 1973「米国の教育課程法制―州憲法教育条項・州憲法の分析―」『東北大学教育学研究年報』第21集, pp. 205-226.

新藤宗幸 1991「レーガン新連邦主義と政府間財政政策の展開」阿部斉他編『アメリカの現代政治の分析』東京大学出版会, pp. 191-218.

坪井由実 1998『アメリカ都市教育委員会制度の改革―分権化政策と教育自治―』勁草書房.

長嶺宏作 2007「アメリカの連邦制度構造下におけるESEAによる補助金の意義―1965年の初等中等教育法の成立過程の考察を中心として―」日本大学教育学会『教育学雑誌』第42号, pp. 29-41.

長嶺宏作 2009「効果ある学校の制度化―アメリカにおける「体系的改革」の理念―」

日本大学人文科学研究所『研究紀要』第76号, pp.69-82.
本田正人 1996「アメリカの教育財政政策と法制度」小川正人他編『教育財政の政策と法制度－教育財政入門－』エイデル研究所, pp. 207-234.
The Common Wealth of Massachusetts Executive Department 1991,10.24. "Weld, Cellucci Unveil Education Reform," pp. 1-8.
Conant, James B. 1961 *Slums and Suburbs: a commentary on schools in metropolitan areas*, New York, NY; McGraw-Hill.
CQ Almanac, 1965-2007
CQ Weekly, 1980-2007
Christie, Kathy 2002 April, " State Leadership: Is the New ESEA the Chicken or the Egg?," *Phi Delta Kappan*, Vol.83, Issue.8, pp. 570-571
Gittell, Marilyn. Berube, Maurice R. Demas, Boulton H. Flavin, Daniel. Rosentraub, Mark. Spier, Adele, & Tatge David 1973 *School Boards and School Policy: An Evaluation of Decentralization in New York City*, New York, NY: Praeger Pub.
George H.W. Bush 1989.9.28 *Joint Statement on the Education Summit with the Nation's Governors in Charlottesville*, Virginia./http://bushlibrary.tamu.edu/research/public_papers.php?id=971&year=1989&month=9（2008.9.30.取得）
Government Accounting Office 2002 *Title I: Education Needs to Monitor State's Scoring of Assessments(GAO-02-393)*.
Hendrie, Caroline 2005.5.4. "NCLB Cases Face Hurdles In the Courts," *Education Week*, Vol.24, No.34, pp. 1, 22.
Hoff, David J. 2005. 2.24. "NCLB Needs Work, Legislators Assert," *Education Week*, Vol.24, No.25, pp. 1, 20.
Jennings, John F. 1998 *Why National Standards and Tests?: Politics and the Quest for Better Schools*, Thousand Oaks, CA: SAGE, chapter 7-8.
Kanstoroom, Marci. and Palmaffy, Tyce. 2002 "Using Market Forces to Make Title I More Effective" in the Wong, Kenneth. & Wang, Margaret（Eds）, *Efficiency, Accountability, and Equity Issue in Title I Schoolwide Program Implementation*, pp. 3-27, Greenwich, CT: IAP.
Kantor, Harvey 1991 November, "Education, Social Reform, and the State: ESEA and Federal Education Policy in the 1960s," *American Journal of Education*, pp. 47-83.
Kantor, Harvey 2006 Winter, "From New Deal to No Deal: No Child Left Behind and the Devolution of Responsibility for Equal Opportunity," *Harvard Education Review*, Vol.76, No.4, pp. 474-502.
Kirst, Michael W. 1995 "Who's in Charge? Federal, State, and Local Control" in the Ravitch, Diana., and Vinovskis, Maris A., *Learning From The Past: What History Teaches Us About School Reform*, Baltimore, pp. 25-56. ML: the John Hopkins University Press.
Kosar, Kevin R. 2005 *Failing Grades: The Federal Politics of Education Standards*, Boulder, CO: Lynne Rienner Pub.
Lowi, Theodore J.（1969/1979）*The End of Liberalism: The Seocond Republic of the United States*, New York, NY: W.W. Norton & Company Inc.
Manzo, Kathleen K. 2007,10.10. "Report Pans How States Set the Bar," *Education Week*,

Vol.27, No.7, p.1, 16.

MacLaughlin, Milbery W. 1976 February, "Implementation of ESEA Title I: AProblem of Compliance, *Teachers College Record*, Vol.77, No.3, pp. 397-415.

Manna, Paul 2007 *School's In: Federalism and the National Education Agenda*, Prospect Street, Washington, D.C.: Georgetown University Press.

Murphy, Jerome 1971 February, Title I of ESEA: The Politics of Implementing Federal Education Reform, *Harvard Education Review*, Vol.41, No.1.

National Commission on Excellence in Education 1983 *A Nation at Risk: The Imperative for Education Reform*, Washington, D.C. : GPO.

National Governors' Association 1986 *Time for Results: The Governors Report on Education*, North Capitol Street, Washington, D.C. : National Governors Association.

Nelson, Adam R. 2005 *The Elusive Ideal: Equal Educational Opportunity and the Federal Role in Boston's Public Schools, 1950-1985*, Chicago, MI: The University of Chicago Press.

Peterson, Paul E. Rabe, Barry R. & Wong, Kenneth K. 1986 *When Federalism Works*, Massachusetts, Washington, D.C. : Brookings.

Ryan, James E. 2004 "The Tenth Amendment and Other Paper Tigers: The Legal Boundaries of Education Governance" in the Epstein, Noel, *Who's in Charge Here?: The Tangled Web of School Governance and Policy*, pp. 42-74, Massachusetts, Washington, D.C. : Brookings.

Schwartz, Robert B. 2003 "The Emerging State Leadership Role in Education Reform: Notes of a Participant-Observer," in the Gordon, David T (Ed) , *A Nation Reformed?: American Education 20 Years after A Nation at Risk*, pp. 131-151, Cambridge, MA: Harvard Education Press .

Pontiac School District, et al. v. Secretary of the United States Dep't of Educ, (2008, 1.7) No.05-2708, The Sixth Circuit of the US.

Smith, Marshall S. & O'Day, Jennifer. 1991 "Systemic School Reform" in Susan H. Fuhrman & Betty Malen (Eds) , *The Politics of Curriculum and Testing*, pp. 233-267, New York, NY: The Falmer Press .

Smith, Marshall S. & O'Day, Jennifer. 1993 "Systemic Reform and Educational Opportunity" in the Fuhram, Susan H. (Eds) , *Designing Coherent Education Policy: Improving the System*, Consortium for Policy Research in Education, pp. 250-312, San Francisco, CA: Jossey-Bass.

Subcommittee on Education of the Committee on Labor and Public Welfare 1965 2.4. Thursday, Washigton, D.C.

Tyack, David B. 1974 *The One Best System: A History of American Urban Education*, Cambridge, MA: Harvard Education Press.

Unfunded Mandated Reform Act of 1995, *PL104-4*, 1995, 3.22.

Wang, Margaret C. & Wong Kenneth K. 2002 "Toward Effective Strategies in Raising Academic Performance: Finding From a National Study of Effective Title I Schoolwide Programs" in the Wong, Kenneth K. & Wang, Margaret C (Eds) , *Efficiency, Accountability, and Equity Issue in Title I Schoolwide Program Implementation*, pp.

213-241, Greenwich, CT: IAP.
Wong, Kenneth. K. 1999 *Funding Public Schools: Politics and Policies*, Lawrence, KA: University Press of Kansas.
Wong, Kenneth K. & Nicotera, Anna C. 2004 "Educational Quality and Policy Redesign: Reconsidering the NAR and Federal Title I Policy," *Peabody Journal of Education*, 79 (1), pp. 94-95.

第2章
アメリカにおけるスタンダード設定論の検討
― McREL データベースに焦点を当てて ―

石井英真

はじめに

　1983年、『危機に立つ国家（*A Nation at Risk*）』の発表を契機に、アメリカでは学力向上が国家的な課題として認識されることになった。89年には、共和党のブッシュ大統領が、全米の州知事を招いて教育サミットを開催した。そして翌年、「就学前段階の援助」「ハイスクール卒業率の向上」「数学・理科における世界最高水準の学力の達成」など、6項目の「全米教育目標（National Education Goals）」が公表された。さらに、91年には「2000年のアメリカ：教育戦略（America 2000: An Education Strategy）」が発表され、2000年までに6つの目標を達成すべく、スタンダードの設定、優秀教員や優れた成果を収めた学区に対する報奨金の支給などの実行策が示された。

　これ以後、連邦政府、州政府レベルで、公教育を通じて子どもに身につけさせたい知識・能力、およびその到達水準（「スタンダード（standards）」）を設定し、それに基づいて教育改革を進めていく動きが本格化することになる（「スタンダードに基づく運動（Standards-based Movement）」）。その基本的な発想は、州レベルでスタンダードを設定しそれに基づく学力評価を実施する一方で、規制緩和により学区や学校の主体的な取り組みを促すというものであった。スタンダードとそれに基づく評価システムについては、当初は連邦政府レベルで開発しようとする気運もあったが、最終的に州レベルで開発することとなった。そして、連邦政府は、州レベルのスタンダード開発を支援すべく、民間の各教科の専門団体にナショナル・スタンダード（national standards）の開発を要請し、補助金の交付を行った。

アメリカのスタンダードに基づく運動において、初めて開発されたスタンダードは89年3月の「全米数学教師協会（National Council of Teachers of Mathematics）」（以下、「NCTM」と略す）による「学校数学のためのカリキュラムと評価のスタンダード（Curriculum and Evaluation Standards for School Mathematics）」である（NCTM, 1989）。このNCTMのスタンダードのカテゴリー構成や開発方法をモデルに、他教科でもスタンダードの開発が本格的に始まった。

こうした連邦政府、州政府主導のスタンダードに基づく運動に対しては、教育実践の自由と創造性を制限するなどの批判も根強く（Miller, 1995）、90年代中頃には連邦、州レベルでのスタンダードに基づく運動の展開は一度衰退する。こうした批判の一方で、共通カリキュラムの必要性というスタンダードに基づく運動の提起は、70年代の人間中心カリキュラムの下で極度に多様化の進んだアメリカの学校カリキュラムの現状や、そうした状況下で知的教科の学習が軽視されがちであったことへのアンチテーゼとしての意味を持っていた。また、「インプット」ではなく「アウトプット」において教育の成功を捉えようとする視点は、結果の平等の追求につながりうるものである。

そこで、スタンダードに基づく運動の教育的意義に着目し、学力保障を目指したローカルな学校改革や日々の授業改善に、スタンダードを積極的に活かしていこうとする実践が、学区・学校レベルで展開されるようにもなった。そして、学区・学校レベルでローカルにスタンダードを設定し、それに基づいて教育を行う取り組みをサポートすべく、95年にはMcREL（Mid-continent Regional Educational Laboratory）が各教科のスタンダードを整理・統合したデータベースを開発した（Kendall and Marzano, 1995）[1]。しかしながら、各教科のスタンダードを参照しながらローカルにスタンダードを設定するには、いくつかの問題をクリアせねばならなかった。McRELデータベースの開発において指導的役割を果たしたマルザーノ（R. J. Marzano）とケンダル（J. S. Kendall）は、その問題を下記の五点に整理している（Kendall and Marzano, 2000: 19-29）。

教科ごとに複数の団体がスタンダードを示した文書を提出しているが、団

体によって、①重要と考える教科内容に違いがある、②スタンダードの定義が違う、③スタンダードの記述方法が違う、④学年段階の幅が違う、⑤スタンダード記述の一般性のレベルが違う。

　これらの問題に応えるべく、マルザーノらは教科ごとに主要な文書を一点もしくは数点選び、その内容を総合して、より包括的な知識ベースとして集成した。その際、実践的有効性を持った全教科共通のフォーマットを考案し、スタンダードの内容を整理した。そうして完成したのがMcRELデータベースである。さらに、彼らは、このデータベース作成の経験をもとに、学区・学校レベルでスタンダード、および、それに基づく教育システム（「スタンダードに基づく教育（Standards-based Education）」）を設計する上での論点を明らかにするとともに、その論点ごとに複数の具体的な選択肢を提示している（Marzano and Kendall, 1996）。特に、スタンダードの記述の明確化、および領域や段階の構成に関する彼らの理論（スタンダード設定論）は、アメリカのスタンダードに基づく運動において経験的に蓄積・共有されてきたスタンダード設定の方法論を言語化し定式化したものといえよう。

　本章では、McRELデータベース、およびマルザーノらのスタンダード設定論を中心的に検討することで、スタンダードとは何か、また、それをどう設定していけばよいのかについて考察するとともに、スタンダード設定をめぐる理論的課題を明らかにする。

1　教科の専門団体によるスタンダードの開発

　McRELデータベースの検討を行う前に、NCTMによる「算数・数学」のスタンダード開発の取り組みに分析を加える。これにより、教科の専門団体におけるナショナル・スタンダード開発の意図、スタンダード開発の手順、そしてスタンダードの設定方法の一般的な傾向を明らかにする。

　NCTMのスタンダードは、これからのあるべき数学教育のあり方（「卓越性の規準（criteria for excellence）」）を示し、それに向けての全米的な改革を牽引することを目指して開発された。それは、労働者、市民として情報化社会、生涯学習社会をよりよく生きるための数学的資質を全ての子どもたちのもの

にしていく数学教育改革を目指す試みであった。またそれは、社会的構成主義の知識観・学習観に基づき、活動的で協同的な数学学習を教室に実現するための試みでもあった。

　NCTMによるスタンダード開発の動きは、83年12月に始まる[2]。ウィスコンシン州マディソンで催された学校数学に関する会議において、上記の改革を進めるための勧告が出され、数学カリキュラムのガイドラインを提案する作業グループが組織された。86年には、ロンバーグ（T. A. Romberg）を委員長とする学校数学のためのスタンダード委員会（現場教師、指導主事、教育研究者、教師教育者、大学の数学者から成る）が結成され、スタンダードの開発と執筆の作業が始まった。翌年夏には草稿版が完成し、NCTM会員に配られるとともに、草稿について各地で討議と意見聴取の機会が設けられた。そして得られた意見をふまえ、88年には最終原稿が作成され、翌年に公刊の運びとなった。

　こうして完成したスタンダードは、最初に数学教育の新たなヴィジョンを明らかにした上で、カリキュラム・スタンダードと評価スタンダードの二種類のスタンダードを提示している。カリキュラム・スタンダードは、各州・学区・学校のカリキュラムがどのような内容を含むべきかを示している。他方、評価スタンダードはスタンダードが目指す教育改革の進展の具合を確かめるための評価のあり方（評価一般、生徒評価、プログラム評価の満たすべき要件）を示している。NCTMのスタンダードは、全国一律に実施すべき教育内容を定めたナショナル・カリキュラムではない。それは、各地域が独自に設計するカリキュラム、授業、評価の方向性を示すモデルであり、教育システムの質を判定する基準である。あくまでも各地域の自律性を尊重するものであることが堅持されているのである。

　ラヴィッチ（D. Ravitch）によると、元来、スタンダードという用語には二通りの意味があるという（Ravitch,1995: 7）。一つは、戦闘の際に再結集する点を示す旗印の意味（モデル・範例）である。そしてもう一つは、数量、重さ、程度、価値など品質を計量するきまりの意味（尺度・物差し）である。すなわち、スタンダードはゴール（何がなされるべきか）と、そのゴールに向けての進歩の測定（どの程度うまくなされたか）の両方の意味を含むのである。NCTM

表2－1　NCTMのスタンダードの内容項目

【学年を超えて共通する項目】
①問題解決としての数学、②コミュニケーションとしての数学、③推論としての数学、④数学的なつながり

【学年段階ごとの項目】

K-4学年	5-8学年	9-12学年
⑤見積もり	⑤数と数の関係	⑤代数
⑥数のセンスと数表現	⑥数系と数論	⑥関数
⑦整数の演算の概念	⑦計算と見積もり	⑦総合的視点からの幾何
⑧整数の計算	⑧パターンと関数	⑧代数的視点からの幾何
⑨幾何と空間のセンス	⑨代数	⑨三角法
⑩測定	⑩統計	⑩統計
⑪統計と確率	⑪確率	⑪確率
⑫分数と小数	⑫幾何	⑫離散数学
⑬パターンと関係	⑬測定	⑬微分積分の概念的基礎
		⑭数学的構造

(出典：NCTM, 1989の内容をもとに筆者が図表化)

のスタンダードにも、両方の要素が見て取れよう。

　NCTMのカリキュラム・スタンダードは、表2－1のような内容項目によって構成されている。4年間のまとまりごとに教えるべき内容を示している点、そして、全学年段階で共通して指導すべき項目として、数学学習に関わる思考スキルが知識内容と別立てで設定されている点が特徴的である。思考スキルのカテゴリーは、数学を学習し応用する際の一まとまりの活動の流れ（現実世界の問題場面を数学的にモデル化する→数学の世界で数学的推論を駆使して解を導き出す→もとの問題場面に照らして解を解釈する→他者に向けて問題解決の過程と結果を表現し、数学的な議論を行う）に即して構成されている。

　各スタンダードは、表2－2のように、その達成状態を示す下位項目によって具体化される。さらにNCTMのカリキュラム・スタンダードには、それらの内容を学ぶ学問的・社会的・発達的意味が示されるとともに、各内容の指導方針が、子どものつまずきや教材の実例を交えて詳しく説明されている。

　2000年、NCTMは「学校数学のためのカリキュラムと評価のスタンダード」を改定した（NCTM, 2000）[3]。これより、学年段階が、pre-K-2、3-5、6-8、9-12の四段階に改められ、また思考スキルのみならず、知識内容も全学年

表2-2　スタンダードの記述方法

数と数の関係（内容スタンダード）
5-8学年の数学カリキュラムでは、生徒が次のことができるように、数と数の関係の継続的な発達を含まなければならない。 ・現実世界や数学的な問題状況において、様々な同値の形式の数（整数、分数、小数、百分率、指数、科学的表記）を理解し、表現し、使うこと。 ・自然数、分数、小数、整数、有理数に関する数感覚を伸ばすこと。 ・様々な状況において、比、割合、百分率を理解し応用すること。 ・分数、小数、百分率の間の関係を調べること。 ・一次元や二次元のグラフで数関係を表すこと。

（出典：NCTM, 1989の内容をもとに筆者が図表化）

表2-3　NCTMの2000年版スタンダードの構造

	数と演算	代数	図形	測定	データ解析・確率	問題解決	推論と証明	コミュニケーション	つながり	表現
pre-K-2学年										
3-5学年										
6-8学年										
9-12学年										

（出典：NCTM, 2000の内容をもとに筆者が図表化）

段階共通の項目として設定された。これにより、**表2-3**が示すように内容項目と学年段階を縦糸と横糸とする形でカリキュラムが記述される構造となった。

　NCTMによるスタンダード開発の要点を下記の三点でまとめておこう。まず、ナショナル・カリキュラムではなく、教育改革のヴィジョンと教育システムの質を判定する基準を示すことにより、各地域の自律的な教育改革を手助けするものとしてスタンダードが捉えられている点である。次に、スタンダード設定において各地域の教育関係者と広く意見交換や議論を行い、より多くの人々の間での合意形成を図ろうとしている点である。第三に、学年縦断的な領域構成、および領域横断的な思考スキルのスタンダード化というスタンダードの設定方法である。これらの特徴は、他の教科団体のスタンダードにもほぼ共通する。

2 McRELデータベースに見るスタンダード設定論

　本節では、McRELデータベースの概要とその特徴、およびその背後にあるスタンダード設定の論理を明らかにする。

(1) スタンダード設定のカテゴリー・システム

　マルザーノらは、NCTMの89年版スタンダードを例にとりながら、スタンダード概念の混乱を指摘する（Kendall and Marzano, 2000: 20）。そこには、知識・技能（例：「生徒たちは結果の妥当性をチェックするために見積もりを使う」）、数学学習を成功裏に遂行した結果として獲得される見方や性向などの包括的なゴール（例：「生徒たちは自分たちの世界の中に幾何を見出し、それを味わう」）、カリキュラムや授業の設計の原則（例：「生徒たちは他のカリキュラム領域で数学を使う」）が混在している。これに対し、マルザーノらは知識・技能を「内容スタンダード（content standards）」、そしてゴールと原則は「カリキュラム・スタンダード（curriculum standards）」と呼び、両者を区別することを説く。その上で、専らスタンダード設定の問題を内容スタンダードの問題に焦点化して捉え、内容スタンダードの選択、明確化、構造化を進めていく。

　さらにマルザーノらは、各教科団体がスタンダードを記述する際の代表的な方法として、下記の三つを挙げている（Kendall and Marzano, 2000: 21-22）。①子どもに習得されるべき知識・技能の形で記述する方法（例：「すべての有機体は細胞で構成されている」）。②子どもたちに期待される活動や行動指標の形で記述する方法（例：「生徒たちは健康が身体システムの相互作用にいかに影響されているかを説明するだろう」）。③行為の文脈まで明示したパフォーマンス課題の形で記述する方法（例：「ドナウ川沿いの漁村、フランスのラスコーの洞窟、北部地域にある狩猟遺跡といった場所の狩猟採集生活者の遺跡の絵を分析せよ。これらと、エリコで見つかった遺跡、チャタルヒュユク、中国北部の半坡村、メキシコのテワカン谷といった農耕遺跡とを対比せよ。狩猟採集生活者の遺跡は農耕遺跡とどのように異なっているのだろう？」）。

　マルザーノらは、子どもの遂行する活動や課題の形でスタンダードを記述する方法が、何を学ぶのかだけでなく、どう学ぶのかをも規定するものであ

表2－4　McRELデータベースにおける科学のスタンダードとベンチマークの例

ⅰ）科学のスタンダード一覧

地球と宇宙の科学
①大気のプロセスと水の循環について理解する。 ②地球の構成と構造について理解する。 ③宇宙の構成と構造と宇宙の中での地球の位置について理解する。

生命科学
④遺伝とその関連概念の原理について理解する。 ⑤細胞と有機体の構造と機能について理解する。 ⑥有機体とその物理的環境との関係について理解する。 ⑦生物学的進化と生命の多様性について理解する。

物理科学
⑧物質の構造と特性について理解する。 ⑨エネルギーの源泉と特性について理解する。 ⑩力と運動について理解する。

科学の本質
⑪科学的知識の本質について理解する。 ⑫科学的探究の本質について理解する。 ⑬科学という営みの本質について理解する。

ⅱ）スタンダード③のベンチマーク

レベル pre-K
①空の主な特徴を記述するのに使われる語彙（例：雲、太陽、月）を知る。

レベルⅠ（K-2）
①太陽と月の基本的なパターン（例：太陽は毎日昼間に現れ、月は夜や昼に時々現れる。太陽と月は空を東から西へと横切って動くようだ。一ヶ月の中で月は姿を変えているようだ。空での太陽の位置は季節を通して変わる。）を知る。 ②星は無数で、まばらに散らばっており、輝きも一様ではないことを知る。

レベルⅡ（3-5）
①夜と昼は地球の自転によって生み出されていることを知る。 ②地球が太陽の周りを回るいくつかの惑星の一つだということを、そして、月が地球の周りを回っていることを知る。 ③星は、夜毎、空をゆっくりと東から西へ横切って動くし、季節が変わると違う星が見えるが、空の星の配置は同じままだということを知る。 ④惑星は星のように見えるが、時間の経過とともに星座の間を動いているようだということを知る。 ⑤宇宙の天文学的物体は、その大きさにおいてとてつもなく巨大であり、互いに距離がとても離れている（例：多くの星は太陽よりはるかに大きいが、あまりに遠くにあるので光の点のように見える。）ということを知る。 ⑥望遠鏡は空の遠くにある物体（例：月、惑星）を拡大するとともに、我々が見ることのできる星の数を劇的に増やすことを知る。

レベルⅢ（6-8）
…

レベルⅣ（9-12）
…

（出典：データベース第4版の内容をもとに筆者が図表化）

り、教師の指導方法と子どもの学習方法の自由を狭めることになる点を指摘する。また、それは子どもたちが学ぶ内容の範囲を活動や課題で取り上げる範囲に限定し、何を学ぶべきかという問いへの意識を弱くするともいう。それゆえ、マルザーノらは子どもたちが学ぶべき知識・技能の形でスタンダードを記述する方法を選択する。教育内容を明らかにした上でなければ、活動や課題の明確化に進むべきではないし、活動や課題は各学区・学校への共通の要求でなくあくまで実践例として提示するべきだというわけである。

McRELデータベースでは、スタンダードとその下位カテゴリーである「ベンチマーク（benchmarks）」によって目標を具体的に記述し、内容スタンダードの中身を示している。**表2－4**が示すように、スタンダードが複数の学年を貫くような内容のまとまりであるのに対し、各学年段階に即してスタンダードの構成要素となる知識・技能を示すものがベンチマークである。McRELデータベースでは、基本的にスタンダードとベンチマークのみが示されている。しかし、マルザーノらは学区・学校レベルでスタンダードを開

表2－5　ベンチマークからパフォーマンス活動、パフォーマンス課題への具体化の例

ベンチマーク	パフォーマンス活動のサンプル	パフォーマンス課題のサンプル
月の満ち欠けの基本的な特徴を理解する。	・身の回りの物体を使って、月の満ち欠けを説明する。 ・地球への影響という観点から、様々な月の満ち欠けを比較する。 ・自然界に、月の満ち欠けと似た変化のサイクルを見つける。	あなたの叔母、叔父と幼いいとこが、町の外から訪ねてきます。両親はあなたに、いとこ二人、裏庭でキャンプするように言いました。暗くなって、いとこで6歳になるマイケルが、細長い月を指差し、ある時は丸いのに何日かすると細長く縮むというように、なぜ月は姿を変えるのかとあなたに尋ねました。あなたは、お腹が空くと月（それに、6歳の男の子）を食べる空の巨人についての怖い物語を話したくなりました。しかし、あなたは、とりあえず空の巨人の話は置いておいて、月の満ち欠けのサイクルをマイケルに教えることにしました。 キャンプ用品を使って、マイケルのために月の満ち欠けを説明する実演装置を作りなさい。あなたが実演で使う物体のリストと実演の手順も含めて、あなたの説明を書きなさい。

（出典：Marzano and Kendall, 1996: 63）

発する際には、**表2－5**のような形で、ベンチマークにパフォーマンス活動やパフォーマンス課題のサンプルを添付するのが有効だと述べている。

(2) 教科横断的な能力のスタンダード化

最新の McREL データベースでは、15領域（芸術、行動学習、キャリア教育、公民、経済、外国語、地理、保健、歴史、言語技術、ライフスキル、数学、体育、理科、技術）について、幼稚園から第12学年までを4つのレベル（K-2、3-5、6-8、9-12）に分けて、内容スタンダードの一覧を示している。ここで注目すべきは、教科横断的な知的・社会的能力（「ライフスキル（life skills）」）が通常

表2－6 「ライフスキル」のスタンダードの項目

思考と推論
①説得力のある議論を提示するための基本原則を理解し適用する。
②論理と推論に関する基本原則を理解し適用する。
③類似点と差異を同定する心的過程を効果的に使用する。
④仮説検証と科学的探究の基本原理を理解し適用する。
⑤トラブルの処理や問題解決に関わる基本的な技術を適用する。
⑥意思決定の技術を適用する。
他者との協働
①グループ全体の活動に貢献する。
②紛争解決の技術を適用する。
③多様な個人と多様な状況で上手に協働する。
④効果的な個人間のコミュニケーションスキルを示す。
⑤リーダーシップのスキルを示す。
自己調整
①目標を立ててそれを管理する。
②自己評価を行う。
③リスクを考慮する。
④幅広い視野を示す。
⑤健全な自己概念を維持する。
⑥衝動を制御する。
ライフワーク
①基本的な道具を効果的に使用する。
②特定の課題を遂行するために、専門的な種類のものも含め、多様な情報源を使用する。
③お金を効果的に運用する。
④特定の仕事に関わる関心事を研究したり追求したりする。
⑤労働者の仲間入りをするための一般的な準備をする。
⑥基礎的なライフスキルを効果的に使用する。
⑦信頼性と基本的な労働倫理を示す。
⑧組織の中で有能に働く。

（出典：データベース第4版の内容をもとに筆者が図表化）

の教科領域とは別領域で設定されている点である。ライフスキルの領域は、「思考と推論（thinking and reasoning）」「他者との協働（work with others）」「自己調整（self-regulation）」「ライフワーク（life work）」から成る（**表2－6**）。

　もともとマルザーノは、教科領域を超えて稼動し、学校外生活でも求められるような知的・社会的能力（思考スキル、情報処理・活用能力、コミュニケーション能力、他者と協働する力、精神の習慣）を、教科内容とは別にスタンダード化することを主張していた（Marzano, Pickering, and McTighe, 1993）。そこでは、基本的に伝統的な教科指導の枠内での知的な活動が想定されており、パフォーマンス課題（真正で有意味な知的活動）遂行の前提でありかつそれを通して育むべき知的・社会的能力が抽出されている。

　これに対し、McRELデータベースのライフスキルでは、「ライフワーク」という項目でポスト産業主義社会の労働者に求められる資質・能力を直接的に示すなど、労働市場への対応が意識されている。他方、思考スキルに関する部分については、各教科のスタンダードの内容に即して精選され、再構成されている。結果、各思考スキルと各教科領域との対応関係はより明確となった（Marzano and Pollock, 2001）。たとえば、「理科」では仮説検証と科学的探究（④）が最も重視され、説得力のある議論を行ったり（①）、論理学を活用したりすること（②）も重視されている。だが、意思決定（⑥）はさほど重視されていない。意思決定は、「公民」「地理」「保健」「体育」などの教科で重視されている。

　ところで、このように教科領域を超えた能力を一般的な形で取り出して目標化することに対しては批判も多い。特に、教科内容と結びつけずに思考スキルのみを独立して指導することに対しては、学習の領域固有性を唱える論者たちからの批判があり、思考教授研究の分野においても、教科内容の習得過程に思考スキルの指導を埋め込む方法が一般的となっている。マルザーノ自身、高次の思考力を育む単元設計の方法として、このアプローチを採用している[4]。

　ここで注意しておかねばならないのは、スタンダードのレベルで一般的な思考スキルを明示するからといって、それを教科内容と切り離して指導することを支持しているとは限らないという点である。マルザーノらは、授業設

計のレベルでの思考スキルのカテゴリーの扱いと、スタンダード設定のレベルでのそれとを分けて議論すべきだと主張する。そして、スタンダード設定のレベルでの思考スキルの扱い方に関して、教科団体が開発したスタンダードの中に、三つのアプローチが存在することを指摘する（Kendall and Marzano, 2000: 32-35）。①一般的な思考スキルをスタンダード化する。②教科固有の思考スキルをスタンダード化する。そして、③思考スキルを扱うスタンダードは明示的に設定しないが、内容スタンダードの下位カテゴリーをパフォーマンス課題の形で具体化し、そこに何らかの思考スキルを埋め込むという三つである。

　まず、パフォーマンス課題の中に思考スキルを埋め込む方法について、マルザーノらは、次のようにその問題点を指摘する。パフォーマンス課題を用いることで、子どもは何らかの思考活動を経験するだろう、という程度の見通しでは、どの思考の型にどれだけ触れるかは自覚的に問われることはない。そして、それでは思考スキルを系統的に伸ばしていくことにはつながらない。また、教科固有の思考スキルのスタンダード化に対しても、次のようにその問題点を指摘する。各教科において教科固有とされている思考スキルの多くは、実はその教科を超えてより広い文脈で通用する一般性を持っている。たとえば、「数学的推論」というカテゴリーでくくられている予想→論証→修正の過程は、理科や歴史でも重視される思考方法である。以上のような理由から、マルザーノらは、教科内容と別立てで一般的な思考スキルを明示的にスタンダード化する方法を選んだのであった。

　ちなみに、スタンダード設定のレベルで分離された両者は、教科内容と思考スキルを組み合わせてパフォーマンス課題を設計するという具合に、単元設計レベルで統合される。たとえば、「15世紀か16世紀の人物で、その人の行動が重大な歴史上の結果をもたらした人物を一人選べ。その人物が重大な行動をとる前に考慮にいれなければならなかった要因を決定せよ。そのときどんな別の選択肢があったのか。その人物の行動を動機付けた目的や、決定に際して適用した規準を明らかにせよ。別の選択肢をとる際に生じたであろうリスクと見返りはどのようなものか。あなたなら同じ選択をするか。理由も説明せよ。あなたの発見は、口頭もしくは文書で表現しなさい。」とい

う、小学校高学年から中学生を対象とした社会科のパフォーマンス課題は、教科内容に、意思決定、情報処理能力、コミュニケーション能力という知的・社会的能力を結合させる形で設計されている（Marzano, Pickering, and McTighe, 1993: 58）。

(3) 螺旋的で長期的な発達過程の記述

こうして教科横断的な一般的能力も含めて選択され整理されたスタンダードについては、表2－4でも見たようにベンチマークのレベルで、学年段階ごとにその具体的な内容が明示される。ここで注目すべきは、ベンチマークがたんなる内容項目の一覧ではなく、学年段階ごとの学習者の認識の質を表現する記述となっている点である。

たとえば、表2－4の場合、空という対象世界に対して、幼稚園以前には雲、太陽、月といわれる事物の存在に気づくとともに、それらの呼び名も知るようになる。それが、幼稚園から第2学年になると、当たり前のように毎日見ている太陽や月にも動き方のパターンがあることに気づいたり、星と一口にいってもその輝き等に違いがあることに気づいたりして、自明と思っていた事象をより細かく、より長い時系列の中で捉えることが期待されるようになる。そして、第3学年から第5学年には、「惑星」という新たな事物の存在とそれを表現する言語を学び、空という対象をより細かく捉えるようになるとともに、望遠鏡という道具の使用を学ぶことで、観察可能な対象世界の範囲が大きく広がる。これにより、通常直接観察することのできない地球と太陽と星の位置関係についても考えることが期待されるようになる。

ここで想定されている発達過程は、新しい知識・技能を段階的・累積的に習得していく過程というよりは、同じ対象世界に対する出会い直しを繰り返しながら、認識内容や認識方法の質をより単純で表層的なものからより複雑で深いものへと連続的に再構成していく過程とまとめることができよう。そして、マルザーノら自身が指摘するように、この発想は「スパイラル・カリキュラム（spiral curriculum）」の考え方に理論的淵源を求めることができる（Marzano and Kendall, 1996: 75-76）。マルザーノらは、スタンダードに基づく教育の実践方法を述べる中で、学年段階レベルの螺旋構造のみならず、学年段階内の螺

旋構造、およびベンチマークの各項目における螺旋構造（パフォーマンス課題の分析的ルーブリック：「パフォーマンス・スタンダード（performance standards）」）も示している。

マルザーノらは、こうした螺旋的な認識内容や認識方法の深まりを記述する際、事実や概念に関する知識（内容知）である「宣言的知識（declarative knowledge）」と、スキル、方略、過程に関する知識（方法知）である「手続的知識（procedural knowledge）」の二つの知識のタイプを分けて考えるのが有効だと述べている（Marzano and Kendall, 1996: chap.3）[5]。なお、思考スキルをはじめ、「ライフスキル」の内容の多くは、手続的知識の一種とみなせる[6]。

各教科団体のスタンダードでも、宣言的知識は understand…や know that…と記述し、他方、手続的知識は apply…としたり should の後に活動動詞を続けたりする形で、両者は明示的・暗示的に区別されている場合が多い。McREL データベースでは、宣言的知識は The learner understands…と記述され、手続的知識は The learner is able to の後に活動動詞を続ける形で記述される。

マルザーノらは、目標の記述方法に加え、発達過程の記述方法における両者の差異にも着目している。表2－7に示したのは、パフォーマンス課題のルーブリックを作成するための一般的なフォーマットである。ここからもわかるように、宣言的知識と手続的知識とでは、その発達過程をとらえる規準（レベルの違いを示す形容詞・副詞句）において下記のような違いがある。すなわち、宣言的知識の発達は、理解する概念の抽象性や複雑性、および、意味理解の具象性や知識間の関連づけの緻密さの程度によって捉えられる。これに対し、手続的知識の発達は使用する手続きの複雑さ、および手続き遂行の正確さや流暢さの程度によって捉えられる。

目標や発達過程の記述方法における両者の違いは、それぞれの知識の学習方法の違いに由来すると考えられる。マルザーノらは、宣言的知識の習得過程を次のように描いている（R. J. Marzano, 1997: chap.2）。既有知識と結びつけて知識の意味を構成し、知識間の関係を図示することで知識を組織化し、記憶方略を用いて知識の貯蔵を図る。この三つの過程を同時並行的に進めていくことで知識を習得する。一方、手続的知識の習得過程は次のように描かれている。習得する技能の見本を見てモデルを構成し、実際に実践する中で最

表2−7 ルーブリック作成のための一般的なフォーマット

ⅰ）宣言的知識のベンチマークのパフォーマンスレベルの一般形

高度なパフォーマンス	重要な知識の完全な理解を示し、その知識の例を詳しく挙げることができ、複雑な関係と区別でもって知識を構造化している。
上手なパフォーマンス	重要な知識の一定の理解を示し、その知識のある程度詳しい例を挙げることもできる。
基本のパフォーマンス	重要な知識の理解は不完全ではあるが、深刻な誤概念はない。
未熟なパフォーマンス	重要な知識の理解が不完全であり、深刻な誤概念がある。

ⅱ）手続的知識のベンチマークのパフォーマンスレベルの一般形

高度なパフォーマンス	その手続きの主要な過程とスキルを比較的容易にかつ自動的に遂行する。
上手なパフォーマンス	その手続きの主要な過程とスキルを重大な誤りなく、だが、必ずしも自動的にではなく遂行する。
基本のパフォーマンス	その手続きにおいて重要な過程とスキルを遂行する際、いくつかの間違いをする。しかし、その手続きの基本的な目的は達成する。
未熟なパフォーマンス	その手続きにおいて重要な過程とスキルを遂行する際、多くの間違いをするため、その目的を達成しそこなう。

（出典：Marzano and Kendall, 1996: 66-67.）

初のモデルを修正し彫琢していき、最終的に自動化するほどに技能を内面化していく。手続的知識の一種である思考スキルも、基本的に似たような学習過程で捉えられているが、思考スキルの場合、単元・教科を超えて継続的に繰り返し実践することが想定されている。

　McREL データベース、およびマルザーノらのスタンダード設定論の要点をまとめておこう。第一に、スタンダード設定の問題を、何を教えるべきかという内容スタンダードの選択と組織化の問題に焦点化している点。第二に、教科横断的な知的・社会的能力を、教科内容とは別立てでスタンダード化している点。そして第三に、スタンダードを螺旋的で長期的な発達過程として記述している点である。

3　スタンダード設定をめぐる理論的課題

　マルザーノらのスタンダード設定論はスタンダード設定の作業の本質を的確に捉えている。すなわち、スタンダード設定は学校での学習活動を通して

意図的に育まれる認識内容や認識方法の総体とその中長期的な発達段階を解明し、整理する作業なのである。また、彼らが提示する論点やカテゴリーは、その作業に取り組む上での勘所を自覚化させてくれる。その一方で、マルザーノらのスタンダード設定論に対しては、いくつかの検討課題を指摘することができる。

(1) 内容スタンダードの精選の方法論

　マルザーノらは、各教科の専門団体がそれぞれに示したスタンダードの内容を、McRELデータベースとして整理・統合した結果、その内容をすべて教えるには初等中等教育を現在の12年から21か22年にまで延長しなくてはならないという事実も明らかにした（Marzano, Kendall, Gaddy, 1999）。ここから内容スタンダードをどう精選するかという課題が導き出される[7]。こうした内容スタンダードの精選の方法論を考える上で、より一般的で抽象的な知識のタイプへの着目の有効性が主張されている。

　たとえば、ウィギンズ（G. Wiggins）らは、**表2－8**のように知識を類型化した枠組み（「知識の構造（structure of knowledge）」）を用いて、探究的に深く学ぶべき内容を選び出す方法を提示している[8]。「知識の構造」では、内容に関する知識とスキルの二種類で知識が整理されるとともに、両者を統合する位置に「原理と一般化」が位置づけられている。「原理と一般化」は、パフォーマンス課題の遂行を通して深く理解する対象であり、「生徒が『内面化』し細かい知識の大部分を忘れてしまった後も残ってほしいと教師が願う重大な観念、すなわち重要な理解」（Wiggins and McTighe, 2005: 10）を意味する（「永続的な理解（enduring understanding）」）。

表2－8　「知識の構造」の枠組み

事実的知識 (Knowledge)	個別的スキル (Skills)
転移可能な概念	複雑なプロセス
原理と一般化 (Understanding)	

（出典：McTighe and Wiggins, 2004: 65 の図からそれぞれの知識のタイプに関する定義や説明を省いて簡略化した。）

ウィギンズらは、永続的理解を明確にする際に、重要概念に即して「本質的な問い（essential questions）」を考え、その問いへの答えを複数の概念をつないだ文章で記述する方法を提起している。たとえば、「なぜ人々は移動するのか？ なぜ開拓者たちは故郷を出て、西部に向かったのか？」という問いに対して、「多くの開拓者が、西部への移動の機会と困難について単純な考え方を持っていた。人々は、様々な理由（新しい経済的機会、より大きな自由、何かからの逃避）のために移動した。」という認識内容を記述するわけである。こうした認識内容に至るためには自ずと具体と抽象とを往復したり概念同士を結び付けたりする思考が働くのであって、「原理と一般化」といったより概括的な知識のレベルへの着目とその質的記述は、たんに内容を精選するということにとどまらず、それ自体が深い探究を触発するものである。

また、たとえば、「アメリカ人とは誰か？」という社会科に固有の問いから、「誰の『物語』か？」といった、国語科などでも問われるべきより包括的な問いが導き出され、その問いへの答えを探ることで既存の教科内容において着目されてこなかった知識のレベル、すなわち、領域や教科の枠を超えた認識の深まりがカリキュラム上に位置づけられることになる。そして、そうした問いの入れ子構造により既存の教科内容も構造化される。このような領域や教科に固有の概念とそれを超えた包括的な概念の差異については、エリクソン（H. L. Erickson）が、「ミクロ概念（microconcepts）」と「マクロ概念（macroconcepts）」の違いとしてカテゴリー化し、前者は理解の深さを促し、後者は教科を超えた理解の広がりや統合を促すものとして位置づけている（Erickson, 2007: chap.2）。

(2) 教科横断的な能力のスタンダード化の条件

マルザーノらが提起する教科横断的な知的・社会的能力のスタンダード化という方策に対しては、形式的で脱文脈的な力の指導の自己目的化や、学校教育による人間存在全体の無限定な囲い込みなど、その一人歩きの危険性を指摘しておく必要がある。近年日本では、従来の能力主義ではそのシステムの外部にあった、人間的な営みや人間的な豊かさが、「○○力」という言説を媒介として、競争と効率のシステムの中に無限定に囲い込まれるように

なってきている。つまり、社会が個人を裸にし、そのむき出しの柔らかい存在のすべてを動員し活用しようとする動き（ハイパー・メリトクラシー）が強まっているのである（本田、2005）。こうした社会的成功における非認知的要素の規定性の増大の傾向は、先進諸国一般に共通するものであり[9]、教科横断的な知的・社会的能力のスタンダード化という方策は、ハイパー・メリトクラシーを助長しかねない。

　こうした事態を防ぐには、教科横断的な知的・社会的能力が実際の学習活動のどの部分に根拠を置くものなのか、また、知的・社会的能力のうちでどのような要件を満たすものをスタンダード化の対象とするのかを明らかにしておかねばならない。そのためにはまず、教科内容と教科横断的な知的・社会的能力とを並列的にとらえるスタンダード設定の枠組みが、仲間（他者）と共同して対象世界と対話することで、認識内容と認識方法が相互媒介的に発達していく過程として、学習活動を捉える見方を前提としている点を確認しておく必要がある[10]。

　その上で、たとえば、社会的能力や自己調整能力といった非認知的要素のスタンダード化は、対象世界との対話（認知的過程）に伴って付随的に要求される部分に限定して、また、何らかの専門的知識の創出に関わる部分に限定してなされるべき、といった点が基本的な原則となるだろう。そして、教科横断的な知的・社会的能力は、まず各教科固有の認識と探究の方法が抽出され、その後に教科間の共通性が発見されるという過程を経て明らかになるものであろう。

(3) スタンダードと地域・学校共同体の文化との関係

　マルザーノらのスタンダード設定論の課題としてもう一つ指摘したいのは、スタンダード設定と地域・学校共同体の文化との関係を明らかにしていない点である。地域・学校共同体の文化は、次の二つの局面において、スタンダード設定のあり方に内在的に影響する。まず、内容知と方法知、それぞれの発達過程をとらえる規準を問うことは、それらの知を育む学習活動が追求している善さ（卓越性の規準）を問うことを意味する。たとえば、数学的に洗練された推論という場合、何をもって洗練されているとみなすのか。こ

れを突き詰めて問う時、教師や教師集団は自分たちの前提としている教科観・学問観や教育観、さらには学校文化の特異性と真正性の問題などを議論の俎上に載せざるを得ない。

また、ライフスキルの領域を設定するに当たって、マルザーノらが教科専門家の要求と現代社会、特に産業界の要求を強く意識していることはすでに述べた。彼らは、両者の要求の両立可能性を想定しているが、両者の関係は決して予定調和的なものではない。教科専門家の要求と現代社会の要求とをどう結びつけて考えるか。また、現代社会の要求において、生活者、労働者、主権者のどの文脈を重視するか。こうした、カリキュラムの源泉からの内容の選択と組織化に一貫性と統一性を与える政治的・倫理的価値を問うことは、地域・学校共同体の追求する包括的価値（ヴィジョン）を問うことを意味する[11]。

追求するヴィジョンが違えば、学習活動の基本的な方向性や構造も自ずと異なってくる。結果、どのような認識・行動様式を知的・社会的能力としてスタンダード化するかも違ってくるし、仮に似たようなカテゴリーを設定していてもその意味は大きく異なってくる。たとえば、「自己調整」というカテゴリーは、忍耐強さとして規定されることもあれば、批判的精神を伴う思慮深さとして規定されることもある。

よって、スタンダードの設定は効率的な学校経営を目指して既存の内容の評価基準への具体化に専心する形式的な作業としてではなく、学校・地域の目指す子ども像や学校改革の方針を問う公共的な価値判断として展開されねばならない。また、そうした実践や改革のヴィジョンは、抽象的で羅列的なスキルや能力の集合体としてではなく、目の前の子どもの実態に即して、具体的で統合的な人間像のレベルで問うことが重要だろう。

(4) スタンダード設定をめぐる組織論

マルザーノらは、スタンダードの設定の基本的な方法論と教育実践におけるその活用の問題については検討しているが、スタンダード設定に関する議論を、どのような場や組織において展開していけばよいのかは十分に明らかにしていない。この点について考える際に、NCTMのスタンダードが、ナショ

ナル・カリキュラムではなく、各地域が独自にカリキュラムを開発する際の手引きであった点、および、その開発過程では教育や数学に関する専門家を中心に公論を組織していた点を想起してほしい。スタンダード開発においては、カリキュラム開発の主体として各学校や教師の自律性を尊重する姿勢が必要だろう。その上で、教科や教育の専門家集団による集約的なスタンダード開発と、各学校や教師の自律性との関係をどう考えるか、そして、スタンダード設定の過程への父母や地域住民や子どもの参加をどう位置づけるかといった点が検討課題となると考えられる。

また、誰がどのレベルのスタンダードの設定に主に関与し、その達成への責任を負うのかといった、スタンダードに基づく教育に関する役割と責任の分有関係を問うことも重要な課題である。マルザーノらは、スタンダード設定の問題を内容スタンダードのレベルに限定し、その開発は各教科団体のスタンダードを参照しながら学区が主体となって行うべきものと位置づけていた。そして、パフォーマンス・スタンダードや評価課題の設計は各学校や教師の自由に委ねる方針をとっていた。

他方、ダーリング - ハモンド（L. Darling-Hammond）は、連邦や州が、内容スタンダードに加えて、スタンダードの達成に必要な条件や資源が子どもたちに十分に提供されているかどうかを問う基準（「学習機会スタンダード（opportunity-to-learn standards）」）を設定する必要性を主張している。「知っておく必要のある内容を生徒たちが学ぶために、彼らに対するスタンダードの水準を上げることは、生徒が学習を進めるのに必要な授業や学校環境を提供できるよう、学校システムに対するスタンダードの水準を上げることを要求する」（Darling-Hammond, 2004: 1081）のである。連邦、州が、学区、学校、教師に対して一方的に結果責任を要求する構造となっている現状において、連邦、州の固有の役割と責任、特に支援的な性格のものについて明らかにしておくことは有効であろう。

おわりに

連邦政府、州政府主導、もしくは草の根のスタンダードに基づく運動は、

2002年の「どの子も置き去りにしない法(No Child Left Behind Act of 2001)」(以下、「NCLB法」と略す)の施行を境に新たな段階に入った。規制緩和の名の下に公共部門にも市場原理が導入される中で、90年代中頃以降、アメリカの一部では州の統一テスト(「標準テスト(standardized test)」)の結果を、学区・学校への予算の配分、教職員の処遇、そして、保護者による学校選択と結びつける改革が進められつつあった。NCLB法により、より大きな強制力の下にこうした動きは全米化することになり、学区・学校に対して、州のスタンダードに基づくアカウンタビリティが厳しく求められるようになった。こうして標準テストは、子どもや学校にとって大きな利害のからむ「ハイステイクス(high-stakes)」なテストとしての性格を強めていった。その結果、NCLB法以降、スタンダードに基づく運動に対しては、その目的とは逆に学校間競争をあおり格差を拡大するものであり、政府による学区や学校への管理体制を強化するものであるといった批判が高まっている。

　80年代から90年代のアメリカの学力向上政策をめぐる論争においては、各教室や学校のローカルなカリキュラムとの関係において、また多文化主義との関係において、スタンダードの内容が問われた。だが、NCLB法以降の「スタンダードに基づく教育」は、実質的には「(評価・数値化しやすい部分を対象とした)テストに基づく教育」に矮小化されている。現在の競争原理に埋め込まれたスタンダードに基づく教育は、スタンダードという形で明示される教育的価値の実現ではなく、目標達成という結果の自己目的化に教育活動を向かわせる。その結果、スタンダードそのものの内容やその設定方法に関する議論は現在では影を潜めている。競争原理に埋め込まれた現在のスタンダードに基づく教育改革の形を、民主的で教育的なそれに編みなおすとともに、スタンダード設定という作業を通して、「学校教育の責務とは何か」「学校教育における成功とは何か」といった価値的な問いに向き合うことが今必要なのではなかろうか。

注

1　データベースの内容は少しずつ改定がなされ、2004年には第4版が発表された。第4版は、インターネット上でのみ利用可能である(http://www.mcrel.org/standards-benchmarks)。

2　NCTMのスタンダード開発の経緯については、三輪, 1991に詳しい。
3　この改定の経緯や要点については、礒田, 1999や渡辺, 2001に詳しい。
4　思考教授研究の動向や、マルザーノの開発した単元設計プログラム(「学習の次元(Dimensions of Learning)」)については石井, 2005を参照。
5　McRELデータベースでは、この二つに「文脈的知識(contextual knowledge)」(生物学分野の「分類学」のように、特定の文脈におけるある思考の所産としてのみ獲得しうる知識)を加えて、三種類の知識のタイプを念頭に置いてベンチマークを整理している。
6　ライル(G. Ryle)は、方法知には盲目的習慣と理知的能力の二種類があると指摘している(ライル, 1987: 48-49)。教科固有、あるいは教科横断的な思考スキルなどは、理知的能力に対応するものといえよう。
7　リーヴス(D. B. Reeves)は、テストを受けた後も保持され、複数の教科に応用可能で、そして、次の学年の学習への準備となるような内容(「パワー・スタンダード(power standards)」)という形で、内容精選のフィルターを提案している(Reeves, 2002)。また、マルザーノは、ベンチマークの記述に盛り込まれている知識の要素を分析し(「アンパック(unpack)」)、関連する知識を指導と形成的評価の単位(「測定トピック(measurement topics)」)ごとにまとめる方法を提示している(Marzano and Haystead 2008)。
8　Wiggins and McTighe, 2005や西岡, 2005を参照。
9　現在の国際社会で必要な能力を定義した、OECDのDeSeCoのキー・コンピテンシーは、「道具を相互作用的に用いる」「社会的に異質な集団で交流する」「自律的に活動する」の三つで構成されている(ライチェン & サルガニク, 2006)。
10　スタンダード設定の方法論を基礎づける学習活動の構造については、石井, 2007においてモデル化を試みた。
11　中野和光は、テスト学力の弊害や学校教育における民主主義の衰退など、スタンダード運動下の目標準拠評価の問題点を突破する上で、習得すべき個々の目標を、生き方や社会のあり方を問う遠い大きな目的(open-endedでon-goingなもの)と常に関連づけて実践を進めることが必要だと説く。そして、社会的絆で結びついた専門的学習共同体としての学校づくりの中に、目標準拠評価を位置づけることを主張している(中野, 2005)。また、学校改革におけるヴィジョンの役割やその問い方については、石井, 2006を参照。

引用・参考文献一覧

石井英真 2005「アメリカの思考教授研究における教育目標論の展開―R. J. マルザーノの『学習の次元』の検討を中心に―」『京都大学大学院教育学研究科紀要』第51号, pp.302-315.

石井英真 2006「学校文化をどう創るか」田中耕治編『カリキュラムをつくる教師の力量形成』教育開発研究所, pp. 114-117.

石井英真　2007「アメリカにおけるスタンダード設定論の検討―McRELデータベースに焦点を当てて―」教育目標・評価学会『教育目標・評価学会紀要』第17号, pp.46-56.

礒田正美 1999「NCTM 数学科スタンダード改訂草稿の概要」筑波大学数学教育学研究室『数学科教育内容と指導法の開発研究』pp. 25-38.
中野和光 2005「知識経済下における学力と評価の問題に関する一視点」『広島大学大学院教育学研究科紀要第三部』第54号, pp. 19-24.
西岡加名恵 2005「ウィギンズとマクタイによる『逆向き設計』論の意義と課題」日本カリキュラム学会『カリキュラム研究』第14号, pp. 15-29.
本田由紀 2005『多元化する「能力」と日本社会－ハイパー・メリトクラシー化のなかで－』NTT出版.
三輪辰郎 1991「NCTM『カリキュラムと評価のスタンダード』発表までの経緯」筑波大学数学教育研究室『筑波数学教育研究』第10号, pp. 77-79.
ライチェン, D. S. & サルガニク, L. H.(立田慶裕監訳)2006『キー・コンピテンシー－国際標準の学力をめざして－』明石書店.
ライル, G.(坂本百大他訳)1987『心の概念』みすず書房.
渡辺忠信2001「アメリカの算数・数学カリキュラム－NCTMスタンダードの役割と今後の展望－」『日本数学教育学会誌』第83巻、第12号, pp. 35-43.
Erickson, H. L. 2007 *Concept-based Curriculum and Instruction for the Thinking Classroom*, Corwin Press.
Darling-Hammond, L. 2004 "Standards, Accountability, and School Reform", *Teachers College Record*, Vol.106 (6), pp. 1047-1085.
Kendall, J. S. and Marzano, R. J. eds. 1995 *Content Knowledge: A Compendium of Standards and Benchmarks for K-12 Education*, McREL and ASCD.
Kendall, J. S. and Marzano, R. J. eds. 2000 *Content Knowledge: A Compendium of Standards and Benchmarks for K-12 Education(3rd edition)*, McREL and ASCD.
Marzano, R. J. Pickering, D. J. and McTighe, J. 1993 *Assessing Student Outcomes: Performance Assessment Using the Dimensions of Learning Model*, ASCD.
Marzano, R. J. and Kendall, J. S. 1996 *A Comprehensive Guide to Designing Standards-Based Districts, Schools, and Classrooms*, ASCD and McREL.
Marzano, R. J.et al. 1997 *Dimensions of Learning: Teacher's Manual 2nd ed.*, ASCD.
Marzano, R. J. Kendall, J. S. Gaddy, B. B. 1999 *Essential Knowledge: The Debate Over What American Students Should Know*, McREL.
Marzano, R. J. and Pollock, J. E. 2001 "Standards-based Thinking and Reasoning Skills", in Costa, A. L. ed., *Developing Minds: A Resource Book for Teaching Thinking 3rd ed.*, ASCD, pp. 29-34.
Marzano, R. J. and Haystead, M. W. 2008 *Making Standards Useful in the Classroom*, ASCD.
Miller, R. ed. 1995 *Educational Freedom for a Democratic Society: A Critique of National Goals, Standards, and Curriculum*, Resource Center for Redesigning Education.
National Council of Teachers of Mathematics 1989 *Curriculum and Evaluation Standards for School Mathematics*, NCTM.(NCTM(能田伸彦他訳)1997『21世紀への学校数学の創造－米国NCTMによる「学校数学におけるカリキュラムと評価のスタンダード」－』筑波出版会).
National Council of Teachers of Mathematics 2000 *Principles and Standards for School*

Mathematics, NCTM.（NCTM（筑波大学数学教育学研究室訳）2001『新世紀をひらく学校数学―学校数学のための原則とスタンダード―』筑波大学数学教育学研究室）.

Ravitch, D. 1995 *National Standards in American Education: A Citizen's Guide*, Brookings Institution Press.

Reeves, D. B. 2002 *The Leader's Guide to Standards: A Blueprint for Educational Equity and Excellence*, Jossey-Bass.

McTighe, J. and Wiggins, G. 2004 *Understanding by Design Professional Development Workbook*, ASCD.

Wiggins, G. and McTighe, J. 2005 *Understanding by Design Expanded 2nd Edition*, ASCD.

第3章
「マサチューセッツ州教育改革法」の成立

北野秋男

はじめに

　1983年に『危機に立つ国家（*A Nation at Risk*）』が公表された後、連邦政府によって教育内容のスタンダード化、テストによる評価システムの構築、アカウンタビリティを求める教育改革が進行し、全ての児童・生徒の学力向上が国家目標とされた。こうした連邦政府による教育政策の立案は、各州の教育改革の内容にも影響を及ぼしたが、マサチューセッツ州でも93年の「マサチューセッツ州教育改革法（Massachusetts Education Reform Act）」（以下、「州教育改革法」と略す）によって、「スタンダード」「アカウンタビリティ」「アセスメント」を主たる内容とする教育改革法が成立する。「州教育改革法」は、州内の全ての公立学校における児童・生徒の学力向上を目指したものではあるが、同時に同州の学区自治に基づく伝統的な地方分権主義的教育行政を中央集権主義的教育行政へと構造転換するための試みでもあった。

　本章の課題は、共和党知事ウェルド（William F. Weld）の下で超党派的法案として成立する「州教育改革法」の成立経緯や教育改革の主なる内容を検討することである。なお、成立経緯に関しては州知事、州議会、教員組合などの動きを中心に、教育改革の内容に関しては、教育財政やアセスメントの問題を中心に解明する。

1　教育行政システムの転換

　アメリカの教育行政の基本原則は、第1章でも論じられたように、州と学区が公立学校の運営と結果に関する責任と権限を担うことであり、それはア

メリカの独立以来の基本原則であった。しかしながら、「合衆国憲法修正第10条」でも規定された「連邦政府は州や学区の教育行政に関与しない」という教育行政の基本原則は次第に変容し、第二次世界大戦以降における連邦政府の役割は拡大の一途をたどる。すなわち、60年代以降に「初等・中等教育への関与」「優れた教員の確保」「高等教育への支援」など連邦政府主導による多くの法律が立案され、成立することとなるが、同時に「貧困対策」「人種・性別・障害などに対する差別の禁止」「バイリンガル教育」などに関する法律も制定されている。そして、80年には連邦教育省が内閣の機関(Cabinet Level Agency)に格上げされている。このことは、連邦政府の権限強化に伴うアメリカ教育行政の伝統的な基本原則の変容を意味し、連邦政府－州政府－学区の新たな権限関係が生み出されたことになる。

しかしながら、アメリカにおける地方教育行政の一般的特質は教育行政における「一般行政からの自立」を原則とし、地方教育行政や公立学校制度は連邦政府・州政府からの一般的な統治コントロールからは自由であった。それは、教育に対する民主的で非党派的なコントロールに対する強力に保持された公的信念を反映するものであった[1]。たとえ、州知事であっても公教育行政の問題に関与することはなかった。75年から90年まで州知事であったデュカキス（Michael S. Dukakis: 知事在職期間 1975-1979, 1983-1991）とキング（Edward J. King: 同 1979-1983）らの民主党知事によっても、こうした教育行政システムの基本理念は維持されていた。

現代のアメリカの教育行政制度に詳しい坪井由実の研究によれば、80年代までのマサチューセッツ州における州教育委員会の任務は主として予算の配分、州統一基礎能力テスト、教員免許試験、職業教育、教育テレビ放送などに限定され、公教育の管理・運営に関する実質的な権限は各学区に委任されていた（坪井, 1998: 273）。教育行政の歴史的展開や現代の教育行政システムのあり方の両面から指摘される同州における教育行政の特質とは、学区自治の理念に基づき、公教育の管理・運営は各学区に委任され、全米の中でも際だって地方分権主義的な教育行政システムが浸透していたことであった[2]。このことは、州の教育アセスメント行政においても例外ではなかった。州教育委員会は、78年に基礎技能向上政策を決定し、80年からは初等中等教育

に対する「州法定基礎技能テスト」を実施していたが、テストの種類、対象学年などは学区教育委員会の裁量に委任されていた（坪井，1998: 345）。

また、60年代以降のマサチューセッツ州の教育政策の動向を概観すれば、同州では60～70年代にはマイノリティに配慮した数々の州教育法が制定され、「バス通学」や「マグネット・スクール」などによる人種統合政策、ならびに人種統合された学校における効果的な教授の促進とも合わせて、教育の平等性や質的改善を図る教育政策が展開されていた。たとえば、州内の全ての学校に対する人種差別撤廃のガイドラインを設定した65年の「州人種不均衡是正法（Massachusetts Racial Imbalance Act）」、公立学校における人種・民族、性差、皮膚の色、宗教、出身国などによる差別を禁じた法（Chapter 622, 1971）、英語に堪能でない生徒に一時的に母国語を用いた教育を施す71年の「過渡期二カ国語教育法（Transitional Bilingual Education Law）」などが制定されている（Glenn, 1999: 65-67）。

70年代以降の同州における教育政策の特色としては、人種差別教育の解消を目指した平等主義的で多文化主義的な側面が指摘される。しかしながら、都市部における移民の急増に伴う公立学校におけるマイノリティ比率の急上昇と白人生徒の減少に伴う「学力低下問題」「ドロップアウト率の増加」「規律の悪化」「荒廃した校舎」の問題など新たな課題も山積していた（Portz, 1999: 84 川島, 1997: 60, 74）[3]。すなわち、70年代後半には同州においても公教育の荒廃と学力低下の問題がクローズアップされ、その対策が急務の課題となっていた。

しかし、マサチューセッツ州の公教育問題は学校荒廃と学力低下だけではなかった。もう一つの重要な課題が教育財政改革であった。78年には歴史的にも有名な「マクダフィー対ロバートソン（McDuffy v. Robertson）」裁判において、各学区の公教育財源を「固定資産税（property-tax-based system）」によって負担するという州の政策が貧困学区に不利益を与えているとし、違憲判決が出されている（Roosevelt, 1993: 2）。当時の各学区の教育予算は、学区ごとの固定資産税の歳入によって決定され、必然的に学校予算の格差を生み出し、裕福な学区と貧困学区の格差は歴然としていた。これに対し、80年には「提案2 2/1（Proposition2 2/1）」という減税を求める住民投票が賛成多数で可決さ

れ、学校財政はさらに厳しい状態に追い込まれ、学区間格差は拡大する様相を見せていた（Roosevelt, 1993: 2）[4]。つまりは、90年代の同州の教育改革の焦点は、この教育予算の確保をどのように行うかであり、ウェルド知事と州議会の激しい対立・論争を生むこととなった。

2　ウェルド知事の改革案

　91年1月に州知事に初当選した共和党のウェルド知事（知事在職期間：1991-97）は、副知事にセルーチィ（A. Paul Cellucci）を任命し、教育改革に着手する[5]。ウェルド知事は、同年10月24日には「2000年のマサチューセッツ（Massachusetts 2000）」と命名された教育改革プランを発表し、「第4・第8・第12学年における読解、作文、数学、理科、歴史、地理の各教科の学習内容と批判的分析や思考能力に関する州統一テストの実施」を求め、かつ「教員の資格要件基準」「親の学校参加と学校運営協議会（school governance councils）の創設」「校長・教育長の新たな役割と責任強化」「教師の専門職性と資格要件の強化」なども提案している（Weld, 1991: 1-8）。この法案は、ブッシュ大統領が提案した91年3月の「2000年のアメリカ：教育戦略（America 2000: An Education Strategy）」の基本事項を踏襲するものであったが、この時点ではウェルド知事の提案は教育改革を最優先課題とはするものの、増税による新たな財源確保には消極的であり、他の予算の削減で賄うことを目指していた。

　一方、ウェルド知事の提案に反対する最大勢力として、民主党が多数を占める州議会が存在した。91年1月に州議会内の「教育・芸術・人文学に関する合同委員会（the Joint Committee on Education, Arts and Humanities）」（以下、「教育に関する合同委員会」と略す）においても、公教育と経済の衰退に関する包括的な調査・検討がスタートし、同委員会の共同議長であった民主党の下院議員ルーズベルト（Mark Roosevelt）と上院議員バーミンガム（Thomas Birmingham）は、同年末には「教育の卓越性とアカウンタビリティ法（Educational Excellence and Accountability Act）」を議会に提出している。この法案は、ウェルド知事が提案した法案「2000年のマサチューセッツ」に対抗するものとし

て提案されたものであったが、その内容は「教員のテニュア廃止」「学校の管理権を教育委員会から校長に委譲すること」「学校をモニターする独立組織（educational auditor）の創設」「生徒一人あたりの教育経費を求める標準予算の設定」「学区の固定資産税を増税することなく、今後5年間で12億ドルの州教育予算を確保すること」などであった（Flint, 1991: 1）。とりわけ、教育予算の確保に関する提案は州の消費税や法人税などの増税を求めるものであった。

さらには、「教育のためのマサチューセッツ・ビジネス同盟（Massachusetts Business Alliance for Education）」も91年に「どの子どもも勝利者に！（Every Child a Winner!）」というタイトルで州の教育改革案を提案している（Reville, 2004: 591）[6]。この改革案は、州の公教育費の増額と各学区に対する平等な資金の配分、州カリキュラムとスタンダードの設定、新たな児童・生徒に対するアセスメントの策定、教員のテニュア制などを盛り込んだ内容となっているが、そうした規定の多くが州議会側の教育改革法案の原案となり、93年に成立する「州教育改革法」にも大きな影響を及ぼす内容となっている。ビジネス・リーダーの教育界への基本的要求は、高校卒業以上の資格と学力を持ち、急速に変化するグローバル経済に見合う知識と技能を備えた人材養成を行うことであった。

州議会やビジネス界からの教育改革の提案からも明らかなように、91〜92年にかけて二つの大きな教育課題は「学校荒廃と児童・生徒の学力低下」「学区の教育財政の不平等」の解消であった。この教育課題を解決するために、マサチューセッツ州における伝統的な地方教育行政システムを改革し、全ての児童・生徒の学力向上を求める教育のスタンダード、アカウンタビリティ、アセスメントに関する新たなシステムの開発に取り組むことが求められた。さらには93年6月15日の「マクダフィー判決（MacDuffy v. Secretary of Executive Office of Education）」でも指摘されたように、学区間の教育格差解消のための教育予算の確保をいかにして行うかであった。争点は、学区の固定資産税に対する増税か、それとも州の法人税、消費税、所得税などに対する増税かであった。

ウェルド知事とセルーチィ副知事は、92年1月には議会でも承認された

州内の71の貧困学区に緊急予算3,000万ドルを配分すること、新たに93年の教育予算を2億ドルに増額し、97年までに8億ドルを投入することも提案している。また、91年10月に発表した「2000年のマサチューセッツ」をベースにした教育改革法案を有力議員や財界メンバーらと協議し、92年6月2日に下院議会に「公教育改革法（An Act Reforming Public Education）」を提出しているが、この法案の冒頭には、ウェルド知事の教育改革に対する強い決意が表明されている。「公教育は、来るべき10年間と21世紀の諸問題を解決する我々の最も重要な投資の対象であると同時に、我々の最高の希望でもある。ただし、我々が前向きに州内の公教育を改革し、蘇らせることができる場合にのみ、その投資は報われるであろう。本日、我々はその目標を実現可能とする包括的な教育改革案を提案する」（Weld and Cellucci, 1992:1）。同法案の骨子を、以下に確認しておこう（Weld and Cellucci, 1992: 1-5）。

(1) 改革内容の骨子

①数学、理科、英語、社会科において、K-12学年の児童・生徒が学習し、理解すべき「共通学習内容（common core of learning）」を設定し、学力向上を達成すること。

②職務の遂行にあたっては、柔軟性と責任を持って児童・生徒の教育を行う校長や教育長に権限を付与すること。特に、校長は学区の管理チームの一員となり、問題行動などを引き起こす児童・生徒を停学にする権限を持つ。

③児童・生徒に対する早期教育を開始し、教育期間を通して様々な教育の優秀性を支援すること[7]。

④結果に対するアカウンタビリティの強調。法案では、明確な教育目標と全ての学区・学校の学力改善に対する指針を設定することを教育委員会に要求する。さらには、5年間の有効期限（その後は更新）を持つ資格要件を確立し、教員テストや教員の学問的活動を評価するアセスメントも実施する。教員のテニュア制は廃止し、不適格教員は校長の権限で解雇される。校長によって設定された「学力基準（performance standards）」に適合しない教員は、解雇前には最大10ヶ月間の研修が要求される。反抗、

問題行動などの場合には、給与が支払われない停職が命じられる。
⑤保護者とコミュニティを改善された教育システムに参加させること。親の学校参加を保障し、各学校内に親、教師、校長らによって構成される「学校運営協議会（school governance council）」の創設を検討すること。
⑥良質な教育サービスを提供するために、より革新的で効率的な方法を支援すること。

(2) 教育改革の財源（今後5年間以上の教育改革に必要な財源の確保）

①州の標準財源基準を満たしていない学区は、教育財源の基盤を上げること。全ての学区が生徒一人当たりの教育費を5,000ドルにする「最低限度の標準予算（minimum foundation budget）」を要求する。現在、生徒一人当たりの教育費が3,000ドル以下の学区があるが、標準予算は初年度は平均5,058ドルで、5年後までには平均5,912ドルまで増額すること。こうした新たな財源は、貧困学区における全ての学年の教室規模の縮小、教員の増員、教育設備などの改善に充当される。

②地方学区の公教育への財政的公約を保障する。新たな教育財源が教育改革に充当されれば、各学区における現状の学校支援を維持することは保障する。しかし、法案では全ての学区に「地方の努力基準（a local standard of effort）」を設定し、この「努力基準」と「標準基準」の間の差異を反映した「地方支援配分規定（a local aid distribution formula）」を設定する。全ての生徒は、一人あたり50ドルの追加の州教育補助が保障される。

③納税者へのさらなる負担を求めることなく、公教育にさらなる公的資金を配分すること。教育改革のための財源は、自動的な増税や「提案2 1/2」の変更には反対する。

すなわち、ウェルド知事が提案した教育改革法案の骨子は「コアとなる教科のスタンダード・カリキュラムの設定」「主要科目における学力向上」「校長や教育長の権限強化」「アセスメントに基づくアカウンタビリティの重視」「教員のテニュア制の廃止」、そして各学区に教育改革を実現するための「標

準予算」の設定であった。また、包括的な教育改革を実現するためには従来の学区の権限や役割を縮小し、州によるスタンダードを設定し、コントロールを強化することが目指された。さらには、公教育制度改革を実現するための州予算として、「提案 2 1/2」を維持しながら地方学区の固定資産税に応じた州予算を配分するとし、92 年度には 14 億ドルを、93 年度からの 5 年間に 32 億ドルを支出することも提案している（Boston Globe, 1992.6.3.）。

3 州議会の「教育改革法案」の内容

　しかし、ウェルド知事が提案した法案に対しては民主党の議員や州教員組合から強い反対があり、法案は議会を通過していない。ウェルド自身は、この法案を公教育制度に関する「徹底的な改革」と呼んでいるが、翌日には早くも民主党と教員組合が「不十分な努力と教師への侮蔑」であり、かつ公立学校改革には「提案 2 2/1」の改革も不可欠であるとして、反対声明を出している (Boston Globe, 1992.6.3.)。たとえば、議会内の「教育に関する合同委員会」の共同議長であった民主党下院議員ルーズベルトは、法案を「不適切なもの」と結論づけ、州教育財政の基本構造や児童の早期教育など何らの改革も行われていない点を指摘している。さらにルーズベルト議員は、ウェルド知事に公的な会議の招集を求めた書簡の中で「知事提案の実質的な失敗は、我々の包括的な改革を本年度内に成立させるための重大なダメージを与えたことである」(Boston Globe, 1992.6.19.) と指摘している。

　また、州教員組合の委員長であったベーコン（Rosanne K. Bacon）はウェルド知事の提案が「財政的な失敗」だけでなく、「生徒を教育することよりも教員を罰することを強調している」と批判している（Boston Globe, 1992.6.3.）。州教員組合は、92 年 11 月 20 日に 125 頁にも及ぶ「21 世紀に向けた学校 (Schools for the 21st Century: The Massachusetts Education, Investment, Improvement and Innovation Act of 1992)」と題する独自案を議会に提出し、「早期教育」「主要教科の標準カリキュラムの策定」「学校と生徒の学力の評価やアセスメント」「3 年間で 10 億ドルを公立学校に投入すること」などを提案している（Boston Globe, 1992.11.21.）。さらには、教育改革の財源を地方の自治体に押しつけるやり

方にも強い反対があった。たとえば、「州自治体連合（Massachusetts Municipal Association）」のディレクターであったベックウィス（Geoffrey Beckwith）は、ウェルド知事が提案した法案は、財政の悪化に苦しむ州内88の市やタウン（州内の自治体の約1/4）に公立学校改革に必要な予算を固定資産税の増税か他の財源からの確保を強制するものであった点を指摘している[8]。ベックウィスは「これは最悪きわまりない州の強制である」（Boston Globe, 1992.6.19.）と批判している。

92年11月の時点で州議会にはウェルド知事が提出した州教育改革法案（「公教育改革法」）、これに反対する下院議員ルーズベルトと上院議員バーミンガムらが提出した法案（「教育の卓越性とアカウンタビリティ法」）、教員組合が提出した法案（「21世紀に向けた学校」）の三つが提出されていたことになる。州教育委員会委員長のカプラン（Martin S. Kaplan）は、この三つの法案の主なる違いが「学校財政と教員のテニュア制である」とし、「哲学や内容の点で極めて類似しているので、教育改革を中断することは認められるべきでない」と指摘し、各法案の違いを早期に解決すべきことを提案している。また、学校財政の問題には州補助金を充当し、教員のテニュア制や解雇の問題に関しては、「教員解雇ではなく、専門性の向上と適切な評価制度を導入することである」といった修正案も提案されている（Boston Globe, 1992.11.21.）。

しかしながら、第4章でも詳述されるように、学区財政の問題は複雑である。ウェルド知事と州議会は、生徒一人あたりの最低限度の教育費を設定する「標準予算」には同意しているものの、両者の争点は、「提案2 1/2」による「徴収上限」の2.5％を変更することなく学区の教育費への配分額の増加を学区に認めるか否か、という点あった。ルーズベルト議員の妥協は、5年間の間、たとえ学区が「提案2 1/2」による徴収上限2.5％を越えたとしても州補助金を削減しない、というものであった。結局、92年12月15日にはウェルド知事と州議会の上院・下院の両議長の間で教育改革法案の成立に向けた基本合意が行なわれることになる。93年1月4-5日に緊急の臨時議会が招集されたが、ウェルド知事の提案した法案は議会であえなく否決されてしまう。そこで、下院議会においては民主党のルーズベルト議員を委員長とする「教育に関する下院特別委員会（a Special House Committee on Education）」が設置

され、教育改革法案の早期成立を目指すことになる。この特別委員会は、91年に設置された「教育に関する合同委員会」の２年間の調査・研究の成果を引き継ぐものであるが、その最終報告が 93 年 1 月 20 日に下院議会に提出されている。ルーズベルト委員長は、現在の公教育が 10 年前と比較しても劣悪になっているとしながら、「我が州は学力に対する明確な基準を欠いている。同じく生徒の技能、個別の学校や学校制度の質を測定する確かな手段も欠いている」(Roosevelt, 1993: 2) と指摘している。

　その原因は、過去 10 年間における裕福な学区と貧しい学区の教育格差の拡大であり、全ての児童・生徒の教育機会を保障する政策の失敗であった。その結果、児童・生徒の学力は低下し、学校は荒廃し、経済も停滞した。マサチューセッツ州が取り組むべき課題は、他の州でも進行中の進歩的な教育改革の実施であり、重要な教育資源の新たな提供であった。そうした教育改革の実施によって、高いレベルで生徒の学力を向上させるだけでなく、より競争的なグローバル経済への対応も可能となるのであった。ルーズベルト委員長は、以上のような問題点を指摘した上で、「教育と我々の子どもへの投資は、必ずや再びかつてのように高度な技能、高い賃金の産業をもたらすことを確実にするであろう」(Roosevelt, 1993: 2) と断言している。

　ルーズベルト委員長は、この教育改革法案の骨子が州内の公立学校における「学力やハイ・スクール卒業要件の高い基準」「様々なプログラムの革新」「包括的なアカウンタビリティ」の実施であり、「高いレベルを達成する学区・学校は報償を与えられ、低いレベルの場合には改善に対する責任を負わされることになろう」(Roosevelt, 1993: 4) と述べている。以上の点から、「教育に関する下院特別委員会」が提出した州教育改革法案の最終報告は、州内の公立学校に全ての児童・生徒の学力向上を求めた包括的な教育改革を要求するものであり、その結果や成果を測定・評価するアカウンタビリティ・システムを構築することであった。

　この後、93 年 1 月 25 日には「教育に関する下院特別委員会」の最終報告を部分修正した上院の「歳入源委員会 (the Committee on Ways and Means)」が「標準予算」と「スクール・チョイス・プラン」などの修正案などを盛り込んだ提案も行っている。しかし、議会側が提案した修正案に対しても、様々な賛

否両論が渦巻き審議が長引いてしまう。議会側が提案した州教育改革法案は、ウェルド知事側の提案も盛り込んだ超党派的な改革案となり、ようやく6月2日に下院議会を、翌日に上院議会を通過する。ウェルド知事も、6月18日に署名して、ここに「州教育改革法」が成立することになる。

4　「州教育改革法」の特徴

　93年6月18日に制定された「州教育改革法」は、同州における約1,800校の公立学校で学ぶ90万人の児童・生徒を対象にした教育改革法である。この「州教育改革法」で提案された教育財政改革は、生徒一人あたりの教育費の標準を定め、地方学区の教育費支出が州で決定された標準額に達しない場合には、州補助金を交付するという「標準予算」方式の採用であった。この結果、州からの学校資金は貧困学区に多く配分されることとなりホリヨーク（Holyork）学区には学区の学校資金の90％が、ブルックライン（Brookline）学区には10％しか配分されなかった（Bolon, 2000: 2）。こうした「標準予算」方式による教育費支出の配分は、「州教育改革法」に盛り込まれた「スタンダードに基づく改革（Standards-based Reform）」を具現化するものであり、州内の人種間格差や学区間格差の解消を目指すものに他ならなかった。

　州教育改革法案の作成に携わった民主党のバーミンガム上院議員は、93年の「州教育改革法」が人種間格差や学校間格差の解消を目指して、「多額の州予算を公立学校に投入すること」と「すべての学校に対して高いスタンダードとアカウンタビリティ」を確立することであった、と後に回顧している（Birmingham, 2007.5.4.）。同議員は、93年から州政府は公教育に220億ドル以上を投入したこと、MCASテストによる学力向上政策も高校卒業率90％を達成し、学力向上政策が成功したことを強調している。バーミンガム上院議員が指摘するように、「全ての児童・生徒の学力向上」を達成するためには州政府が人種・民族、貧困の程度、障害の有無などの個人的バックグラウンドに関係なく、教師の教授技能を向上させ、平等に児童・生徒の学習機会を保障し、かつ高いレベルの学習結果を期待することであった。それは、まさに公立学校が「偉大な平等装置であるというアメリカ神話」を実現する

ことであった (Reville, 2004: 592)。

さて、「州教育改革法」は「州基本法」の「第71章：1993年の教育改革法を実施する法律 (Chapter 71: An Act Establishing the Education Reform Act of 1993)」として制定されたものであり、全体で105節から構成されている。同法は、州内の公立学校（就学前から第12学年）における教育の質的改善を意図した包括的な法律であり、「カリキュラムと教授」「教育財政」「教育アセスメントとテスト」「教員養成」「教育の統治と意思決定」などの領域における教育の実践と結果における本質的で全面的な変革を規定したものとなっている[9]。そして、こうした「州教育改革法」の実施に際して一貫して求められた政策が教育目標の設定と教育アセスメント行政の実施であった。そこで、まずは同法で述べられた教育目標の設定、教育アセスメントとテスト政策に関する主なる内容を確認しておきたい。

第29節1D項は、州内の全ての公立学校K-12における「州全体の教育目標 (statewide educational goals)」を掲げ、数学、理科（科学とテクノロジー）、歴史と社会科、英語、外国語といった中心科目における「学問的な基準 (academic standards)」を開発することを求めている (Galvin, 1993: 172)。この「学問的な基準」は、児童・生徒の学力への高い期待を明確に、かつ具体的に設定するだけでなく、全米基準や他の国における類似の基準なども考慮して設定されるべきことが求められる。ただし、「ジェンダー、文化、民族、ないしは人種のステレオタイプを永続化することを避けるように設計されるべきである」(Galvin, 1993: 173) とも述べられており、異なった学習スタイルや何らかの学習障害への配慮が求められている。

そして、この「学問的な基準」は次の三つの「合格又は証明書 (determinations or certificates)」に関する基準を持つべきことが求められる (Galvin, 1993: 173-174)。

（ⅰ）「合格点数 (competency determinations)」は、学問的な基準に基づくだけでなく「数学、理科（科学とテクノロジー）、歴史と社会科学、英語」の科目における第10学年のカリキュラム構造に基づくべきである。また、この合格点数は一定のアセスメントによって測定され、特別な児童・生

徒がこれらの科目で技能、能力、知識に関する共通のコアに習熟していることを示すべきである。さらには、この合格点数が高校卒業要件ともなるべきである。

(ⅱ)「習熟の証明書（certificate of mastery）」は、生徒が高校卒業をなしえるか、もしくは世界中で最も進歩した教育システムにおける同等のプログラムを終えた場合に相当する包括的な技能、能力、知識に習熟していることを示す測定基準に基づくべきである。

(ⅲ)「職業技能の証明書（certificate of occupational proficiency）」は、特定の職業、もしくは専門的技能の領域における包括的な教育や訓練プログラムを完了した生徒に授与されるべきである。そして、この証明書は世界中で最も優れた教育システムを持つ特定の職業で働く生徒と同程度に所有されるべき技能、能力、知識のコアに生徒が習熟していることを示すような測定であるべきである。

同法で規定された「スタンダード」とは、高校までの到達すべき学習内容の設定だけでなく、高等教育と職業において、さらには一般市民として成功するための条件を設定するものであった。

次に、具体的な「教育アセスメント」の実施が第29節第2項で述べられる。この教育アセスメントの実施は、第一には年単位で実施されること、第二には公立学校の各学区と個別の学校の双方を対象とすること、第三には個別の学校における生徒の「数学」「理科（科学とテクノロジー）」「歴史と社会科」「英語」「外国語」などの科目において、設定されたカリキュラム構造と学問的な基準に基づいた技能、能力、知識を測定・評価することを原則とした（Galvin, 1993: 176）。この測定・評価システムは、児童・生徒の学力の結果を測るだけでなく、カリキュラムと教授の有効性も改善することが求められている。さらには、この測定・評価システムによって「全米学力調査（National Assessment of Educational Progress）」によるアセスメント活動、ならびに「新しい基準計画（New Standards Program）」による基準とアセスメントに対するマサチューセッツ州の継続的参加も明記されている。

5 教育内容のスタンダード化

「州教育改革法」の中核的内容は、州内の全ての児童・生徒に対する教育目標と標準的なカリキュラムを設定し、それらに基づいて、その結果を測定・評価する「高い基準」に基づくアセスメントを実施することであった。この標準的なカリキュラム構造の策定は、「マサチューセッツ州共通学習内容 (Massachusetts Common Core of Learning)」（以下、「州共通学習内容」と略す）と呼ばれ、このカリキュラム基準による学習結果を測定・評価する州テストが「マサチューセッツ州総合評価システム (Massachusetts Comprehensive Assessment System)」（以下、「MCAS」と略す）であった。

もともと、マサチューセッツ州ではカリキュラム編成基準の策定に州教育機関が関与することはなかったが、78年に初めて州教育委員会が基礎能力向上試験を決定し、それに従って各学区は教師、父母、生徒の実質的参加のもとに基礎能力向上計画を策定することとなった。翌年1月には、州教育委員会規則が制定され、「各学区はミニマム基準の設定を含む基礎能力向上プログラムを作成すること」、および「各学区はプログラムの開発と検討に実効ある市民参加を保障する」ことなどが盛り込まれたが、いずれにせよマサチューセッツ州の場合には、93年以前には教育課程編成やテストの実施などに関しては学区の自由裁量が認められていたことになる（坪井, 1998: 345）。しかし、93年の「州教育改革法」では州のカリキュラム・スタンダードの策定と州内の公立学校生徒の学力到達度を測定・評価する州統一テストの実施が求められている。

次に、93年の「州教育改革法」に規定されたカリキュラム基準に関する内容を確認しておこう（Galvin, 1993: 172-175）。

①州教育委員会は、学問的な基準によって構成された中核的な教科－数学、理科（科学とテクノロジー）、社会科（歴史と社会科）、英語、外国語－に対するカリキュラム基準を策定するための手順の開始を州教育長 (commissioner) に指示すべきである。

②カリキュラム基準は、この基準に基づいて要求される技能・能力・知識

の開発において、生徒を支援することを目的とした幅広い教授学的アプローチと戦略を提示すべきである。

③カリキュラム基準を構築したり、修正するプロセスは公開を原則として協議されるべきである。また、基準の策定は現場教員、親、教育学部教授、そして教材学習や教授学の両面で指導的な大学に属する人物をメンバーとするが、これらのメンバーに限定される必要はない。

④カリキュラム基準を作成する際には、その策定メンバーは、合衆国や世界中で現存するか、開発途中のカリキュラム基準、カリキュラム・モデル、内容基準、達成目標、教科課程、教材に注目すべきである。また、全米的な「新しい基準計画」などとの共同開発の努力を積極的に実行すべきである。

⑤カリキュラム基準は、教育や専門的な発達のプロセス、活発で熱心な教員の認可と評価を導き、かつ周知させるための十分な細目を提供すべきである。

⑥カリキュラム基準は、生徒の評価方法の促進・普及を導くために十分な細目を提供すべきである。

⑦カリキュラム基準は、教師、行政官、出版社、ソフトウエア開発業者、そしてカリキュラム、教科書、テクノロジー、他の教材の開発と選択などに興味を持つ人々、ないしは幼児教育、初等・中等教育、職業・技術教育に対する教授学的アプローチとテクニックを工夫することに興味を持つ人々を支援するように構築されるべきである。

⑧カリキュラム基準は、ジェンダー、文化的、人種的・民族的なステレオタイプを永続化することを回避するように設計されるべきである。

⑨州教育委員会は、カリキュラム基準を更新・改善し、かつ洗練するための手順を開発すべきである。

以上のように、「州教育改革法」は州全体の標準的学習内容を規定した「州共通学習内容」の策定に向けて、基準の策定経過の立案、国内外のカリキュラムの検討、生徒を支援する教授学的アプローチと方策、幅広い市民参加による公開協議、教員と生徒の評価、カリキュラムにおけるステレオタ

イプの回避、更新や改善の方策などの原則を提示したことになる。州のカリキュラム基準の具体的な策定作業は、「州教育改革法」の規定を受けながら、93年9月から開始され、94年7月に完了している。こうした一連の作業は、92年5月にウェルド知事が任命した州教育長アントヌッチィ（Robert V. Antonucci）と州教育委員会委員長カプランの下で進められた。このカリキュラム改定の経緯については、第5章で詳しく述べたい。

おわりに

　最後に93年の「州教育改革法」の評価を行いたい。93年の夏から開始された教育改革は、これまでも着実な進歩・改善が評価されているものの、カリキュラム基準の設定、MCASテストの実施、チャーター・スクールなどに関しては未だに論争が渦巻いている（Reville, 2004: 593）。本節では、州教育改革を進める上でウェルド知事が取った新しい政治的手法に注目してみたい。ウェルド知事は、教育政策の立案を極端に中央主権化する統治システムの確立を目指し、州教育長を知事の部局長会議（cabinet）のメンバーに加え、その指揮下に公立学校教育（k-12）の教育行政を担当していた「州教育委員会」と「高等教育委員会」を置いて、知事自らが教育改革を推し進めるシステムを構築している（Oakes, 2000: 248）[10]。

　州教育委員会は、知事が任命する委員長（Chairperson）、教育委員、教育長で構成され、主に州内の初等・中等教育行政を担当する[11]。こうした知事のイニシアティヴによる教育行政の管理・運営の強化は、それ以前の伝統的な学区主導型の地方分権主義的な教育行政システムとは異質なものであった。それは、州政府・州教育行政機関だけでなく、同時に地方学区の教育長や校長の権限強化・拡大を目指すものでもあった。言い替えれば、学区教育委員会の教育権限の弱体化・縮小化を意図するものであった（Gougeon, 2003: 29 北野, 2003: 565）。とりわけ、地方学区の教育長や校長は人事、予算、カリキュラム、目標設定、職員の職能開発などへの決定権を与えられたが、同時に93年の「州教育改革法」によって学力向上の結果責任を求められたことになる。まさにMCASテストの得点結果が教育長や校長の能力を測定する指

標ともなったわけである。「教育長は校長にプレッシャーをかけ、校長は代わって教師や職員にプレッシャーをかける」ことになった (Gougeon, 2003: 30)。

90年代のマサチューセッツ州における教育改革は、ウェルド知事 (1991-97)、セルーチィ知事代理 (1997-99)、セルーチィ知事 (1999-2001)、スイフト (Jane Swift, 2001-03) 知事代理、ロムニー知事 (Mitt Rommney, 2003-06) といった共和党知事の下で大きく前進することになる。それは、93年の「州教育改革法」の制定、94年の「州共通学習内容」による教育目標や標準的カリキュラムの策定、95年の「2000年の目標：5年間の基本計画 (Goals 2000: Five Year Master Plan)」による学力向上政策の策定、98年からのMCASテスト実施の決定、95年と97年におけるバイリンガル教育廃止法案の提案などであった。そして、これらの政策は、いずれも州内の公立学校における学力向上を至上命題とする厳しい結果責任を追求する教育アセスメント行政の展開と密接な関係を有するものであった。

注

1　マサチューセッツ州の教育委員会制度の歴史を概観すると、1837年に州教育委員会が創設され、初代教育長にマン (Horace Mann, 1796-1859) が就任して以来、州知事は州教育委員を任命するものの、実質的に教育行政に関与することはなかった。また、州教育行政に関する教育業務は州教育委員会と州教育省による教育行政機関が担当し、学区の教育行政は学区教育委員会に委任され、州の教育行政機関が直接的に学区の教育行政を管理・運営することはなかった。一方、学区教育行政は1840年の同州スプリングフィールドにおける州内初の教育長職の創設以来、学区教育行政の実質的業務は次第に教育長が担当するようになり、おおむね20世紀初頭には教育長による「専門職自治 (professional autonomy)」の理念とシステムが確立されていた (北野, 1990: 169 Oakes, 2000: 247)。

2　マサチューセッツ州の事例からも理解できるように、アメリカでは「合衆国憲法修正第10条」によって、教育に関する事柄は連邦政府ではなく州の権限として委譲され、さらに州は学区に対して多くの実質的な権限を与えていた。

3　60年代にはボストンの公立学校における白人生徒の比率は80％近くに達していたが、89年には白人生徒の比率は約23％に激減していた (川島, 1997: 74)。有色 (黒人) 人種の人口は、ボストン市全体の人口のわずか37％にすぎなかったが、黒人の子どものほとんどが公立学校に在籍していた。黒人、アジア人、ヒスパニックのマイノリティを合計すれば、その割合は、公立学校生徒の約90％にも達していた。言い換えれば、ボストンの公立学校生徒は、圧倒的に黒人やヒスパニックの子弟で占められ、俗に言う「ホワイト・フライト現象」によって、白人の郊外への分散を招いた。ボストン学区は、人種によって分断されたコミュニティとなっていただけでな

く、次第にマイノリティの児童・生徒に占有されつつあった状況が指摘される。

4 現在、マサチューセッツ州においては各自治体の学校、公共の安全、他の公的サービス部門における自治体財源は、それぞれの自治体の固定資産税の徴収、州の補助、他の財源などに応じて引き上げることが可能であった。「提案2 1/2」とは、80年に州住民投票によって成立し、「州法第59条21C節」として82年の会計年度から実施されている。「提案2 1/2」とは、市やタウンが年度ごとに固定資産税の税率を引き上げたり、徴収したりする収入額を制限するものである。制限の内容は、①各自治体は、自治体内の全ての課税対象となる不動産の全評価額の2.5％以上は徴収できない（「徴収上限(the levy celling)」。②自治体の徴収額の上限は、各年度内で有効である。その制限は、一定程度認められた上昇額を加えた前年度の制限に基づく（「徴収限度(the levy limit)」。「徴収限度」は、「徴収上限」を下回るか、せいぜい同額である。「提案2 1/2」は、自治体ごとの柔軟性を認めたものであり、自治体が一時的な基準で「徴収限度」か「徴収上限」を越えて徴収するか、同じく永久的な基準で「徴収限度」を引き上げることが可能である(MDR, 2008: 4)。

5 ウェルド知事は、70年にハーバード大学法学大学院を修了した後、81年には州司法長官に就任し、86年には連邦司法省犯罪局の責任者に任命され、レーガン政権下で活躍する。91年にマサチューセッツ州知事に初当選するが、同州における共和党知事の誕生は、75年のサージェント知事(Francis W. Sargent)退任以来のことであった。

6 「教育のためのマサチューセッツ・ビジネス同盟」は、John C. RennnieやS. Paul Revilleらが中心となって98年に組織化され、秘密裏に議会側の教育改革法案を作成した。93年5月2日付けの『ボストン・グローブ紙』で州下院議員のルーズベルトがこの事実を暴露した(Bolon, 2000: 1)。

7 ③の教育の優秀性を維持することを目的とした具体的なプランとして、学力テストや落率の低下に対する優れた成果や実質的な改善などを達成した学区に対して奨励基金を提供すること、教職に有能な卒業生を確保するために学生ローンの一部か全部を肩代わりすること、選ばれた有能な教育者に特別なサバティカルを与えること、州内における最高の校長であることを認定する「マスター校長(master principal)」の資格認定プログラムを開発することなどが提案されている(Weld and Cellucci, 1992: 3)。

8 ウェルド知事の提案は、旧来の「財産税免除(tax exempt property)」、貧困率、労働者人口などをベースにした予算配分を、新たに各自治体の公立学校予算の増額に合わせて州からの財政補助の増額を行うというものであり、各自治体は公立学校予算の増額か州援助の削減に直面する選択を迫られることになる(Boston Globe, 1992.6.19.)。たとえば、ウェルド知事が提案する「提案2 1/2」の上限設定と学区の「標準予算」に対する補助費の配分方法の意味は、地方学区の教育予算に対する支出努力を促しながら、貧困学区への補助金を増額するものであったが、州が設定した基準以下の学区においては州補助金が削減されることにもなった(Gottschalk, 1992: 1)。そこで、92年7月に議会や自治体は教育改革法案の成立と切り離して、各学区の公立学校に対する18,600万ドルの新たな緊急追加予算を行うことを求めたが、ウェルド知事は拒否している。また、議会や自治体は州の学区に対する予算の配分方法の改革も求めたが、これも92年11月の選挙実施を理由に拒否している

(Murphy, 1992: 1)。

9 93年の「州教育改革法」では、あまり「アカウンタビリティ（accountability）」という用語は使われていない。全文の中でも、わずかに4箇所で使われるのみである。代表的な表現は、「結果責任に対するゴールと州内の教育制度全体の質に関する高い基準を結びつけること」(Galvin, 1993: 162)、「学校や学区における革新、柔軟性、結果責任を促進すること」(Galvin, 1993: 171)など簡単な表現が見られるだけである。「州教育改革法」では、「アカウンタビリティ」よりも、「スタンダード」「アセスメント」という表現が多く使われている。なお、全米の中でもテキサス州は比較的早期に「アカウンタビリティ」という用語を用い、84年の法案の中で生徒の学力問題と結び付けている(Skrla, 2004: 62)。

10 アメリカの地方教育行政組織のあり方に関しては、都市部教育改革の政策理念と実態を研究している教育政治学者のウオン(Kenneth K. Wong)の「市長主導の統合統治(Mayor-led integrated governance)」が参考となる。ウオンは、1950～60年代において、都市部の学校はマイノリティの生徒を統合し、資源の配分を平等化することを求めたが、90年代以降になると都市部の学区は、次第に「生徒の学力向上政策」を重点課題とするようになったことを指摘する。ウオンは、ボストンやシカゴなどの都市部において市長の強力な指導性の下で教育長、教育委員会が一体となって教育行政に取り組むシステムが「地方分権主義」にも「中央集権主義」にも分類できない、新たな統治スタイルの始まりであることを指摘している(Wong, 2002: 297-302)。

11 ウェルド知事以降における歴代の州教育委員会委員長は、カプラン(Martin S. Kaplan:委員長在職期間、1992-1996)、シルバー(John Silber:同、1996-1998)、ペイザー(James A. Peyser:同、1999-)である。一方、教育長(commissioner of education)は全ての教育委員の3分の2の投票で選出され、州教育委員会では"Secretary"の役割も担う。同じく、ウェルド知事以降の歴代の州教育長は、アントヌッチィ(Robert V. Antonucci:在職期間、1992-1998)、ドリスコル(David P. Driscoll:同、1999-2006)である。

引用・参考文献

川島正樹 1997「ボストン・スクール・バスィング論争再訪-「失敗」神話の検証に向けて-」アメリカ学会『アメリカ研究』第31号, pp. 59-81.

北野秋男 1990「アメリカの地方教育行政に関する研究-ボストン教育委員会制度改革(1875年)を中心として-」日本教育学会『教育学研究』第57巻第2号, pp. 169-177.

北野秋男 2003『〈研究ノート〉マサチューセッツ州におけるテスト政策と教育アセスメント行政の実態-「マサチューセッツ州総合評価システム」の成立と影響-』日本教育学会『教育学研究』第70巻第4号, pp. 89-98.

北野秋男 2007「米国マサチューセッツ州における学力向上政策―MCASテストによる教育アセスメント行政の実態-」大桃敏行他編『教育改革の国際比較研究』ミネルヴァ書房, pp. 111-126.

坪井由実 1998『アメリカ都市教育委員会制度の研究-分権化政策と教育自治-』勁草書房.

Birmingham, Thomas 2007 "Has Mass. school reform stalled?" *projo.com.* May 4, http://

www.projo.com/opinion/contributors/content/CT_birm4_05-04-07_DS5E550.127320f. html, [2008.3.5.取得].
Bolon, Craig 2000. "Education Reform in Massachusetts" *Mass Parents. Org.* pp. 1-5. http://www.massparents.org/easternmass/brookline/ed_reform_bolon.htm [2008.4.1.取得]
Boston Globe, 1992 ～ 2000.
Flint, Anthony 1991.11.26. "Democrats Unveil Plan for School Reform Could Cost $1B, Kill Decrease in State Income Tax Sidebar Revolution for the Schools" *Boston Globe*.
Galvin, William Francis 1993 *Acts and Resolves passed by the General Court of Massachusetts in the Year 1993*, Massachusetts: The Sate Government of MA.
Gardner, David P. 1983 *A Nation at Risk: The Imperative for Educational Reform*, A Report to the Nation and the Secretary of Education U. S. Department of Education by The National Commission on Excellence in Education.
Glenn, Charles 1999 *The Social and Civic Context of Education*, Boston: MA, Commonwealth Copy.
Gottschalk, Barbra 1992.9.11. "Spending School Money on the Schools" *WCVBTV BOSTON,CHANNEL* 5, p.1
Gougeon, Francis L. 2003 "Managing to Lead in the Decades of Education Reform" *Education Connection Magazine*, University of Massachusetts Amherst, pp. 28-30.
Hirsch, Jr. E. D. 1996 *The Schools We Need and Why We Don't Have Them*, New York, Anchor Books.
Jencks, Christopher 1998 *The Black-White Test Score Gap*, Washington, D. C. : The Brooking Institution Press.
Massachusetts Business Alliance for Education, 1991 "Every Child a Winner!, A Proposal for a Legislative Action Plan for Systematic Reform of Massachusetts' Public Primary and Secondary Education System ", pp. 1-66.
MDR 2008 *Levy Limits: A Primer on Proposition 2 1/2*, Massachusetts Department of Revenue, pp. 1-17.
Murphy, Robert J. 1992.7.23. "Getting Together on Education Reform" *WCVBTV BOSTON,CHANNEL* 5, p.1
Oakes, Jeannie 2000 *Becoming Good American Schools: The Struggle for Civic Virtue in Education Reform*, San Francisco: Jossey - Bass Publishers.
Reville, Paul 2004 "High Standards ＋High Stakes＝High Achievement in Massachusetts", *Phi Delta Kappan*, vol.85, No.8, pp. 591-597.
Roosevelt, Mark 1993.1.20. "Statement of Representative Mark Roosevelt, Chairman, House Special Committee on Education", *Legislative Documents*, House of Representative, MA,No.800, pp. 2-4.
Skrla, Linda & Scheurich, James J. 2004 *Educational Equity and Accountability; Paradigms, Policies, and Politics*, N.Y.: Routledgealmer.
Weld, William 1991.10.24. "Remarks Prepared for Delivery" MA, Worceter, UMass Medical Center, pp. 1-8.
Weld, William and Cellucci, Argeo P.1992.6.2. "A Message from His Excellency the

Governor Recommending Legislation Relative to Reforming Public Education" *House of Representative*, No. 5750, pp. 1-5.

Wong, Kenneth K. 2002 "The New Politics of Urban Schools," in John P. Pelissero (Ed.) *City, Politics, and Policy: A Comparative Analysis*, pp. 283-311, Chicago: Loyola University .

第 4 章
マサチューセッツ州の教育財政改革

長嶺宏作

はじめに

　本章の目的は、1993 年に成立した「マサチューセッツ州教育改革法（Massachusetts Education Reform Act）」（以下、「州教育改革法」と略す）において主要な争点の一つであった教育財政問題を考察することである。93 年の 6 月 18 日に州知事のウェルド（William F.Weld）は「州教育改革法」に署名したが[1]、そのわずか 3 日前の 6 月 15 日にマクダフィー判決（McDuffy v. Secretary of the Executive Office of Educ.）が下された。マクダフィー判決は、同州の教育財政制度が適切な教育を行うために必要な教育財源を保障していないとして、州政府に対して教育財政制度の見直しを求めた判決である。実は、「州教育改革法」を立案する際には、この州の教育財政問題が重要な争点となったが、その背後にはマクダフィー判決の影響が指摘される。

　教育財政問題に詳しいシュラッグ（Peter Schrag）は「高い学力目標を設定し、厳しい学力テストを行い、学校の結果責任（Accountability）を問うことと適切な財源を求めるキャンペーンとの結合した関係は……（省略）……アメリカの教育における一大叙事詩となっている」（Schrag, 2005: iv）と述べ、教育改革と教育財政改革の密接な関連性を指摘している。本章は、シュラッグが指摘した教育改革と教育財政改革の関連性を、マサチューセッツ州を事例としながら解明することを目的とする。

1 問題設定—調整問題としての教育財政—

アメリカにおいて教育財政の学区間格差を問題にした裁判は、歴史的には3期に分けられる。マクダフィー判決は、その中で第3期の教育財政訴訟を代表する判決である[2]。第3期の教育財政訴訟は、89年のローズ判決（Rose v. Council for Better Education）を契機とし、教育の平等性だけを争うのではなく、州が提供するべき教育内容の「適切性（adequacy）」を争う訴訟となっており、ローズ判決以後、教育財政訴訟の過半数が原告側の勝訴となっている。白石は、90年代の裁判法理の変化について「学区間の教育費の格差の問題から実体的な教育内容の保障の問題にシフトしたことにあったといわれるが、(80年代の裁判でも）実体的な教育内容の保障の問題が中心になっている」（白石, 2005: 80）と述べている。つまり、白石は80年代前半において教育内容の保障がすでに法理として存在し、法理自体は90年代においても変化したものではない点を指摘している。

しかし、法理としての問題以上に第3期の教育訴訟において注目すべき事柄は、80年代から行われた州主導による教育改革によって、州が提供すべき教育内容の意味が変化した点であった。この変化の重要性を最も端的に述べた人物は、第3期の教育財政訴訟において原告側を支援しているレベル（Michael Rebell）である。レベルは「1990年代のはじめまでに、ほとんどの州は州で統一したスタンダード（生徒の学ぶべき内容、教員養成、カリキュラムなど）を設定することを通して（教育政策に）関与してきた。……それはスタンダードの増殖であり、現在の「適切性」の訴訟を起こし、原告の勝利に拍車を掛けた」（Rebell, 2008: 435）と述べている。

さらにレベルは、2002年に成立した「どの子も置き去りにしない法（No Child Left Behind Act)」（以下、「NCLB法」と略す）は全ての州において適用され、実質的な教育政策の結果責任を求めており、その内容を適切に各州が果たせないのなら、その責任を負わなければならないとも述べている（Rebell, 2004）。つまり、NCLB法が定める教育目標が達成できない場合は、学区・学校の結果責任だけでなく、教育財政の不備や教育制度の不備として訴えることができる点を指摘したものである。このような論理は、どこまで現実性

があるか否かは別として、連邦政府だけでなく州政府が具体的な教育の達成目標を教育改革法において明確に規定しているため、その到達目標に必要な教育財政への責任が問われることになったわけである。

そもそも第1期、第2期の教育財政訴訟では、学区間格差の違憲性を証明するための法理が発展的に展開されていったが（白石, 1996a）、その中でも最も大きな課題となった事柄が具体的な教育財政制度や教育制度改革の変容であった。逆に言えば、第3期の教育財政訴訟の勝利は多くの州における教育改革の進展という裏づけがあったために勝ち取られたものでもあった。もちろん白石が指摘するように、州が保障するべき教育に必要な教育財政の公正性について具体的・客観的な形で表現するという事態は、①生徒のニーズをどこまで認めることができるのか、②教育結果（アウトプット）と正当に位置づけることができるのか、③細分化され数値化された基準で測定されたものをどこまで信頼できるのか、という三つの課題が内包されていた（白石, 1996b）。

しかし、同じく90年代の教育財政訴訟を考察した竺沙（2001）は、教育改革と教育財政訴訟の連動性に着目し、平等で公平な教育財政制度の確立には再配分的な政策への州民の同意が不可欠である点を指摘している。財政問題における公正性が具体的で客観的である必要性が求められる理由としては、まさにアメリカの地方分権的な制度構造下においては調整問題としての教育財政問題がリアルに顕在化するからに他ならないからである。すなわち、教育財政訴訟の問題を考察する際には、白石が指摘するような法理問題とともに調整問題に関しても着目することが重要であろう。

本章は、マサチューセッツ州を事例としながら、裁判法理そのものよりも州の教育改革にともなう実際の教育財政問題に着目しながら、どのように平等で公正な財政制度が検討されたかを考察し、同州の教育財政改革の実態を解明したいと考える。

2　教育費の増大と納税者の反乱

アメリカにおいて教育財政の問題が歴史上長く議論されてきた。背景とし

ては、財政制度が日本とは異なり複雑であっただけでなく、伝統的な地方自治の原則から再配分政策が展開しにくいという問題が存在した。アメリカの地方学区による財政負担は、教育における地方自治を守り、連邦政府からの干渉を退けるとともに多様で自立的な教育行政を保障するものでもあった。その結果として生じる教育財政上の学区間格差については集権的な機構による調整が行われ、最低限のセイフティーネットを張り巡らせるという方法が取られてきた。「アメリカ型福祉政策」の特徴は、地方学区に最大限の自由を認めて連邦政府による統制を抑制しながらも、一方で中央政府によりセイフティーネットを掛けて最低限の平等な教育機会を保障していくという点にあった（渋谷・前田, 2006）。

しかし、この最低限の保障が一体何を意味するのかは、60年代以降の福祉政策の拡大とともにアメリカでも論争になっている。アメリカの現在の教育財政構造は、連邦政府が7～8％程度、州政府が45％程度、地方学区が45％程度であり、60年代以前は地方学区が8割近くを負担していた事実からすれば、アメリカの財政構造は連邦・州政府が過半数を負担する構造へと変化したことになる（Wong, 1999）。この変化は連邦・州政府が再配分政策を教育政策において展開した結果でもあり、第1期と第2期の教育財政訴訟の成果ともいえる。

ところで、93年に下されたマクダフィー判決であるが、もともとの裁判の始まりは78年まで遡り、15年にわたり審議されて州最高裁での結審となった判決である。原告の代表者であり、当時15歳の生徒であったジェイミー・マクダフィー（Jami McDufy）は、93年の結審を迎えるころには公立学校の教員となっていたように、裁判は長期間にわたるものであった[3]。その要因としては、上記で述べたような連邦主義の理念の下に構成されたアメリカの政府間の関係性が、「司法と立法の対立」「地方学区間の対立」「州政府と地方学区との対立」などの様々な緊張関係をはらむものであったからに他ならない。

この緊張関係を示す最も典型的な事例の一つとして、教育財政訴訟とは表裏の関係にあった「納税者の反乱」を挙げることができる。マサチューセッツ州の教育財政は、70年代からの経済成長の鈍化と80年代の経済不況の影

響を受け、慢性的な財政不足に陥り、80年には全米で二番目に税負担の高い州となっていた。この状況に不満を感じた納税者は、80年に住民投票によって地方学区の住民税の上限を2.5％に制限する「2 1/2提案（Proposition 2 1/2）」を成立させることになった。「納税者の反乱」が起きた背景には、教育分野ではバイリンガル教育や特別支援教育、その他の社会補償プログラムなどの州による社会サービスが70年代に拡大する中で福祉政策の効果をめぐる疑問や公共サービスへの不信が重なり州民の税負担への理解も限界に達していたことが挙げられる。

　さらに、アメリカでは地方自治の原則に基づき地方学区で教育費が直接的に学区住民税によって賄われるために課税と支出に厳しい目が注がれる。また、州政府が教育費に対する再配分政策を行う際には、地方学区による教育費の課税と州税による課税という二重の税負担を課すことにもなる。裕福な学区の住民は教育、サービスを受けないにもかかわらず、州税が課税されることになり課税の平等性の観点から不公平感を生む。つまり、住民の不公平感は、州政府が州全体の利益を考慮しながら教育費を再配分したとしても、配分を受ける学区・住民と受けない学区・住民との間で、課税の平等性と再配分の公平性の対立という問題が残り、この問題が解決しないかぎりマサチューセッツ州内における裕福な学区と貧困学区との地域間格差は是正することが難しいといえる。教育財政の学区間格差の是正を図るためには、両者の住民の同意が不可欠であった。

　この学区間格差の是正の問題を他州の事例から考えてみたい。たとえば、76年にカリフォルニア州では児童一人あたりの教育費の学区間格差が100ドルを超える場合は違憲と見なすという画期的な判決（Serano v. Priest〈Serano II〉）が出されている[4]。しかし、その予期せぬ反動として、78年には住民投票「13号提案（Proposition13）」が賛成多数で可決され、マサチューセッツ州と同様に地方学区の課税率に上限が設定されている。公共財政学者のフィッシェル（William Fischel）は、「13号提案」が住民側から提出された要因の一つとして、地方学区と住民税の直接的な結びつきを州の再配分政策によってサービスと課税の関係を弱めたために税に対する信頼を低下させた結果であった、と指摘する（Fischel, 1989）。78年以前にも、カリフォルニア州では

住民税を制限する住民投票がかけられているが、いずれも否決されている。すなわち、この住民投票の否決が意味するところは、州による住民税への制限は地方自治を侵害すると捉えたことと、住民税の増税に対する地域住民の理解が存在したことを示唆している。

しかし、セラノ判決により州によって支出が制限され、税の一部が他学区へ再配分されることで住民税と地方学区教育費との関係性が弱められ、州主導による税負担を支持しなくなり、「13号提案」を支持する住民が多くなったと言われている。アメリカにおける地方自治と教育税の結びつきは地方自治の象徴でもあり、州政府による再配分政策は住民税と地域の教育制度の結びつきを弱め、地域住民に対して税負担への理解を失わせた。その結果、貧困学区を中心として教育財政訴訟が行われる一方で、裕福な学区を中心として「納税者の反乱」が行われるという地方学区間の対立が顕在化し、地方自治の行き詰まりをもたらした。そして、この行き詰まりは地方学区間の税制と財政の利害調整者として州を登場させる契機を与えていった。

さて、80年のマサチューセッツ州の「2 1/2提案」の可決は、地方学区における住民税の増額を困難なものとし、地方学区における課税権を制限することとなった。そして、各学区はその後の経済不況によって財源不足の影響を直接的に受ける結果となる[5]。言い替えれば、貧困地域を抱える学区は教育財政の不足を学区財政のみで賄うことがますます困難となり、それまでの地方学区を中心とした教育財政構造から州による再配分を中心とした教育財政構造への転換が図られることになったわけである（Boscardin et al, 2000）。

さらに、こうした教育財政構造の転換は、教育財源の調整を契機として教育委員会から市長・市議会の統制を受ける機会をも増大させ、教育行政における権限関係を変化させていった。たとえば「2 1/2提案」では、その上限を超えて課税する場合には住民の3分の2以上の賛成を必要としたが、このような調整は教育委員会の能力を超えて市長や市議会の政治的なリーダシップによる調整を必要とした（Boscardin et al, 2000）。教育財源の不足を要因とする学区の教育自治能力の縮小は、93年の「州教育改革法」による州知事主導型の教育改革を起因させる契機となるものであった。

3 ローズ判決とマクダフィー判決

(1) ローズ判決

前節で述べたように、マサチューセッツ州の教育財政改革は地域間の対立や誰がどのように教育費を負担するのか、という問題を解決することであった。この問題に具体的な解決策をもたらしたのが「学力向上政策」と「アカウンタビリティ」であった。州教育改革法は、83年の『危機に立つ国家（A Nation at Risk）』から提起された教育の質保証という問題関心をテコにし、さらに、その結果責任を求めることで再配分政策への合意も作り出した。

第3期の教育財政裁判を代表するローズ判決の場合は、ケンタッキー州の教育条項に規定されている「州全体に効率的な公立学校制度を提供する（provide an efficient system of common schools throughout the state）」の「効率的」という文言を引用しながら、州政府が州憲法の教育条項の義務を適切に果たしていない、と指摘した（Kentucky, Constitution, Section.183）。ローズ判決に代表される第3期の判決は、各州の州憲法の教育条項に書かれている「効率的（efficient）」「諸能力（capability）」「適切な（adequacy）」「統一的な（uniform）」「あまねく（throughout）」という言葉の解釈に基づいている場合が多い。たとえば、ローズ判決は州政府は児童・生徒の7つの「諸能力（capabilities）」を保証しなくてはならないと指摘している。

(1) 現代社会に必要な読み・書き・コミュニケーション能力
(2) 経済・社会・政治制度に関する必要な知識
(3) 地域・州・国家に影響を与える諸問題を理解するために必要な政治制度への理解
(4) 十分な自己理解と精神的・肉体的な健康
(5) 全ての生徒が文化的・歴史的な遺産を敬うのに必要な基礎教養
(6) 全ての生徒が理性的に生涯にわたって職業を選択・追求することを可能にするための学問的、ないしは実用的な領域における準備
(7) 公立学校の生徒が学問市場と労働市場において、周辺の州に対しても有利に競争できるために必要な学問的・実用的な諸能力。

以上の項目を見てわかるように、第1期や第2期で争われた児童一人当たりの教育費や学区収入の格差は中心的な論点ではなく、第3期の裁判は「教育の質保障」が中心となっている。この89年のローズ判決がリーディング・ケースとなり、マサチューセッツ州のマクダフィー判決にも大きな影響をもたらした。さらに、ケンタッキー州においてもマサチューセッツ州と同様に、ローズ判決後に「ケンタッキー州教育改革法（Kentucky Education Reform Act）」が成立し、「スタンダードに基づく改革」が行われた。そこでマサチューセッツ州で争われたマクダフィー判決を通して、教育財政と教育政策の関係性を次に考察したい。

(2) マクダフィー判決

93年にマサチューセッツ州で争われたマクダフィー判決は、州内の16の学区に住み、公立学校に通う16人の生徒が原告となり争われた裁判である。原告は、州の教育財政制度は事実上、「州憲法が命じる適切な教育を受けるための機会を拒んでいる」と訴え、「州に教育上の責任があるかどうか」「その責任は何であるか」、そして「その責任を全うしているかどうか」が争われた。

まず、州憲法の成立から今日に至る歴史的な州の役割と責任が審議された。州憲法の教育条項は、ジョン・アダムズ（John Adams）によって起草され、その理念はジェファーソン主義的な教育観に支配されたものであった。ジェファーソンは、教育における州の役割を重視しており、マサチューセッツ州憲法は明確に教育上の州の役割と責任を明示しているとされた。さらに、原告側は州財政の不適切性の証拠として、州内の学区で教育費が上位25％以内の裕福な学区であるブルックライン、コンコード、ウェルスリーの3学区と原告の学区を比較して、具体的な格差を提示した（McDuffy, 1993: 521）。しかし、裁判では「私たちは、平等な1人あたりの教育支出を求めることは必要でないと結論づける」と述べ、教育費の格差は認めるが、問題は教育内容であるとした（Mcdufy, 1993: 553）。

州憲法の第5章「学問の奨励（Encourage of Literature）」の第2節には、「英知と同

様に徳を主権者たる人民にあまねく広げ、人民の権利と自由を保護するための義務を負い、全ての地域と全ての人民に教育の機会と利益を普及することは、立法府と行政府の義務である」と書かれている（Constitution of the Commonwealth of Massachusetts, Chapter V, Section II）。この州憲法の教育条項には、「全ての地域と全ての人民に教育の機会」を与えることが明記されているが、裁判では、この州憲法が義務づける教育が全ての学区では行われていないとされた。

その根拠になったのが、先述したローズ判決で示された「適切性」の7つの基準である。そして、オコナー判事（J. O'connor）はローズ判決の「適切性」の基準からすれば、「3つの裕福な学区と比較して、明らかに教育機会が制限され、教育の質は低い」と述べた。具体的には、適切な教員、教材、設備などの項目が列挙され、これらの環境では基本教科さえも十分に教えられていないとされた（Mcdufy, 1993: 619）。オコナー判事が「州の必要性に定められた州憲法の教育責任の内容は、私たちの社会とともに進化するだろう」と述べているように、社会変化によって教育要求が高まっているにも関わらず、現在の教育水準は州憲法が命じる教育内容を提供していない、というものであった（Mcdufy, 1993: 620）。

一方で、この判決の背後には裁判所と州との教育改革に対する協力関係が存在した。もちろん州の立法・行政・司法の三者は相互に独立した存在であり、マクダフィー判決においても三者が協同的に折衝するなどの直接的な関係があったわけではない。しかし、マクダフィー判決を前提として、州議会では判決が下される6ヶ月前から州教育財政制度の改革が審議されている（Massachusetts State House News Service, 1993）。また、マクダフィー判決の審議においては、「教育のためのマサチューセッツ・ビジネス同盟（Massachusetts Business Alliance for Education）」（以下、「MBAE」と略す）が作成したレポートである「どの子どもも勝利者に！（*Every Child a Winner!*）」が取り上げられている（MBAE, 1991）。この「どの子どもも勝利者に！」が93年に成立した「州教育改革法」の原案となったレポートであり、レポートで示された教育財政制度がほぼ具現化されている。つまりは、マクダフィー判決は州教育改革法案の作成者にも強い影響を与えたと考えられる。

「州教育改革法」では、教育の質的改善を目指すための教育改革とともに、そ

の教育改革を実施するための財政を保証するという議論がなされた。州憲法の教育条項が定める教育内容の「適切性」を問う第3期の教育財政訴訟は、90年代に登場した教育政策によってそれまでは中心的な問題として裁判上で争われたことがなかった教育内容の問題を現実の政策による裏付けを得て、議論することができた。したがって、スタンダードに基づく改革によって、補償するべき教育内容を、以前より明確に規定することが可能となったといえる。

マクダフィー判決によってマサチューセッツ州の教育財政制度は違憲とされ、「州教育改革法」によって適法化を目指して改善されたが、次に「州教育改革法」によって改革された新しい教育財政制度が、州憲法に規定された教育保障を実現できたか否かが問われた。そこで次節では、具体的な教育財政改革のプランを検討したい。

4 新しい州教育財政制度とハンコック判決

(1) 新しい教育財政制度

93年の「州教育改革法」における財政改革の特徴は、「標準予算（Foundation Budget）」による各学区に対する新しい補助金制度の開始であった。この補助金制度は、各学区に対し94年には児童一人あたり5,577ドルの教育費を保障している。その後、この教育費は増額され、現在では児童一人あたり約8,000ドル程度の教育費が保障されている。この標準予算は、「収入」において地方学区の最低税率を定め、「支出」において到達するべき児童一人あたりの教育費の標準が定められている。地方学区の教育費支出で州が決定した標準に達しない場合は、その額を州の補助金で補填するというものである（Anthony et al, 1994）。これによって「2 1/2提案」による地方学区の定められた最高税率とあわせて地方学区の最低税率が定められ、また、支出についての目指すべき標準予算が州によって定められた。

具体的には、この補助金の交付は表4−1の(A)と(B)のように地方学区の資産価値が高い地域、(C)と(D)のように地方学区の資産価値が低い地域の場合と大きく4つのパターンにわけられる（Massachusetts General Laws, Chapter71）。

表4−1 教育改革法案後の教育財政の枠組み

		州の一人あたりの標準予算	
		以上	以下
最低税率	以上	・税率を下げる勧告 ・児童一人あたり25ドルの一律補助金（equity）を交付（使途野限定なし） (A)	・州から標準予算との差を埋める標準教育費補助金が交付される ・学区の課税努力を認め、さらに公正補助金が交付される (C)
	以下	・税率を上げる勧告 ・公正補助金は交付される。 (B)	・学区の支出努力が求められ、標準教育費まで到達できるよう毎年度少しずつ税率を上げる ・学区課税努力が認められれば、州から補助金が交付される。 (D)

(出典：筆者作成)

(A) 地方学区の教育費の課税努力、つまり、地方学区の税率が州の定めた最低税率以上で州の標準予算以上の児童一人あたりの教育費を支出している場合は、税率を下げるように（最低税率に向けて）勧告された。他に州から補助金を受けていない場合は、児童一人あたり25ドルの一律補助金（equity aid）が交付される。この一律補助金は、全ての地方学区の利益に配慮された児童数に応じて一律に配分される補助金であり、しかも、支出については地方学区の裁量に任され、教育予算以外にも使用できる。

(B) 児童一人あたりの教育費が標準予算以上であっても、地方学区の支出努力が標準以下の場合には、税率を上げることが勧告される。しかし、一律補助金を受けることはできる。州が最低税率を定める理由は、地方学区が州の補助金の増加に伴い地方学区の税率を下げる恐れがあるため、最低限の地方の課税努力（支出努力）が州補助金の交付条件となっている。

(C) 地方学区の税率が州の定めた最低税率以上で、児童一人あたりの教育費が州の標準予算に満たない場合は、その差を埋めるために標準教育費補助金が交付される。また、地方学区の課税努力を認め、さらに一律

補助金が交付される。

(D) 地方学区の課税努力が標準以下で、一人あたりの教育費が州の標準予算に満たない場合は、税率を上げることが要請される。その後、標準教育費補助金は学区の課税努力が認められた場合に交付される。

　この「標準予算」による新たな補助金システムは、地方学区の教育予算に対する課税努力を促すだけでなく、貧困学区への補助金の交付をも目指すものとなった。しかし、表4-1からも明白なように、全ての学区に対して最低限の一律補助金が交付されることとなった。アメリカでは、全ての地方学区の利害関係の調整から教育財政政策は、新たな財源を確保し、貧困学区には補助金を拡大し、裕福な学区には現状の補助金を維持するという「底上げ型（level up）」とでも呼べるような戦略が取られることが多い（Wong, 1999）。マサチューセッツ州の新しい教育財政制度も、この「底上げ型」であった。新しい財政制度の導入時には、標準予算に満たない学区は8割程度に上り、多くの学区が州の補助金を受けることが可能となり、結果的には、各学区の教育費の水準が高く維持されることなった。標準財政は、州の財政負担を93年から2001年の間に30％から41％に増加させ、補助金額も43億ドルから73億ドルに増額させることなった（Dee, 2004）。また、マサチューセッツ州は、教育費の水準が93年以前は全米でも下位に位置していたが、その水準は大幅に改善されることとなった。

　しかし、この方式は全体の予算支出が増加するものの学区間格差を根本的に是正するものではないという問題が残る。ただ貧困地域への集中的な補助金の投入は、当然のことながら裕福な学区からの反発を招き、学区間格差の是正を目指した教育財政の再配分が支持されない場合がある。課税する側／される側、配分する側／される側にとって、教育財政における適切で公平な基準とは何を指し、どのような政策によって、こうした理念を実現するかが重要な問題となるのであった。州教育改革法の成立に影響力を与えたMBAEの代表のレヴィル（Paul Reville）は、「結局のところ、スタンダードに基づく改革とは、まさに公平性（fairness）を問うものについてである」とし、公平性が要求するものを列挙し、「公平性は、私たちが全ての児童に対して学習する機会を与えて、彼らの学習活動におけるそれぞれの利益のために説明

責任を負い、彼らを教育する責任を持つことを意味する」（Reville, 2004: 592）と述べている。レヴィルは、「州教育改革法」とはブラウン判決後に続く、マイノリティーと貧困児童への教育を進展させる政策に他ならない、と主張している。

しかし、それでもマクダフィー判決においてオコナー判事が、「教育研究者においても、州憲法が定める教育の適切性が何かについて共通理解があるわけではない」（McDuffy, 1993: 623）と述べているように、「適切性」とは何か、「公平性」とは何かについての問題は、マクダフィー判決後も未解決の問題であった。そのため「州教育改革法」が施行されると、設定された様々なスタンダードと結果責任を問うMCASテストの結果が、公正（equity）の基準の一つの指標となり、その「適切性」が議論されることになった。93年の「州教育改革法」によって、高い教育成果を求める教育目標が設定され、その目標を実現するためにもマサチューセッツ州の教育費は大幅に増額された。しかし、教育費の増額が必然的に教育の質的向上をもたらすわけではない。そこでさらに、マサチューセッツ州では州の教育政策が全ての児童に質の高い教育を保障しているか否かが問われ、再び州の補助金の配分方法と、その額を巡る教育財政訴訟が起こされている。これが、2005年のハンコック判決（Hancock v. Commissioner of Education）である。

(2) ハンコック判決

ハンコック判決は、93年の「州教育改革法」以後の教育政策によって州が適切な教育を提供し、義務を全うしているかを争点とした。原告側は、前回と同様に、ブルックトン、ローウェル、スプリングフィールド、ウィンチェンドン学区などに在籍する公立学校の生徒のジュリー・ハンコック（Julie Hancock）らであるが、裁判では上記の4学区を舞台に争われた。結論から言えば、ハンコック判決では原告側が敗訴した。

ハンコック判決において特徴的なのは、学力結果と学校環境の関係が多く論じられたことである。マクダフィー判決でも教育費と教育条件の比較が行われたが、ハンコック判決の特徴は「州教育改革法」によって実施された州テストのMCASテストの結果と財源の関係性が検証されている。つまり、

ハンコック判決では、スタンダード・カリキュラムで規定された教育内容や学力テストの結果が、州憲法の教育条項で規定された内容に合致するものであったかが検証される上で、教育財政訴訟における教育財政の不足を証明する指標として用いられた。

　具体的な事例を挙げておこう。たとえば、第10学年のMCASテストの数学における合格率は州平均が85％であるのに対して、ハンコック判決の原告の学区であるブルックトンでは75％、ローウェルでは77％、スプリングフィールドでは54％、ウィンチェンドンでは77％であった。さらに、この数字はマイノリティー・グループの生徒に限定すると、ブルックトンでは23％、ローウェルでは25％、スプリングフィールドでは15％、ウィンチェンドンでは50％となる(Hancock, 2005: 1148)。こうした数字が物語る問題点は、マサチューセッツ州内には依然として明白な学区間格差と人種間格差が残存しているという事実であった。

　93年の「州教育改革法」、さらには2002年に成立したNCLB法では2014年までに全ての子どもを州が規定した一定レベルの「習熟（proficient）」に到達することを目標としている。原告側は、この4つの学区では目標に到達することができないばかりか、教育の質が極めて低いと主張した。また、この4つの学区の学力結果の要因として1クラスあたりの人数、古い教科書と図書、施設の老朽化、免許を持った教員不足なども指摘された(Hancock, 2005: 1149)。

　原告側の敗訴を支持したマーシャル判事（J. Marshall）も「焦点化された学区においては、全ての生徒に州憲法が命じる能力を身につけさせることに失敗している。特に、不利益な立場にあるサブ・グループ（特にヒスパニックなどの英語を母語としない生徒たち）……」と述べ、教育財政の現実的な経費の算出方法を再設定する必要性を指摘している（Hancock, 2005: 1145)。しかし、「州教育改革法」の施行以後、教育改革の成果は「ひどく遅い（painfully slow）」とは言えるが、MCASテストの得点結果が上昇するなど、徐々に公教育制度が改善されたことが指摘されている(Hancock, 2005: 1154)。たとえば、教育改革の成功事例を確認しておこう。たとえば、財政的には貧困であってもウィンチェンドン学区には「指針学校（compass school）」と呼ばれる学力向上が著しいモデル校がある。しかも、マサチューセッツ州の教育改革は全

米の中でも比較的に成功した州であり、学力向上が著しい州として称賛されている。マーシャル判事の見解は、マサチューセッツ州の教育改革の結果は州の教育に対する義務と責任を一定程度は果たしているというものであり、全てが不適切なものではないというものであった。

原告側を支持したアイルランド判事（J. Ireland）は、マーシャル判事が教育改革の成果が「ひどく遅い」と表現した改善点の進捗状況を促進することを主張し（Hancock, 2005: 1174）、同じくグリーニー判事（J. Greaney）も、4つの学区を調査した「報告書は、……11年前にマクダフィー判決で明らかにされた状況と極めて酷似している」と述べ、未だに教育財政の問題すら未解決であることを指摘した。しかし、原告側に立った二人の判事の指摘にも関わらず、結局、ハンコック判決における州が保障すべき教育基準は、現状の州の教育保障に対する教育財政改革を容認するものとなった（Hancock, 2005: 1169）。

というのも、スタンダードに基づく改革によって到達すべき目標は明確となったが、教育条件と、その達成に必要な教育財政の基準は明らかにすることは困難であった。2004年のハンコック判決第1審は、教育財政と教育結果の関係性について、つまりは適切な教育を実施する際に必要な教育財政の額について「コスト調査（Costing Out）」が報告された。この調査の中でも、2つの原告側に立つ調査報告が注目される。一つ目は、教育財政学者のバースジェン（Deborah A. Verstegen）による学区に必要な教育費を専門的な判断と調査によって計算するというものである。バースジェンの調査は、原告側の学区の教育費が約4,100ドルから8,000ドルも不足し、州内の全児童の80％がさらに4,500ドルの教育費を必要としていると主張した。しかし、この主張は教育財源を破綻させるような「教育学者や教員が望むものの長大なリスト（a wish list of resources that teacher and administrators would like to have）」と判事に酷評されたように、余りに非現実的な提案内容であった（Hancock, 2004: 252）。

二つ目は、メイヤー（John Myers）によって行われた成功している学校をモデルに、その教育費を試算するという方法であった。具体的には、州テストで好成績を上げている75学区の教育費の平均によって適正な教育費を算定する方法であり、原告側の貧困学区の教育費は約1,200ドルから3,500ドル不足している、と指摘された。しかし、成功している学校の成績と教育費

の関係は明確ではなく、ほとんど論理的な関係性が証明されないものであった（Hancock, 2004: 250）。言い替えれば、教育の質の保証を具体的な財政指標に基づいて証明することは困難であった。

逆に、たとえ証明できたとしても、それを司法判断として採用するか否かは別問題であった。すなわち、現実の教育政策の適切性を判断する場合には、学力と教育費の関係性だけでなく、政策上の現実性も大きな要因の一つである。原告側の立場に立った二つの重要な調査結果が報告されたにもかかわらず、州の最高裁においてマーシャル判事は、より現実的な見解を述べている。マーシャル判事は、教育とは確かに州の政策において重要な事柄であるものの、「州憲法の教育条項は、何らかの測定可能な基準によって全ての学区における平等な教育結果を保障している訳ではない」と述べ、原告側の立場に立った主張を否定している（Hancock, 2005: 1154）。

マーシャル判事の見解からもわかるように、第3期の教育財政裁判は、結果責任を求める州の教育改革とともに教育改革に必要な教育予算をより高い基準に設定したが、だからといって結果の平等を絶対的に求めているわけでもない。端的に言えば、最低限の教育基準が現代的な社会状況を考え、より高次なものに設定されたに過ぎない。

5　教育財政と教育改革

第3期の教育財政改革は、再配分政策が80年代に批判を受ける中で、結果を達成するのに必要な投資として教育財政保障を再定義した。マクダフィー判決の意味は、高まる教育要求を受けて保障するべき教育内容の基準を高度化することと、教育財政の平等化において現実問題となった学区間対立と政治的な支持／不支持の問題を、教育の厳しい結果責任を求めることで調整した点であった。

しかし、93年の「州教育改革法」以後の州の教育政策が適切な教育を提供し、その義務を全うしているか否かを争点としたハンコック判決が敗訴に終わった事実から判断すると、具体的で客観的な数値指標が公平な基準として、どこまで採用できるのかと言う点になると慎重にならざるをえない。現

実の教育政策と州テストの得点結果の安易な関係づけは、かえって教育財政の正統な根拠を失わせる結果を招く危険性をともなう。第3期の教育財政訴訟に批判的な研究者であるハヌシェク（Erick Hanushek）は、教育財政への支出拡大が教育結果につながるという証拠はないとした上で、より重要な問題は教育改善を目指すような組織や制度的な枠組みの構築である、と主張している（Hanushek, 2006）。確かに教育財政は重要な要素ではあるが、ハヌシェクが批判するように教育問題は教育財政によって外的な教育環境だけを整備すれば解決するものではない。さらに、教育財政と教育結果の関係性は、教育結果があまりに複合的な要素により左右されるために、厳密に関係性を調査すればするほど関係性が否定される可能性も残る。

また一方でコゾル（Jonathan Kozol）が主張するように、貧困学区の教育環境が劣悪なことは明々白々であり、州テスト、教育内容のスタンダードなどの様々な指標で証明しなくとも、貧困学区の児童・生徒が教育を受ける権利を侵害されていることは事実であった。コゾルは、半世紀以上も前のブラウン判決の理念が、現在のスタンダードに基づく改革とは無縁のものであったことを主張する（Kozol, 2005）。しかし、コゾルの主張にもどれだけの政策的な現実性があるのかという点では疑問が残る。特に、公教育への信頼が低下する今日において、教育費の負担を住民に求めなくてはならないとすれば、より客観的で公平な基準と誰もが認める教育成果なくしては教育政策への支持を得ることは不可能であろう。

そもそも第3期の教育財政訴訟を支えたスタンダードに基づく改革とアカウンタビリティ政策は、形式的なインプット・プロセス規制から、アウトプット規制することで形骸化した教育政策を再建する意図があった。教育の「結果」をより重視した教育財政改革は、今まで無条件に前提としてきた教育環境と教育結果の関係性を再認識させ、教育改善への道筋を明確化しようと意図するものであった。こうした意味からすれば、93年のマサチューセッツ州の「教育改革法」は、他州と比較した場合にもバランス感覚をもった改革であり、結果責任の要求と条件整備が比較的に整合的に行われたと評価できよう。しかし、長期的にみれば、そもそも高い学力目標を設定し、厳しい学力テストを行い、学校のアカウンタビリティを求める教育政策の展開は、本

章で述べた形式的な財政保障の議論に終始することになりかねない。言い替えれば、教育プロセスへの注目、意義ある教育実践を支援する人的・物的システムの構築など、より本質的な教育制度改革への取組が必要となろう。

おわりに

日本においても 2007 年から「全国的な学力調査」が実施されたが、そもそも導入当初から文部科学省と財務省との間の対立、ないしは自民党内の構造改革路線と文教族議員との対立の中で、公立学校における財政的な必要性を証明することや公立学校それ自体の必要性を証明する意味も込められて実施された背景を持つ。テストの実施やテストによる調査自体は、確かに否定されるものではないが、テスト結果の数値が一人歩きすることや、その数値がどのように利用されるかについては検討の余地は十分にある。

たとえば、アメリカでは 68 年の『コールマン・レポート（*Coleman Report*）』以来、数々の社会調査が教育達成の要因を解明しようとしてきたが、その調査結果は政治的に利用され、曲解されてきた歴史がある。教育結果を財政保証の論理の射程に入れるという試みは、単純に否定されるものではなく、教育の環境整備を考えた際には具体的・客観的な基準として必要となるものである。特に、福祉国家の基盤が揺らぎ、他分野と財源を争う場合や構造改革の中で一気に財源格差が広がるような場合には、マサチューセッツ州で争点となった教育財政問題は日本でも現実のものとなる可能性がある。しかし、本章でも考察したように、教育結果と教育財政の関係性を明らかにすることは諸刃の剣であり、それが教育統治における統制や教育実践の形骸化になりうる可能性が残る。教育財政の問題は、インプットとアウトプットの関係性を慎重に考慮しながら、プロセスとしての教育実践の改善に役立つことを目指して検討されるべきものである。

注

1 ウェルド知事の署名については、『ボストン・グローブ』でも「気乗りしない筆（lukewarm pen）」と評されている。ウェルド知事は、学校選択の推進や教員のテニュア制の廃止でより根本的な改革を望んでいたが、これらを実現するような法

案ではなかった(Howe, 1993)。
2 第1期は、69年頃から73年のロドリゲス判決(San Antonio Independent School District v. Rodriguez)に代表されるように、連邦裁判所で争われた時期に該当する。しかし、第1期のロドリゲス判決では、「合衆国憲法」には教育に関する条項がないために憲法14条の平等条項に基づいて審議された。連邦最高裁は、教育の劣悪な環境は認めたが、教育は州の責任であるとして連邦政府に判断する権限はないとして原告の訴えを退けている。そこで73年のロドリゲス判決以後から第3期の89年のローズ判決(Rose v. Council for Better Education)が下される前までの第2期の裁判では、教育財政訴訟は州に舞台を移し、州憲法の平等条項や教育条項に基づいて争われた。第2期までの裁判は、州の平等条項から教育条項に裁判の論点が次第に移り、教育条項に規定された教育の平等性や公平性について争われた。しかし、第2期の教育財政訴訟では原告が勝利したのは全裁判の内、3分の1程度であり、過半数の判決では原告側の敗訴に終わっている。
3 教育財政改革は、78年と85年に行われており、78年の改革を受けてマクダフィー訴訟が起こされ、85年に新しい教育改革法が成立したために新しい改革法に基づいて再度審議されたために、教育財政訴訟が15年にも及んでいる。また、原告を支援する「公平な教育財政のための協議会(Council for Fair School Finance)」は、74年に組織された。
4 厳密に言えば、裁判所は100ドル以内の格差が望ましいと述べている。裁判所は、明確に立法府に命令したわけではないが、制度化されるにあたって格差是正の問題は単純化された。
5 他の章でも述べているように、バイリンガル教育や障害児教育などの特別支援教育の要請の増大は、80年代以降から高まり、かつ連邦政府や州政府から特別支援教育を行うことを地方学区に義務づけたことにより教育費は増大した。逆に、通常学級の教育費は減額されている。そのため、経済不況において教育財政が危機に陥ると通常学級の教育費を圧迫するために、特にバイリンガル教育への反対運動が起こる構造的な背景を作り出した。

引用・参考文献

渋谷博史・前田高志編 2006『アメリカの州・地方財政(アメリカの財政と福祉国家2)』日本経済評論社.
白石裕 2005「アメリカにおける学校財政制度訴訟と財政制度改革－ニュージャージー州の事例(1)－」『早稲田大学大学院教育学研究科紀要』第15号, pp. 75-88.
白石裕 1996a『教育機会の平等と財政保障－アメリカ教育財政制度訴訟の動向と法理－』多賀出版.
白石裕 1996b「アメリカ学校財政における公正の問題」高倉翔編『教育行財政における公正と不公正』教育開発研究所, pp. 97-118.
竺沙知章 2001「アメリカ合衆国における1990年代州学校財政制度改革」『兵庫教育大学研究紀要』第21巻, pp. 1-9.
Anthony, Patricia & Rossman, Gretchen 1994 *The Massachusetts Education Reform Act: What is it and Will it Work?* (ED 377 559), Lanham, MD: Educational Resources Information Center.

Dee, Thomas S & Levin Jaffery 2004.Fall, "The Fate of New Funding: Evidence from Massachusetts' Education Finance Reforms" *Educational Evaluation and Policy Analysis*, Vol.26, No. 3, pp. 199-205.

Boscardun, Mary. Green, Preston. & Hutchinson, Sean 2000 *State of the State: Massachusetts, A Case of Equity, Adequacy, and Local Control.*

Constitution of the Commonwealth of Massachusetts, Chapter V, Section II.

Hancock v. Commissioner of Education 2004 Mass. Super. Ct., April 26.

Hancock v. Commissioner of Education 2005, 822 N.E.2nd 1134.

Hanushek, Erick 2006 "Science Violated: Spending Projections and the 'Costing Out' of an Adequate Education" in the Hanushek, E A., (Ed) *Courting Failure, How School Finance Lawsuits Exploit Judges' Good Intentions and Harm our Children*, pp. 257-311, Stanford, CA: Hoover Press.

Howe, Peter J. 1993.6.19 "Weld puts lukewarm pen to education reform bill" [City Edition], *Boston Globe*, pp.10.

Kentucky, Constitution. Section. 183

Kozol. Jonathan 2005 *The Shame of the Nation: The Restoration of Apartheid Schooling in America*, New York, NY: Crown Pub.

Massachusetts, General Laws, Chapter 71 (Galvin, William Francis 1993 Acts and Resolves passed by the General Court of Massachusetts in the Year 1993, Massachusetts: The Sate Government of MA.).

Massachusetts State House News Service 1993, Jan. 4.

Massachusetts Business Alliance for Education 1991 E*very Child Winner!: A Proposal for a Legislative Action Plan for Systemic Reform of Massachusetts' Public and Secondary Education System.*

McDuffy v Secretary of Education 1993, 615 N.E.2nd 516.

National Commission on Excellence in Education 1983 *A Nation at Risk: The Imperative for Education Reform*, WA.D.C.: U. S. Government Printing Office.

Rebell, Michael 2008.Febrary "Equal Opportunity and the Courts", *Phi Delta Kappan*, vol.89, No.6, pp. 432-439.

Rebell, Michael 2004 "Askwith Forum at Harvard Graduate School of Education", November 16, (forum.wgbh.org/wgbh/forum.php?lecture_id=1723)

Schrag, Peter 2005/2003 *Final Test: The Battle for Adequacy in America's Schools*, New York, NY: The New Press, Paper Back Version.

Raville, Paul 2004.April "High Standards + High Stakes = High Achievement in Massachusetts", *Phi Delta Kappan*, Vol.85, No. 8, pp. 591-597.

Rose v. Council for Better Education 1989, 790 S.W.2d 186.

San Antonio Independent School District v. Rodriguez, (1973) 411 U.S. 1.

Serano v. Priest 1976 (Serano I), 557 P.2d 929, 951.

Fischel, William 1989 "Did Serarano Cause Proposition 13?" *National Tax Journal*, 42, pp. 465-73.

Wong, Kenneth 1999 *Funding Public Schools: Politics and Policies*, Lawrence, KA: University Press of Kansas.

第5章
「州共通学習内容」の改定とジョン・シルバーの教育改革思想

北野秋男

はじめに

　アメリカおける教育内容のスタンダード化を求めたナショナル・カリキュラム運動は、第2章でも述べられているように、1980年代から顕著になったものである。「新保守主義者」と呼ばれるハーシュ（E. D. Hirsch）、ラヴィッチ（D. Ravitch）、ブルーム（A. Bloom）らは、80年代から西洋古典中心の教養復活と国民の共通文化の必要性を唱え、連邦政府や各州で推進されたナショナル・カリキュラムとナショナル・テストの策定に対する理論的支援を行っている。彼らは、「いかにして共通文化（common culture）を身につけたアメリカ国民を創るか」（赤尾, 2002: 79）を共通課題とし、人種的・民族的な多元性を尊重する多文化教育に対抗する理論を展開していた[1]。

　これらの新保守主義者は、本質主義者としてフェミニズム運動や価値相対主義を退け、アメリカにおける多文化教育がアメリカ国民の共通知識の欠落を招いたとして、強力な文化的統合を求めたのである（赤尾, 1996: 19-20）。ナショナル・カリキュラムやナショナル・テストは、アメリカの文化的統合を達成する際の有効な手段と見なされた。ハーシュやラヴィッチらの新保守主義思想に見られるように、90年代に入ってアメリカの各州においては急速にテスト政策が立案されたが、州テストが制度化された要因としては、連邦政府、州政府、地方教育行政機関が一体となって推進した教育アセスメント行政の展開を真っ先に挙げるべきである。しかし、そうした政策を支えた理論的背景として、競争原理にもとづく「結果至上主義」（＝新自由主義）とアメリカ国民の「共通知識の確立」（＝新保守主義）という異なる文脈の思想

的な背景も指摘されるべきであろう。

　本章の課題は、マサチューセッツ州で94年6月に決定された「マサチューセッツ州共通学習内容（Massachusetts Common Core of Learning）」（以下、「州共通学習内容」と略す）」の立案過程と内容的特色を解明することである。この「州共通学習内容」こそ、同州のスタンダード・カリキュラムとして策定され、全ての州内の生徒が共通に学習すべき各教科の基本的な学習内容を明示したものである。第二には、96年から州教育委員会委員長として「州共通学習内容」の改定を行ったジョン・シルバー（John Silber）の教育改革思想を確認することである。まずは、新保守主義者のカリキュラム・スタンダードの理論とテスト政策の関係を確認することから始めよう。

1　ナショナル・カリキュラムとナショナル・テスト

(1) ラビッチの主張

　冒頭でも述べた「新保守主義者」のラヴィッチは、91年に共和党のブッシュ政権下で教育省長官の補佐官を1年半にわたって務め、カリキュラムとテストの全米基準の立案を推進した人物である。もともとラヴィッチは、ヴァンダービルト大学の教育学・公共政策の教授であったチェスター・フィン（Chester E. Finn, Jr）とともに81年に「卓越した教育を求めるネットワーク（Educational Excellence Network）」を創設し、子ども一人ひとりの能力を最大限に伸ばす質の高い教育を実現するための学校改革を目指していた[2]。

　ラヴィッチは、多文化主義に反対しながら、教育内容の中心に西欧の人文学的知識を据えようと考え、91年に教育省長官の補佐官に就任して以来、教育目標の全米基準、カリキュラムのスタンダード化、標準テストによる全米評価を推進する運動に取り組むことになる。ラヴィッチは、より高いレベルでの教育内容の基準と生徒の学力向上の必要性を強調しながら、カリキュラムのスタンダード化と標準テストが教育改革の両輪である、として次のように述べている。すなわち、教育（学習）内容に関する「内容スタンダード」（content standards）には学習の到達点を計るための有効な「学力の基準」が存在しなければ無意味であり、「内容と学力の基準がなければ、資源（補

助金）が効果的に使われたかを客観的に決定する方法は存在しない」（Ravitch, 1995b: 12-13）と明言している[3]。また、ラヴィッチは自らが主張するナショナル・カリキュラムやナショナル・テストの策定における保守的な運動に対する9つの批判に対しては、以下のように反論している。紙幅の関係で、9つの批判の中から3つの批判と反論を取り上げてみたい（Ravitch, 1995b: 19-22）。

① 「ナショナル・スタンダードは、連邦政府の機関によってコントロールされる場合にはとりわけ最低限のものとなり、最低水準の内容に削減されるであろう」という批判がある。しかし、全米的な基準が国内外の最高基準に匹敵しなければ、無視されるか嘲笑される。すなわち、不十分で最低限の基準では国民的な合意を得られない。

② 「数学、理科、歴史といった伝統的な教科に基づく全米基準は、カリキュラムを狭くするであろう」という批判がある。しかし、伝統的な教科における基礎的な技能や知識は教師の創造性を制限したり、教師の人生を安易にするものではなく、教師が「学際的な授業（interdisciplinary lessons）」「ハンズ・オン経験（hands-on experience）」「問題解決学習（problem-solving activities）」などを行う場合には、スタンダードを採用する必要はない。「ナショナル・テストは子どもを傷つけ、教室での優先事項を歪めるであろう」とし、テストが教育をつまらなくし、教室における画一性を生み出し、テスト準備が学習になるという批判がある。しかし、テストは子どもの成績評価の絶対的基準ではないし、ましてやスピードや運を競うものでもない。テストは子どもが何を学び、何ができるかを試す機会となるべきものである。

③ 「ナショナル・スタンダードやテストは貧しい都市部の学校（poor inner-city school）の手助けにはならないであろう」とし、都市部の学校で緊急に必要とされるのは補助金であり、スタンダードや評価ではない、という批判がある。しかし、ナショナル・スタンダードやアセスメントは資源（補助金）の代替物ではなく、平等な教育機会を保障するための重要な戦略の一部である。明確な基準があれば、マイノリティの貧しい子ど

もたちにも平等な学習機会が保障されるだけでなく、学区内の各学校においても平等な学習プログラムやコースの設置が可能となる。さらには、全米基準に基づくナショナル・テストの実施は、子どもの学力に関する正確な情報を親に対しても提示できる。

(2) ハーシュの主張

一方、ハーシュの場合は、87年に『文化リテラシー：アメリカ人が知っておくべきこと（*Cultural Literacy: What Every American Needs to Know*）』(Boston: MA, Houghton Mifflin Co., 1987) を刊行し、アメリカ国民の共通教養・知識の具体的内容を提示したことで有名であるが、ハーシュはナショナル・テストにも言及している。ハーシュは、マイノリティに対する人種的な差別や社会的・経済的な格差を是正することは可能であるとし、「一般的には、テストと教育における公正の問題はイデオロギーの問題ではない。それは、むしろ実際的な問題である」(Hirsch, 1996: 206) と述べている。ハーシュによれば、テストの公正の有無や学力の人種間格差を差別的な観点から指摘する人々はテストの結果だけに目を向け、無能な生徒や非効果的な学校の存在を問題にしない傾向にあるという。しかし、異なるレベルの全ての生徒をより高度なレベルへと向かわせ、かつ教育機会の均等化も達成するためには、教育における早期の効果的な援助、補償手段、ないしは日本のような高度で均質なカリキュラムと教授技術という現実的・実際的な対処が必要である、と述べている。ハーシュは、「最高の学力と最高の能力を優秀な学生から引き出す教育的な仕組みと配置は、同時に劣った学生からも最高のものを引き出す」(Hirsch, 1996: 213) とし、テスト政策こそが学校教育における公正と優秀性を同時に達成する、と主張する。ハーシュは、強圧的なテスト・プログラム、効果的なモニタリングと学習への刺激が教育における公正と優秀性を獲得するとし、「優れたテストとは、教えること、監視すること、動機づけることを必要とする」(Hirsch, 1996: 214) とも述べている。

ラヴィッチやハーシュらの「新保守主義者」の主張は、70年代から顕著になった多文化教育に反対し、西洋の古典的教養を中心とした強力な文化的統合を求めるものであった、と要約されよう。彼らは、アメリカの公立学校

で教授されている平等主義的で多文化主義的な規範と価値に反対し、中心的な教科における学問的な共通知識を教授、学習することを目指した全米・州レベルのカリキュラム基準の策定、ならびに生徒の学力向上の結果を測定・評価する手段としての全米・州レベルのテストの実施を求めたのである。とりわけ、89年に誕生するブッシュ（George H. W. Bush）政権とその後のクリントン（Bill Clinton）政権の基本戦略は、全ての子どもに対する学力向上政策を中心とした教育改革を主要な全米課題と位置づけ、ナショナル・カリキュラムとナショナル・テストを実現することを目指している。

(3) ナショナルテストの危険性

　岸本睦久は、1998「『教育スタンダード』をめぐる動向」現代アメリカ教育研究会編『カリキュラム開発をめざすアメリカの挑戦』において、80年代以降の連邦政府や州政府による教育内容、学力、教育条件などに関するスタンダードの特徴や政策を概観しているが、その教育改革の基本的枠組みが「教育内容や学力に関する基準となる「教育スタンダード」の設定と学区や学校の主体的取り組みを促す規制緩和」が「車の両輪」であった点を指摘している（岸本, 1998: 24）。とりわけ、前者の「教育スタンダード」の内実に関して岸本は、「教育内容に関するスタンダード」（教育内容としての知識や技能）「学力に関するスタンダード」（児童・生徒における習熟の程度や到達レベル）「教育条件に関するスタンダード」（教育プログラムや教職員などの教育資源）が存在するが、事実上、「教育スタンダード」とは「教育内容」と「学力」のスタンダードを意味していたことも指摘している（岸本, 1998: 24）。そして、90年代半ばまでに各州や教科の専門団体による教育内容のスタンダードが開発されると、次に州統一テストによる学力評価の開発が試みられることになった点も指摘している。

　このナショナル・カリキュラム後にナショナル・テストが実施されるという問題に関して、アップルは「ナショナル・カリキュラムやナショナル・テストを教育上正統化することの背後には、たいへん危険なイデオロギー的攻撃がある」（アップル, 1994: 9-10）として、ナショナル・カリキュラムを支持する右派的勢力（「新保守主義者」）の台頭を危険なものと見なす。アップル

も指摘するように、アメリカの「新保守主義者」とは、過去の伝統的な教育のあり方にロマン主義的なビジョンを持ち、倫理的・道徳的価値観を尊重しながら、規律と伝統的な知識に回帰することを主張する人々である。そして、この右派的勢力から支持された国家主導的なカリキュラムが策定されれば、さらに統一的な全米目標や標準化された評価が実施されることをアップルは予告する。「ナショナル・カリキュラムの大きな役割は、ナショナル・テストが実施され機能できるような枠組みを用意することである」(アップル, 1994: 27) とし、全米規模の標準化されたテストが実施されれば、「社会的対立や文化的・経済的破壊がいっそう悪化するであろう」(アップル, 1994: 29) と警告する。

2 「州共通学習内容」と「2000年の目標」

　ブッシュ政権とその後のクリントン政権でナショナル・カリキュラムとナショナル・テストの構想が立案されたが、それは議会などの反対にあって実現されていない。カリキュラムのスタンダード化とテスト政策は、州規模で実施されることになる。そこで、本章ではマサチューセッツ州におけるカリキュラムのスタンダード化を求める経緯と内容的特色を最初に確認したいと思う。まずは、改定作業の経緯から見てみよう。

　92年5月、ウェルド知事が任命した州教育委員会委員長のカプランを委員長とする「マサチューセッツ州共通学習内容に関する委員会(The Massachusetts Commission on the Common Core of Learning)」が中心となり、93年9月から94年6月までの約9カ月間にわたって州内の住民から提出された2千通にも達する書面を検討している[4]。また、16回にも及ぶ公聴会も開催している。州教育省は、合計5万人を超える人々が、この共通学習内容の策定に直接的・間接的に参加したことを強調している (MDE, 1994: 1)。つまりは、人種・民族、階級、性差などを超えた州内の多くの人々が参加したことを強調したものと言えよう。

　委員会の最終案は、94年6月の州教育委員会に提出され、翌7月には満場一致で最終案が採択された。州教育委員会は、「州共通学習内容」が州の

カリキュラム基準であり、かつ全ての州内の生徒が共通に学習すべき各教科の基本的な学習内容であることを指摘した。そして、「州共通学習内容」は、アメリカの民主的な社会における成功にとって重要な幅広い学習目標を設定して、「教授（teaching）」と「学習（learning）」が密接に関連しなければならない点も強調している[5]。各教科における学習内容の基本的な構成原理は、以下の通りであった（MDE, 1994: 5-7）。

①思考することと伝達すること（Thinking and Communicating）：
  ＊全ての児童・生徒は、効果的に読むこと、書くこと、伝達することを行うべきである。
  ＊全ての児童・生徒は、効果的に数学、技能、コンピューター、他のテクノロジーを用いるべきである。
  ＊全ての児童・生徒は、複雑な諸問題を限定し、分析し、解決すべきである。
②知識の獲得と応用（Gaining and Applying Knowledge）：
  ＊全ての児童・生徒は、本質的な知識を獲得し、統合し、応用すべきである。
③働くことと貢献すること（Working and Contributing）：
  ＊全ての児童・生徒は、効果的に学習し、働くべきである。
  ＊全ての児童・生徒は、個人的・社会的・市民的な責任を示すべきである。

　改定された教科は、英語、外国語、健康、歴史と社会科、数学、理科（科学とテクノロジー）であった。さらには、「州共通学習内容」の策定は、個々の生徒と学校の学力を測定する州統一テストの導入を最終目的とすることも明記された。続いて、95年3月には連邦政府の「2000年の目標：アメリカを教育する法」にそった州教育法として「2000年の目標：5年間の基本計画（Goals 2000: Five Year Master Plan）」が成立し、21世紀にまたがる教育改革の実施プランが提案されている。同基本計画は、第1目標が「すべての生徒が高い基準を達成することを保障する（Ensure All Students Achieve High Standards）」、

第2目標が「教師の質と専門性を高める（Enhance the Quality and Professionalism of Teachers）」、第3目標が「全ての学校において優秀性とアカウンタビリティを支援する（Support Excellence and Accountability in all Schools）」、第4目標が「州や連邦政府の規則に従うことを尊守し、保証する（Streamline and Ensure Compliance with States and Federal Regulations）」、第5目標が「学校に対する州全体の基本設備を構築する（Create A Statewide Infrastructure of Support for Schools）」であった。

とりわけ、第1目標の冒頭には「教育制度の全ての局面は、生徒の学力向上に関する結果によって最終的には判断されるべきである。もしも学校、学区、州が生徒の学力を改善する際の条件を構築するために互いに協力するならば、公教育に対する支援は増大するであろう」と明言されている。また、続けて掲げられている「方針1：生徒の学力基準と説明責任」では「次の5年間を通じて、マサチューセッツ州は生徒の学業に対する基準を設定し、それぞれの生徒の学力を正しく測定評価するシステムを開発する。そして、全ての生徒に対する高水準の結果への期待をともなう説明責任のシステムを開発するであろう」（MDE, 1999: 1-2）とも述べられている。

そして、これらの方針を実行すべき「優先事項（initiative）」として、①「共通学習内容とカリキュラム基準」、②「州全体の標準化されたアセスメント」、③「学校を基礎としたpre-K-12の信頼できるアセスメント」、④「学習内容の習熟と高等教育機関への入学に関する資格認定」が掲げられている（MDE, 1999: 1-3）。とりわけ、①では学習内容と学習基準は第4・第8・第10・第12学年を終了する際には7つの中心的な教科において何を学び、何が出来るようになるかを詳細に規定し、これらの基準が生徒の学力を測定評価する新しい州全体のシステムを形成することが指摘されている。そして、②では「州共通学習内容とカリキュラム基準」に基づく総合的な評価制度の開発を95年7月までに実施すべきことも定めている。さらには、95-96年の学校年度において、試作テストを実施し、その結果が学校と学区レベルで報告すべきことも求められている。この試作テストの目的は、「生徒の学力」及び「州共通学習内容とカリキュラム基準」の関連性を学校と学区ごとに予備調査し、学校と学区ごとの成績結果を測定・評価するものであった。

3 「州共通学習内容」の改定

　94年7月に完成した「州共通学習内容」は、「2000年の目標：5年間の基本計画」でも提言されたように、生徒の学力を測定・評価するシステム—MCAS テスト—と連動するものとなった。しかしながら、いったん決定されたはずの「州共通学習内容」は、96年に大幅な変更・修正を余儀なくされる。同年7月1日にウェルド知事が任命した州教育委員会委員は、知事任命の教育委員が15名から9名に削減されただけでなく、1名の黒人を除いて、残りはほぼ白人の保守派に属するメンバーで構成された（MDE, 1997: 3）。そして、ウェルド知事はボストン大学総長（Boston University Chancellor）のシルバーを委員長に任命している[6]。96年に任命された州教育委員会のメンバーは、以下の通りである[7]。

委員長：John Silber（ボストン大学総長で州教育改革の指導者）。
委員：
Edwin J. Delattre（ボストン大学教育学部長・保守的な米国企業研究所の研究者）。
James A. Peyser（ドーチェスターのチャーター・スクール創設を支援した保守的なシンクタンクであるパイオニア研究所部長）。
Roberta R. Schaefer（ウースター市立研究局長で公教育に対する批判的人物）。
Abigail M. Thernstrom（マンハッタン研究所の研究員で、学区が人種差別撤廃計画を立案すれば報酬を与えるという22年間の法案廃止を推進した人物）。
Patricia A. Crutchfield（唯一のマイノリティを代表する委員）。
William Irwin（アメリカ労働総同盟産別会議（AFL-CIO）の代表者）。
Stanley Koplik（高等教育委員会長官）。
Alexis Vagianos（メルローズの学生）。

　ウェルド知事は、シルバー委員長の就任会見において、「教育の独占者が長期間にわたって乗車してきた楽な客車をがたがた揺り動かす」ことを期待していると述べ、「変化に反対する全ての愚かな議論を切り刻むことができ

る人物がマサチューセッツ州にいるとすれば、それはシルバー博士である」(Thompson, 1995: 1) と断言している。新委員長となったシルバーは、即座に「州共通学習内容」を「余りに暗くて陰気である」と批判して、大幅な改定を命じている。州教育委員会の委員長となったシルバーは、94年に決定された「州共通学習内容」を改定し、その内容から調査とプロジェクトに基づく学習、ならびに学際的で多元文化的な学習内容を削減し、代わって知識中心の学問的な学習内容に重点を移している (Oakes, 2000: 300)。

「州教育改革法」に規定された州統一テストの実施内容は、シルバーらが策定した州のカリキュラム基準としての「州共通学習内容」と連動しながら、全ての州内の生徒が共通に学習すべき各教科の基本的な学習内容が定められた。その際に、州統一テストをハイ・スクール卒業時の学力測定に利用することも決定されている。こうしたカリキュラムの基本計画の下で、同州では新しい測定評価システムが数年間にわたって議論され、開発された。そして、州統一テストは95-96年度における試作段階を経て、98年から本格的にMCASテストが実施されることになった。シルバーは、教育委員会委員とカリキュラムの専門家で構成される小委員会を任命し、児童・生徒の「批判的な思考力 (critical thinking)」のような高度な能力を育成するためには、基礎的な事実を広範囲に学ぶ必要があると考えた。そして、改定されたカリキュラムは、2001年までに各教科 (数学、世界言語、健康、芸術、英語、理科とテクノロジー、歴史と社会科など) ごとに順次改定作業がなされていった。

4　シルバーの教育改革思想

さて、ジョン・シルバー委員長の下で実行されたカリキュラムの改定作業の意図を理解するためには、シルバーに代表される新保守主義者の台頭を解明すべきであろう。60年代から70年代にかけてマサチューセッツ州では、「バス通学」や「マグネット・スクール」などによる人種統合政策、ならびに人種統合された学校における効果的な教授の促進とも合わせて、教育の平等性や質的改善を図る教育政策が展開されていた。たとえば、代表的な法律としては、州内の全ての学校に対する人種差別撤廃のガイドラインを設定した

「州人種不均衡是正法（Massachusetts Racial Imbalance Act, 1965）」、公立学校における人種・民族、性差、皮膚の色、宗教、出身国などによる差別を禁じた法（Chapter 622, 1971）、英語に堪能でない生徒に一時的に母語を用いた教育を施す「過渡期二カ国語教育法（Transitional Bilingual Education Law, 1971）」などを挙げることができる（Glenn, 1999: 65-67）[8]。すなわち、70年代以降の同州における教育政策は、人種差別教育の解消を目指した平等主義的で、多文化主義的な特徴を持つものであった。

しかしながら、この平等主義的で多分化主義的な教育政策は新たな教育問題――マサチューセッツ州を含むアメリカの公立学校におけるマイノリティ比率の急上昇と白人生徒の減少に伴う学力の低下問題、ドロップ・アウト率の増加、規律の悪化、荒廃した校舎の問題など――を引き起こしていた（Portz, 1999: 84 川島, 1997: 60, 74）。同じく、シルバーもアメリカ社会が危険な状態にあるとして、数百万人の機能的文盲を生み出す公教育制度の失敗、ドラッグの蔓延、家庭の崩壊、貧困、無気力、世界市場における競争力の低下などを警告している（Silber, 1989: xiv）。シルバーは、ボストン大学総長でありながら哲学研究を専門とする研究者でもあるが、マサチューセッツ州における現実の社会問題や教育問題を直視しながら、同州におけるマイノリティに配慮した平等主義的で多文化主義的な教育政策に真っ向から反対し、これらを改善することを試みている。シルバーが刊行した本は数冊あるが、その中でも『ストレート・シューティング（*Straight Shooting*）』（1989）は、最もシルバーの教育改革思想を直接的に表明したものとなっている。以下、このシルバーの新保守主義的な教育改革思想の内容を確認しておきたい。

シルバーは、「教育は、まさに民主的な社会において変化をもたらす最も効果的な手段である」（Silber, 1989: xiv）と明言しながら、現代の教育者の重要な責任として、公立学校のカリキュラムにおける伝統的な道徳的原理や実践－人類が数千年にわたって苦労して勝ち取った生存や生活に対する人間の知恵－を復活することを提言している。シルバーは、多くの道徳的・社会的問題においても「自然科学（natural science）」と同じように予測可能で確実な諸法則が存在すると考え、多くの道徳的な命令が人間の不幸を減少させ、幸福を増大させることを信じた。シルバーは、度々、少年時代に受けたテキサ

ス州サンアントニオでの公教育が現代のものよりも優れていた点を強調している。そこで、シルバーは子どもの早期教育をとりわけ重要視し、その際における「真の教育」とは、昔［19世紀から20世紀初期にかけて］の子ども達が学んでいた死の教育、死の認識による幸福の獲得、幸福の達成における徳（virtue）の本質的な役割などを教授することである、と述べている。たとえば、現代の学校教育で使われている教科書よりも植民地時代の初等学校や家庭で使われていた読み物や書き方の本が優れている、と考えている。

シルバーは、昔の優れた書物として、「願望が馬なら乞食も乗ろう（If wishes were horses then beggars would ride.）」などのような就学前の子ども達にとっても道徳的教訓が豊富な『マザー・グース（Mother Goose）』、アルファベットの文字を使いながら韻文体の格言で構成されている『ニューイングランド・プリマー（New England Primer）』、そして『書法の技法（The Art of Penmanship）』のような代表的な模写帳（copybook）などを挙げている。『書法の技法』は、子ども達に繰り返し丁寧に正確に文字を書き写すことを求めただけでなく、子ども達が繰り返し書き写すことで「忍耐」の意味も理解する、と述べている。

シルバーは、植民地時代から19世紀までの時代における効果的な道徳教育が初期の子ども期に開始され、言葉の習得と同時に開始されていたとし、「もしも、私たちがこの知恵を再現するつもりであれば、私たちは、18世紀や19世紀のコピー・ブックやプリマー［の時代］に戻らなければならない。私は、私たちが文字通りにそれらを［現代の］カリキュラムに再導入すべきであるということを意図するものではない。しかし、私たちはそれらの教材を再導入すべきである。私たちは、現実［を重視した教育］に戻るべきである」（Silber, 1989: 8）と強く主張している。

以上のような内容からも明らかなように、シルバーはアメリカの公教育における伝統的な倫理的・道徳的な原理や実践を復活することをめざした保守主義者であり、モラリストであった。まさに、アップルが指摘したように過去の伝統的な教育のあり方にロマンを求め、倫理的・道徳的な価値観の復活と規律を主張する人物であった。

5 アメリカの初等・中等教育が直面する諸問題

　シルバーは、「アメリカの初等・中等教育が直面する諸問題は相当に深刻である」（Silber, 1989: 13）としながら、現在の教育がアメリカに蔓延し危機的な状況となっている様々な諸問題を効果的に解決するための有効な手段となっていない、と述べる。シルバーが指摘した教育が直面する危機的な状況とは、「家庭の（絆や教育力）衰退」「教師に対する尊敬の念の喪失」「若者を教育する際の道徳的理解と道徳的な焦点の喪失」「効果的な教育とアメリカの文化に対するバイリンガル教育の間違った方向へと導くプログラムの脅威」「お金がこれらの問題を解決するという前提」（Silber, 1989: 13）という5つの問題点であった。シルバーが指摘したこれらの問題点を概略すれば、以下のようになる。

　第一の「家庭の（絆や教育力）衰退」とは、現代の家庭外労働の問題、子どものしつけや基礎教育を行っていた家庭の教育力の衰退、テレビの普及による幼児期の創造的・教育的形態の喪失、ならびに大人と子どものコミュニケーションの喪失などであった。とりわけ、あらゆる家庭におけるテレビの普及は、全ての人々や階級にとって最も浸透した教育的影響力を持ったことを意味し、家庭がもはや子どもにとっての「保護区域」となっていないだけなく、「子どもの精神と魂は破壊されている」（Silber, 1989: 14）と断言する。

　第二の「教師に対する尊敬の念の喪失」とは、低い教員給与の問題よりも教職の専門性に対する尊敬と威厳の欠乏という社会的評価の低下に他ならない。シルバーは、自らの少年時代における教師は貧困であったにもかかわらず、教師の社会的な評価が高かったことを認めながら、その理由として、「彼らの能力、献身、生活態度が模範的であった」（Silber, 1989: 15）ことを挙げている。シルバーは、教師の社会的評価を回復することを目的として、教師の教科書選択の自由、教師と教師組合が責任ある評価と批判を受け、かつ教職を閑職とするようなテニュア（tenure）制度を改善すること、無能な教師の再訓練と異動の実施などを挙げながら、いくつかの具体的な提言を行っている（Silber, 1989: 19-20）。シルバーの教員改革の提言は、第一には、教員

免許資格における教育学部の独占体制の打破であり、第二には教員評価の全米的基準の策定であった。シルバーの基本認識は、教育学部で学ぶ学生の能力が他の学問分野を学ぶ学生よりも明確に劣るというものであり、優秀な学生の確保が教育学部における低レベルの教育内容を改善し、かつ教師に対する尊敬や給与を高める有効な手段であることを力説している（Silber, 1989: 19-20）[9]。

　第三の「若者を教育する際の道徳的な理解と道徳的な焦点の喪失」とは、「道徳的な諸原理への無知は、アメリカの国家的な衰退のたんなる兆候ではなく、まさに主要な要因である」（Silber, 1989: 23）といった警告から発するものである。シルバーは、高校段階における十代の青少年に対する性教育のあり方が「個人の価値判断」（＝個人のたんなる好みの問題）に依拠するものとなっている点を批判しながら、道徳的な価値基準の回復を提唱する。シルバーは、配慮や自己抑制に対する子どもの能力を育てることが重要であると考え、そのことが学校教育に対する信頼回復にもなる、と述べている。

　第四の「効果的な教育とアメリカの文化に対するバイリンガル教育の間違った方向へと導くプログラムの脅威」とは、英語を母語としない子どもたちの未来とアメリカの文化的伝統が危機に直面しているというものである。シルバーは、地方と連邦政府の双方でバイリンガル教育に多額の予算が費やされているが、「共通の目標を持たず、不満足な結果しか生み出さない不統一なプログラムに［多額の予算が］浪費されている」（Silber, 1989: 24）と断言する。アメリカに居住する英語を母語としない人々は、バイリンガル教育よりも通常の英語教育を望んでおり、その理由は、彼らが自国の文化的な伝統を喪失することや自分の素性を恥じているわけでなく、アメリカで競争し、成功するためには英語が不可欠である、と考えているからであった。シルバーは、かっての人種の「るつぼ（melting pot）」思想を支持し、現在のアメリカ社会は、この「るつぼ」思想を軽視するか、「ハイフン付きのアメリカ人（hyphenated Americans）」の集団を激励することが流行していると嘆く。シルバーは、エスニック・グループの言語や文化は尊重されるべきであるとしながらも、国家的な統合を維持するためには共通言語が不可欠であるとして、誤ったバイリンガル教育はアメリカを「国家的な言語を奪われた多言語国家」

にするものである、と批判する。すなわち、バイリンガル教育における「子どもが学ぶ根本的な手段は、子どもの母語と文化的伝統の利用に基づく」といった誤った理念と方法こそが、アメリカ政府や各州政府を混乱させ、かつ学校現場を混乱させているというものであった。

　第五の「お金がこれらの問題を解決するという前提」とは、上記の諸問題を解決する手段が教育予算の増額という「安易な知恵」に基づくものである、と批判する。シルバーは、教育予算の増額が必ずしも教育改善の結果－とりわけ学力向上の問題－に結び付かないことは周知の事柄であるとし、その典型的な事例がボストンの公立学校であることを指摘している。シルバーは、88年のSATの試験では全米平均よりも140点も劣っていたとして、ボストンの公立学校生徒が全ての全米試験で低い学力水準にあることを指摘する。そして、ボストンの公立学校の生徒一人当たりの教育費は6,000ドル以上であるにもかかわらず、約4,400ドルのレキシントンの公立学校よりも88年のSATの試験が283点も劣っていたことを紹介している[10]。シルバーは、ボストンの公立学校が多額の教育予算を必要とする理由として、マイノリティ生徒、バイリンガル教育を受ける生徒、貧困家庭の生徒などの高い入学率などを特別な要因として挙げているものの、それらの要因も、同じ状況にあるスプリングフィールドの公立学校と比べれば、理由にはならないとしている。その原因は、連邦政府から多額の予算配分が実施されても、かえって教育の質的改善に対する州や学区の責任が希薄になるからであった。シルバーは、「連邦政府の基金は地方の納税者と親のコントロールを超えて、責任とアカウンタビリティをワシントンに移すものである」(Silber, 1989: 34)と指摘する。

　これらの5つの問題を指摘した後、シルバーは「私たちは、私たちの問題に直面し、それらを解決する勇気を持たなければならない。私たちの学校の危機は、私たちの民主主義の危機である」(Silber, 1989: 36) と明言する。アメリカ社会は関心・知性・資源・マンパワー・伝統を欠いているのではなく、アメリカを偉大にするような「国家的ビジョンの喪失が問題である」と結論づけている。

　シルバーは、97年の『ボストン・マガジン (*Boston Magazine*)』の特集記

事－"Power !"－において、ボストン在住の「権力者100名（The Power 100）」の12番目にランクされた著名な人物であった[11]。『ボストン・マガジン』によれば、71年にボストン大学学長に就任したシルバーは、90年の知事選に民主党から出馬したが落選し、その後の96年には州教育委員会委員長に任命されている。シルバーは、州内における「敵方の乗っ取り（a hostile takeover）」を巧みに行う人物として紹介され、その具体例として、チェルシー・スクール、ボストン市立病院、州教育委員会が挙げられている。とりわけ、教育委員会の委員長として約60億ドルの教育予算と保守的な教育委員会を統括する立場にある権力者として紹介されている（Flynn, 1997: 47）。

　シルバーの著書に対する評価は、ボストンの「財政調査会社（Financial Research Corporation）」の副会長兼研究部長であったクイル（Gavin Quill）の書評が代表的なものである。シルバーの本は、「すべての哲学者が、90年代において、我々の国家が直面している真の挑戦について、いかにして素人の言葉で話をするべきかを忘れたわけではないことを証明する」ものであったとし、シルバーは「20世紀のアメリカを悩ませている主要な問題のほとんどに関して、実際的で、適切で、率直な方法で語っている」（Quill, 2003: 1）と評価している。シルバーの提言の多くは、「ただ目標の端の部分を叩いただけであったが、彼は十分に考慮するに値する冷静な診断と、しばしばラディカルな処方箋を提供している」（Quill, 2003: 1）というものであった。シルバーの基本的な認識は犯罪・ドラッグ・孤立・貧困など、そして外国との競争力の低下といったアメリカ社会の悪しき徴候に対して、教育こそがアメリカの諸問題の主要な治療法になりうるというものであり、子どもからポスト・ドクターまでの学校教育において、「3R'sに加えて、モラリティ・誠実さ・ヒューマニティ・人格・自己修養などの古風な概念」（Quill, 2003: 1-2）を教育することが不可欠であると主張するものであった。

　シルバーは、著書の中で「（学校が）健全な家庭で起きる重大な道義的な教授を徐々に弱体化しないことが不可欠である」と宣言しながら、「偽りの諸価値の拒絶とともに、学校制度の仕事は、私たちが健全な家庭や宗教から学んだ原理を支援すること」が重要である、と訴える（Quill, 2003: 1-2）。シルバーの伝統的な道徳的価値観と宗教の重要な役割を支持する認識は、教育、

政治、メディア・エリートの革新的な主張であるが、同時に平均的なアメリカ人の考え方でもある。クイルは、シルバーの保守的な思想が民主党の政治的指導者とは相容れない考え方ではあるとしながらも、アメリカの平均的な有権者との隔たりはなく、そうした意味でも『ストレート・シューティング』は、「我々の国家が直面している最もひどい社会的な諸悪における特別で、実践的な解決に満ちた分水嶺の本である」（Quill, 2003: 2）と評価している。

おわりに

　マサチューセッツ州の教育改革は、93年の「州教育改革法」の成立以後、94年の「州共通学習内容」、95年の「2000年の目標：5年間の基本計画」、96年の「州共通学習内容」の改定、98年の「州総合評価システム」の導入といった矢継ぎ早に決定された一連の諸政策によって実施された。本章の目的は、これら一連の教育政策の中核部分を占める標準的なカリキュラム基準となった「州共通学習内容」の策定経緯、ならびに、その改定作業に焦点を当てながら、これらの政策を存立させる思想的な諸条件——とりわけボストン大学総長で州教育委員会委員長シルバーの新保守主義的な「教育改革思想」——を解明することであった。

　「州教育改革法」に規定されたカリキュラム基準の策定は、96年のシルバーを委員長とした「州共通学習内容」の改定作業によって、それまでの調査とプロジェクトに基づく学習、学際的で多文化的な学習内容から知識中心の学問的な学習内容に重点が移された。そして、2001年までに各教科ごとに順次改定作業がなされていく。最終的なゴールは、このカリキュラム基準による学習内容の達成度を測定・評価することを目的としたMCASテストの導入であった。MCASテストは、95-96年の学校年度における試作段階を経て、98年から本格的に実施されるが、その点に関しては、第6章で述べることとする。

　さらには、シルバーはマサチューセッツ州のバイリンガル教育プログラムの廃止も唱えている。同州のバイリンガル教育は、2002年11月の知事選の際に、同時に実施されたバイリンガル教育の廃止法案（法案名「Question 2」）

の可否を問うた住民投票（68％が廃止賛成）において、廃止が決定されている。詳細については、第8章で論じることとする。

注

1　この三者に共通している思想は、「アメリカの人種的・民族的な多元性を尊重してきた多文化教育やジェンダーによる差別を是正しようとする教育が、大学生や児童・生徒の知識の場を狭くして、アメリカ国民の文化的水準を落としているという批判を展開していること」（赤尾, 2002: 78）である。我が国でも有名な著作として、ブルーム, A.(菅野盾樹訳)1988『アメリカン・マインドの終焉』（みすず書房）、ハーシュ, E.D.(中村保男訳)1989『教養が国家をつくる－アメリカ建て直し教育論－』（TBSブリタニカ）が挙げられる。同じく、彼らは国家・州レベルのテスト政策も支持する。ハーシュは、テスト政策によって人種的な差別や社会的・経済的な格差を是正することが可能であると述べている。

2　ラヴィッチとフィンは、学校教育の中心に人文学の教養を置くべきことを提言した『凡庸性に対抗して－アメリカのハイスクールにおける人文学－(*Against Mediocrity: The Humanities in America's High Schools*)』(N.Y.: Holmes & Meier, 1984)、『人文学への挑戦(*Challenges to the Humanities*)』(N.Y.: Holmes & Meier, 1985)、『アメリカの17歳が知っておくべきこと－歴史と文学に関する第1回全米調査報告書(*What Do Our 17-Year-Old Know: A Report on the First National Assessment of History and Literature*)』(N.Y.: Harper & Row, 1987)などを刊行することになる。なお、ラヴィッチの詳しい経歴や思想に関しては末藤美津子2007「現代アメリカの教育政策とラヴィッチ」『現代アメリカの教育政策の源流を探る－ダイアン・ラヴィッチの教育史観に着目して－』日本比較教育学会第43回大会・ラウンドテーブル報告(pp. 1-6).を参照されたい。ラヴィッチの著書"Left Back"は宮本健市郎、末藤美津子、佐藤隆之によって『学校改革抗争の100年：20世紀アメリカ教育史』（東信堂, 2008）として翻訳・刊行されている。

3　教育の資源や教育の条件整備の問題、あるいは全ての生徒における学習の機会を保障する基準が「学習機会の基準」である。たとえば教育上の人種やジェンダーによる差別を撤廃すること、有能な教師を雇用すること、クラスの規模を縮小して優れた教育環境や条件を実現する基準である(Ravitch, 1995b: 12)。ファーガソン(Ronald Ferguson)の場合も、いかにして学校が黒人と白人のテスト得点のギャップを埋めるかという問題に対して、「就学前の学校への入学の拡大」「能力別の集団とカリキュラムのトラッキングの縮小」「十分な基礎知識をもつ教師の選択」「小規模クラスの維持」などの6つの提案をおこなっている(Jencks, 1998: 318)。

4　「州共通学習内容に関する委員会」のメンバーは、州教育会委員長のカプランと副委員長のマルケス(Madelaine S. Marquez)を共同議長とし、委員には州教育長官のアントヌッチィなどを配置した総勢40名で構成された。

5　教育者、家族、生徒、地域住民、教育委員会、学校評議会などは、地域的な学校レベルにおける教育の期待、到達目標、教育政策や実践を調査し、かつ洗練するためにも「州共通学習内容」を利用できるとし、その際には、以下の諸問題を考慮することが指摘されている。①教師と学校指導者は、全ての生徒に対して「州共通学習内

容」の到達目標を達成するために何ができるのか。②どのような授業と教授実践が最も良く学問的な教授をサポートすることができるか。③親と家庭は「州共通学習内容」を成功させる際にどのような援助が可能となるのか。ビジネス社会や公衆全体は、生徒が21世紀に向けた準備をどのように整えるかを援助することが可能となるのか(MDE, 1994: 1-2)。

6　シルバーは、テキサス大学(Austin)の哲学科教授、学部長を経て、71年1月に第7代ボストン大学学長(1971-1996)に就任した。25年間にわたって学長職を務めた後、96年に総長(Chancellor)に就任している。総長職は、大学行政や政策に関して、学長と理事会(Board of Trustees)に助言を行う立場にある。総長に就任すると同時に、州知事のウェルドはシルバーを州教育委員会委員長に任命している。シルバーの研究業績は、哲学(とりわけ、カント哲学)に関する著書・論文が多いが、教育、社会・外交政策に関する論文も多い。

7　92年にウェルド知事が任命した州教育委員は、わずか1名の教育者と数名の政治的保守主義者によって構成されていたにすぎず、人種構成も2名のアフリカ系、1名のアジア系、1名のヒスパニック系アメリカ人が含まれていた。つまりは、92年に任命された州教育委員は、そのメンバー構成の面から見ても、未だ人種的均衡に配慮しながら、学際的で多文化主義的な教育内容を重視するものであった。

8　「過渡期二カ国語教育」プログラムとは、同州の教育法により、同じ言語を用い、かつ英語に堪能でない生徒が20名以上の集団に達した場合、彼らに対して一時的に二カ国語教育を与えるプログラムのことである。(BPS, 1996: 6)。なお、TBEプログラムを実施したのは、全米の中でもマサチューセッツ州が最初である(Glenn, 1999: 32)。

9　教師の能力低下を示す具体例として、シルバーは88年のSATのテスト・スコアは教育を専攻する者の平均点が855点であったが、全米平均が904点であった事実を紹介する。シルバーは、「教師は、普通は全米平均を下回る者から選ばれるべきではない」(Silber,1989: 19)と苦言を呈する。シルバーは、ボストン大学の教育学部改革の成果として、88年のSATのスコアが1090点であり、教育学専攻の学生の全国平均よりも235点も上回った点を強調している。

10　88年におけるスプリングフィールドの公立学校の生徒一人当たりの予算は、ボストンの半分以下の2,079ドルであるが、SATの試験は727点であった。シルバーは、生徒の学力向上の問題は教育予算や教員給与の増額の問題とは無関係である、と述べている。とりわけ、教師の質的向上の問題は、教職への動機の問題であり、「最高の教師は給与ではなく、理想主義によって動機づけられる」(Silber, 1989: 33)と断言する。

11　参考までに他の人物も挙げておくと、トップが投資家のジョンソン3世(Edward C. Johnson 3d.)であり、上院議員のケネデイ(Edward M. Kennedy)が2番目、ボストン市長のメニーノ(Thomas M. Menino)が34番目、州知事のウェルドが37番目に位置している(Flynn, 1997: 44-99)。

引用・参考文献

アップル,マイケル W. (長尾彰夫訳) 1994『カリキュラム・ポリテックス－現代の教

育改革とナショナル・カリキュラム—』東信堂.
赤尾勝巳 1996「アメリカの教育改革を導く思想」『理想』理想社, No. 658, pp. 16-26.
赤尾勝巳 2002「アメリカの教育改革をめぐる理論的潮流と課題—M. W. アップルの視座から—」お茶の水書房『アソシエ』No. 8, pp. 74-83.
石坂有里子 2003.3.11.「マサチューセッツ州統一テスト」ashi.com: MYTOWN USA,pp. 1-2.http://mytown.ashi.com. [2003.10.21.取得].
川島正樹 1997「ボストン・スクール・バスィング論争再訪—「失敗」神話の検証に向けて—」アメリカ学会『アメリカ研究』第31号, pp. 59-81.
岸本睦久1998「「教育スタンダード」をめぐる動向」現代アメリカ教育研究会編『カリキュラム開発をめざすアメリカの挑戦』教育開発研究所, pp. 17-37.
北野秋男 2004a「マサチューセッツ州教育改革とジョン・シルバーの新保守主義思想の分析—マサチューセッツ州における「共通学習内容」改定の経緯と背景—」日本学術振興会科学研究費報告書『多元文化国家米国における学校の公共性論議に関する史的研究』pp. 187-200.
北野秋男 2004b「現代アメリカにおける教育改革の思想と政策の分析—アメリカの新保守主義思想を中心として—」日本大学教育学会『教育学雑誌』第39号, pp. 1-12.
坪井由実 1998『アメリカ都市教育委員会制度の研究—分権化政策と教育自治—』勁草書房.
BPS 1996 *Brookline Public Schools, TBE/ESL Program; Policies and Procedures*, MA: Brookline Public Schools.
Flynn, Sean 1997 "Power !" *The Boston Magazine*, Vol. 89, No .6, pp. 44-99.
Glenn, Charles 1999 *The Social and Civic Context of Education*, Boston: MA, Commonwealth Copy.
Hirsch, Jr. E. D. 1996 *The Schools We Need and Why We Don't Have Them*, New York,Anchor Books.
Jencks, Christopher 1998 *The Black-White Test Score Gap*, Washington, D. C. :The Brooking Institution Press.
MDE 1994 *Massachusetts Common Core of Learning*, MA: Massachusetts Dept. of Education, pp. 1-14.http://www.doe.mass.edu [2003.10.21.取得].
MDE 1997 *Education Reform Progress Report*, MA: Massachusetts Dept. of Education, pp. 1-8.
MDE 1999 *Goals 2000 Five year Master Plan*, MA: Massachusetts Dept. of Education, pp. 1-25. http://www.doe.mass.edu [2003.10.21.取得].
Oakes, Jeannie 2000 *Becoming Good American Schools: The Struggle for Civic Virtue in Education Reform*, San Francisco: Jossey - Bass Publishers.
Ports, John 1999 *City Schools & City Politics :Institutions and Leadership in Pittsburgh,Boston,and St. Louis*, Kansas: University Press of Kansas.
Quill, Gavin 2003 BU *President John Silber Takes Aim at America*, pp. 1-3. http://www. forerunner. com [2003.10.21.取得].
Ravitch, Diane 1995a *Debating the Future of American Education; Do We Need National Standards and Assessments ?*, Washington, D. C. :The Brooking Institution.
Ravitch, Diane 1995b *National Standards in American Education; A Citizen's Guide*,

Washington, D. C.: The Brooking Institution.
Silber, John 1989 *Straight Shooting*, New York: Harper & Row Publishers.
Tanner, Daniel 1993 "A Nation 'Truly' at Risk", *Phi Delta Kappan*, Vol. 75, No. 4, pp. 288-297.
Thompson, Caroyln 1995.11.7. Educators prepare for Weld's bitter tonic: John Silber, *South Coast Today*, http://archive.southcoasttoday.com/daily/11-95/11-07-95/1107silber.HTML ［2003.10.21.取得］.

第2部
MCASテストによる学力向上政策

第6章
第1回MCASテストの実施と結果

北野秋男

はじめに

　本章の目的は、98年からマサチューセッツ州で実施された「マサチューセッツ州総合評価システム（Massachusetts Comprehensive Assessment System）」（以下、「MCAS」と略す）を題材としながら、州知事や州教育行政機関が一体となって推進する同州の教育アセスメント行政の実態を解明することである。本章の具体的な課題としては、以下の三つの事柄が挙げられる。

　第一には、MCASテストの実施方法やテスト問題の特徴を解明すること、第二には、MCASテストの結果を将来的には「教員評価」と「高校卒業要件の基礎資格」として利用する同州の教育アセスメント行政の政策的意味を考察すること、第三には、MCASテストに対する賛否両論を検証し、同州のテスト政策の問題点を検討することである。つまりは、州内全ての児童・生徒、学区・学校に高いスタンダードを設定し、それをクリアーすることを求める厳しい教育アセスメントの実施が、真に教育改革の「万能薬（panacea）」となり、児童・生徒の学力向上に役立つのか、という問題を検証することである。まずは、MCASテスト導入以前の同州のテスト政策の概要を確認しておきたい。

1　80年代までの各州のテスト政策

　アメリカのテスト政策の歴史を簡単に概観すれば、1970〜80年代においては、すでにアカウンタビリティ・システムの一形態として教育調査・評価

（assessment）、ないしは基礎能力（minimum competency）テストが実施されていた[1]。たとえば、85年から3年間で州内の児童・生徒に共通テストを課す州は37州から42州に増加し、高校卒業要件に州テストを課す州は15州から24州に、小学校・中学校・高校の進級制度（落第制度）に州テストを導入した州は8州から12州に増加している（坪井, 1998: 335）[2]。こうしたテストの実施に対する最も一般的な批判は、それまでの伝統的な学区自治を奪うこと、教育内容や教育目的を不当に矮小化すること、教師の教授の自由を奪うことなどであった。

たとえば、テスト政策を研究するボストン・カレッジのマダウス（George F. Madaus）は、85年に教育改革の主要なメカニズムにテスト結果を用いることには「重大な問題が存在している」と指摘している（Madaus, 1985: 611）。マダウスは、州や連邦の教育政策立案者は基礎能力テストによる成績向上が教育の質的向上と同義と考えているが、これを「幻想に過ぎない」と断じ、「この幻想に根ざした哲学は、教育に関する広範囲で深遠な諸目的を犠牲にする社会効率と関連する功利主義である。つまりは、学校を能力工場（a competency factory）とするものであり、教師が労働者であり、生徒が生産物に他ならない」（Madaus, 1985: 616）と指摘している。マダウスは、テストが学校を「能力工場」にするものであると批判する。

一方、マサチューセッツ州の場合には州統一テストの実施が伝統的な学区自治システムによって阻まれ、他州と比べても遅れを取っていた。同州における70年代までのアカウンタビリティは、60年代以降における教育行政の中央集権化への批判と学区住民が学校・学区・州などに対する教育行政責任を追求するか、ないしは学区や州などの相互の教育行政責任を追求する理論的原理であった。しかしながら、80年代に入るとアカウンタビリティに対する一定の理論的変化が見られる。たとえば、州教育委員会は78年に決定した基礎技能向上政策を受けて、80年代からは初等・中等教育に対する「州法定基礎技能テスト（Basic Skills Tests）」を第2・第5・第8・第12学年で実施し、「州法定聞き取り能力テスト（Basic Skills Tests-Listening）」を第3・第6・第9学年で実施している。そして州教育委員会は各学区に対して、①ミニマム基準の設定を含む基礎能力向上プログラムを作成すること、②プログラム

の開発と検討に実効ある市民参加を保障し、テストの種類、対象学年などは学区教育委員会の裁量とすることなどを認めていたのである（坪井, 1998: 345）。こうして州教育委員会主導による州テストの実施が決定されるが、それは学区の自主裁量を基本としたテスト政策が展開されていたことを意味する。そして、80年代に実施された各種のテストは、マークシート方式の「多肢選択問題」による標準試験であり、せいぜい生徒の習熟度別クラス編制に利用されたに過ぎなかった。

しかしながら、90年代にはいると、こうした学区自治を尊重する学力政策では全ての児童・生徒の学力向上を達成できないとして、全ての児童・生徒と学区を対象にした州の標準的なカリキュラムの策定と州統一テストの導入が決定される。すでに第3章でも論じてきたように、州知事主導による93年の「州教育改革法」の制定と98年から開始されたMCASテストは、州統一テストとして州内全ての児童・生徒の学力向上を求める「ハイステイクス・テスト」として、州の教育改革を達成するための「万能薬」と見なされる。MCASテストは、93年に制定された「州教育改革法」（第71章第29節）の中で、「州教育委員会は、数学、理科、歴史と社会科、英語、外国語といった中心科目に対する学問的基準（academic standards）を開発するための手順を設定することを州教育長に指示すべきである」（Galvin, 1993: 172）と述べられている。そして、州内の幼稚園から第12学年までの全ての児童・生徒に期待されている科目の技能、能力、知識を公表し、全ての児童・生徒が高い学力基準に到達することを求めたのである。

MCASテストは、連邦政府の求める学力向上政策に呼応する形で実施されたものであり、他の多くの州や地方でも見られる全米的な傾向の一事例に過ぎない。そうした意味では同州のテスト政策だけが例外とは言えない。MCASテストは、「教育改革戦略に必要不可欠なもの」であり、改革の進展状況を「測定する単なる基準」に過ぎなかった。言い換えると、「アカウンタビリティの手段であることに加えて、教師に貴重な情報を提供しうる診断手段」（Reville, 2004: 592）でもあった。MCASテストは、教育目標や児童・生徒の学習内容の理解度を測定し、現状の問題点と改善点を明確にすることを目的にしたものであった。

2　MCASテストの実施

　しかし、MCASテストの実施の際の基本方針は様々な提言によって新たな基準が加えられることになる。たとえば、96年から州教育委員会委員長に就任したシルバー（John Silber）は、「州教育改革法」に規定された全ての児童・生徒の学力向上ではなく、MCASテストは「卓越した学生に向けられるべきである」と主張している（Bolon, 2000: 3）。また、99年8月には「教育のためのマサチューセッツ・ビジネス同盟（MassachusettsBusiness Alliance for Education）」も高校卒業要件として「英語」と「数学」において何らかの基準を設けることを提案している（Bolon, 2000: 3）。

　さらには、97年にボストンにおける教育ビジネス推進を目的として設立された「マス・インサイト研究所（Mass Insight Education Research Institute, Inc.）」も99年11月には、高校卒業要件として「英語」と「数学」で220点以上をクリアーすることを求める提案を行っている。この提案は、州教育委員会で採用され、実施に移されている（Bolon, 2000: 3）。結局、この提案によって、2003年度以降の第10学年の生徒は高校の卒業証書を得る条件として、学区の卒業要件を満たすとともにMCASテストに合格することが求められたことになる。

　ウェルド知事の後継者として98年の選挙で当選したセルーチィ（A. Paul Cellucci）知事は、就任演説において、次のように教育改革の重要性を訴える。「政府ができること、そして、しなければならない最も重要な事柄とは、子どもたちのために最高の教育を提供することである。……十分に教育された子どもたちは、我々の州の最も素晴らしい資産となり得るが、優れた学校を開発することは、未だに我々の最も偉大な挑戦なのである」（Cellucci, 1998: 2）。また、教育における優秀性を追求することも明言し、「私は毅然たる態度をとる。私は基準を下げない。私は凡庸を私たちの学校の基準とはしない。私は落第のレベルを私たちの児童・生徒の合格点とはしない。我々は我々の学校と生徒たちをより高いレベルに押し上げなくてはならない。大学は低い基準を受容しない」（Cellucci, 1998: 3）。セルーチィ知事は、学力向上政策

の実施を教育改革の至上命題と位置づけ、州政府は98年には2,330万ドル、99年には2,000万ドルの予算を計上し、MCASテストにおいて高い落第率をもつ学区に対する救済策として、生徒の学業成績の向上に役立つような夏季学校、土曜の授業、放課後や個人指導などのプログラムなどを支援する予算を配分している。また、99年には新たに1億1千万ドルの予算を教育改革に投入することが決定されている（Boston Globe: 1999.10.18）。

98年の第1回MCASテストは、第4・第8・第10学年を対象に州内の22万人を超える全ての公立学校、チャーター・スクール、私立学校の児童・生徒、ならびに英語を母語としないバイリンガル教育をうける「限定的英語能力の生徒（Limited English Proficiency Students）」（以下、「LEP」と略す）（3年以上アメリカの学校で学んでいること）、「障害を持つ生徒（students with disabilities）」を対象に実施された[3]。実際にテストを受験した児童・生徒は、州全体の約97％に相当する208,880名であった。ただし、バイリンガル教育を受ける生徒や障害を持つ生徒には免除規定もある（MDE, 1999c: 42-43）。テストを受験しなかった場合には、追試験が実施されるが、この追試験も受験しなかった場合には認定された欠席でない限りは罰則が与えられた。また、子どもの親がテストの受験を拒否することも禁じられている。そして、MCASテストの結果によって州内全ての公立学校児童・生徒の学力が測定・評価されるだけでなく、学区・学校単位でもMCASテストにおける科目ごとの得点レベルの割合や平均点などを測定・評価することが行なわれた。

同テストは、**表6-1**にもあるように、98年5月4日から22日までの間に実施され、試験時間の標準配分は各セッションが45分間で構成された。たとえば、第4学年の場合には「英語」（7セッション）、「数学」（3セッション）、「理科」（3セッション）の合計13セッション、第10学年の場合には「英語」（7セッション）、「数学」（4セッション）、「理科」（4セッション）の合計15セッションで構成された。試験時間は厳格に守られているわけではなく、各セッションには5～30分程度の延長時間も認められている（MDE, 1999c: 12）。結局、テスト問題の解答時間に加え、30分程度の登録と練習問題なども含めるとテスト時間は約14時間にも及ぶことになり、多くの親や現場教師からは試験時間の余りの長さに不満の声も上がった程であった。なお、1日につ

146　第2部　MCASテストによる学力向上政策

表6－1　第1回　MCASテスト・スケジュール（第10学年：1998年5月）

月曜日	火曜日	水曜日	木曜日	金曜日
4　生徒確認質問紙と練習（30分）	5　英語 　　英語	6　英語 　　英語	7　英語	8　英語 　　英語
11	12　数学	13　数学 　　数学	14　数学	15　理科 　　理科
18	19　理科 　　理科	20　歴史と社会科 　　歴史と社会科		

［注意］数字は日（4＝5月4日）。テストは1セッション45分間。合計17セッション。
　　　　1日のテスト時間は2セッション以内。「練習」はオプション。
　　　　「理科」は「テクノロジー」を含む。「歴史と社会科」は実験的試み。
（出典：MDE, 1999c: 42）

き2セッション（45分×2）までしか試験は行われないので、試験期間は約3週間を要することとなった。

　第1回MCASテストの対象学年は、第4・第8・第10学年であり、テスト科目は「数学」「理科」「英語」を共通に受験し、第8・第10学年の生徒の場合には「歴史」と「社会科」も受験しなければならなかった。MCASテストは受験する児童・生徒の暗記能力ではなく、批判的思考能力を測定するものであったが、問題形式は質問文ごとに4つの選択肢が用意され、その中から正解を一つ選ぶ「多肢選択問題（Multiple-Choice Questions）」、数語から数行程度で解答する「短い解答問題（Short-Answer Questions）」、自らの知識や理解を記述する「自由選択記述問題（Open-Response Questions）」によって構成されている（MDE, 1999c: 10）。ただし、「英語（English Language Arts）」の試験だけは「作文」（書き取り試験）も課されている。この英語の試験では、作文能力だけでなく、正しい文法とスペルの技能も要求されている。MCASテストは、生徒の基礎学力を評価するだけでなく、彼らの批判的な思考能力、原理や法則への理論的な理解能力、記述式による作文能力なども評価・測定するものとなっている。

　数学は「数感覚」「パターン、関係、機能」「幾何と測定」「統計と確率」、理科は「調査」「科学」「テクノロジー」「人間に関係する出来事」、英語は「言語」「文学」「英作文」「メディア」のそれぞれ4部門が測定される。MCASテストの目的としては、二つの事柄が挙げられている。第一には、「設定さ

れた州のスタンダードに対して、それぞれの生徒、学校、学区の学力を測定するためのアカウンタビリティの手段」とされたことである。第二には、「教授の質に関する有効なフィードバックを提供すること、教室内で用いられる効果的なアセスメントのアプローチを設計することによって、授業を改善することが意図されている」ことである（MDE, 1999c: 3）。

3 得点基準とテスト問題

　MCASテストの出題形式と配点は、全ての教科で「多肢選択問題」（正解につき1点）「短い解答問題」（正解につき1点）「自由選択記述問題」（正解の程度によって0～5点）によって構成されることを基本とした。ただし、98年のテストでは「英語」は「多肢選択問題」が1題につき1点、「自由選択記述問題」が1題につき0～4点であり、「英作文」は「Topic/Idea development」（1～6点）、「Standard English Conventions」（1～4点）の2問で構成され、二人の採点者が採点し、20点満点となっている。たとえば、第10学年におけるテストの素点の配点は「数学」が60点、「理科」が62点、「英語」が68点、「英作文（書き取り）」が20点であった（MDE, 1999c: 65）。

　テスト結果の評価方法は各学年で共通するが、各教科の素点合計ではなく標準得点に移行させる「段階別得点（scaled score）」方式によって設定する方法が採用されている[4]。その結果、得点レベルは「最優秀レベル（advanced level）」（280-260点）、「習熟レベル（proficient level）」（259-240点）、「要改善レベル（needs advanced level）」（239-220点）、「警告・落第レベル（warning/failing level）」（219-200点）の4つの得点段階に区分される。この4段階レベルの生徒は、「最優秀」が「問題に対して包括的で深い理解を示し、かつ複雑な問題にも高度な解決方法を提示できる」。「習熟」が「問題を確実に理解し、かつ広範囲で多様な問題を解くことができる」。「要改善」が「問題を部分的に理解し、かついくつかの簡単な問題を解くことができる」。「警告・落第」が「問題を最低限理解するが、簡単な問題も解けない」と規定されている（MDE, 1999c: 57）。この4段階レベルを決定する際の計算式は複雑であるが、要は各科目の「素点」の得点合計を一定の計算式に基づいて「段階別得点」に移

行させるというものである。この段階別得点は、200点以下になった場合には200点という「下限」が設定され、280点を超えた場合には280点という「上限」が設定されている（MDE, 1999c: 66）。

次に、各教科のテスト問題の特徴を分析するが、全ての学年のテスト問題を分析することは紙幅の関係で不可能であり、ここでは第10学年の「英語」と「英作文」、第4学年の「数学」の問題構成の特徴を簡単に紹介したい。「英語」の試験は、97年に決定された「英語カリキュラムの基本構造（English Language Arts Curriculum Framework）」で規定された学習基準に基づいて出題される。「言語」「文学」「作文」の3部門が各学年共通で実施され、「語彙力」「読解力」「文法力」などの能力が問われる。第10学年の試験問題のパターンは、「多肢選択問題」が36問、「自由選択記述問題」が10問、「英作文」が2問の合計48問が出題されている（MDE, 1999c: 16）。

「言語と文学の部門」では「読解試験（Reading Selections）」が課せられ、「文学」「ノンナラティヴ・ノンフィクション」に区分される。さらに、「文学」は小説、ドラマ、エッセイ、伝記、自伝に区分され、「ノンナラティヴ・ノンフィクション」は講演、手紙、インタビュー、エッセイなどのジャンルで構成される。「英作文」は「短いセッション」（標準解答時間45分間）と「長いセッション」（標準解答時間90分間）に区分され、児童・生徒はトピックに従って文章の記述が求められる。試験は、それぞれ別の日に実施されるが、「短いセッション」ではフィクション、要約、手紙、講演、エッセイなどの部門が、「長いセッション」では文学的分析が求められる。「短いセッション」では素早く正確に記述することが求められ、「長いセッション」では文章作成に関する草稿、校正、完成などの基本技能が求められる。前半の45分間は草稿となる文書を作成し、休息を挟んだ後半の45分間は文章を推敲し、完成する時間となる。時間の延長は認められている（MDE, 1999c: 18）。作文試験の成績評価は「うまく組織化された文章であること」「自分の考えを表現できていること」「効果的な表現や文章構成によって読み手の興味を持続させること」「文法、つづり、句読点など正確な作文を書くこと」などの文章作成技能の基本が要求される。

「数学」の試験は、96年に決定された「数学カリキュラムの基本構造

(Mathematics Curriculum Framework)」で規定された学習基準に基づいて出題される。数学は、「数感覚」「パターン、関係、機能」「幾何と測定」「統計と確率」の4部門が共通に出題される。たとえば、第4学年の出題比率を見ると、「数感覚」が35％、「パターン、関係、機能」が20％、「幾何と測定」が25％、「統計と確率」が20％となっている。数学の試験で問われる能力は、たんなる数学に関する知識だけでなく、「問題解決能力」「数学的コミュニケーション技能」「論証技能」などに加え、現実社会における数学的応用能力などの「概念理解（Conceptual Understanding）」「方法の知識（Procedural Knowledge）」「問題解決（Problem Solving）」である。第4学年の「数学」は「多肢選択問題」が26問、「短い解答問題」が6問、「自由選択記述問題」が7問の合計39問で構成されている（MDE, 1999c: 24）。

4　第1回MCASテストの結果

　MCASテストの結果は、州内の児童・生徒の学習改善、学力向上に関する情報の収集、カリキュラムと教室内の授業改善などに利用される。児童・生徒の個人的な成績に関しては、その年度の9月に州政府が生徒のテスト結果と各学校の順位を全ての学校長に通達するのみであって、学校以外には公表されないこととなっていた。また生徒の成績の記録は保管されるが、5年後には破棄されることにもなっていた。たしかに児童・生徒の個人的な成績は公表されることはなかったが、98年12月12日の地元紙『ボストン・グローブ』には、ボストン学区、ブルックライン学区、ケンブリッジ学区、サマービル学区のテスト結果が学区内の全ての学校ごと区分された上で、各学年、各教科のテスト結果が4段階レベルごとに公表されている。また各学校の受験者数と「段階別得点（scaled score）の平均点」の結果なども公表されている（Boston Globe, 1999.12.12.）。こうした得点結果は、現在でも州教育省のホームページ上において州内全ての学区と学校の得点結果が公表されている。すなわち、州内の全ての学区と学校を比較評価することが一目瞭然となったわけである。

　98年の第1回MCASテストの結果は、**表6－2**からも明白なように予想

表6－2 第1回MCASテスト（第10学年）の「英語」「数学」「理科」の結果（州全体）

教科	生徒分類	学力レベル				
		最優秀	習熟	要改善	落第	欠席（落第）
英語	州全体	5%	33%	34%	26%	2%
	一般生徒	6%	38%	35%	20%	2%
	障害者	0%	7%	27%	64%	3%
	LEP	0%	8%	28%	59%	5%
数学	州全体	7%	17%	24%	50%	2%
	一般生徒	8%	19%	27%	44%	2%
	障害者	1%	3%	9%	84%	4%
	LEP	1%	5%	12%	78%	4%
理科	州全体	1%	21%	42%	34%	2%
	一般生徒	2%	24%	45%	28%	2%
	障害者	0%	4%	25%	67%	4%
	LEP	0%	2%	19%	75%	4%

［注意］欠席者は「落第者」に含まれる。　　　　　　　　　（出典：MDE, 1999c: 76）
　　　　端数切り上げのため、100％になっていない場合もある。

以上に悲惨なものとなった。たとえば、第10学年における「英語」「数学」「理科」のテスト結果を「州全体」「一般生徒」「障害を持つ生徒」「LEP」のカテゴリーごとに区分された統計から見ると、教科では「数学」の落第者が一番多く、生徒のカテゴリーでは「障害を持つ生徒」と「LEP」の結果が極端に悪い。

次に、第1回MCASテストの結果を人種別に見てみると、とりわけ「ラティーノ（Latinos）＝ラテン系アメリカ人」と「黒人（blacks）＝アフリカ系アメリカ人」の生徒にとっては厳しい結果となっていることが判明する[5]。たとえば、第10学年のテスト結果は、「英語」の場合においては、49％の黒人と58％のラティーノが、「数学」の場合には80％の黒人と83％のラティーノが「落第」のレベル内であった。一方、第10学年の「英語」の「落第」の比率は、白人で19％、アジア人で26％であった。黒人・ラティーノの落第比率は、**図6－1**からも明らかなようにアジア人・白人と比べると2倍以上にも達している。

第1回MCASテストの結果に対しては、様々な批判的意見が述べられている。もともと、マサチューセッツ州内には多額の予算を教育改革に投入す

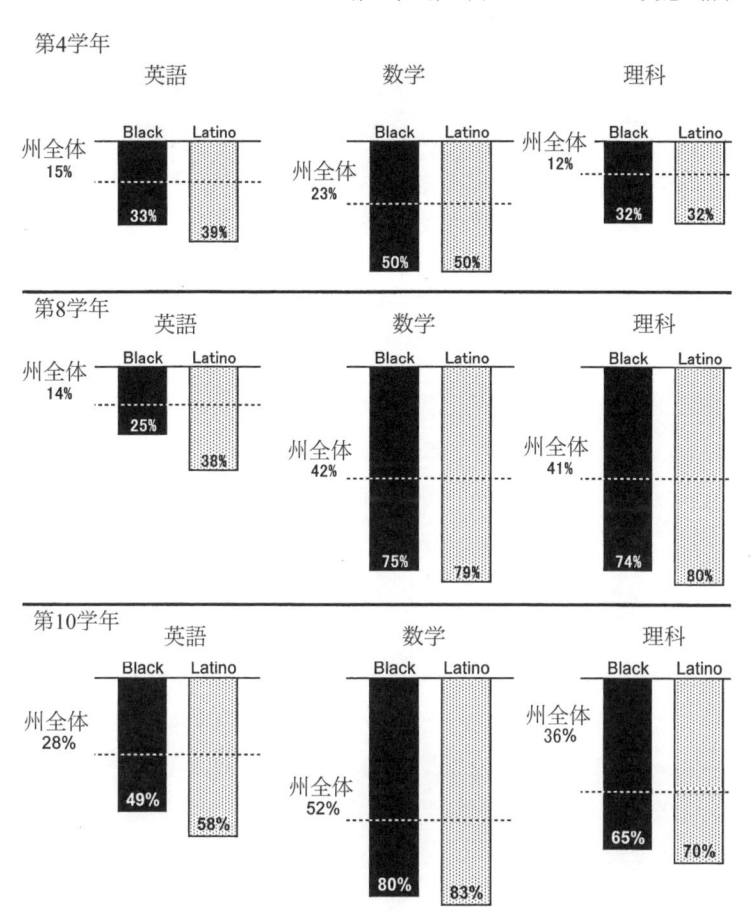

図6−1　第1回MCASテストの「落第」の割合（黒人とラティーノ）

〈注意〉ネイティヴ・アメリカンは含まれていない。　　　　　（出典：Boston Globe, 1999.11.12）
「州全体」とは「落第と「欠席」を合計したもの。

ることに強く反対する人々がおり、彼らは州政府・州教育機関主導による教育改革そのものに疑念を抱いただけでなく、その結果も疑問視したのである。たとえば、バーミンガム（Thomas F. Birmingham）上院議員は98年と99年の悲惨なテスト結果を見て、「マサチューセッツ州の人々は、見返りとして何の成果もないままに投資するような詐欺にひっかかる一団ではない」（Boston Globe, 1999.10.18）と批判している。しかし、より深刻な問題は多額の予算の投入ではなく、人種間格差の問題であった。93年に制定された「州教育改

革法」では、「アセスメントの手段はジェンダー、文化、人種・民族のステレオタイプを避けるように設計されるべきである」(Galvin, 1993: 177) と明記されていたにもかかわらず、テスト結果は予想以上に人種間格差を浮き彫りにするものとなったのである。こうした黒人やラティーノらの悲惨なテスト結果の原因として、人種・民族間の経済的格差や日常的な人種差別教育などが指摘され、現在でも激しい論争を巻き起こしている。

　これに対して、州教育長のドリスコル (David Driscoll) は第1回のテスト結果をもとに、「テスト結果の公表とテスト結果は、学校と学校制度にとっては非常に重要な道具である」と述べながら、州のカリキュラム・ガイドラインとMCASテストの内容を連動させるべきである、と主張した (Boston Globe, 1999.11.12.)。このことは、現場教師に授業計画と教授方法のデザインを変更することも求めるものであった。また、州テストの結果を公表することに関しては、MCASテストの挑戦的な内容を州内の全ての人々が理解するべきである、とドリスコルは述べている。

　以上のようなテスト結果は、もしもMCASテストが高校卒業要件に導入された場合には、多くの黒人やラティーノなどに代表されるマイノリティの児童・生徒にとって、非常に厳しい結果になることが予想された。たとえば、第10学年の黒人やラティーノの生徒は、白人の生徒と比べると2倍近くも「落第」にランクされている。そうした原因は、たんに彼らの経済環境・家庭環境の劣悪な状態を示すだけでなく、彼らは、もともと白人と比べてレベルの低い教育内容を教授する学校に入学していたからであった。この点は、人種差別問題から見ても重要な差別であった。

　地元紙の『ボストン・グローブ』によれば、第10学年の生徒の場合、ラティーノの約3倍、黒人の約2倍半の生徒が白人と比べればレベルの低い学校に入学し、そこではMCASテストの出題内容は教えられていなかった、と報じている。たとえば、基礎数学から代数Ⅰ（幾何学と三角法を含む）を範囲とする第10学年の数学の授業では、テスト準備を全くさせていないばかりか、そもそもラティーノの第10学年の生徒の12％が、数学の授業自体を受けていないことが判明した。なぜならば、多くの教師がラティーノと黒人の生徒の学力を低いと考え、低レベルのコースに放置するか、コース履

修の登録さえもさせていなかったからである。人種差別に反対するNAACP（National Association for the Advancement of Colored People）ボストン支部長の代表であったアルキンズ（Leonard C. Alkins）は、「教育改革は、有色人種の子どもたちに関連して存在している二重の教育システムを決して考慮に入れなかった」（Boston Globe, 1999.12.12.）と指摘し、MCASテストの実施と教育現場の人種差別の実態を批判している。

5　テスト政策の特色

　MCASテストの実施は、悲惨なテスト結果や州内の公立学校における人種差別教育の実態を浮き彫りにしただけではない。さらに、多くの問題点が指摘され、激しい論争が沸き上がっている。たとえば、MCASテストにおける人種差別の実態に関する指摘は、州内の貧困地区と富裕地区の経済的格差に基づく地域間格差を容易に予想させる。それは、言い換えれば、人種間における学力格差であり、学校間格差や地域間格差であった。さらには、テスト結果に基づいて学区・学校のランキングを公表した場合、裕福な人々は、より高い得点ランキングの学区・学校に転居することも可能となる。ある学校当局者は、テスト結果がそれぞれの市とタウンの不動産売買にも影響を与えている点を指摘し、「不動産業者は、地域社会において見込みのある買い手に売却するために高いテストの得点を利用している」（Boston Globe, 1999.4.21.）と述べている。MCASテストは、教育の不平等や差別を助長するだけでなく、多様な地域社会を破壊する危険性もはらんでいる。不動産業者は、自らの顧客に対してテスト結果の情報を流して、有利な売買を行うことも予想される。このことは、コミュニティの多様性を破壊するだけでなく、異なった文化と言葉の間で成長する子どもたちの学習機会を奪うものでもあった（Boston Globe, 1999.4.21.）。

　次に、MCASテストの将来の問題点も検討しておきたい。州教育省は、99年にMCASテストを近い将来「教員評価」と「高校卒業要件の基礎資格」として利用することも発表し、新たな論争の要因にもなっている。第一の「教員評価」とは、MCASテストの結果と教師の昇給や解雇処分を連動させる

という政策である。州教育省の見解は、もしも多くの学校が2年以内にテスト結果を改善できなければ、校長と教師は自らの職を失う可能性があるというものであった。事実、「リン（Lynn）」学区の公立学校では、学区内の児童・生徒がMCASテストにおいて10％の学力向上を達成するまでは、校長たちの昇給停止を実施することが発表されている（Boston Globe, 1999.9.28.）。

　リン学区の教育長マザレアス（James Mazareas）は、99年9月の時点で「もしも、私がそれらの目標に到達しなければ、私は［自分自身の］昇給を停止するつもりである。私は、児童・生徒の［学力が］即座に改善されることを望む。それが最低条件である」（Boston Globe, 1999.9.28.）。マザレアス教育長は、MCASテストの結果が同年の11月に公表されるまでは、6月30日に期限切れとなる校長との契約を更新しないことも表明している。この政策は、校長の昇給とMCASテストの結果を連動させた州内における最初の事例となった。一方、セルーチィ知事も数学のテストで劣悪な成績をとるミドル・スクールやハイ・スクールがあれば、教師に対しても数学の知識テストを実施することを検討中である、とも表明している（Education Week, 2000.2.2）。

　第二の「高校卒業要件の基礎資格」とは、MCASテストの結果を高校卒業要件とリンクさせる政策である。99年5月には、州教育委員会は第4学年のテスト時間は削減するものの、2000－2001年の学期からMCASテストを第3・第5・第6・第7学年にも課すこと、2003年度には第10学年の生徒は高校の卒業要件として、MCASテストの「数学」と「英語」において合格基準点（220点）をクリアーしなければならないことも決定している（MBE and MDE. 2000: 2, 3）[6]。しかしながら、99年のテスト結果を基準にすれば、英語の試験で13％、数学の試験では40％の生徒が高校を卒業できないことが予測されている（Boston Globe, 1999.11.23）。つまりは、州内の公立学校の何千人、何万人という生徒が高校卒業資格を得られない事態が生じることになるわけである。同州の教育アセスメント行政は、MCASテスト導入が決定された段階では、高度な教育内容の基準設定と生徒の学力向上を求めるものに過ぎなかったが、今や教員評価や高校卒業要件の基礎資格にも利用されることが明確となった。こうして、MCASテストは生徒、教員、学校だけでなく、学区教育委員会も含めて、それぞれの結果責任を追求する明確な手段

第6章 第1回MCASテストの実施と結果　155

表6-3　第2回MCASテストにおける「職業・工業高校」の州全体の順位

高校名	ランク	高校名	ランク
Minufeman	221	Southeastern	274
Northern Berkshire	222	Upper Cape Cod	276
Blackstone Valley	238	Greater Lowell	279
Cape Cod	239	Whittier	281
BlueHills	243	Northeast Metro	282
Assabet Valley	246	South Middlesex	283
……（以下、省略）……		Greater Lawrence	286

（出典：Boston Globe, 1999.12.17）

へと変貌したことになる。

　また、MCASテストが例外なく全ての生徒や学校の測定・評価に利用された事実も指摘しておこう。すなわち、州全体で26校ある「職業・工業高校（vocational-technical high school）」における99年の第2回MCASテストの結果は、**表6-3**のように州内の全ての職業・工業高校が全体の中で下位の221～286番に位置したことが明白となり、これらの学校で学ぶ生徒が、英語、数学、理科、社会科に関するテストの合計点において州内最低レベルであったことを白日の下に晒した。

　また、州教育委員会は約33,000人の「障害を持つ生徒」に対しても、他の一般の生徒と同じ基準を適用することを発表している。州教育長のドリスコルは、職業高校の生徒や障害をもつ生徒も含めた全ての生徒が英語や数学といった中心的な科目に習熟すべきであるとして、「教育委員会は合理的な卒業要件を設定した。そして、その基準は全ての生徒に適用されるべきである」（Education Week, 2000.2.2.）と明言し、多くの反対に対しても一歩も譲らない姿勢を見せている。

6　MCASテストへの賛否両論

　以上のようなMCASテストの政策は、学校や個々の教員にとって、テスト結果が行政当局から強制される教育到達度目標となるだけでなく、教育内容の統制や教師の教授活動の自由を著しく脅かし、かつ制限する様相も帯び

ている。ドリスコル教育長は、MCASテストの実施とテスト結果の公表が学校や学校制度全体の改善にとって非常に重要な手段になりうるとしながら、州のカリキュラム基準に学校長と教師は従うべきである、と主張している。ドリスコル教育長は、カリキュラムのガイドラインを作り、そのコースの課業をMCASテストと密接に関連づけるシステムを検討中であると述べただけでなく、教師に対してもテストの内容に沿った教授計画と教授方法を再検討することも要求している（Boston Globe, 1999.9.22.）。

こうしたMCASテストの実施に関しては、州内の大多数の親が賛成したという報告もなされている。マス・インサイト教育研究所は、州内の無作為に抽出された503名の回答者の70％が高校卒業資格要件としてMCASテストを課すことに賛成した、という結果を報告している（Boston Globe, 1999.11.4.）。この調査結果は、州内の大多数の人々が学力向上という責任を各教育機関が担うということ、またハイステイクス・テストや「州教育改革法」の内容をも支持していることを裏付けるものとして公表された。ボストンの「マザー・スクール（Mother School）」校長であるマーシャル（Kim Marshall）もMCASテストの支持者であった。「MCASテストは、長く厳しい試験である。児童・生徒たちは、もしも彼らが基準点をクリアーしなければ、結果的には高校の卒業証書を得られないであろう。しかし、MCASテストが多くの欠陥を持つとしても、他の標準テストとは全く異なるものである。それゆえに、MCASテストには学校をよりよく変革するための可能性が存在する」（Boston Globe, 1999.11.15.）

マーシャル校長は、MCASテストが標準的なカリキュラムを確立し、教師の教授方法を改善し、児童・生徒の学力を向上させることに貢献すると述べている。「テストが有効であり、多種多様な技能と知識をカバーする限り、そして教師が訓練と抑圧のアプローチ（drill-and-kill approach）を教授に用いない限りは、私たちの努力を注ぎ込むMCASテストには何の問題も存在しない」（Boston Globe, 1999.11.15.）と断言する。

しかしながら、MCASテストの実施が各学校の独自のカリキュラムや教授方法を画一化する危険性を内包していたことは明白である。次に、MCASテストを批判する人々の見解を取り上げてみよう。たとえば、「ボストン・

アーツ・アカデミー（Boston Arts Academy）」のネイザン（Linda Nathan）校長は、MCASテストによる一元的な学力評価に強く反対し、テスト結果は、たんに多くの生徒や教師を落胆させ、やる気をくじくだけでなく、「（テストによって）学校改革を行うとする考えは幻想である」と断言している。またMCASテストは、歩兵となった若者が真っ先に犠牲となる「戦争ゲーム」である、とも批判している（Nathan, 2002: 598-599）。さらに、ネイザン校長はMCASテストによる画一的な基準が各学校の自由で多様な教育的営みを破壊するとして、強く反対する。「私にとって選択肢は一つしかない。私は、尊敬と高い期待の環境の中で高度な資格を持った信頼された教師によって教授される、豊かで厳しい芸術と学問的な教育課程のために闘い続けるであろう」（Nathan, 2002: 598）。ネイザン校長は、93年に制定された「州教育改革法」が州内の全ての児童・生徒の才能や技能を向上させる「改善された学校（improved school）」を約束し、児童・生徒の学習内容を測定・評価する多様な手段の重要性を明言していたが、MCASテストはこうした期待を裏切った、と述べている（Nathan, 2002: 598）。

　同じく、州内の各学区、教員組合、教育学研究者からも続々と反対の声が挙がり、MCASテストの評価方法や実施方法を手厳しく批判している。たとえば、州内のニュートン学区の教育長であるヤング（Jeff Young）は、「私たちが繰り返し表明した問題は、一つの学校が別な学校と競争することではないし、またニュートン学区が別な学区と競争することでもない。私たちは、ニュートン学区の子どもたちが最善を尽くすことを望んではいるが、ブルックライン学区の子どもたちも最善を尽くすことを望んでいる」（Boston Globe, 1999.11.8.）として、MCASテスト導入を批判している。ヤング教育長の見解は、MCASテストの結果によってコミュニティ間の優劣を決めるようなやり方に反対しながら、全てのコミュニティと学校で優秀な教育が行われることを表明したものであった。

　「マサチューセッツ州教員組合（Massachusetts Teachers Association）」代表のゴリ（Stephen E. Gorrie）は、何らかの評価の必要性は認めながらも、MCASテストを主要な評価として使うことに反対している。「私たちは、もともと不利な児童・生徒や学校に緋色の落第を意味する 'F' のラベルを不公平に貼る

ことによって、彼らにとってたんなる重荷になるようなやり方を拒絶することを促す」(Boston Globe, 1999.9.29)。ハーバードの教育学大学院教授のペローネ (Vito Perrone) は、「これらは、私たちが望むような学校を奨励するよりは、より落胆させるような退屈なテストである。たった一つのテスト得点が子どもたちの未来を決定するようなやり方は、教育的にも道徳的にも擁護できない」(Boston, Globe, 1999.10.31.)。

当然のことながら、MCAS テストの実施に反対する多くの親や保護者も存在する。たとえば、ケンブリッジ (Cambridge) 学区の親によって後援された教育フォーラムが99年10月21日に開催されている。この集会で批判の対象となったものが、高校卒業要件としてMCASテストを導入することであった。彼らの批判は、テストに失敗した生徒が高校を卒業できないと同時に学習それ自体への意欲を失うことを問題視するものであった。彼らは、2000年のテストをボイコットすることを強く主張して、MCAS テストの問題点を改善するための請願を議会に提出する計画も検討している (Boston Globe, 1999.10.31.)。同じく、サマービル (Somerville)、メルローズ (Melrose)、ニュートン (Newton)、ウオータータウン (Watertown)、ボストンなどの各学区でも、親や保護者らがテストをボイコットするか、テストの実施を中止することを求めている。ことくにケンブリッジ学区におけるボイコット問題に関しては、第10章でも詳述されている。

おわりに

98年から実施される MCAS テストは、公立・私立を問わず州内全ての児童・生徒を対象に学力向上の達成を求めるハイステイクス・テストとなった。93年の「州教育改革法」は、州教育委員会が「学校や学区が児童・生徒に提供する教育プログラムを改善することに、どの時点で慢性的に失敗したかを定義づける規則を設けるべきである」(Galvin, 1993: 179) と規定された。州教育委員会によって「慢性的に基準以下である」と宣言された学校の場合には、2年以内に児童・生徒の学力を改善できなければ、学校の校長や教師は解雇されるなどの罰が科せられる。学区の場合には、学区の教育長と教育委員会

の権限を引き継ぐ「管理人」が任命される (Galvin, 1993: 180)。すなわち、州が掲げる教育目標に到達できなければ、全ての学区や学校は厳しく責任が問われ、州教育委員会の改善命令に従うことを余儀なくされるのであった[7]。

　以上のような学校や学区に対する厳しいアカウンタビリティ政策は、MCASテストがたんに生徒の学力を測定・評価するための絶対的な基準と位置づけられただけでなく、テスト結果を学区・学校ごとに公表することによって、学区・学校のランキング化にも利用されたことを意味する (MBE and MDE, 2000: 28)。また、将来的には学区教育長や教員評価への利用だけでなく、高校卒業要件にも連動させる政策も決定されている。もちろん、現実の教育においては何らかの教育基準を設定することは必要であろう。しかし、テストとはあくまでも児童・生徒の学力を測定・評価するための、たんなる一つの手段に過ぎない。テストの得点だけで、いかにして私たちは児童・生徒の学力を評価することが可能であろうか。試験による学習到達度の測定・評価が児童・生徒の学力を改善し、テストの得点結果が上昇したとしても、そのことが「児童・生徒の学力向上になった」と言えるのであろうか。

　本章においてMCASテストの内容と実施方法に注目した最大の理由は、同州の教育アセスメント行政における大きな政策転換を解明するためであった。すなわち、80年代までのマサチューセッツ州におけるテストの種類や実施を学区の自主裁量とした学区自治主義のあり方は、MCASテストによる州統一テストの導入によって、生徒の学力向上を求めた結果至上主義的な厳しい「教育管理政策」に変容したことになる。MCASテストは、現在のマサチューセッツ州における厳しい教育管理政策の実態を示す象徴的な存在である。

注

1 　80年代までのマークシート方式の標準試験は、問題の形式としては「多肢選択問題」であり、せいぜい生徒の習熟度別クラス編制に利用されたに過ぎなかった。しかしながら、最近の学力試験の特徴はカリキュラムに対応する形で作成されていること、記述式問題や小論文が課されること、児童・生徒個人だけでなく学区や学校の成績も評価されること、児童・生徒の成績が悪ければ児童・生徒自身は落第するか、夏季の補習授業を義務づけられることなどが挙げられる。また教師の減給や解雇処分の基準にも利用されている (Daniel, 1999: 47, 49)。

2　80年代までのテスト政策に詳しい坪井の研究によれば、ニューヨーク州などは高校卒業証書を得るためには「州教育委員会高校卒業試験」を受験しなければならないだけでなく、同時に州立大学などの入学試験の判定資料としても用いられている。また初等教育においても「児童基礎能力テスト」が82年に実施され、児童・生徒のみらず、学校も一定基準をクリアーすることが求められている。坪井は、「ニューヨーク州教育アセスメント政策はかなりドラスティックに学区の初等教育管理にまで強い影響をもつようになっている」(坪井, 1998: 338) と結論づけている。

3　バイリンガル教育が廃止された2003年からはLEP生徒はアメリカでの滞在年数にかかわらず、全ての学年で「数学」と「理科」を受験することが求められた。ただし、滞在期間が1年未満であれば免除された (MDE, 2004: 17-18)。

4　たとえば、98年の第10学年の「英語」の素点 (84点満点) を段階別得点に移行させる方法は、素点が66.83 (約80％) 以上であれば「最優秀」(280-260点)、51.49 (約61％) 以上であれば「習熟」(259-240点)、36.95 (約44％) 以上であれば「要改善」(239-220点)、36.95以下であれば「警告・落第」(219-200点) となる。しかし、この配分基準は教科によって異なる。同じく第10学年の「数学」の場合は、素点の満点が60点であり、段階別得点に移行させる方法は、素点が45.63 (約75％) 以上であれば「最優秀」(280-260点)、34.39 (約57％) 以上であれば「習熟」(259-240点)、23.80 (約40％) 以上であれば「要改善」(239-220点)、23.80以下であれば「警告・落第」(219-200) となる (MDE, 1999c: 65)。この試験内容・採点基準などは年度によって改定されている。特に、2001年には「素点」から「段階別得点」へと移行させる際の基準点の見直しが行われている。つまりは、2001年以降の「段階別得点」は、それ以前の基準とは異なり、単純に得点結果を比較することはできない。この基準点の見直しによって、2001年のテスト結果は全体的に大幅に改善されている (BPS, 2001: 5)。

5　もともとMCASテストの結果は、収入 (低所得か否か)、性別、人種 (アメリカン・インデアン、黒人、アジア人、ヒスパニック、白人)、LEP、特殊教育など19項目に区分されている。98年のテスト結果を報道した『ボストン・グローブ』は、「ヒスパニック」ではなく「ラティーノ」を用いているので、本章でも「ラティーノ」を用いたが、他の章では「ヒスパニック」を用いている。なお、「ラティーノ」(Latino) と「ヒスパニック」(Hispanic) は同じように使われるため、一般的には、「ラティーノ」はスペイン語圏以外のラテンアメリカ全域の出身者を指し、「ヒスパニック」はスペイン語圏出身者を指すものとして区分されている。

6　ドリスコル州教育長は、子どもたちが目的を成し遂げ、かつ最低レベルに甘んじないような基準を望んでいる。ドリスコルは、高校卒業要件の基準点として240点を求め、「私たちの目標は、習熟と最優秀のレベルに到達することである」(Boston Globe, 1999.11.24.)と述べている。また州教育委員会員であるデラットレ (Edwin Delattre) も基準点を「落第レベル」の1点上の220点に設定することを批判し、「低い基準を設定することは教育改革の成功には無意味である」(Boston Globe, 1999.11.24.) と述べている。

7　ウェルド知事は、92年の段階で州教育委員会には「全ての学校と学区における教育の成果と改善に関する明確な教育目標や指標を策定し、結果に対する説明責

任を求める」(Weld and Cellucci, 1992: 2)権限を付与し、学区・学校に対してはテストの結果を含めた教育目標の達成を求めている。達成されない場合には、教育長はそうした学区・学校を「教育的に不適格」であることを宣言し、改善手段を制度化する権限を有するとした。もしも、そうした改善手段が成功しなければ、当該学区の教育委員会の一時停止か完全停止に追い込むことも勧告している(Weld and Cellucci, 1992: 3)。

引用・参考文献

北野秋男2003「〈研究ノート〉マサチューセッツ州におけるテスト政策と教育アセスメント行政の実態－マサチューセッツ州総合評価システムの成立と影響－」日本教育学会『教育学研究』第47巻第3号, pp. 471-479.

北野秋男2006『アメリカの教育アセスメント行政の構造研究－米国マサチューセッツ州における教育管理政策の展開－』日本学術振興会科学研究費報告書, pp. 1-100.

北野秋男2007「米国マサチューセッツ州における学力向上政策－MCASテストによる教育アセスメント行政の実態－」大桃敏行他編『教育改革の国際比較研究』ミネルヴァ書房, pp. 111-126.

坪井由実1998『アメリカ都市教育委員会制度の研究－分権化政策と教育自治－』勁草書房.

Bolon, Craig 2000. "Education Reform in Massachusetts" Mass Parents. Org. pp. 1-5. http://www.massparents.org/easternmass/brookline/ed_reform_bolon.htm[2008.4.1.取得]

Boston Globe, 1999-2000

BPS 2001 "Massachusetts Comprehensive Assessment System, Result: May, 2001", Boston School Committee, pp. 1-17.

Cellucci, Paul 1998, *1998 State of the State Address*, MA : Massachusetts Dept. of Education, pp. 1-6. http://www.doc.mass.edu/[2003.10.21.取得].

Daniel, McGinn, 1999.9.6. "The Big Score"Newsweek, Newsweek, Inc. pp. 46-51.

Education Week, Vol. XIX. No. 21, 2000.2.21.

Galvin, William Francis 1993 *Acts and Resolves passed by the General Court of Massachusetts in the Year 1993*, Massachusetts: The Sate Government of MA.

Madaus, George F. 1985 "Test Scores as Administrative Mechanisms in Educational Policy", *Phi Delta Kappan*, Vol. 66. No .9, May 1985, pp. 611-617.

MBE and MDE. 2000 *1999 Annual Report*, Massachusetts Board of Education and Massachusetts Department of Education, pp. 1-80.

MDE 1999a *Goals 2000 Five Year Master Plan*, Massachusetts Department of Education, pp. 1-25. http://www.doe.mass.edu/edreform/5year/goalfive.html[2003.10.21.取得].

MDE 1999b *Testing; Schedule For State Educational Testing(1997-2000),* Massachusetts Department of Education, pp. 1-25.http://www.doe.mass.edu/edreform/edreformreport/erprogrpt597-1.html#schedule[2002.7.30.取得].

MDE 1999c *Massachusetts Comprehensive Assessment System :1998 Technical Report*, Massachusetts Department of Education, pp. 1-135.

MDE 2004 *Massachusetts Comprehensive Assessment System :2004 Technical Report*,

Massachusetts Department of Education, pp. 1-135.

Nathan, Linda 2002 " The Human Face of the High-Stakes Testing Story," *Phi Delta Kappan*, Vol.83, No.8, pp. 595-600.

Reville, Paul 2004 "High Standards ＋High Stakes＝High Achievement in Massachusetts", *Phi Delta Kappan*, Vol.85, No.8, pp. 591-597.

Weld, William and Cellucci, Argeo Paul. 1992 "A Message from His Excellency the Governor Recommending Legislation Relative to Reforming Public Education" *House of Representative*, No. 5750, pp. 1-5.

第7章
テストとアカウンタビリティに基づく教師改革
―教員免許試験・研修制度改革に焦点をあてて―

黒田友紀

はじめに

　本章の目的は、テストとアカウンタビリティに基づく教育改革が急速かつ強力に推進されているマサチューセッツ州の教師改革を解明することである。とりわけ、1993年の「マサチューセッツ州教育改革法（Massachusetts Education Reform Act）」（以下、「州教育改革法」と略す）の制定過程における教師改革に関する議論に焦点をあてて、同州の教員免許試験・研修制度のあり方を中心に検討したい。

　マサチューセッツ州では、93年の州教育改革法によって、州独自のスタンダードの設定とテストの実施を決定し、98年より「マサチューセッツ州総合評価システム（Massachusetts Comprehensive Assessment System）」（以下、「MCAS」と略す）のもとで州統一テストである通称「MCASテスト」が実施されている。MCASテストは、州内のチャータースクールを含む全ての公立学校において実施され、教師、学校、学区の全てにテスト結果に基づくアカウンタビリティを課している。テストとアカウンタビリティを重視する学校改革の中で、生徒の学力向上と併せて教師改革の重要性が増している。すなわち、生徒の学力向上を保証するためには高い資質を有する教師が必要であり、教師の養成、研修の領域での改革が行われつつある。2002年に初等中等教育法の改正法である「どの子も置き去りにしない法（No Child Left Behind Act of 2001）」（以下、「NCLB法」と略す）が制定されて以降、生徒の学力向上と併せて「高い資格を有する教員（Highly Qualified Teachers）」が改革の中心課題の一つとなり、教師養成機関の評価ならびに教師の評価と管理がさらに強化されている。

マサチューセッツ州の教育改革に関する先行研究としては、北野によるマサチューセッツ州の知事主導のアセスメント行政の研究と学力向上政策の研究（北野，2003，2007）、Flippoによる教師能力試験と教員免許試験に関する研究（Flippo, 2000, 2002）、高橋による現在の教員免許制度と更新に関する研究（高橋，2007）が存在する。しかしながら、これらの先行研究は、90年代以降のテニュア制度の廃止を含む教師改革の議論には言及しておらず、テスト政策とアカウンタビリティに基づく近年の教師改革を分析、検討した研究は皆無という状態である。90年代以降、学校や校長への権限委譲と学校の自律性を保障する分権政策と同時に集権的な管理が進みつつあるが、教師改革に関する議論はどのように進められているのだろうか。

そこで本章では、第一に、80年代以降の教師改革を概観し、特に教師能力テストと教師の専門性に焦点をあてて、これまでの課題を整理する。第二に、州教育改革法の制定過程において、教員政策がいかに構想され、テストとアカウンタビリティにもとづく改革が93年の州教育改革法の制定を起点として、加速度的に進行したのか、その展開を考察する。その際、教師改革が求められた背景とテニュア制度廃止の議論を中心に解明する。第三に、州教育改革法の制定から教員免許試験の実施に至る議論と、教員免許制度と免許更新をめぐる問題について取り上げ、教員免許制度がいかに構築され、どのような特徴があるかを描きだす。以上の検討から、マサチューセッツ州における教師改革の特徴と課題を明らかにしたい。

なお、考察にあたっては、主にマサチューセッツ州教育省の発表資料、「教育のためのマサチューセッツ・ビジネス同盟（Massachusetts Business Alliance for Educatoin）」による資料、マサチューセッツ州の複数の教育団体からなる「マス・パートナーズ（Masspartners）」による提言、地元紙の『ボストン・グローブ』の記事、州議会資料、『*Phi Delta Kappan*』誌などの資料の分析、及びケンブリッジ市の元校長へのインタビュー調査を基本資料とする[1]。

1　80年代以降の教師改革の動向

本節では、まず80年代以降の教師改革、とくに初任者のための教師の能

力試験と教職の専門性に関する議論を整理しておきたい。現在のテストとアカウンタビリティを重視する改革が進められる以前に、何が議論され、いかなる教師改革が進められたのかを確認しておこう。

　教師教育の重点化や教職の専門性をめぐる問題は、これまでに繰り返し議論され、様々な取り組みがなされてきた。レーガン政権の教育長官テレル・ベルにより任命された委員からなる「教育の優秀性に関する全米審議会」が83年に提出した『危機に立つ国家（*A Nation at Risk*）』以降、生徒の学力向上は主要な課題となり、教師教育の領域では、教師の専門性の強化と権限拡大が求められた。その後、教師教育に関する著書およびレポートが次々に発表され、教師教育改革が推進され続けている。例えば、州による教師資格要件の厳格化、教師の能力試験の実施による能力のある教師の選抜、教員免許更新制の導入、教育団体による教職の専門性の開発とスタンダードの設定などが挙げられる。

　教師の能力試験は、70年代後半にミシシッピ州やルイジアナ州において教員免許付与の条件として州法で規定されたことから急速に普及した（赤星, 1993: 77）。その背景には、70年代の学力低下や「基礎に戻れ（Back to Basic）」運動の影響があり、能力の高い教師を確保し、教師教育を改善する方策のひとつとして教師の能力試験が導入された（八尾坂, 1998: 213）。その後、80年代に教師の能力試験が普及した要因として、『危機に立つ国家』のなかで、教師の能力と基準が提案されたことが挙げられる。赤星によると、86年には35州が教員免許付与のために教師の能力試験を州法で規定し、83年以降に能力試験を実施した州が15州増加したという（赤星, 1993: 77）。

　教師の能力試験として最も多く用いられているのは、「教育テスト・サービス（Educational Testing Service）」が開発した試験であり、他には「全米評価システム（National Evaluation System）」や州独自で開発した試験が州ごとに採用されている。試験は、コミュニケーション能力、専門教科、教職知識を問うものであり、教師志望者の初任者教員免許の要件として教師の能力が十分かどうかを測定する。

　教師の能力試験をめぐる課題は、試験自体の妥当性と信頼性の問題、筆記試験での好成績と実践場面での有能さとの相関が科学的・客観的に証明

できるかといった問題がすでに指摘されている（八尾坂，1998）。加えて、マイノリティの教師志願者の合格率の低さや（Flippo, 2002; National Academy of Education, 2005）、学士号も教員免許も持たず、教科内容に関する理解が不足している教師が多く存在することが指摘されている（佐久間，2005; Darling-Hammond, 2008: 34）。このことから、教師の能力を保証するための教師教育の方策として教師の能力試験は求められてきた。

教師改革のもう一つの方策として、「第二の改革の波」と呼ばれる改革のなかで、80年代から大学、学校、教師が主体となった教育改革が推進され、教師の資格と専門的自律性を保障し、教師の資質を向上させる運動が展開された。その契機となったのは、カーネギー財団による「教職の専門性に関するタスク・フォース」の提案した『備えある国家—21世紀の教師』と、ホームズ・グループによる『明日の教師』である（佐藤，1997）。カーネギー財団のタスク・フォースには、経済界、行政関係者、教育研究者、教員組合の代表が参加しており、ホームズ・グループには、教育学大学院を有する主要大学の学部長がそのメンバーとなっている。この二つのレポートに共通する内容は、教職の専門職化と自律性を達成するために、教師の職能を向上させるための具体案や改革案が提出されている点である。ミシガン州立大学をはじめとする教師教育研究センターの実践は、現在も教職の専門性の支援、強化につながっている（佐藤，1997; 佐久間，2005）また、教職専門性のスタンダードを設立する動きも80年代以降に活発になり、代表的な団体として「全米教職専門基準委員会（National Board for Professional Teaching Standards）」「州間新任教師評価支援協会（Interstate New Teacher Assessment and Support Consortium）」「全米教師教育資格認定協議会（National Council for Accreditation of Teacher Education）」が挙げられる。これらの団体は、教師という職業がほかの専門家と同様に知識を基盤とする専門職職であることを明示し、「教師教育養成課程」「免許制度」「現職教育における教職専門性のスタンダード」を提示しようとしている。このスタンダードの特徴は、教科内容や教育方法の知識をたんに提示しているだけでなく、知識を適切に実践に生かすパフォーマンス・ベースの評価基準を強く打ち出していることである（NBPTS, 2007; INTASC, 1992）。また、この3団体が協力して教師教育システムの基盤を構築しよう

としている点も注目に値する（北田，2008: 63-74）。

　教師改革の諸政策は、「合衆国憲法修正第10条」にも規定されている通り、州ごとに策定、実施されてきた。連邦政府は、80年代後半までは教師改革の方策として教師資格要件を増やす方策をとってきたが、90年代からは改善の要件を要求するよりも、むしろ資格試験を強化するようになっている（Melnick and Pullin, 2000）。2006年には、49州で教師に必要とされる内容知識とスキルを規定した州によるスタンダードが設定されており、教員免許の更新と専門性の開発を求めている（CCSSO, 2007: 25-28）。80年代から教員免許状取得基準の引き上げと教師の能力試験の導入による州の管理は行われてきたが、90年代以降には新たに州によるスタンダードとアセスメントが要求され、2002年のNCLB法制定以降には一層アセスメントが強化され、教師改革もその影響を受けている。

2　「州教育改革法」制定過程における教師改革の議論

　マサチューセッツ州では、第4章でも述べられているように、70年代後半から教育財政の危機が問題となっており、85年には「州財政改革法（Massachusetts Public School Improvement Act of 1985）」が制定されたが、教育財政を巡って危機的な状況は続いたままであった[2]。こうした財政上の問題に加え、70年代以降、都市部での移民が増加し、公立学校における学力低下問題が深刻になっていた。

　この状況を受けて、「教育のためのマサチューセッツ・ビジネス同盟（Massachusetts Business Alliance for Education）」（以下、「MBAE」と略す）が88年に発足し、91年6月に「どの子どもも勝利者に！（*Every Child a Winner!*）」というタイトルの初等・中等教育システムの制度改革案を提出した。この提案の冒頭で、「マサチューセッツ州および合衆国は深刻な危機に直面しており、公教育のシステムは来るべき次の10年に必要とされる知識と技能を与えていない」と述べられ、公立学校改革が最重要課題として取り上げられた（MBAE, 1991: ES-1）。MBAEは、産業界のリーダーによって構成されており、ポスト産業主義やグローバリズムが広まりつつあった社会経済的な変化に対

応できる人材の育成に着目していた。この提案で特徴的なことは、財政改革のみならず、「システムの改善」を強く求めていることである（MBAE, 1991: ES-3）。また、MBAEが「マサチューセッツ州教員組合（Massachusetts Teachers Association）」（以下、「MTA」と略す）、「マサチューセッツ州教員連盟（Massachusetts Federal of Teachers）」（以下、「MFT」と略す）及び大学のスタッフの協力を得ながら教育の議論を進めた点にも特徴がある。これまで経済界と教育界との溝は深かったが[3]、両者の関係は「ステークホルダー」（利害関係者）としてますます重要になってきており、教育は社会全体の問題として理解されねばならないという認識が産業界に広まっていた。MBAEが「教育者の専門性に互いに信頼を築くことから始めなければならない」と述べていることからも明らかなように、教師との協力関係に改革の基礎を置こうとしている点は注目すべきである（MBAE, 1991: 10）。

　MBAEは、この提案のなかで主に3つの課題を挙げている。すなわち、1）国際的で世界基準と結びついたビジョン、システムの設定と生徒の学力向上、2）教師と学校のシステム自体の改善、3）教育財政システムの改善であった。具体的には、州統一のスタンダード（Goals for Education in Massachusetts）を設定し、アセスメントを行うこと、生徒のパフォーマンスに対して学校や学区がアカウンタビリティを負うこと、スタッフの雇用や解雇に関する権限を学校へ委譲すること、学校選択の機会を増やすこと、財政改革としてそれぞれの学校に平等な資金を保証することであった。

　教師改革に関しては、「スクール・ベースド・マネージメント」の項目の中で、地方分権化を進める方策として学校及び校長への権限委譲を提案しており、校長が教師と親の学校参加を中心とする新しいシステムの管理者として中核を担うことを期待している。また、「教師の労働力の改善」の項目の中で、教師の専門性を高めるための資金や専門性開発のための計画の支援、教師の資格認定に関する規則の自由化、マイノリティ・スタッフのリクルート、そしてテニュア改革が取り上げられた。

　91年にMBAEの改革案とブッシュ大統領の「2000年の目標（Goals 2000）」を素案として、ウィリアム・ウェルド（William F. Weld）知事が「2000年のマサチューセッツ（Massachusetts 2000）」という改革案を提出した。その後、

知事と議会を中心に超党派的な議論がなされ、91年11月に「教育の卓越性とアカウンタビリティ法（Educational Excellence and Accountability Act）」で、テニュアの廃止、教師の雇用権限を校長に委譲すること、スタンダードとアセスメントの設定、学校選択プログラムの拡大、官僚的な制度から自由なチャータースクールの認可、教育的に破綻した学校の閉鎖などを提案した（Boston Globe, 1991.11.26.）[4]。MBAEの改革案の中では、教師の能力試験についての言及はなく、教師との協力関係や教職の専門性に基礎を置いた改革を提案していたが、92年にウェルド知事が教師の能力試験の実施を打ち出し、公立の初等・中等、及び職業学校のすべての教師、校長、管理職のためのスタンダードの設定と教師資格の付与に関する規定とアセスメントを提案し、教師改革の領域においてもテストとアカウンタビリティの政策を進めていった（House of Representatives, 1992: 1-5）。このことは、教師の専門性を基盤にした開発を行うというより、スタンダードに則った試験による能力の測定とその結果によって教師の質と専門性を保証するという方向性を強めていったことを示していよう。

　MBAEのプランを素案に、知事と州議会により超党派的に改革法が作成されたが、スムースに合意に至ったわけではない。議論となった点は、テニュアの廃止と財政改革であった。マサチューセッツ州では、1844年以来、3年間教師として勤務すれば終身雇用されるテニュア制度が続いており、その制度廃止に対するMTA、MFTの反発は大きく、MTAのスポークスマンであったウォルマー（Steve Wollmer）は、「教師の雇用の保障を、教職経験ではなく教師の能力を重視することによって教師の専門性を変えようとしている」として批判した（Boston Globe, 1991.11.26.）。これに対して、ウェルド知事はテニュアを廃止し教師個人をパフォーマンスに合わせた「契約」に置き換えていくことが、学校を効率よく経営し校長を助ける重要な要素であると主張した（Boston Globe, 1991. 12. 22.）。知事側のテニュア廃止の論点は、テニュア制度そのものではなく、テニュア制度によって能力のない教師が守られ、解雇の手続きが長引き、処分がなかなか下せないことを問題視したものであった（Erickson, 1992）。民主党と教員組合は、ウェルド知事の提案は「努力に欠け、教師を侮辱するものである」と非難し、MTAの代表であるベーコンは（Rosanne

K. Bacon)、「生徒を教育すること以上に教師を罰することを強調している」と批判した（Boston Globe, 1992.6.3.）。ついに、MTAは92年11月に議会に対して独自の法案「21世紀に向けた学校（Schools for 21 Century: The Massachusetts Education, Investment, Improvement and Innovation Act of 1992）」を提出し、教師のテニュア廃止と解雇を中心問題とした（Boston Globe, 1992. 11.21.）。MBAEも、「ウェルド知事の提案は、十分なお金をかけず、教師を疎外する『不十分な』ものである」と述べ、92年3月に知事及び議会との交渉が決裂している（Boston Globe, 1992.3.8.）。

　上記のようなテニュア制度廃止を含む教師改革の要求の背景には、どのような問題が横たわっていたのであろうか。MBAEは、公立学校の質の低下、すなわち高等学校の卒業率の低さを挙げ、高校卒業資格のない労働者を生み出す公立学校は改善されるべきであり、時代の変化に対応できる教育と教師の必要性を主張していた（MBAE, 1991: 9）。また、教育者は歴史的にもプロセス指向のアプローチに偏りがちで、結果を重視しない傾向があり、MBAEは教育の成果を測定することなく教育予算を維持・増額することに対して市民は賛成しないだろうと述べ、スタンダードの設置とアセスメントを要求した（MBAE, 1991: 23）。この要求には、予算に見合う成果の「適切さ」と「アカウンタビリティ」が指向されている。このような見方は、MBAEだけのものではない。テニュア制度の廃止に関して言えば、MTA、MFTからの反対は熾烈であったが、その反面、テニュア制度存続への反発も大きかった。『ボストン・グローブ』によると、テニュア制度のもとで、能力のない教師が守られている事例や、シンクタンクである「パイオニア・インスティテュート（Pioneer Institute）」が行ったテニュアをもつ教師の解雇に関する調査結果が提出され、テニュアを持つ教師だけがアセスメントもなく仕事を続けられることに対する不満が存在していた（Boston Globe, 1991.12.21.）[5]。適切なアセスメントを行い、アカウンタビリティを果たすことが教師改革においても求められたことになる。

　ただし、注意しておきたいのは、州教育改革法の制定過程において、MBAE、MTA、MFT、知事、および議会によって教師改革の意見が盛んに交わされていたが、アセスメントとアカウンタビリティを求める方策として

「テニュアの廃止」という制度の存続問題ばかりに焦点化し、テニュア制度の廃止によってどのような教師の専門性や自律性が失われるのかといった議論も、いかにして教師の資質向上とその専門性を開発していくのかといった議論もほとんど行われなかったことである。教師改革はいわば政治的な議論に終始し、結果として州教育改革法の制定によってテニュア制度は廃止された。ここに、新たな教員免許制度が設けられることになった。

3 「州教育改革法」と新しい教員免許・研修制度

本節では、州教育改革法で規定された教員免許制度と研修制度の特徴を叙述する。

93年に制定された州教育改革法のなかで、新しく制定された教員免許は「予備免許状（Preliminary License）」「仮免許状（Temporary License）」「初任者免許状（Initial License）」「専門職免許状（Professional License）」に区分された。「初任者免許状」とは、通常の教師教育プログラムの履修、修了者が獲得する免許である。免許状の有効期限は5年であり、取得要件は、学士号取得、教員免許試験の合格、認定された教師教育プログラムの履修の3つである。「専門職免許状」とは、標準教員資格にあたる免許であり、免許状の有効期限は5年、取得要件は、初任者免許のもとでの3年間の雇用、初任者研修の受講、専門職免許取得のためのオプションのうちの一つを満たすこととなっている[6]。免許の更新は、継続的な「自己教職開発計画（Individual Professional Development Plan）」のもと、試験ではなく5年毎の個人計画が完了したことを示すドキュメンテーションやポートフォリオの提出と、「専門性の開発のためのポイント（Professional Development Points）」（以下、「PDP」と略す）というポイントを取得していくシステムとなり、99年以降5年間で150ポイントを取得することが求められている。

教師の専門性の開発、専門的なスタンダードについては、95年に「2000年の目標：5年間の基本計画（Goals 2000: Five Year Master Plan）」のなかで提案されている（MDE, 1995）[7]。教師のスタンダードは、初任者免許資格では、州のカリキュラム内容に密接に関わる内容知識を中心とし、専門職免許資格

では、教育学を中心に編成されるとした。この専門職免許資格の評価には、同僚間の評価やポートフォリオ、オーセンティックな評価を使うことが提案されている。このスタンダードに則って、教師の資格認定制度が準備されていった。

　96年に教師の資格認定試験として「州教員免許試験（Massachusetts Tests for Educator Licensure）」（以下、「MTEL」と略す）が州教育委員会で認可され、98年に初めて実施された。MTELは、初任者のための幼稚園就学前から12学年までの教員免許試験であり、初任者免許を取得するためには、この試験に合格しなければならない（MDE, 1993）[8]。この試験は、州教育委員会、全米評価システム（National Evaluation System）、公立学校の教師、そして高等教育のスタッフの協同によって開発され、教師が生徒や親または保護者と滞りなく意思疎通ができ、教科の知識を十分に持っているかどうかを保障するものとして設定されている。試験は、コミュニケーションに焦点をあてた「コミュニケーションおよびリテラシー・テスト（communication and literacy skills test）」、ならびにマサチューセッツ州のカリキュラムの知識内容を中心とした「教科テスト（subject matter test）」の2つの試験が義務づけられた。コミュニュケーションとリテラシー・テストの「読解試験」では、テクストの一節を読み、語彙の定義や内容把握の能力を測るための約30の選択式問題と6つの語彙の意味を簡潔に書かせる記述問題があり、「作文試験」では、約40の文法項目に関する選択式問題と5つの記述式問題、内容要約と意見作文がある（MDE, 2006）。教科テストは、受験者が専門科目の知識を身につけているかを測るためのものであり、約80問の選択式問題と2問の自由記述式問題が出題されている。MTELでは、教育学の専門知識を問う試験はなく、コミュニケーション能力としての言語能力と教科の知識内容を主に問うている。

　マサチューセッツ州における教職の専門性の開発と専門的なスタンダードに関しては、他州と比べて教科内容の知識を重視していることが特徴的である（CCSSO, 2007: 27）。州教育改革法において、教師に要求される教科内容の知識に多くの項がさかれ、免許の更新に関する基準や要件においても教科内容とスキルが重視されている（MDE, 2005）。教師の専門的なスタンダードは、州教育改革法の「教師免許及び教師養成プログラムのための規則（Regulations for Educator Licensure and Preparation Program)」で規定されており、実習やパフォーマンス・アセスメントも重視すると書かれているが、学問的知識や技能、高いスタンダード、生徒の学力向上を目指す方策が並ぶ（MDE, 2005: 44-46）。近年、「全米教職専門基準委員会」「州間新任教師評価支援協会」「全米教師教育資格認定協議会」のスタンダードにもとづいて、実践的な研修と教職の専門性の開発が行われている州もあるが（北田, 2008: 68-70）、マサチューセッツ州は、州間新任教師評価支援協会などとの連携はなく（INTASC, 2007）、試験により測定することで教師の資質と専門性を認定する教師改革を進めていると言えるだろう[9]。

4 新しい教員免許制度と研修制度—その問題と課題—

98年に実施されたMTELは、コミュニケーションおよびリテラシー・テストの読解試験の合格者が70％、作文試験の合格者が59％、教科試験での合格者が62％であり、全体の59％が少なくとも1科目で不合格となった。この結果は、州内だけではなくアメリカ中で論争を起こした。特に、テスト内容の難易度、テスト結果の信頼性と妥当性に関して、さまざまなメディアや大学研究者によって議論された（Fowler, 2001: 773-80. Haney, Fowler, Wheelock et al,1999）[10]。98年に第1回MTELが実施されて以降、州が発表している合格者の割合は緩やかに上昇し、2003年以降のMTELの全科目合格者は、約65％と安定している[11]。

98年に、教師教育や教師の資質に関して言及した「高等教育法（Higher Education Reauthorization Act of 1998）」の「タイトルⅡ」は、教師教育プログラムをもつ機関の教員免許試験の合格率と州の教師教育の状況を報告するよう州に課し、州の高等教育委員会も2000年までにMTELで20％以上の不合格者がでた場合高等教育機関における教師教育プログラムを閉鎖するとした（Flippo and Riccards, 2000: 34-37）。つまり、MTELの結果により教師の質を保証し、アカウンタビリティを求める改革が、州と連邦政府によって進められたのである。99年度の終わりには、53機関の内23機関しかMTELで80％の合格率を達成できていなかったが（Melnick and Pullin, 2000）[12]、2002-03年度

の州内の教師教育プログラムを持つ 56 機関の合格率を見てみると、全体としては、3,905 名の受験者の内 97％が合格、受験者がいた 48 機関のうち 46 機関が 80％以上合格している（U.S. Department of Education, 2004）[13]。

　MTEL の結果と高等教育法及び州の高等教育委員会による規則は、MTEL の合格率を上げるために教師教育のカリキュラムやプログラムに大きな影響を与えている。とりわけ、大学で行われている教師教育プログラムの変容が甚だしい（Ludlow, Shirley, Rosca, 2002）。驚くべきことに、テスト準備のために「芸術」などの授業時間を減らしてテスト準備に充てる、テストに関するワークショップを開催することなどが実際に行われ、これまでに必要だと考えられてきた教育内容が教員免許試験対策に代えられている（Ludlow, Shirley, Rosca, 2002）。また、教員免許試験に合格しないだろうと判断した生徒を排除し、志願者を制限するために、教師教育プログラムにエントリーする際に基礎的な能力試験を実施し、学生を選抜したうえで MTEL の合格率を上げ、州や連邦政府からの制裁を受けないようにすることさえあるという。教師教育プログラムを持つ教育において、MTEL の合格率を上げてアカウンタビリティを満たし、制裁を受けないための方策がとられている。このような状況は、ダーリング‐ハモンドらが指摘していたように（Darling-Hammond, 2004）、初等中等学校で州による統一テストの点数向上のために「芸術科目」や「体育」などが削減され、低得点の生徒を排除して学力が向上したと虚偽の結果報告をする学校の処遇とパラレルな関係にある。

　NCLB 法の制定以降、93 年の州教育改革法で方向づけられたテストとアカウンタビリティを基礎とした改革はより一層強化されている。NCLB 法ではアカウンタビリティが強化され、子どもの学力向上と、学力保証のための「高い資格を有する教員」の要求、「適正年次進捗度（Adequate Yearly Progress）」の達成がその中心課題となっている。「高い資格を有する教員」とは、学士資格の所持、州による教員資格／免許試験の合格、2005-2006 年度までに共通科目（英語、リーディング、数学、理科、外国語、政治、経済、芸術、歴史、地理）において教師として高い能力を有することを規定している。マサチューセッツ州では、共通科目を教える全ての教師と 2002 年 6 月 8 日以降に雇用した教師は、雇用の条件として、学士資格と MTEL の合格と専門

性の開発が求められている（MDE, 2002）。

具体的には、MTEL の合格による初任者教員資格、あるいは専門職免許の取得と、専門性の開発のための計画をたて研修に参加することを指す。免許の更新を含む研修もその一つである。専門性の開発のために PDP を取得することは、研修を行っているという証明であるとともに、免許の更新に必要な単位となる。PDP の取得は、学区や学校における研修、修士課程の授業への参加、学位取得、論文や著書の発刊といった研究活動などが対象となる（MDE, 2000）。高橋の指摘にある通り、計画的に PDP を獲得しながら研修を行うことは教師の資質向上の方策となり、マサチューセッツ州の免許更新制度は、更新における方法、内容に多様な選択が可能であり、学校現場や地域と結びついた教育活動、研修、あるいは研究と密接に関連づけられ組織化されている点は肯定的に評価することができる（高橋, 2007）。しかし、免許の更新に際して、5 年間で 150 ポイント、つまり 1 年間に 30 ポイントを獲得することは容易なことであり、PDP を稼ぐことが必ずしも専門性の開発につながらないという批判もある。教育実習生や初任者を受け入れることでも PDP を取得することができるため、教師たちは喜んで受け入れ指導する状況も指摘されている[14]。

当初、MBAE による提案において、教師との協力関係を結び教職の専門性に基礎をおく改革が構想されていた。しかし、テストとアカウンタビリティによる改革を強力に推進したことによって、スタンダードにもとづくテストによって数値に還元化された目標を達成することがアカウンタビリティを満たすと見做され、教職の専門性の開発や教師教育は矮小化されているといっても過言ではあるまい。ケンブリッジ学区の元校長は、テスト結果とアカウンタビリティを重視する改革が進む中で、PDP の獲得よりもむしろ初任者を支え、同僚とともに学校文化を醸成していくことの方が重要であると語った。アカウンタビリティを過剰に要求する集権的な改革ではない形で、学校現場における教職の専門職性と学校文化を構築し、教師の自律性を保障していくことが鍵となるだろう。

4　おわりに—マス・パートナーズの挑戦：教職の専門性に立脚した教師の評価—

　本章では、教師改革に焦点をあてて、テストとアカウンタビリティに基づく改革の展開を検討した。93年の州教育改革法制定以降、初任教師の能力を保証し、高等教育機関へアカウンタビリティを課すために能力試験が導入され、教職の専門性を開発するために個人の専門性開発計画のもとでのポイント制の研修システムが実施された。さらには、NCLB法制定以降においては、厳しい査定とアカウンタビリティによる改革が一層強化されている。この改革の中で、教職の専門性や教師教育は矮小化されていると言えるだろう。

　このような状況のなかで、マサチューセッツ州の教育団体が提案している新たな挑戦がある。教員組織による教職の専門性の追求は、90年代後半から、全米教育協会（National Education Association of the United States）とアメリカ教員連盟（American Federation of Teachers）が協力して、同僚教員支援評価プログラム（Peer Assistance and Review Program）を開発・推進してきているが（古賀, 2000; 榊・中嶋・笠井, 2002; 髙橋, 2005; 八尾坂, 2005）、マサチューセッツ州では「マス・パートナーズ」という州内の7つの教育団体からなる組織が、専門性に立脚した教師の評価基準を作り、教職の専門性を問い直そうとしている[15]。「マス・パートナーズ」は、2002年に教師の評価に関するレポート（Teaching Matters: Strengthening Teacher Evaluation in Massachusetts）を提出し、教師と授業の質の向上が学校と生徒の学業成績の改善に結びつくとして、独自のスタンダードに基づいた新しい評価のシステムを提案している（MassPartners, 2002）。

　この教師評価は、教師の経験や技術、勤続年数によって、「初任者（Beginning Teacher）」「新しい学区で働く教師（Teacher New to the District）」「経験のある教師（Experienced Teacher）」「改善を要する教師（Teacher in Need of Improvement）」の4つに区分し、それぞれにあったプログラムを提供し、教職の段階に応じて専門的な成長ができるような配慮がなされている。また、教師や校長への調査結果から、評価者は教室での実践の評価に時間を割いていないということが示され、生徒の学力向上のための授業前後のカンファレンス、授業観察、コーチングの重要性を指摘している。その際、専門的なスタンダードを共有

していくコミュニティを形成するために、校長の強力なリーダーシップが求められている。このレポートでは、評価とは実践の改善に焦点を当てるべきだという考えがあり、教師が教室での実践に生かすことができる専門的なスタンダードの構築が目指されている。

現在、州統一テストとアカウンタビリティによるトップダウンの改革が推進されているが、教職の専門性にもとづいた学区・学校レベルで独自のアカウンタビリティ・システムを構築し、子どもたちの学びを保障し、責任を負うことこそが課題であるだろう。「マス・パートナーズ」などの教育団体による教育実践に焦点をあてた教職の専門性に立脚した取り組みがいかに展開され、機能するかは、今後の検討課題としたい。

注

1 2008年3月に行ったケンブリッジ市における調査の際、同市のハガティ校 (Haggerty Elementary School) の元校長であるジョセフ・ペトナー (Joseph Petner) に教員免許制度及び教師改革に関するインタビューを行った。この場を借りて感謝したい。

2 78年には財政の厳しい学区の教育委員会が、当時の州知事に対し学区は公教育を行うために適切な資金が保証されるべきであるという訴訟を起こした。81年には、州の減税を求める住民投票「提案2 1/2 (Proposition 2 1/2)」が可決され、学校財政はさらに厳しい状況におかれることになった。

3 81年の減税への住民投票の際、産業界の多くが賛成票を投じ、その結果として教育財政が危機的状況に陥っており、このことが教育界と産業界の溝を深めたという (MBAE, 1991)。

4 ウェルド知事が提案した「起業家の (the type of entrepreneurial- style)」学校は、この時に「チャータースクール」と呼び変えられた (Boston Globe, 1991. 11. 26.)。

5 50人の校長と行政担当者にインタビュー調査を行った「パイオニア・インスティテュート (Pioneer Institute)」のウィルソン (Steven Wilson) は、テニュア資格を持つ教師の解雇にかなりの時間とお金がかかることを提示しており、ウェルド知事はこの調査をテニュア廃止の根拠とした (Boston Globe, 1991. 12.22.)。

6 専門職免許取得のためのオプションには、学区の面接授業プログラムの受講、修士号の取得、専門職免許状取得のために認可された大学院のコース・ワーク、教職基準全国委員会評価のマスター教員資格、州教員能力評価プログラムの受講がある。免許の更新については、高橋靖直の2007「アメリカの教員免許制度―カリフォルニア州とマサチューセッツ州の更新制を中心として」(文教大学教育研究所『教育研究所紀要』第16巻, pp. 17-24)が詳しい。

7 改革のために以下の5つの目標が掲げられている。「目標1：全ての生徒に高い基準を達成することを保障する」、「目標2：教師の質と専門性を高める」、「目標3：全

ての学校において優秀性とアカウンタビリティを支援する」、「目標4：州や連邦政府の規則に従うことを遵守し、保障する」、「目標5：学校に対する州全体の基本設備を構築する」である。さらに、それぞれの目標において、複数の具体的な項目が挙げられている（MDE, 1995）。

8 当初は、Massachusetts Teachers Testであった。その後、Massachusetts Educators Certificate Testになり、現在のMTELになった。

9 マサチューセッツ州は、「州間新任教師評価支援協会」のメンバーではなく、全米教職専門基準委員会の基準を満たしている教師の人数も少ない。

10 メディアはテスト内容についてネガティブに論じたが、州教育省は、「教師としての高い能力を問うものである」という説明を一貫して発表している。また、テスト実施内容を受験者に伝達する上で当局側に不手際があったともいわれている。

11 MTELは、年間3回から6回実施されており、その試験ごとに合格率が発表される。また、教師教育プログラムを持つ教育機関ごとのMTEL結果も発表される（http://www.doe. mass.edu/mtel/results.html[2008.8.25取得]）。

12 23機関の1機関を除いて全てが私立大学の機関であった。

13 56機関中、8機関は受験者が10名未満のためカウントされていない。56機関のうち、合格率が80％未満であったのは2校、全員が合格している機関が18校、合格率が97-99％である機関が10校、合格率が92-96％である機関が11校、合格率が90％未満の機関が9校であった。

14 ペトナー元校長へのインタビューによると、例えば大学院のコース受講の場合、セメスター1単位につき22.5PDPを獲得でき、簡単にPDPを取得出来るということである。初任者教員の指導は1時間につき1PDPであるが、15点が上限となっている（MDE, 2000）。

15 Masspartnersは、Massachusetts Association of School Committees, Massachusetts Association of School Superintendents, Massachusetts Elementary School Principals' association, Massachusetts Federation of Teachers, Massachusetts Parents Teacher Association, Massachusetts Secondary School Administrators' Association, Massachusetts Teacher Associationの7機関による協同的な組織である。

引用・参考文献

赤星晋作 1993『アメリカ教師教育の展開―教師の資質向上をめぐる諸改革―』東信堂.

北田佳子 2008「アメリカにおける教職専門性スタンダードの展開－NBPTS、INTASC, NCATEの連携に着目して―」埼玉大学教育学部／埼玉大学教育学部附属教育実践総合センター『埼玉大学教育学部附属教育実践総合センター紀要』7巻, pp. 63-74.

北野秋男 2003「〈研究ノート〉マサチューセッツ州におけるテスト政策と教育アセスメント行政の実態―『マサチューセッツ州総合評価システム』の成立と影響―」日本教育学会『教育学研究』70巻4号, pp. 559-56.

北野秋男 2007「アメリカにおける学力向上政策－MCASテストによる教育アセスメント行政の実態―」大桃敏行他編『教育改革の国際比較』ミネルヴァ書房, pp.

111-126.
国際貿易投資研究所監修 2005『さまよえるアメリカの教育改革』財団法人国際貿易投資研究所.
古賀一博 2000「米国公立学校における同僚教員評価制度の意義と課題」日本教育制度学会『教育制度学研究』第7号, pp.128-145.
榊達生・中嶋哲彦・笠井尚 2002「アメリカにおける教員組合運動と教職の専門性」『名古屋大学大学院教育発達科学研究科紀要(教育科学)』第49巻第1号, pp.111-149.
佐久間亜紀 2005「アメリカにおける教育系専門職大学院の現状と日本への示唆」『IDE現代の高等教育』472号 7・8号合併号.
佐藤学 1997「アメリカの教師教育改革における「専門性」の概念」「ホームズ・グループ」「教職専門開発学校」の展開」『教師というアポリア』世織書房.
高橋哲 2005「米国教員組合の専門職団体化施策の分析―NEA・AFTの同僚教員支援評価を中心に―」日本教育行政学会『日本教育行政学会年報』第31号, pp.151-167.
高橋靖直 2007「アメリカの教員免許制度―カリフォルニア州とマサチューセッツ州の更新制を中心として」文教大学教育研究所『教育研究所紀要』第16巻, pp.17-24.
八尾坂修 1998『アメリカ合衆国教員免許制度の研究』風間書房.
八尾坂修編著 2005『教員人事評価と職能開発：日本と諸外国の研究』風間書房.
Boston Globe 1992. 11. 21. "Panel Urges Unity on School Reform Plans".
Boston Globe 1991. 11.26. "Democrats Unveil Plan for School Reform Could Cost $1B, Kill Decrease in State Income Tax Sidebar Revolution for the Schools".
Boston Globe 1991.12.22. "School Teachers'Tenure is Under Fire".
Boston Globe 1992. 3.8. "Teacher a Stormy Issue in School Reform".
Boston Globe 1992.6.3. "Democrats, Teachers Rap Weld Education Proposal".
Clarke, Fowler 2001 "What Did the Massachusetts Teacher Tests Say About American Education?", *Phi Delta Kappan*,Vol.82, No.10, pp.773-80.
Council of Chief State School Officer (CCSSO) 2005 *Key State Education Policies on PK-12 Education: 2004: Time and Attendance: Early Childhood: Graduation Requirements: Content standards: Teachers & School Leader Licensure: Students Assessment.*
Darling-Hammond, Linda 2004 "From 'Separate but Equal' to 'No Child Left Behind': Collision of New Standards and Old Inequality" in Deborah Meier and George Wood(eds) *Many Children Left Behind How the No Child Left Behind Act is Damaging Our Children and Our Schools*, p.3-32, Beacon Press, Boston, Massachusetts.
Erickson, John W. 1992 "Should We Get Rid of Teacher Tenure?" *State Government News*, June.
Flippo, R. F. 2002 "Repeating History: Teacher Licensure Testing in Massachusetts", *Journal of Personnel Evaluation in Education*, Vol.16, No.3, pp.221-229.
Flippo, R. F. and Riccards, M. P. 2000 "Initial Teacher Certification Testing in Massachusetts: What Has Been Going on ?: Reflection of a College Professor and a College President", Paper presented at the Annual meeting of the American Educational Research Association, New Orleans, LA.
Flippo, R. F. and Canniff, J. G. 2000 "Teacher Competency Whitewash: How one High-

Stakes Test Eliminates Diversity from the Teaching Force", *Connection: New England's Journal of Higher Educational and Economic Development*, Vol. 15, No. 2, pp.28-31.

Flippo, R. F. 2002 "Repeating History: Teacher Licensure Testing in Massachusetts", *Journal of Personnel Evaluation in Education*, Vol.16, No.3, pp.221-229.

Haney, Walt. Fowler, Clarke. Wheelock, Anne. Bebell, Damian and Malec, Nicole. 1999 "Less Truth Than Error? An Independent Study of the Massachusetts Teacher Tests", *Education Policy Analysis Archives*, Vol.7, No.4.

House of Representatives 1992 A Message from His Excellency the Governor Recommending Legislation Relative to Reforming Public Education, No. 5750, pp.1-5.

Interstate New Teacher Assessment and Support Consortium (INTASC) 1992 Model Standards for Beginning Teacher Licensing, Assessment and Development: A Resource for State Dialogue, http://www.ccsso.org/content/pdfs/corestrd.pdf [2008.10.5取得].

Interstate New Teacher Assessment and Support Consortium (INTASC) 2004 INTASC Membership, http://www.ccsso.org/projects/Interstate_New_Teacher_Assessment_and_S upport_Consortium/Membership/[2008.10.5取得].

Ludlow, Larry H. Shirley, Dennis. Rosca, Damelia 2002 "The Case That Won't Go Away: Besieged Institutions and the Massachusetts Teacher Tests", *Education Policy Analysis Archives*, Vol. 10, No. 50.

Massachusetts Business Alliance for Education (MBAE) 1991 *"Every Child a Winner!"*

Massachusetts Department of Education (MDE) 1994 First Annual Implementation Report, thhp://www. doe.mass.edu/edreform/1st_Imp.TOC.thml [2008.5.15取得].

Massachusetts Department of Education (MDE) 1995 Five Year Master Plan, thhp://www. doe.mass.edu /edreform/5year/default.thml [2008.5.15取得].

Massachusetts Department of Education 2000 Recertification Guidelines for Massachusetts Educators.

Massachusetts Department of Education, Massachusetts Tests for Educator Licensure (MTEL) Questions and Answers ? about the MTEL, http://www.doe.mass.edu/mtel/faq/ default.html?section=about[2008.5.15取得].

Massachusetts Department of Education (MDE) 2002 Elementary and Secondary Education Act: No Child Left Behind Act of 2001 (NCLB) Fact Sheet.

Massachusetts Department of Education (MDE) 2005 Regulations for Educator Licensure and Preparation Program Approval 603 CMR7.00.

Massachusetts Department of Education 2006 Massachusetts Tests for Educator Licensure in Massachusetts Department of Education 2006 MTEL: Communication and Literacy Skills (01) Practice Test Booklet12 Reading Subtest.

Massachusetts Political Almanacs, Second Reading, Vol.1, No.1, Aug 1993.

Masspartners 2002 Teaching Matters: Strengthening Teacher Evaluation in Massachusetts, A Position Paper by Masspartneres for Public Schools.

Melnick, Susan L. and Pullin, Diana 2000 "Can You Take Dictation? Prescribing Teacher Quality through Testing", *Journal of Teacher Education*, Vol.51, No.4, pp.262-275.

National Academy of Education 2005 *A Good Teacher in Every Classroom; Preparing the Highly Qualified Teachers Our Children Deserve*, San Francisco, CA, Jossey-Bass.

National Board for Professional Teaching Standards (NBPTS) 2007 What Teacher Should Know and Be Able to Do, http://www.nbpts.org/the_standards/the_five_core_propositio [2008.10.5取得].

The Council of Chief State School Officers (CCSSO) 2007 Key State Education Policies on PK-12 Education:2006; Time and Attendance, Early Childhood, Graduation Requirements, Content Standards, Teacher & School Leader Licensure, Student Assessment; Results from a 50-state Survey Conducted by CCSSO.

U.S. Department of education, Title II Higher education act Title II - State Report 2004？ Massachusetts (https://title2.ed.gov/Title2DR/PassRates.asp) [2008.8.15取得].

第8章
学力向上政策とバイリンガル教育廃止運動

北野秋男

はじめに

　本章は、米国マサチューセッツ州におけるバイリンガル教育廃止問題を取り上げ、州知事・州教育機関・州議会によるバイリンガル教育廃止に関する政策、ならびに州住民によるバイリンガル教育廃止運動の経緯と背景を「政治的対立」という側面から解明するものである。その際に、学力向上の問題がバイリンガル教育廃止の一要因になった点も考察することとする。なぜならば、州知事や州議会がバイリンガル教育廃止を求めた背景としては、共和党州知事ウェルド（William F. Weld）が推進する州内の公立学校生徒の学力向上を至上命題とする一連の教育改革の実施――州の標準的カリキュラムの作成、州テストの実施、教育行財政改革、教員改革など――が挙げられるからである。

　しかしながら、州知事・州教育機関・州議会によるバイリンガル教育廃止を求める法案が度々出されたとはいえ、バイリンガル教育を廃止に追い込んだ直接的原因は、2002年11月5日の知事選の際に実施されたバイリンガル教育廃止を求める州住民の「イニシャティブ請願（initiative petition）」による州民投票「Question 2」の投票結果が68％の賛成多数で成立したためである[1]。つまりは、州知事・州議会の政策に対抗する形で提案された州住民によるバイリンガル教育廃止運動の経緯と背景を政治的対立という側面から解明することが重要な課題となろう。

　本章の課題は、バイリンガル教育の理論的根拠や有効性を検証するものではなく、同州におけるバイリンガル教育廃止運動が持つ「政治的主導権争い」

という問題に焦点を当てることである。もちろん、バイリンガル教育の内容や有効性を検証することには重要な意味があるが、それ以上に、カリフォルニア州、アリゾナ州、マサチューセッツ州と続いた一連のバイリンガル教育廃止運動の意味を理解するためには、その政治的側面からの解明が急務である[2]。近年のアメリカのバイリンガル教育問題は、その存続か廃止かにかかわらず、政治的対立を色濃く持つ特色が見られるからである。本章は、マサチューセッツ州を事例として、現在のアメリカのバイリンガル教育廃止運動の実態を政治的対立という側面から解明するものであるが、こうした視点からの研究は未だ日米両国においても存在しない[3]。

1 マサチューセッツ州のバイリンガル教育

　アメリカにおける英語を第一言語としない者に対する言語マイノリティ教育、とりわけバイリンガル教育の基本政策は、68年に成立した「バイリンガル教育法(The Bilingual Education Act)」に示されている。同法は、マイノリティや移民の子ども達の多様な言語、ならびに文化の保護と振興を目的とするものであったが、その後のバイリンガル教育の普及は「イングリッシュ・プラス（English Plus）」と呼ばれる運動として展開されていく。この運動は、アメリカ社会を多民族・多文化・多言語社会と位置づけ、言語と文化の多様性をプラス面として認めようとする「文化複合主義」（サラダボウル）の立場に立つものであっただけでなく、アメリカ国内における英語を母語としない子ども達に対する平等で、多様な教育機会を保障するための多文化教育政策の一環としても展開されたものである。

　しかしながら、アメリカの多文化主義教育の象徴的存在でもあったバイリンガル教育が、それ自体の理論的有効性の是非を問うことから次第に政治的論争の標的となった背景には、80年代における「U.S. English」などの団体による英語公用化運動の台頭が指摘される。86年のカリフォルニア州の事例を先駆として、以後、英語を州の公用語とする法案が成立する動きが活発化していくが、アメリカのバイリンガル教育の動向に詳しい末藤の研究によれば、2001年8月の時点で「23の州が英語を公用語と認めており、さらに

その数は増加しそうな状況にある」(末藤, 2002b: 58)。この英語公用語運動は、英語を公用語とし、他言語の公的使用を禁ずる「イングリッシュ・オンリー(English Only)」と呼ばれる運動であり、多言語・多文化教育政策は社会の分裂を招き、アメリカの国家統合を危険に晒すという「文化同化主義」(人種のるつぼ)の立場に立つものである。「イングリッシュ・プラス」と「イングリッシュ・オンリー」という相反する二つの立場は、こうしてアメリカにおけるバイリンガル教育の存続か廃止かをめぐって鋭く対立するが、そのことは「アメリカの多民族社会の統合と運営をめぐる同化主義か、それとも複合主義かという社会問題の反映」(本名, 2001: 63)であり、まさにアメリカ社会の統合のあり方自体を問う根源的な問題ともなっていた。

一方、マサチューセッツ州におけるバイリンガル教育は、71年に全米初の移行型バイリンガル教育法として成立した「過渡期二カ国語教育法(Transitional Bilingual Education Act)」によって実施された。実は、この「過渡期二カ国語教育」(以下、「TBE」と略す)は89年に改定され、TBEだけでなく5種類のバイリンガル・プログラム——Two-Way Bilingual Program, Accelerated Basic Skills Program, Advanced Basic Skills Program, Integrative Bilingual Education Program, Maintenance Program——のガイドラインが設定されている。しかし、同じ言語を用い、英語に堪能でない生徒が20名以上の集団に達した場合には、TBEが実施されるという基本原則に変更はなかった。2000年の時点における、マサチューセッツ州の「州基本法：第71A章(General Laws of Massachusetts; Chapter71A)」に述べられたTBEプログラムの要点を確認すれば、以下のようになる(MLJCE, 2002: 1-4)。

①プログラムは、「限定的な英語会話能力（Limited English-Speaking Ability）」の生徒を対象とする。
②TBEは、学区内にどれか一言語の集団で20名＋「限定的英語能力の生徒（Limited English Proficiency Students）」(以下、「LEP」と略す)が存在する場合に成立する。
③TBE教師は、英語のコミニケーション技能を証明すること（免除も認められる）。

④TBE 生徒に対して毎年の英語のアセスメントを要求する。
⑤TBE の生徒は3年間か、もしくは生徒が毎年のアセスメントによって定められている英語技能のレベルを達成するまで TBE にとどまることを要求する。親の承認があれば、学区の自由裁量で3年以上 TBE にとどまることを認める。
⑥書面の通知があれば、通知の時か、もしくはその後に TBE から生徒を移動させることを親の権利として認める。
⑦「標準予算（foundation budget）」を算出する際には TBE の生徒数だけを計算する。

要するに、「州基本法：第71A 章」に述べられた TBE の要点を確認すれば、TBE とは「限定的な英語会話能力」と認められた児童・生徒を対象にして、学区内に同じ言語を用い、かつ英語力不足の生徒（LEP）が一つの学校で20名以上の集団に達した場合、彼らに対して一時的に二カ国語教育を与えるプログラムのことである。TBE の児童・生徒は3年間か、もしくは毎年のアセスメントによって定められている英語技能のレベルに到達するまで TBE にとどまることが要求される。しかしながら、親の承認があれば学区の自由裁量によって3年以上、最大7年間まで同プログラムに止まることも可能である（MLJCE, 2002: 1-4）。2001年の時点で、州内の約49,000名の児童・生徒が TBE によって英語の能力が向上するまで、母語で英語、数学、理科、その他の科目を学習している（Boston Globe, 2001.7.31.）。

同法も示すように、TBE とは英語力不足の生徒に対し、一時的に母語を用いた教育を施すプログラムであるが、この TBE による言語マイノリティ教育は「消極的なバイリンガル教育」（一言語しか使用せず一言語能力しか育成しないもの）の中の「移行型」（対象とする生徒は少数派言語集団で、使用言語は少数派言語から多数派言語へ移行するもの）に分類されるものである（末藤, 2002a: 19-21）。同州のように英語力の不十分な生徒に対し、全ての学区においてバイリンガル教育の実施を求めた州は、アメリカ全体でもわずか9州しか存在していない。ボストン大学教授のグレン（Charles L. Glenn）は、TBE の法案を71年に立案した責任者であるが、TBE がたんなる言語マイノリティ

に対する独立したプログラムであるだけでなく、「取り出し授業」（通常の英語での授業を日本語でも理解させる方法）などによって、「通常のクラス」で必要とされる知識や技能の習得を支援するプログラムであることも指摘している（Glenn, 1999: 77）。このTBEによるバイリンガル教育プログラムは、まさに同州における英語を母語としないマイノリティに配慮した多文化教育の象徴であった。

　TBEは、バイリンガル教育の著名な理論家であるカミンズ（Jim Kummins）の「容易化理論（the facilitation theory）」——母語の学習能力の獲得が第二言語としての英語の学習能力を獲得するための必要条件である——に依拠するものである。また、最近では「子どもの脳の発達にとって大きな効果がある」という指摘もなされ、マサチューセッツ工科大学教授のフリン（Suzanne Flynn）は、一カ国語よりも二カ国語を獲得した子どもの方が「多くの知的な利点」を持つことを表明している（Boston Globe, 2002.9.10.）[4]。

2　ブルックライン学区のバイリンガル教育

　ブルックラインは、マサチューセッツ州の中でも最も優れたバイリンガル教育を実施している学区として有名である。同学区の公立学校には、全体の30％以上の生徒が英語を母語としない国の出身者が在籍し、2000年当時は約600人の生徒がESL（English as a Second Language Program）やTBEで学んでいた。このブルックライン学区は、首都ボストン市に隣接する閑静な住宅地であり、人口が約6万人、公立学校の生徒数（K-12）が約6千人、1校の公立高校と8校の公立学校を擁している。同学区の公立学校に関係する教員、カウンセラー、行政・管理職（教育長、教育次長、指導主事、公立学校長、副校長、カリキュラム調整者など）は約600名にも及び、バイリンガル教育プログラム、外国語教育、早期教育、歴史教育など、全米からも注目される特別教育プログラムを実施している学区としても有名であった。同学区内には教育や医療分野などの専門職に従事する人、一流企業・大学に留学する知的レベルの高い人が多く居住し、州全体の中でも比較的高い水準の教育レベルを維持していると言われている[5]。しかしながら、同学区には80年代を境に中

国人、日本人、ヒスパニック、黒人、ロシア人、東ヨーロッパ、中央アメリカの人々など多様な人種・民族も居住し、同学区における多文化主義的な教育政策の展開を促す最大の要因にもなっていた。

95年のブルックライン学区のTBE/ESLの「方針と手続き」に基づいて、同学区のバイリンガル教育の概要を説明しておきたい。ESLプログラムは、第1～第7学年までの生徒を対象に、通常の授業に参加しながら、少人数クラスによってネイティブの教員が英語の文法や発音、英語表現、読み物などを教える内容となっている。このESLプログラムに加え、ブルックライン学区にはTBEによって英語の学力が不十分な児童・生徒に対する日本語、中国語、韓国語、ヘブライ語、ロシア語、スペイン語の合計6種類のバイリンガル・プログラムが用意されている。学区内の公立学校には、少なくとも1種類以上のプログラムが運営され、通常クラスに編入されるまでの一定期間、母語による学習指導を行っている（BPS, 1996: 1）。

児童・生徒は、最初に英語能力試験を受験し、英語の能力が十分と見なされた生徒は通常の授業に参加し、不十分と見なされた生徒はESLとTBEの両方のプログラムに入るのか、それとも、どちらか一つを選択できるようになっている[6]。ただし、日本語、中国語、韓国語、ヘブライ語、ロシア語、スペイン語を母語とする児童・生徒は、プログラムを開設している学校に入学しなければならない。同一言語によるバイリンガル・プログラムが2校以上に分散しているケースについては、TBE/ESLコーディネーターが学校長と相談して決定する。学年の決定は、年齢や前の学校での学年や成績などを考慮して、それぞれ適切な学年に編入される（BPS, 1996: 3）。

ブルックライン学区のローレンス公立学校のバイリンガル教育の場合は、2000年の時点で日本人教員4名が配属され、日本語のバイリンガル・プログラムが運営されていた。このプログラムは、21年前に教員1名と生徒6名からスタートしたが、日本の経済成長にともない日本人子弟も増大し、プログラムの拡大を余儀なくされ、2000年には日本人教員4名と日本人生徒約80名が在籍するまでになっている（石坂, 2001: 74-75）。このプログラムの目的は、日本人生徒の学習を補助するために日本語を効率よく用いることだけでなく、日本語の語学的なサポートを行うことであった。学習補助の原

則は、幼稚園児から2年生までは「教室内補助（in-class help）」－日本人教員がクラスに入り、簡単な英語を日本語に訳して教えたり、読書の時間に英語で本を読めない子に日本語で本を読んで聞かせたり、授業の課題の意味を教えるなど－であった。第3学年～第6学年では「取り出し授業（pull-out system）」も行なわれている。

　学年が上がるにつれて、日本人生徒の割合は減少するが、一方で内容が高度で理解できない授業については、定期的に英語での授業と同じ内容のものを日本語で理解させる。その場合には、事前に担任の教員と打ち合わせを行いながら、日本人生徒をバイリンガル教室で教えるという方法である。少人数授業であり、徹底して理解するまで教えられる。7・8年生においても取り出し授業を実施するが、担任の教員の許可を得て、必要に応じて自分のわからない所をバイリンガルの教室に質問に来る自発的なシステムとなっている。TBEが他のバイリンガル教育と異なる最大の特色は、「母語で教育しながら徐々に英語の普通クラスに移行すること」であるが、その最大の特色は「英語と母語の両方で読み書きができるように指導する」だけでなく、アメリカと生徒の母国の「両方の文化と歴史を教える」ことが可能であった点にある（石坂, 2001: 74）。実は、近年このローレンス校では毎年80名近い日本人生徒がTBEプログラムで学んでおり、TBEによる多大な教育的配慮を受けているのである。

3　州知事・州議会におけるバイリンガル教育廃止の動き

　前節でも述べたように、80年代には「イングリッシュ・オンリー」の立場に立ったバイリンガル教育廃止運動と英語の公用語化運動が活発化する。マサチューセッツ州における英語公用語化は、現時点では認められていないものの、90年代になると同州におけるバイリンガル教育それ自体を廃止する動きが州知事、州教育機関、州議会などで度々見られるようになる。とりわけ、ウェルド知事は州内の公立学校生徒の学力向上を至上命題として、州全体の統一的な教育内容や教育評価に関する基準を設定しながら、州統一テストの結果に基づく一元化された厳しい教育アセスメント行政を展開した

人物である。バイリンガル教育廃止を求めるウェルド知事の「真のねらい」は、バイリンガル教育に要する教育経費削減、ならびにTBEで学ぶ児童・生徒の落第率の高さ、レベルの低い教育内容などの改善を目指すものであった。ウェルド知事は、同州のバイリンガル教育の実践を「惨めな失敗」と位置づけ、これを廃止する法案を95年と97年に提案している（Boston Globe, 1995.4.13.）。しかしながら、いずれも議会の反対によって廃案となっている[7]。

また、ウェルド知事は96年に州教育委員会委員長にボストン大学総長シルバー（John Silber）を任命し、州の標準的なカリキュラム改定も命じている。シルバーは、第5章でも述べたように、「文化同化主義」（人種のるつぼ）を支持する新保守主義的な教育思想の持ち主であり、マイノリティに配慮した多文化主義的な教育政策に真っ向から反対した人物である。シルバーは、多文化主義教育の廃止と共通言語や共通文化の重要性を盛り込むカリキュラム改定を実施したが、その際に、バイリンガル教育の廃止も強く訴えている。シルバーは、71年から継続されていた同州におけるバイリンガル教育の有効性を疑問視しながら、バイリンガル教育が「アメリカ文化に対する脅威」（Silber, 1989: 13）となっている点を指摘し、英語を母語としない子どもたちの未来とアメリカの文化的伝統が危機に直面している、と訴えた。また、地方政府と連邦政府の双方でバイリンガル教育に多額の予算が費やされているが、「共通の目標を持たず、不満足な結果しか生み出さない不統一なプログラムに［多額の予算が］浪費されている」（Silber, 1989: 24）とも述べている。シルバーは、TBEが生徒の母語による教育を認めたために、英語による通常の授業へ移行することが出来ない多くの生徒が存在する事実を指摘しながら、TBEが結果的には生徒の「落第を促進するバイリンガル教育法（Bilingual Dropout Encouragement Law）」となっている、と厳しく批判している。

さらには、98年に新知事に就任したセルーチィ（A. Paul Cellucci）の下で州教育長に就任したドリスコル（David Driscoll）も、バイリンガル教育について「今日、公教育において私たちが直面している最も重大な問題である」と述べ、98年の州テストにおいて、第4学年のバイリンガル教育を受ける生徒の51％が英語を、65％が数学を、49％が理科で落第したことを報告している（SHNS, 1999.5.13.: 1）。さらには、州教育委員会委員長ペイザー（James

Peyser）も現行のバイリンガル教育が強制的・画一的であると批判し、「各学区が個人のニーズにプログラムを合致させる」ための柔軟性を求めている（SHNS, 1999.5.13.: 1）。

　州政府・州教育機関によるバイリンガル教育廃止の動きに加え、議会の側でも度々バイリンガル教育の修正、もしくは廃止を求める請願（Petition）が提出されている。たとえば、99年1月には民主党下院議員マリアーノ（R. Mariano）や共和党下院議員ロジネス（M. S. Rogeness）らが、現行のTBEによる画一的なバイリンガル教育を廃止し、代わって複数の選択可能なバイリンガル教育プログラムを導入することを提案している（Rogeness, 1999: 1-2）。また、2000年1月には民主党上院議員グロディス（G. Glodis）もTBEによるバイリンガル教育を廃止し、1年間の英語教育（Sheltered English Immersion）を導入する請願を提出している（Glodis, 2001: 2）[8]。とりわけ、グロディスはバイリンガル教育を受ける第10学年の生徒の約80％が99年の理科のMCASテストで落第し、87％が数学のMCASテストで落第していると指摘している。グロディスは、TBEで学ぶヒスパニック系の児童・生徒が「最も高い落第率」と「最も低い大学入学率」であると指摘しながら、マサチューセッツ州における教育レベルが「今や最低状態にある」（Beardsley, 2000.1.11.: 1）と断言している。

　結局、グロディスに代表されるバイリンガル教育の廃止を求める人々の根拠は、第一には、TBEによるバイリンガル教育が法律によって強制され、生徒にも親にも選択の余地がないこと、第二には、98年から実施されたMCASテストにおけるバイリンガル生徒の得点が低いこと、さらには高校における高い落第率、低い大学入学率などであった。彼らは、同州における約30年間のバイリンガル教育の実験は「避けようのない災害」であったとし、「マサチューセッツ州の児童・生徒は、英語で教えられていないために英語を学んでいない」（Levenson, 2001.5.15.: 1）と指摘している。しかしながら、先のマリアーノやロジネスに加え、このグロディスによるバイリンガル教育廃止を求める請願も、州議会の賛成多数を得られずに廃案となっている。

　グロディスが提出した請願で注目すべきは、そのモデルとなった内容が98年にカリフォルニア州で成立した「住民提案第227号（Proposition 227）」

であった点である。この「住民提案第227号」によって、カリフォルニア州では、原則1年間の英語教育（Sheltered English Immersion）が実施されることとなったが、同州におけるバイリンガル教育廃止運動を主導した人物こそカリフォルニア州シリコンバレーのソフト・ウェア会社の創設者で、若き企業家のウンツ（Ron K. Unz）であった。ウンツは、自らの資産を投じながら「子どもたちに英語を（English for the Children）」の組織的運動を指揮し、同州のバイリンガル教育を廃止に追い込んでいる。同じ事態は、2000年のアリゾナ州でも起こっている。

4　住民投票によるバイリンガル教育廃止の動き

ウンツは、カリフォルニア州とアリゾナ州でバイリンガル教育を廃止に追い込んだ後、2001年7月31日には、自らの資産を投じてマサチューセッツ州でもバイリンガル教育廃止運動を展開することを表明している。この時、39歳の若き企業家であったウンツは、カリフォルニア州と同様に「マサチューセッツ州の子どもたちに英語を（English for the Children of Massachusetts）」の組織的運動を展開し、自ら10万ドルの資産とカリフォルニア州のウンツ自身が組織する団体からも30万ドルを活動費として投入する、と宣言したのである。ウンツの取った戦略とは、2002年11月5日の州知事選挙と同時に実施される予定の住民投票に、バイリンガル教育廃止を求める提案を加えることであり、その実現に必要な有権者57,100名分の署名を集めることであった。「私は、州住民がこの問題に関して投票する権利を持つべきである、と強く信じている」（Beardsley, 2001.7.31.: 1）と述べながら、ウンツは過去30年間に渡って継続されてきたマサチューセッツ州のバイリンガル教育を廃止する運動を展開する理由を挙げている。「全米規模の主要なメディアと知性の中心である東海岸の大きな州、ここマサチューセッツ州でバイリンガル・プログラムを廃止する努力は、巨大な国家的重要性を持つことであろう」（Boston Globe, 2001.7.31.）。

ウンツが唱えたバイリンガル教育廃止のメリットは、テスト・スコアの上昇であった。ウンツは、カリフォルニア州でバイリンガル教育が廃止された

結果、7ヶ月後には同州の約140万人の生徒のテスト・スコアが20％アップしたことを強調している。そして、マサチューセッツ州における英語能力が不足している生徒に1年間の英語教育を受けさせ、英語で授業がなされている普通クラスに移行させることが出来れば、30～50％のテスト・スコアが上昇する、と断言している[9]。「なぜ子どもたちが学校の授業で英語を教授されないかを、私は今でも決して理解していない」(Beardsley, 2000.1.11.: 1) と。

ところで、ウンツがカリフォルニア州やアリゾナ州で用いたバイリンガル教育廃止運動の手法は、州政府や州議会に働きかけるというものではなく、直接的な住民投票──「イニシャティブ請願」──による表決に持ち込むというものであった[10]。ウンツは、マサチューセッツ州でも同様の戦略を用いるが、このウンツに協力した人物として、キューバ生まれのヒスパニックで、チェルシー高校校長及び州教育省バイリンガル教育諮問委員会委員長であったタマヨ (L. Jesus Tamayo) を挙げることができる。ウンツは、政治家主導による教育改革では迅速かつ明確な成果が得られないとして、住民投票による直接的な表決を求める運動を進めていたタマヨを支援することを表明している (Boston Globe, 2001.7.31.)。タマヨは、ウンツの記者会見があった同日にイニシャティブ請願「公立学校における英語教授に関する法律 (An Act Relative to the Teaching of English in Public Schools)」を州司法長官に提出する[11]。

この「イニシャティブ請願」において、タマヨは親の権利放棄を例外として認めながらも、「州内の公立学校における全ての子どもたちは、英語で教授されることによって、英語を教えられるべきである。そして、すべての子どもたちは英語教室に置かれるべきである。英語の学習者である子どもたちは、通常は1学年（年度）を超えない一時的な移行期間に英語教育 (Sheltered English Immersion) によって教育されるべきである」(Tamayo, 2001: 3) と述べている。もちろん、ウンツやタマヨが提案する住民投票に対しては、州内各地からも即座に反対の声が沸き上がっている。たとえば、「黒人牧師同盟 (Black Ministerial Alliance)」の教育委員長グルーバー牧師 (G. G. Groover) は、ウンツの提案する住民投票は昔の人種的いじめが存在した「最悪の時代への先祖帰り」に他ならないと批判し、民主党の知事候補であったオブライエン (Shannon P. O'brien) も「ウンツとウンツの試みに用心すべきである」と警鐘

を鳴らしている(Boston Globe,2002.7.21.)。タマヨが提出した請願を契機として、同州のバイリンガル教育存続派と廃止派の対立は、一気に白熱する。

5 バイリンガル教育存続派の動き

　バイリンガル教育廃止を求める州知事・州議会・州住民の動きに対して、バイリンガル教育存続派による対抗する動きが皆無だったわけではない。バイリンガル教育存続派は、州内選出の多くの議会議員だけでなく、各学区の教育行政官やバイリンガル教師、バイリンガル教育を受ける児童・生徒、親、そして「マサチューセッツ州イングリッシュ・プラス連合（Massachusetts English Plus Coalition）」などが挙げられよう。この「イングリッシュ・プラス連合」は、同州におけるバイリンガル教育の存続を求める組織であり、英語を同州の公用語にすることを目的とした「イングリッシュ・オンリー運動（English-Only Movement）」に対抗するために88年に結成されたものである。

　とりわけ、民主党下院議員バリオス（Barrios, J. Tomas）を代表として、総勢13名が2001年8月1日にイニシャティブ請願を提出し、バイリンガル教育存続を訴えている。請願名は「生徒と親にバイリンガル教育の選択を促進するための法律（An Act to Promote Choices in Bilingual Education for Students & Parents）」である。バリオスの基本的な考え方は、「バイリンガル教育それ自体には反対しないが、州民投票による表決には反対する」というものであった。バリオスはバイリンガル教育存続のためには、いくつかの改善点が必要であることも主張したが、とりわけ、各学区がバイリンガル・プログラムの計画を提出し、それを公正に審査すること、ならびに親、学区、そして異なる年齢や背景を持つ生徒におけるバイリンガル・プログラムに対する親の選択権の保障も要求した（Barrios, 2001: 1-9）。

　バリオスが請願を提出した2001年は、バイリンガル教育の存続派と廃止派の対立が頂点を極めた年であった。存続派は、ウンツらが提案する「州民投票による表決」に反対し、現行のバイリンガル教育を存続（ないしは一部修正）させるというものであり、民主党下院議員バリオス、民主党上院議員アントニオーニ（Robert A. Antonioni）と下院議員ラーキン（Peter J. Larkin）ら

が代表的な人物であった。バイリンガル教育には反対するが、「州民投票による表決 (the ballot question)」は実施しないとする考え方を持っていた人物が、共和党下院議員ロジネス（Mary S. Rogeness）らであった。そして、州民投票を実施することによってバイリンガル教育を廃止する運動を進めていた人物が、タマヨやウンツであった。

　2002年の年明け早々、民主党の下院と上院の指導的議員は、「州民投票による表決」の実施を延期するためにも、バイリンガル教育の実態を詳細に検討するプランに同意している。彼らがタマヨの提案に反対した理由は、「州民投票による表決」に反対しただけでなく、タマヨが提出した請願の内容が1年間の英語教育を例外なく強制するものであったからである（Boston Globe, 2002.1.13.）。そこで、バイリンガル教育存続派の民主党のアントニオーニとラーキンは、2002年1月29日に請願（H.4947）「州内全ての生徒に英語学習の機会を強化する法律（An Act Relative to Enhancing English Opportunities for All Students in the Commonwealth)」を提出する。この請願の内容は、①外国の生徒は英語を学習する、②生徒の学力に対しては学校が責任を持つ、③バイリンガル教育は3年間の期間に限定する、④各学区が自らが選択したバイリンガル・プログラムの計画を州教育省に提出する、⑤バイリンガル教育の教師に一定の資格認定を求める、⑥生徒には毎年試験を受けさせる、などを骨子とするものであった（Larkin, 2002a: 1-20 Leverson, 2002.1.29: 1)。彼らは、バイリンガル教育存続派であり、州民投票による表決には反対していたが、議会内の反対派にも配慮した妥協案を提示したことになる。

　さらには、知事代理のスイフト（Jane Swift）や州教育委員会委員長ペイザーらも、州の財政赤字を理由として新たなプログラムに提供する予算がないことや州民投票による表決ではバイリンガル教育改革に対する知事の主導権を維持できないと考え、自ら法案提出の準備を進めていた。スイフトの提案は、2002年2月5日に法案名（H.4895）「英語を話さない生徒の英語習得と教育成果を促進・改善する法律（An Act to Accelerate and Improve the English Language Acquisition and Educational Performance of Non-English Speaking Students)」と題して提出されている。

　実は、議会のアントニオーニとラーキンの提案、及び知事代理スイフトの

提案は、バイリンガル教育の改革に関する具体的なプランと学区に対するモニタリングの方法に関する違いが存在するものの、両者の間には決定的な違いは無かった。両者の提案で共通している点は、バイリンガル・プログラムの期間を厳しく限定すること、各学区がバイリンガル・プログラムに対する自由な選択権を保持することであった。また、州民投票による表決にも明確に反対するという点でも一致していた（Boston Globe, 2002.1.30.）。つまりは、バイリンガル教育改革の主導権を保持したい州知事・州教育機関と議会側との政治的妥協が成立したのである。

6　「州基本法：第218章」の成立

　一方、タマヨが提出した請願は直接的な住民投票による表決を求めるものであり、それまでの州政府・州教育機関・州議会におけるバイリンガル教育の改革に対する主導権を奪うものであった。タマヨの請願に対しては、前節で述べたように、知事代理のスイフトや州教育委員会委員長ペイザー、そして大多数の州議会議員らが一斉に反対を表明し、いわば「反ウンツ」・「反タマヨ」連合が成立することになる。

　結局、州議会の「教育・芸術・人文学に関する合同委員会（the Joint Committee on Education, Arts and Humanities）」（以下、「教育に関する合同委員会」と略す）は、2002年3月13日に、住民投票を実施するか否かの問題に決着を付けるべく、タマヨとウンツの提案するバイリンガル教育廃止案と3つの修正案に対する公聴会を実施している[12]。この公聴会では、ウンツやボストン大学総長シルバーらのイニシャティブによる住民投票実施を支持する賛成意見も聴取されている（Soifer, 2002: 2）。しかし、同年4月9日に、「教育に関する合同委員会」は満場一致で、アントニオーニとラーキンが作成した現行のバイリンガル教育を一部修正する請願を支持し、法律として州議会に送ることを認めている。法案可決直後の談話として、アントニオーニは、「私は、イニシャティブによって公共政策を決定することは、間違った方向であると思う」と述べている（Boston Globe, 2002.4.10.）。「教育に関する共同委員会の満場一致の意見は、このイニシャティブ請願に反対し、そして拒絶すること

である」(Galvin, 2002: 8) とも述べ、断固としてタマヨの提案する住民投票に反対することを表明している。もちろん、タマヨの提案する「イニシャティブ請願」とは州憲法で認められた合法的な手段であり、議会側の批判は的はずれなものである。彼らの行動は、イニシャティブ請願が州政府、州教育機関や州議会における政策決定の主導権を奪い、住民投票という形での直接民主制の実現に脅威を感じた結果と言えよう。こうして、議会で成立した法律はスイフト知事代理も8月6日には署名し、正式に「州基本法：第218章 (General Laws of Massachusetts：Chapter 218)」となり、2003年1月（部分的には7月）以降に施行されることとなった (Larkin, 2002b: 21)。

同法の内容は、このプログラムを「英語学習者プログラム (English Language Learenrs Program)」（以下、「ELL」と略す)」と呼び、(1) 米国以外で生まれ、英語以外の母語を話し、英語の普通クラスに参加できない生徒、(2) 米国で生まれたが、親が英語を話せないか、英語の普通クラスに参加できない生徒、すなわちLEPを対象とする。そして、① ELLプログラムとして、TBE、Two-Way Bilingual Education、Structured English Immersion、English as a Second Language (ESL)、Modified-Bilingual-World、Language Bilingual Educationなどのモデル（組み合わせも可能）を導入する。②各学区は、英語に熟達し、そして、アカデミックなカリキュラムの構造に適合するように、全てのLEP生徒を支援するために毎年3年ごとに学区のプランを提出する。③プログラムの選択を認め、いずれか一言語のグループにおいて、20名以上のLEP生徒をかかえる学区でも、ESLだけが提供されることはない。その場合には、公聴会に委ねられ、教育長によって認可されるように計画することなどを骨子とする内容となっている。

7 住民投票「Question 2」の実施

一方、タマヨは、この「州基本法：第218章」に対しては強硬な反対意見を表明している。タマヨは、州内の46,000人にも達する英語能力の不十分な児童・生徒にとって、学区の選択権を認めた「州基本法：第218章」を「無意味なもの」としながら、「真の改善は、学校がバイリンガル教育を廃

止した場合にのみ到来するであろう」(Zehr, 2002.8.7: 2) と述べている。そして、バイリンガル教育の選択権を学区にしろ学校にしろ残したことは、政治家の妥協の産物であり、地域のヒスパニック活動家やバイリンガル教師らの政治的運動によって同法が無視されるであろう、とも指摘している (Zehr, 2002.8.7: 2)。タマヨからすれば、バイリンガル教育廃止運動を「反移民や人種差別主義」に基づくものであるとする存続派の主張は、明らかに「最悪のデマゴギー」であった (Levenson, 2002.9.30.: 1)。

タマヨが提出したイニシャティブ請願は、最終的には78,771名の有権者の署名とともに、州憲法で規定された住民投票実施のための条件をクリアーしたが、2002年4月9日の「教育に関する合同委員会」で拒否され、結局、州議会の承認は得られなかった。しかしながら、同州の「間接イニシャティブ」制度によってタマヨの提出したイニシャティブ請願は、同年11月5日の住民投票「Question 2」において表決されることとなった。この「Question 2」の冒頭では、TBEプログラムの廃止理由が明確に述べられている。「この提案された法律は、以下のような事柄を規定する法律を持つ公立学校におけるTBEを供給している現在の州法に取って代わるであろう。[提案された法律では] 限定された例外を別として、すべての公立学校の児童・生徒たちは英語で全ての教科を教授され、英語クラスにおいて、英語を教授されなければならない」(Galvin, 2002: 6)。

しかし、11月5日の投票日が近づくにつれ、住民投票による表決に対しては様々な反対声明が出されている。たとえば、ボストン・カレッジ、マサチューセッツ州立大学ボストン校など教員養成を行う州内8大学の学部長を初めとし、ヒスパニック・アメリカ商工会議所会頭のヴィラクレス (G. Villacres)、ニューイングランド反名誉毀損連盟の会頭レイキンド (R. Leikind) らが続々と反対意見を述べている (Levenson, 2002.10.31: 2)。さらには、州知事選の選挙運動が最終局面に向けて盛り上がりを見せる中、「Question 2」の表決も知事選の争点となっていく。すなわち、ソルトレーク・シティー冬季五輪組織委員会委員長であった共和党候補ロムニー (Mitt Romney) は、「Question 2」を支持し、民主党候補オブライエンはこれに反対した。バイリンガル教育の存続か廃止かをめぐる攻防は、ますます政治的対立の様相を色

濃くした。そして、2002年11月5日に実施された同州の知事選は、ロムニー候補がオブライエン候補らを僅差で破って当選し、かつ、この知事選とともに実施された住民投票「Question 2」の結果も、賛成68％、反対32％の圧倒的多数でバイリンガル教育廃止が決定された。

　こうして、マサチューセッツ州において30年以上にわたって実施されてきたTBEは、保護者の選択に基づく「権利放棄（waiver）」の道は残されているものの、事実上の廃止となった[13]。住民投票の結果によって決まった新たな英語教育の主なる内容は、第一には、各学区は1年間の英語教育（Sheltered English Immersion）プログラムを提供することが求められ、バイリンガル教育を受ける生徒は、「英語学習者（English-Language Learners）」（以下、「EL」と略す）と呼ばれた。彼らは、この英語教育プログラムで学び、教室内の全ての教授は英語となり、母語は必要最小限に限定された。第二には、生徒の学力評価に関しては、全国的な基準のテストが第2学年以上の全ての英語学習者に毎年実施されることとなった。また、英語技能に関する全国的な基準のテストも幼稚園以上の学年の全ての英語学習者に毎年実施されることとなった（MLJCE, 2002）。

おわりに

　2002年11月5日の住民投票「Question 2」の結果は、全米初の移行型バイリンガル教育を30年以上にわたって実施してきたマサチューセッツ州のバイリンガル教育を廃止するものとなった。しかし、この「Question 2」が成立する以前の同年8月6日には「州基本法：第218章」も成立している。すなわち、同州の言語マイノリティ教育は、2003年以降、「州基本法：第218章」と「Question 2」で可決された異なる内容を持った法律によって実施されるというダブル・スタンダード状態を生み出し、教育現場の混乱を招いている。この結果、前者はバイリンガル教育の存続を学区の自由裁量とし、後者はバイリンガル教育の廃止を決定したことになり、同州における言語マイノリティ教育（英語を第一言語としない者に対する教育）に関する法律が二重に存在するという状況に陥っている。

「州基本法：第218章」は、英語能力が不十分な児童・生徒を新たにELLと呼び、複数のELL教育プログラム（Two-Way, Structured English Immersion, ESL, Modified-Bilingual-World Language, Bilingual Education）の中から、学区が自由に選択出来ることを認めている。一方、「Question 2」では英語能力が不十分な児童・生徒をELと呼び、英語教育（Sheltered English Immersion）プログラムによって、授業内の全ての教授を英語とし、母語の使用を原則禁じている。もちろん、この2つの法案が成立した直後の公立学校におけるバイリンガル教育が即座に廃止されたわけではなく、各学区の柔軟な対応が一時的には認められていた。しかし、現状ではTBEは廃止されつつある。いずれにせよ、同州で30年以上にわたって実施されてきたTBEによるバイリンガル教育が廃止されたという事実は、教育現場だけでなく、アメリカ教育界にも大きな衝撃を与えたことは明白である。

マサチューセッツ州におけるバイリンガル教育の廃止は、その教育的効果や有効性の検証によるものではなく、知事・州教育機関、州議会、州住民による三つどもえの政治的主導権争いの様相を色濃く持つものであった。もちろん、マサチューセッツ州のバイリンガル教育廃止の意味を、その教育効果や有効性から検証することや、バイリンガル教育の直接的な恩恵を享受していたマイノリティを含め、なぜ州住民の7割近くが賛成票を投じたかも究明される必要があろう[14]。この点は、今後の課題としたいが、いずれにせよ、同州のバイリンガル教育廃止を求める運動が同州の学力向上を求める一連の教育改革の文脈から台頭したものであることは明らかであろう。

注

1 近年、バイリンガル教育はその存続をめぐる最終決着が住民投票にかけられ、カリフォルニア州、アリゾナ州、マサチューセッツ州で廃止が決定されている。カリフォルニア州では98年に「住民提案第227号」が61％の賛成多数、アリゾナ州では2000年に「住民提案第203号」が63％の賛成多数で廃止が決定されている。

2 牛田は、カリフォルニア州の事例を「反移民感情の高まりを背景として、バイリンガル教育は次第に政治的論争の標的と化していった」（牛田, 2002: 115）と指摘している。また、末藤もアメリカのバイリンガル教育の展開を「政策と運動の二つの側面」から理解することの重要性を指摘している（末藤, 2002b: 57-58）。

3 Christine H. Rossell and Keith Baker（1996）の研究は、96年にマサチューセッツ州におけるバイリンガル教育政策の有効性を批判的な立場から検証し、TBEによ

るバイリンガル教育の実態と課題を明らかにしているが、近年のバイリンガル教育廃止運動を解明した研究ではない。カリフォルニア州のバイリンガル教育廃止の経緯や背景に関する牛田(2002)、末藤(2002b)、滝沢(2002)らの研究は参考となる。また、連邦政府におけるバイリンガル教育政策、もしくはバイリンガル教育廃止運動の政策動向に関する代表的な研究としては、章末の文献でも表記したJames Crawford(1992)、Jame J. Lyons(1990)、末藤(2002a)らの著作が挙げられるが、いずれもマサチューセッツ州を研究対象にしているわけではない。

4 TBEを批判的に検証した研究も存在する。93年にボストン大学のラッセル(Christine Rossell)らが州内のTBEプログラムを実施する51の学区に対して、教育結果とTBEプログラムの有効性に関するアンケート調査を実施したが、TBEの効果を示すような有効な回答は得られていない(Pioneer Institute for Public Policy Research, 1996: 5)。しかしながら、TBEの有効性を検証しようにも、TBEで学ぶ生徒と他のプログラムで学ぶ生徒を比較・検証する科学的なデータそれ自体が存在しなかった、という問題も指摘されている。実は、こうしたTBEの有効性を示す科学的データの不在が、後にMCASテストの結果に基づいてTBEで学ぶ児童・生徒の学力低下が一斉に問題視される背景となったのである。

5 同学区が、州内でも高い教育レベルを維持していることは、各種統計が実証している。たとえば、SATの平均得点が97年度で、同地区の生徒は言語545点(州＝501点)、数学586点(州＝502点)、4年制大学進学率は、96-7年で同学区は、76.5％(州＝53.4％)となっている。また、生徒一人あたりの年間費用も95-6年で正規教育(Regular Education)を受けた生徒で、同地区は6,158ドル(州＝4,737ドル)、教員給料も97-8年で、同地区の最高額が62,853ドル(州＝49,982ドル)となっている(MDE, 1998: 46)。

6 この英語能力試験は、二つに区分される。第一には、入学時に英語の能力を測定する試験であり、TBE/ESLプログラムの教員が英語と母語の試験(面接と読み書き能力)を実施する。英語に関しては、「ブルックライン語学力考査」に基づいて実施される。第二には、TBE/ESLプログラムに満一年以上在籍した児童・生徒を対象に、毎年春に「英語学力試験」が実施される。この試験は州教育省によって義務づけられている試験で、口頭語学力評価(K-12学年までを対象)と読み書き能力(2-12学年)が実施される。前者が「州英語力評価－口頭(Massachusetts English Language Assessment-Oral = MELA-O)」であり、後者が「語学力評価基準読み書き(Language Assessment Scales Reading/Writing = LAS R/W)」と呼ばれている(BPS, 1996: 4)。こうした試験で成績評価の高い生徒は、通常の授業の成績やTBE/ESLプログラム教師や通常クラスの教員の推薦などによって、通常のクラスに移行することができる。ただし、LAS R/Wの試験は2005年度の春から英語能力テスト(Massachusetts English Proficiency Assessment)に変わっている。

7 97年の法案は、TBEによるバイリンガル教育に反対し、バイリンガルで学ぶ生徒は少なくとも1日の1/3は英語で教授されること、各学区は自由にプログラムを選択できることなどを内容とした(Worcester, Telegram & Gazette, 1998.9.4.)。しかし、ウェルド知事の提案は「教育に関する合同委員会」で1年間の調査・検討対象となり、98年9月には同委員会で否決されている。

8 「州基本法：第218章」において規定された英語教育(Sheltered English Immersion)

とは、英語能力の不十分な児童・生徒(LEP)に対する学問的な教授と英語学習のフルタイムのプログラムのことである。主に、英語が教室内の教授手段であるが、児童・生徒の母語も学習の支援と理解のために用いられる(Chapter 218, 2002: 4)。

9 ウンツは、TBEで学ぶ生徒の学力低下について、「TBEプログラムは生徒を甘やかし、かつ傷つける」「TBEは3年間に限定されているが、現実には3年以上在籍する生徒が多い」「TBEで学ぶ生徒は英語学習の機会から隔離されている」「TBEプログラムの在籍者は、州テストの成績と大学進学率が最低であり、落第率が最高である」などと批判している(Boston Globe, 2001.7.31.)。

10 このバイリンガル教育廃止を決定した手法は、カリフォルニア州、アリゾナ州、コロラド州でも実施された住民投票(イニシャティブ)であった。イニシャティブ制度とは、州住民に対して州憲法の修正や法律の制定・修正の提案を認める制度である。カリフォルニア州で実施された「直接イニシャティブ」は、有権者の署名を得た請願が要件を満たせば提案された法案は住民投票による表決が可能となる。しかし、マサチューセッツ州の「間接イニシャティブ」は、有権者の署名を得た請願の手続きを経た後に、まず最初に議会に送付される。もしも議会で可決されない場合でも、州住民の直接投票によって、その表決が可能となる。この請願を提出する条件は、資格を有する有権者10名の署名とともに、前回の州知事選の投票者数の3％の署名が必要とされる(Botsford, and Matz, 1988)。

11 この請願の冒頭では「州の公立学校における全ての子どもたちは、できるだけ素早く、そして効果的に英語が教授されるべきである」と宣言され、その理由として「英語はアメリカ合衆国、ならびにマサチューセッツ州の共通の公共言語である」、「移民の両親は、自らの子どもたちが英語に流ちょうで、読み書きができるようになることを熱望している」などという5つの理由が述べられている(Tamayo, 2001: 2-3)。

12 この公聴会で検討されたバイリンガル教育を修正する3つの提案とは、第一にはスイフト知事代理が提出した法案であり、各学区の選択権を拡大する、バイリンガル・プログラムの期間を3年から2年に短縮することなどを骨子とするものであった。第二には、ラーキンとアントニオーニが中心となって作成したバイリンガル教育を一部修正する内容の請願であった。第三には、民主党下院議員カブラル(A. F. D. Cabral)が教員資格の厳格化やバイリンガル・プログラムに対する親の選択権を認めることなどを骨子とする請願であった。

13 親の権利放棄は、①児童がすでに英語に熟知している場合、②10歳以上の場合、③特別な身体的・心理学的なニーズがあり、かつ英語クラスで年度内に30日間を過ごした児童を対象とする。学区教育長が、その権利放棄を承認するが、1つの学校の1学年に20名以上の児童が権利放棄を受ける場合には、学校は児童の母語と英語の両方で教授を提供するバイリンガル教育のクラスを提供するか、他の教授法によるクラスを提供しなければならない。転校することも認められている(Galvin, 2002: 6)。

14 この投票結果を分析した『ボストン・グローブ』は、ローレンスやリンのようなマイノリティが多数を占める学区でもバイリンガル教育廃止は支持されているとしながらも、廃止賛成に投票した人々はバイリンガル教育の有効性に反対した訳ではなく、「English for the Children」というスローガンに感情的に共鳴し、「移民の

同化」に賛同したに過ぎない、と分析している（Boston Globe, 2002.11.6.）。

引用・参考文献

石坂有里子 2001「アメリカ公立学校教育の現状と問題点」日本大学教育学会『教育学雑誌』第36号, pp. 68-86.

牛田千鶴 2002「カリフォルニア州におけるバイリンガル教育の新潮流－「双方向イマージョン式バイリンガル教育」の有効性を中心に－」日本比較教育学会『比較教育学研究』第28号, pp.113-128.

北野秋男 2006a「マサチューセッツ州におけるバイリンガル教育廃止運動―州知事・州議会・州住民による政治的対立に焦点を当てて―」日本比較教育学会『比較教育研究』第32号, pp. 67-85.

北野秋男 2006b「米国マサチューセッツ州におけるバイリンガル教育存続運動－『生徒と親にバイリンガル教育の選択を促進するための法律（2001年）を中心に－』」日本大学人文科学研究所紀要, 第72号, pp. 37-50.

末藤美津子 2002a『アメリカのバイリンガル教育－新しい社会の構築をめざして－』東信堂.

末藤美津子 2002b「教育における言語の多様性への取り組み－アメリカの州レベルでの動きに注目して－」アメリカ教育学会『アメリカ教育学会紀要』第13号, pp. 57-63.

滝沢潤 2002「カリフォルニア州における住民投票・提案227の課題－教育政策の評価と教育の正当性に着目して－」日本教育制度学会『教育制度学研究』第9号, pp. 202-215.

本名信行 2001「アメリカの多言語問題－イングリッシュ・オンリーとイングリッシュ・プラスの運動から」三浦信孝編『多言語主義とは何か』藤原書店, pp. 48-64.

Barrios, Jarrett Thomas 2001 *An Act to Promote Choices in Bilingual Education for Students &Parents, Office of the Attorney General*, pp. 1-9.

Beardsley, Elisabeth. 2000.1.11. New Reform Bill Sparks Furor among Bilingual Supporters, *State House News Service*, pp.1-2. 2000.9.6. East Coast Feeling Tremors of West Coast Bilingual Reform Success, State House News Service, pp.1-3. 2001.7.31. Bilingual Education ReformTakes First Step toward 2002 Ballot, *State House News Service*, pp.1-2.

Boston Globe, April 1, 1995 ～ December 31, 2002.

Botsford, Margot and Matz, Ruth G. 1988 *Handbook of Legal Research in Massachusetts*, Massachusetts Continuing Legal Education.

BPSb 1994 *At School in Brookline*, Brookline, MA:Brookline Public Schools.

BPS 1996 *Brookline Public Schools, TBE/ESL Program; Policies and Procedures*, MA: Brookline Public Schools

Chapter 218, 2002 *An Act Relative to Enhancing English Opportunities for All Students in the Commonwealth*, pp.1-12, Massachusetts. http://www.mass.gov/legis/law/seslaw02/s1020218.htm. ［2004. 8.22.取得］

Collins, Rick 2002.4.9. Education Committee Says No to Bilingual Education Ballot

Petition, *State House News Service*.
Crawford, James 1992 *Hold Your Tongue:Bilingualism and the Politics of English Only" Reading*. Addison Wesley (本名信行訳 1994『移民社会アメリカの言語事情』ジャパンタイムズ社)
Galvin, William Francis 2002 *Information for Voters: The 2002 Ballot Questions*, The Official Massachusetts, pp. 1-16.
Glenn, Charels L.1999 *The Social and Civic Context of Education*, Boston University School of Education, Boston, MA.
Glodis, G. W. 2001 "An Act Relative to Transitional Bilingual Education Reform, Commonwealth of Massachusetts", *Senate Bill* 259, pp.1-3.
Larkin, Peter J.2002a "An Act Relative to Enhancing English Opportunities for All Students in the Commonwealth", H. 4947, *House Legislative Documents*, pp.1-20.
Larkin, Peter J.2002b "An Act Relative to Enhancing English Opportunities for All Students in the Commonwealth", S. 2409, *Senate Legislative Documents*, pp.1-21.
Levenson, Michael C. 2001.5.15. "Annual Bilingual Education Fight Plays out around California Plan", *State House News Service*, pp.1-2. 2002.1.29. "Critics Bite as Larkin, Antonioni Offer their Compromise Bilingual Plan", *State House News Service*, pp.1-2. 2002.9.30. "Question 2 Foes Call It "Hateful"; Backers Rail Against "Demagoguery"", State House News Service, pp.1-2.2002.10.31. "Healey Blasts O'Brien for "Arrogance" on Bilingual Education", *State House News Service*, pp.1-2.
Lyons, Jame J.1990 "The Past and Future Directions of Federal Bilingual -Education Policy", *English Plus: Annals of the American Academy of Political and Social Science*, Newbury Park: Sage (脇山怜・西村由紀子訳 1997「連邦の二言語政策ー過去・現在・未来ー」『多文化主義ーアメリカ、カナダ、オーストリア・イギリスの場合ー』木鐸社.)
Mary S.1999 *An Act Relative to Bilingual Education*, H3444, House Legislative Documents,pp.1-4.
MDE 1998 *School District Profiles, Vol.1-2; 1997-1998 School Year*, MA: Massachusetts Dept. of Education.
MLJCE. 2002 *Massachusetts Legislation Affecting English Language Learners*, Massachusetts Legislature's Joint Committee on Education, pp.1-4.
Payzant, Thomas 1997 "Memoramdum: Material for Discussion of Whole-School Change" (Portz, John 1999 City Schools & City Politics, University Press of Kansas, p.101.)
Pioneer Institute for Public Policy Research, Book Review, Christine Rossell and Keith Baker 1996 *Bilingual Education in Massachusetts: The Emperor Has No Clothes*, pp.1-9, http://www.pioneerinstitute.org/research/piopaper/summ10.cfmogeness [2004.2.20取得].
Rogeness, Mary S. 1999 "An Act Relative to Bilingual Education", *H.3444, House Legislative Documents*, pp.1-4.
Rossell, Cristine and Baker, Keith 1996 *Bilingual Education in Massachusetts:The Emperor Has No Clothes*, MA:Boston, Pioneer Institute.
SHNS. 1999.5.13. Bilingual Advocates Turn out to Oppose Proposed Reform Bills, *State House News Service*, pp.1-3.

Silber, John 1989 *Straight Shooting*, New York: Harper & Row Publishers.
Soifer, Don 2002 November Initiatives Target Bilingual Education, *School Reform News*, pp.1-3 http://www.heartland.org/archives/education/bilingual.htm [2004.7.31.取得]
Swift, Jane 2002 "An Act to Accelerate and Improve the English Language Acquisition and Educational Performance of Non-English Speaking Students", *H.4895, House Legislative Documents*, pp.1-9.
Tamayo, L.J. 2001 "An Initiative Petition for A Law: An Act Relative to the Teaching of English in Public Schools", *Office of the Attorney General*, pp. 1-7.
Tamayo, L.J. 2001.11.13. "Anti-Bilingual Education Petition Gathers over 100,000 Signatures, Completes Petition Drive", *English for the Children of Massachusetts*.
Tamayo, L. J. 2002 "An Act Relative to the Teaching of English in Public Schools", H.4839, House Legislative Documents, pp.1-10.
Worcester, Telegram & Gazette, 1998.9.4. Bilingual Reform, pp.1-2
Zehr, Mary Ann 2002 "Mass. Voters May Get Choice on Bilingual Ed.", *Education Week*, 2002. 8.7., pp. 1-3.

第9章
ボストン学区における学力向上政策

北野秋男

はじめに

　教育政治学者ウオン（Kenneth K. Wong）らの都市部公立学校政策の研究は、「教育統治の組織化」「政策決定プロセスにおける権力の配分」「権力闘争の特質や管理システム」「政策決定の結果と影響」などの諸問題に焦点を当てながら、都市部における教育改革を解明するものであった（Wong, 2002）。1950〜60年代における都市部の学区・学校は、マイノリティ生徒を統合し、資源の配分を平等化することを目指したが、90年代以降においては「スタンダード」と「アカウンタビリティ」に基づく生徒の学力向上が最優先課題となっている。ボストンの場合は、80年代に市長を中心とする教育行政システムが確立され、200年以上にも及ぶ「公選制」による教育委員会制度が、「任命制」へと転換を遂げている。このことは、ウオンが指摘する伝統的教育統治システムである「一般行政からの自立」の崩壊、ないしは市長指導型の新たな「統合統治（integrated governance）」の登場を意味した[1]。こうした傾向は、ボルティモア、シカゴ、デトロイトなどでも見られる現象ではあるが、ボストンの場合には他の都市部と比べても独自の学校改革が行われている。

　現在、ボストンの教育改革を市長主導型の「統合統治」と位置づけるノースイースタン大学のポーツ（John Ports）の研究（1999、2004）も見られるが、他方では「分散型リーダーシップ」に基づく教育委員会制度の確立であった、とする篠原岳司の研究（2007、2008）も存在する。篠原は、ハーバード大学教育学大学院のエルモア（Richard Elmore）の研究成果（2004）などを援用しながら、ボストンの教育改革がペイザント教育長を中心とする教育行政シス

テムとしての教育委員会の活性化であり、教育専門職リーダーシップの分散による制度と実践の両輪による改善であった点を指摘する（篠原, 2007）。

本章の目的は、ボストンの教育統治のあり方を解明するものではなく、同市における教育行政システムの変容を歴史的に概観しながら、とりわけ98年に導入された「マサチューセッツ州総合評価システム（Massachusetts Comprehensive Assessment System）」（以下、「MCAS」と略す）実施後のボストンの学力向上政策の実態を解明し、その意味と問題点を分析することである。言い替えれば、93年のメニーノ（Thomas Menino）市長登場から2001年までのボストンにおける教育改革と学力向上政策を解明することである。まずは、90年代以前のボストンにおける教育改革を妨げた主なる要因を概観しておきたい。

1　ボストン学区の人種差別撤廃問題

ボストンの場合は、60年代から80年代末までに人種問題を中心にした政治的対立が見られ、公立学校制度改革にとっての障害となっていた。とりわけ、70年代中頃以降の「強制バス通学」を契機とする市長、教育長、教育委員会における統治構造に関する論争は、一般市民や財界なども巻き込んだ激しい対立・緊張を引き起こしていた。ボストンにおける教育改革を妨げた最大の要因は、70～80年代の「戦争の時代」や「ボストンの闘争」と呼ばれた公立学校制度における根深い人種差別問題であった（Portz,1999: 86）。74年の人種差別撤廃を目的とした「強制バス通学」は、一定の成果は見られたものの、ボストン公立学校にはバス通学の導入だけでは改善できない経済的・文化的・教育的諸問題が深く横たわっていた。85年、ボストンのギャリティ（W. Arthur Garrity）地裁判事は「生徒の宿題」「教職員の構成」「学校建築の状態」「親の連帯」「職業教育」など多くの領域に対する裁判所命令を出し、それらに関する管轄権を保持した。74年から続いた人種差別撤廃に関する最終的な裁判所の命令は89年に出されたが、その際には裁判所が人種差別撤廃計画として導入した「統制型学校選択プログラム（controlled choice program）」も認可された。これは、ケンブリッジで採用された親の学校選択権を重視する

プランを、ボストンでも導入することを目指したものである。

こうした問題の背景としては、ボストンが人種によって分断されたコミュニティとなっていただけでなく、次第にマイノリティの児童・生徒に占有されつつあった状況が指摘される。60年代にはボストンの公立学校における白人生徒の比率は80％近くに達していたが、89年代には白人生徒の比率は約23％に激減していた（川島, 1997: 74）。有色（黒人）人種の人口は、ボストン市全体の人口のわずか37％にすぎなかったが、黒人の子どものほとんどが公立学校に在籍していた。黒人、アジア人、ヒスパニックのマイノリティを合計すれば、その割合は公立学校生徒の約90％にも達していた。言い換えれば、ボストンの公立学校生徒は、圧倒的に黒人やヒスパニックの子弟で占められ、俗に言う「ホワイト・フライト現象」によって、白人の郊外への分散を招き、結果的には公立学校生徒の人種的偏りを発生させ、同時に学力低下問題が深刻な事態として認識されるようになった。

もちろん、ボストンの人種問題や公教育問題への解決に向けた努力も行われた。70〜80年代に登場する「ボストン・コンパクト（Boston Compact）」、「公立学校の優秀性に関するボストン・プラン（Boston Plan for Excellence in the Public Schools）」（以下、「ボストン・プラン」と略す）、「市の教育連合（Citywide Educational Coalition）」と呼ばれる三つの注目するネットワークが「質の高い教育」「学校とビジネスのパートナー・シップ」を積極的に支持し、公教育を改善するために大きな役割を果たした（Portz, 1999: 89）[2]。

たとえば、82年に設立された「ボストン・コンパクト」は公立学校と経済界の間のパートナー・シップを構築することを目的としたが、83年には高等教育機関が、84年にはボストンの建設と商業関係の組合も加わった。コンパクトの内容は、「条件に合致すれば、83年にフルタイム雇用を400名採用し、2年以内に1,000名に増員する」（Levin, 1988: 89）というものであり、市内の公立学校が生徒の教育と学習結果を改善する代わりに、経済界・大学・労働組織がハイスクール終了後の就労機会を約束するというものであった。ボストン・コンパクトが求める教育改革とは、市の学校局が毎年の生徒の出席率を5％改善すること、ハイ・スクールの落第率を5％減少させること、全ての卒業生の「数学」と「読解」の学力を86年までに改善することであっ

た (Levin, 1988: 90)。

　また、「ボストン・プラン」も84年に市内のビジネス・リーダーによって立案され、創立200周年を祝っていたボストン銀行が初等学校と中等学校における革新的な教授方法とカリキュラム開発を支援する計画のために150万ドルの基金を準備した[3]。「ボストン・プラン」は、88年までに1,000万ドル以上の基金の運用が可能となり、公立学校の様々なプログラムを支援するようになった。「ボストン・プラン」の特徴は、競争原理を導入した認可プログラムを持ち、ビジネス界にも学校改善に参入する手段を提供したことであった。

　以上のように、70〜80年代の公立学校における裁判所命令による人種差別撤廃やビジネス界が主導した公立学校改革は、ボストンの学力向上や学校環境の改善などに対して一定の役割を果たしたものの、88年には市内の第9学年の高校卒業時までの落第率は約40％に達し、白人生徒の比率も約23％に低下した。こうして74年から開始された「強制的バス通学」は89年の「統制型学校選択プログラム」の導入とともに、事実上廃止された（川嶋, 1997: 74）。ボストン公立学校改革は、人種差別問題や学校環境の改善だけでなく、教育行政システムのあり方それ自体の変革が必要不可欠なものとして認識されるようになる。

2　「任命制」教育委員会制度の確立

　ボストンの教育行政システムは、20世紀初頭に確立された専門的な教育長による専門職自治と連邦や州の統制を受けないという学区自治によって、強力な専門職的管理モデルが確立されていた。教育長は官僚組織のトップに位置し、学区全体の教育・財政管理などに関する責任を担い、都市部教育委員会の構造は中央集権化されたシステムの下で複雑な部局を持つ官僚的組織となっていた。しかし、80年代に露見した公立学校における学力低下、学校荒廃、落第率の上昇などの新たな問題を解決するためには、伝統的な教育行政システムでは改善される見込みがないとされ、教育委員会制度の権力構造と政策決定プロセスの再構築を求める闘争が80年代末にボストン市長に

よって開始された。この改革の「ねらい」は、公立学校生徒の学力向上を至上命題とし、「テスト政策」「ヴァウチャー」「チャーター・スクール」などの競争原理を導入した市場型教育改革を断行することであった。

改革の第一弾は、教育委員会制度を「公選制」から「任命制」へ転換することであった。公選制教育委員会に対する批判は、財界のリーダーらで構成されていた監視団体の「ボストン市調査局（Boston Municipal Research Bureau）」が70年代から繰り返し行っていた。その後は、地元紙の『ボストン・グローブ（Boston Globe）』などのメディアも教育委員会制度改革を求めるようになっていた（Portz, 2004: 98）。84年からボストン市長に就任したフリン（Raymond L. Flynn）は、それまでの全市区のみで選出されていた教育委員会を全市区から4名、地域区から9名を選出する方法に改め、その中でマイノリティに対する配慮も行った[4]。そして、89年11月にボストンでは任命制教育委員会の是非に関する一般投票が実施されたが、その結果は37％が「任命制」を支持し、36％が反対し、26％が棄権するというものであった（Portz, 2004: 99）。この問題は、投票結果が僅差であったために一時的に棚上げにされたが、結局は91年4月の市議会（city council）で任命制教育委員会制度の改正案が可決されている。さらに、同年6月の州議会でも法案「ボストン市教育委員会再編法（An Act Reorganizing the School Committee of the City of Boston,Chapter 108）」が賛成多数で可決され、ここにボストン市の伝統的な公選制教育委員会制度は廃止となった[5]。新たな任命制教育委員会制度は、フリン市長が任命した7名の委員によって92年1月にスタートすることになる。

ボストン市の任命制教育委員会制度成立の要因を確認しておこう。最大の要因は人種問題であった。ボストン市の人口は、すでに指摘したように、圧倒的に黒人やヒスパニックらのマイノリティが多数派を形成したために、市長の教育改革に賛同する者、ないしは白人や財界の代表が選出されない、という不満があった。しかしながら、任命制教育委員会制度がスタートした当初の教育委員17名の経歴は、おおむね高等教育、ビジネス、地域組織を含む専門職や行政職の経験者で占められただけでなく、思想面でも「すべての委員が教育哲学という観点から、市長による精査を受けなければならい」（Portz, 2004:104-105）こととなった。言い替えれば、任命制教育委員会ではマ

イノリティが排除され、白人が多数を占めただけでなく、そもそも市長の提案する教育改革に反対する者は選出されないことを意味した。

　第二の要因は、教育行財政に関する統治の問題であった。改革以前の市長職は、一般行政に関しては強力な権限を有していたが、教育行政に関しては限定された役割と権限しかなかった。公立学校に関する行政的コントロールは、教育委員会に委任されており、学校予算内の経費配分は市長がもつ権限の範囲外のものであった。教育委員会は、しばしば学校予算が不十分であるとして市当局を攻撃したが、一方、市当局は86年から90年までの教育委員会の毎年の赤字と不適切な経費配分の方法を問題視した（Portz, 2004: 98）。この教育財政をめぐる対立は、まさに学校統治に関する制度上の問題に他ならなかった。しかしながら、89年からフリン市長は教育政策と財政面に深く関与し、公立学校政策において次第に強力な指導性を発揮し始めた。フリン市長は、ボストン市教育委員会の伝統的な教育官僚体制が教育改革を妨げる最大要因であると見なしたのである。

　任命制教育委員会制度は92年から開始されたが、フリン市長の後を受け継いだメニーノ市長が97年11月の市長選に再出馬した際に、住民投票「Question 2」によって13名の公選制の教育委員会に戻るのか、それとも7名の任命制教育委員会を継続すべきか否かの投票が実施されている（この一般投票は、91年に任命制教育委員会への改革を承認した際に州の法律によって規定された）。ハリソン-ジョーンズ（Lois Harrison-Jones）前教育長、過去の公選制教育委員のメンバーとその支持者らは、公選制による親や地域の参加権の重要性を強調したが、メニーノ市長、財界、『ボストン・グローブ』らは、市長による任命制教育委員会制度の存続を強力に擁護した。結局、公選制教育委員会に戻るか否かの住民投票は、53％が任命制委員会を支持し、23％が反対し、23％が棄権という結果になった（Portz, 2004: 106）。メニーノ市長は、この投票結果によって、「私たちが学校で行ってきた改善を継続すべきであるということがボストンの至る所で明白となった」（Boston Globe, 1996.11.7.）と投票後に勝利宣言を行っている。この勝利は、ロクスベリーやドーチェスターなどのマイノリティが多数を占める地区を除いて、任命制教育委員会制度の実績が市民によって評価された結果であった。次節では、メニーノ市長

の下で実施された学力向上政策、学習内容のスタンダード化などの諸改革の内容を解明する。

3 メニーノ市長とペイザント教育長

　フリン市長は、93年の年明け早々、ヴァチカン大使としてクリントン政権に加わるために市長職を辞職した。フリン市長の代理となった市議会議長のメニーノは、同年11月の市長選で64％の高い支持率を獲得し、ボストン市初のイタリア系市長として初当選を果たした。メニーノ市長によるボストン市教育委員会制度改革の第二弾は、教育長の学校統治に関する権限を抑制し、市長のコントロール下に置くことであった[6]。フリン市長時代の91年5月にボストン初の黒人女性教育長としてハリソン‐ジョーンズが採用されていたが、メニーノ市長は94年12月には教育改革の遅延を理由に任期満了前に教育長の辞職勧告を行っている。地元新聞の『ボストン・グローブ』もまた教育長に対する批判的キャンペーンを展開しているが、その内容は、3年半に及ぶ教育長の業績として「子どものニーズへの理解」「教育予算の増額」などは評価されるものの、「包括的なビジョンや管理技能の欠如」「外部の支援団体との適切な協力関係の失敗」「［生徒の］学力向上に関するわずかな進歩」（91年の公立学校の落第率10％が93年に8％に減少）などと手厳しい批判を行っている。そして、新たな教育長の選出を促してもいる（Boston Globe, 1994.12.21-22.）。

　メニーノ市長は、95年9月にハリソン‐ジョーンズ教育長の4年間の任期満了と同時に、新しい教育長にペイザント（Thomas Payzant）を任命した。ペイザントは、サンジエゴ市とオクラホマ市の前教育長であり、クリントン政権下の2年間の合衆国教育省次官補（Assistant Secretary for Elementary and Secondary Education）を歴任した人物であった。こうして市長－教育長－教育委員会が一体となった体制が整えられたが、メニーノ市長は、96年1月18日にドーチェスターの公立高校で『ボストン市の状態』という演説を行った際に、「経済的な安全策」「条件のよい職業確保」「安全で平和な街」「質のよい生活を伴う都市整備」などの政策を掲げながら、とりわけ「公教育

の質的向上」に取り組む姿勢を強調した（Boston Globe, 1996.1.17. Portz, 2004: 102）。メニーノ市長は、「スクール・ベースト・マネジメント（School-based Management）」「新しい教員契約」「新しい教育長」「任命制教育委員会」など自らの教育改革の業績を列挙しながら、今後の政策として「教室内の教授改善」「カリキュラムと評価基準の整備」「校舎の改善」「優れた教員の確保」「テスト・スコアの上昇」などへの取り組みも表明している。

　一方、95年10月に就任したペイザント教育長も即座に公立学校改革に着手した。当時のボストン公立学校は、過去最高の63,000人以上の生徒と128の公立学校を擁していたが、その多くが低所得階層の子弟で占められ、エレメンタリーとミドル・スクールに在籍する生徒の約80％が給食費無料か減額された生徒であった（Payzant, 1996: 1）。学齢人口におけるマイノリティ生徒が増加する反面、市内の白人生徒は公立学校から次第に離れていった。ペイザント教育長が就任する以前は、ボストン学区は長期間にわたって効果的な教授と学習を犠牲にして人種差別撤廃や学校統治の問題に取り組んでいたが、結果的には学力向上を犠牲とする政策が実施されてきた。しかし、ペイザント教育長は公立学校の「教授と学習（teaching and learning）」を最優先課題に掲げたのであった。

　また、教育長は学校管理に関するより強力な指導性を発揮するために、96年2月に学区教育行政システムの再編成を実行し、学区内のハイ・スクール、ミドル・スクール、エレメンタリー・スクールの異なるレベルの学校を、10〜15の学校で構成される9つの学校群（clusters）に再編成した。それぞれの学校群の校長から群リーダーを選出し、他の群とも共同する組織を作り上げた。また、より多くの責任を各群に委譲し、個別の評価レビューを行った。6名の校長も解雇し、校長の評価や支援を強化するために、教育長の監督権限の強化も図っている（Portz, 1999: 100）。ペイザント教育長は、この群代表の校長を教育長所属のリーダーシップ委員会（Superintendent's Leadership Team）のメンバーとし、学校改革に関する意思の疎通と政策遂行が各学校現場で徹底されるように配慮している。そして、この9つの学校群を3つの行政区（triads）に区分し、それぞれの区に副教育長、教育長補佐、業務主任などを配置し、行政区内の各学校に対する支援と管理を行っている。篠原は、ペイ

ザント教育長のねらいを「学区教育行政の執行と政策立案に関わる会議に現場の教育専門職を参加させ、……極度に閉鎖的で官僚的であったかつての教育長のリーダーシップとは異なる、新たな教育専門職リーダーシップの構築を目指していた」(篠原, 2007: 13) と指摘している。篠原は、ボストンの教育改革を「分散型リーダーシップ」と位置づけ、ペイザント教育長を中心とする教育専門職リーダーシップの分散による教育行政制度と教育実践の改善であった点を指摘する。

結局、教育委員会はペイザント教育長の5年契約を3年間延長し、2003年までとした(実際には、2005年9月まで再延期されている)。教育長の役割は重要であったが、それ以上に、79年に組織化されていた「ボストン企業協議会(Boston Private Industry Council)や「ボストン・コンパクト」などのビジネス界が、市長や教育長の進める公立学校改革に人的支援と資金提供を惜しまなかったことも忘れてはならない。しかし、逆な見方をすれば、経済界の影響力の増大は、教員組合やマイノリティ地域の影響力が次第に弱まることを意味した(Portz, 2004: 109)。

4 『子どもの重点化』政策

前節で述べたペイザント教育長の「教授と学習」に関する改革は、96年7月の『子どもの重点化(Focus on Children)』と呼ばれる5年間のプランにおいて具現化された。この教育委員会によって認可されたプランは、「全ての生徒が学力の高い基準を達成するための教授と学習の改善」を実現するために、以下のような三つの主要目標を掲げている(Payzant, 1996: 1)。

①生徒の学力向上を重点化し、公立学校と地域に奉仕するボストン公立学校の構造改革。
②生徒が学校で成功するために必要な支援を受けるための安全で、健全で、教育的な学校を提供すること。
③統一された協同的な構造と効果的なコミュニケーションによって、保護者と地域を学校改善に引き込むこと。

この44ページも及ぶ計画書『子どもの重点化』は、ボストンを「変化に対応するコミュニティ」と位置づけ、市長、教育委員会、教育長、ボストン教員組合のパートナー・シップ、ボストン・コンパクトらの協力を不可欠なものと位置づけた。そして、「包括的学校改善の7つの基本政策（The Seven Key Essentials for Whole School Improvement）」と呼ばれる「教授と学習」を改善するための目標を重点化した一連の計画や行動を掲げ、教授と学習に関する学校改善プランを掲げた[7]。それは、95年の「リード・ボストン（ReadBoston）」（公立学校での読書キャンペーン。千人以上のボランティアと20万冊以上の書物の購入）の実施、9校のパイロット・スクールと2校のホーレスマン・チャータースクールの開校、及び「早期教育センター（Early Education Centers）」の開設、98年の「学童保育プログラム（After-School Initiative）」（放課後の2～6時までの学習、スポーツ、レクリエーションなどの学習プログラム、市内の2,800箇所と41校で実施）の開始、2000年の新たな夏季学校プログラム（200万ドルの投資と7,200名の生徒参加）などを具体的な改善内容として挙げることができる（BPS, 2006a: 3-4）。とりわけ、学童保育プログラムの拡大がメニーノ市長の「最優先項目」であり、98年には3,500名であった参加者が、2003年には7,500名に倍増している（Menino, 2003: 1）。

計画書の中でも述べられているように、「学校は、これ以上新しい計画を加える必要はない」とし、全ての努力は共通の使命によって実施されるべきであり、生徒たちは96年の中頃に定められた市全体の学習基準に適合するように準備された。そのためにも「高度な基準と質の高いカリキュラム」の構築が必要であった。ペイザント教育長が後のメモでも述べているように、「包括的学校改善は、学校における構造、組織、期待、活動、そして実践が生徒の学力を向上させることと結びついた時に起こる。区分された活動、断片的な実践は、結果的に学校が必要とする包括的な分解修理とならないであろう」（Payzant, 1997）。こうして、包括的学校改善は「学校教育局」や「ボストン・プラン」を含む協力的な努力によって支援されることになった[8]。

96年には、「21世紀学校助成プログラム（Twenty-first Century School Grants Program）」と呼ばれる学区プログラムに対して10年間にわたって助成金を提

供する計画も発表された。4年間の各年度に対する25,000ドルの財政支援は、「包括的学校改善」に対する自己評価、計画、実行のプロセスを行うためにそれぞれの学校に配分されている。さらには、アネンバーグ財団（Annenberg Foundation）から2,200万ドルの資金提供を受け、「ボストン・アネンバーグ・チャレンジ」と名付けられた学区内の全ての公立学校を対象にした教授改善の支援も実施された（Portz, 1999: 101）。結局、96年から多くの学校改善資金が投入され、市内の公立学校の環境改善と支援に利用されたが、こうした学校予算の増額こそメニーノ市長の功績として高く評価されたものであった[9]。

もちろん、メニーノ市長の下で実施された学力向上政策、学習内容のスタンダード化、学校予算の増額などの教育改革が即座に大きな成果となって結実したわけではない。ボストンのような大規模学区では、繰り返し述べてきたように貧困と人種問題が根強く残存し、教育行政機関・学校・教師・親・コミュニティなどの間の協力関係も必ずしもスムーズではなかった。ボストンの公立学校生徒の多くは、他の都市部同様、貧困階層出身者であった。ボストン公立学校の人種的・文化的構造を改革することは、教育長や教育委員会にとっては根気を必要とする挑戦であった。ペイザント教育長は、こうした問題の改善のために、学校の再組織化プランと「包括的学校改善」の改革モデルによって、ボストンの公立学校改革を推進した[10]。

さらには、96年に導入された『子どもの重点化』政策以来、市内の公立学校生徒の学力向上は最重要課題となり、SAT、スタンフォード・テストなどの各種テスト・スコアは特別な関心事となった。98年のMCASテストが導入される以前の段階では、ペイザント教育長は「メトロポリタン学力試験（Metropolitan Achievement Test）」を取りやめ、96年春には、よりレベルの高い「スタンフォード9テスト（Stanford 9 Achievement Test）」を新たに採用した[11]。たとえば、当時のハイ・スクール生徒の学力は低く、試験を受けた第11学年の生徒のうちの81％が数学部門で、41％が読解部門で41％が「基礎レベル」以下であった。教育長は、こうした結果に対して、低い点数こそが「生徒の学力向上を支援するための公立学校改革への挑戦をもたらす」（Boston Globe, 1996.6.25.）として、学力向上政策に取り組む強い決意を述べている。

そして、93年に成立した「州教育改革法（Massachusetts Education Reform

Act)」（以下、「州教育改革法」と略す）の成立は、州全体の教育内容のスタンダード化や州統一テスト実施によるアセスメント行政の実施を規定するものであった。この州教育改革法の規定と州の財政援助はボストンの学力向上政策にも大きな影響を与えた。すなわち、州全体の財政援助は94年の6,660万ドルから2000年には18,620万ドルに増額されたことを受け、ボストンの学校教育局予算の総額も40,800万ドルから57,900万ドルに増額された（Portz, 2004: 112）。市の学校教育局予算の増額は、その結果の検証を意味したMCASテストに対する関心を増大させた。以下、98年のMCASテスト導入後から2001年までの学力向上政策の結果を考察したい。

5　MCASテストの結果

98年から開始されたMCASテストは、まさにペイザント教育長のボストンにおける学力向上政策の成果を測定するには格好の材料となった。98年の第1回MCASテストは、第4・第8・第10学年を対象に、州内の22万人を超える全ての公立学校の生徒を対象に実施された。しかし、ボストンにおける第10学年の場合は、表9-1が示しているように、州全体の平均得点比率の半分程度という悲惨な結果であり、ほぼ6〜7割が「警告・落第レベル」（220点以下）に位置した（MDE, 1998c）。いわば「州全体の学力レベルをボストン学区が下げている」と言っても過言ではなかった。

98年の第1回MCASテストの結果は、第4学年では良好な結果であった

表9-1　98年の第1回MCASテストの結果（第10学年）

		最優秀	習熟	要改善	警告・落第
（ボストン学区）	英語	1%	17%	24%	57%
	数学	3%	10%	13%	75%
	理科	0%	7%	22%	71%
（州全体）	英語	5%	33%	34%	28%
	数学	7%	17%	24%	52%
	理科	1%	21%	42%	36%

＊「落第」には欠席者も含む。　　　　　　　　　　　　　　　（出典：MDE, 1998c）

表9－2　1999年の第2回MCASテストの結果（第10学年）

		最優秀	習熟	要改善	警告・落第
（ボストン学区）	英語	2%	17%	26%	50%
	数学	6%	9%	12%	63%
	理科	1%	8%	23%	58%
（州全体）	英語	4%	30%	34%	31%
	数学	9%	15%	23%	50%
	理科	3%	21%	39%	34%

＊「落第」には欠席者も含む。　　　　　　　　　　　　　（出典：MDE, 1999）

が、第8・第10学年では悲惨な結果となった。とりわけ、黒人とヒスパニック生徒の数学と英語のテスト・スコアが、白人やアジア人生徒のそれと一向に縮まらないだけでなく、80年代の中頃から、このギャップがさらに拡大したことも示した。この問題を改善することが、ペイザント教育長の最優先課題となり、「テスト落第者の夏季学校への参加」「教室内の教授改善」「校長の教員に対する特別支援や評価制度」などを強化した。

次に表9－2によって、99年の第2回MCASテストの結果も見てみよう。「英語」の「落第・警告レベル」は50％ととなり、前年度と比較して7％減少している。「数学」の「落第・警告レベル」は63％ととなり、前年度と比較して12％減少している（MDE, 1999）。

第1回MCASテストの開始から2001年までのボストンの学力向上は、MCASテストの結果を見る限りは、「警告・落第レベル」が減少し、「最優秀」「習熟」レベルが増加傾向にあった。こうした改善は、全ての学年や科目で見られる傾向であった[12]。

次の表9－3は、第10学年における98年から2001年までの「英語」と「数学」のMCASテストの結果を「落第」（220点未満）と「合格」（220点以上）に区分したものである。2001年のMCASテストで高校卒業資格を得られなかった生徒数は「英語」で1,369名（40％）、「数学」で1,726名（47％）であった（BPS, 2001: 11）。

なお、2001年にはMCASテストの評価基準の見直しが行われ、第6章でも論じたように「素点（raw scores）」から「段階別得点（scaled scores）」へと移行させる際の基準の適正化が図られている。つまりは、2001年以降の「最

218 第2部 MCASテストによる学力向上政策

表9-3 1998〜2001年までの第10学年におけるMCASテストの結果

落第　合格

英語
2001　40%　30%　22%　9%
2000　56%　22%　18%　4%
1999　55%　26%　17%　2%
1998　57%　24%　17%　1%

数学
2001　47%　25%　15%　13%
2000　66%　12%　11%　11%
1999　73%　12%　9%　6%
1998　75%　13%　10%　3%

☐Failing ☐Needs Improvement ☐Proficient ☐Advanced

(出典：BPS, 2001: 11)

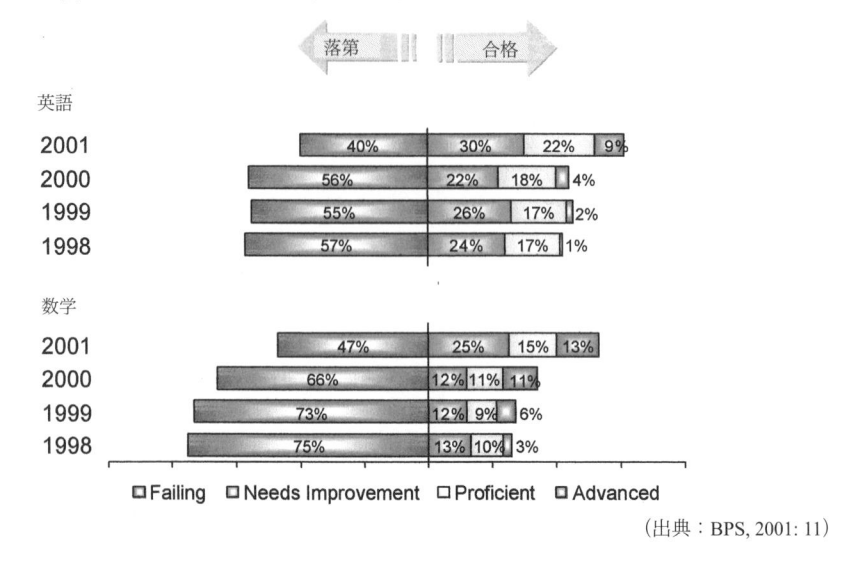

表9-4 1998〜2001年までの第10学年におけるMCASテストの人種別結果

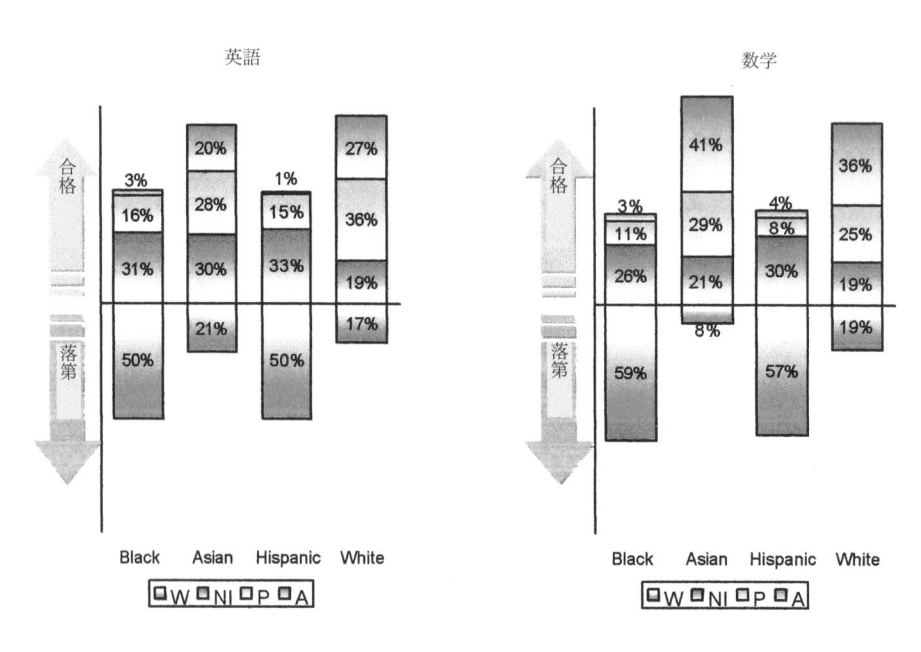

英語

合格
　　　　3%　20%　1%　27%
　　　16%　28%　15%　36%
　　　31%　30%　33%　19%
落第
　　　　　　21%　　　17%
　　　50%　　　50%
Black　Asian　Hispanic　White
☐W ☐NI ☐P ☐A

数学

合格
　　　　　　41%　　　36%
　　　　3%　29%　4%　25%
　　　11%　21%　8%　19%
　　　26%　　　30%　19%
落第
　　　　　　8%
　　　59%　　　57%
Black　Asian　Hispanic　White
☐W ☐NI ☐P ☐A

［注意］W=警告・落第、NI=要改善、P=習熟 A=最優秀の各レベル。

(出典：BPS, 2001: 15)

優秀」「習熟」「要改善」「警告・落第」の各レベルは、全体的に底上げされ良好な結果となっており、それ以前の各レベルの結果と単純に比較することはできない（BPS, 2001: 5）。

次の**表9－4**は、「英語」と「数学」の学力レベルの推移を人種別に見た場合であり、依然として人種間格差の縮まらない学区全体の実態が浮かび上がる。2001年の「落第レベル」の生徒の割合は、「英語」では黒人とヒスパニックが50％、アジア人が21％、白人が17％であった。「数学」では、黒人が59％、ヒスパニックが57％、アジア人が8％、白人が19％であった（BPS, 2001: 15）。人種間格差は明白であった。

おわりに

95年からの長きにわたるメニーノ市長－ペイザント教育長体制下におけるボストン学区の学力向上政策は、その強力な指導性の確立によって実現されたものであった。こうした背景には、80年代後半から開始される学力低下などに伴うスタンダードやアカウンタビリティを求める学校改革の台頭が、教育における中央集権化された官僚体制の確立を促し、市長－教育長－教育委員会が一体となった教育アセスメント行政の展開を促したと指摘できよう。

とりわけ、93年の市長選に初当選し、ボストンの教育改革を最重要課題に掲げたメニーノ市長の功績は大きい。結局、メニーノ市長は市民からの厚い信頼を獲得し、2005年11月の4期目の市長選では過去最高の68％の支持を獲得し、圧勝した。メニーノ市長は、過去3期の間に、ペイザント教育長を任命してボストンの学力向上政策を実現するための様々な改革を断行した。また、ボストン市民に対する廉価な市営住宅の提供、犯罪率低下などの地道な活動にも取り組み、全米市長会議議長（2002-03年）、民主党全国大会開催（04年）など、政治・経済面でも華々しく活躍した。

メニーノ市長に対する評価は、「(60万近いボストン市民)全ての生活の質を改善するために懸命に働いた」(City of Boston, 2006: 1) というものであった。一方、95年10月から11年間の長きにわたって教育長を務めたペイザント

に対しても、地方政治で顕著な業績を残した人物として2004年に「リチャード・グリーン賞（the Richard R. Green Award for Excellence in Urban Education from the Council on Great City Schools）」が授与されている。そして、ボストンにおける教師の資質向上を図りながら、英語や数学などの基本的教科でボストンの学力向上（98年と2004年の第10学年のMCASテストの合格率を比較したとき、「数学」で25％から74％に、「英語」で43％から77％に上昇した）が達成されたことが評価され、「2006年にペイザントが引退するとき、ボストン市がペイザントの代わりを見つけることは容易ではなかろう」と高い評価を得ている（Greenblatt, 2005: 2）。

本章の課題は、ボストン学区における教育行政システムの変容を概観しながら、98年に導入されたMCASテスト実施後のボストンの学力向上策の実態を解明しながら、その意味と問題点を分析するものであった。ボストンの学力向上政策は、ボストン市民、財界などの支援を受けたメニーノ市長－ペイザント教育長による強力な指導性によって実現されたものではあるが、同時に学区全体を9つの学校群に再編し、各校長のリーダーシップを高めた方策も効果的であった。もちろん、州政府が掲げた学力向上政策やMCASテストの実施もボストンに対しては大きな影響を与えた事は間違いなかろう。ボストンが抱える人種問題、地域の経済格差、学校間格差など、一朝一夕では解決できない根深い問題も存在したが、市長－教育長による「強力な指導性」「任命制教育委員会制度の確立」「財政支援の増大」「学区教育行政システムの再編」などによる教育改革が、とりあえずはMCASテストに代表されるボストンの学力向上を現実のものとしたと言えよう。

確かに、98年から2001年までのMCASテストの結果の推移を見れば、ボストンにおける公立学校生徒の学力は飛躍的に向上している。しかし、依然として「黒人」「ヒスパニック」と「アジア人」「白人」との学力格差は解消されていない。なお、2002年に連邦政府によって制定された「どの子も置き去りにしない法（No Child Left Behind Act of 2001）」制定後のボストンの学力向上政策の実態に関しては、第11章において詳述することとする。

注

1 ウオンの研究によれば、92年にボストン市教育委員会は公選制から市長による任命制(7名で任期4年)に転換し、課税権も市長と市議会による認可を受け、教育委員会予算は市政府の承認が必要となった。ウオンは、市長による「任命制」によって教育委員や教育長を選出するシステムを市長主導による強力な「統合統治」による学校統制であると指摘する(Wong, 2002)。

2 「市の教育連合」は73年に創設され、青少年のニーズに焦点を合わせた人間的サービスを発展させていた。翌年には親・教育者・地域組織から選ばれた本来のメンバーを加えた非営利組織として法人化され、それぞれの学校における「保護者協議会」を設立し、教育の政策決定において、地域をより参加させる方策の提案を行っていた(Portz, 1999: 89)。

3 「ボストン・プラン」は、その他にもミドル・スクール・プログラムに対するJohn Hancock Financial Servicesから100万ドル、専門的な教師の開発に対する法律会社から100万ドルの基金なども提供された。このプランにおけるスタッフは、学校教育局からは自立し、教育委員会のコントロールにも従属しなかった。「ボストン・プラン」は、その組織に大学とコミュニティを基礎とした理事会と評議会を構成したが、その指導はビジネス界に左右された(Portz, 1999: 89)。

4 フリン市長は強制的バス通学に反対する元リーダーであり、83年に黒人候補のキング(Mel King)を破って初当選した。フリン市長は、もともとサウス・ボストン出身でもあり、教育委員会制度の改革に関しては穏健な改革を望み、かつ人種問題に関しても慎重派であった(川島, 1997: 75)。

5 公選制教育委員会廃止を規定した同法は、以下の内容を規定した。市長の任命制である委員は7名で構成され、任期は4年。13名で構成される選考委員会が市長に候補者を推薦する。同法を撤回し、公選制教育委員会に戻か否かについては、96年11月に住民投票を実施する(Boston School Comittee, 1991: 1-3)。

6 もともとボストン市教育長は公募制であった。80年の教育長公募は教育委員からなる教育長調査選考委員会が設置され、さらに学識者と住民代表も参加し、教育長の公募、選考が実施され、3名の候補者の中からスピレーン(R. R. Spillane)教育長が81年5月に選出されている(坪井, 1998: 185-187)。ペイザント教育長の場合は、95年に選考委員会(superintendent search committee)が設置され、全国から3〜5名の候補者をリストアップし、最後に市長と教育委員会が選出している。

7 「包括的学校改善の7つの基本政策」とは、①スタンダードに合わせた教授の重点化、②生徒の学業や成果が各学年で困難さを増す学力と技能を測定するために用いられること、③特別なニーズの領域に焦点化し、『子どもの重点化』目標とも連携された高度で持続的な専門的開発を行うこと、④ボストン公立学校の内外で証明された効果的な実践を記録し反復すること、⑤色々なリソースを優先的に教授と学習に合致させること、⑥より多くの親とコミュニティを教育の決定過程に参加することを奨励すること、⑦学業の測定と結果に対するアカウンタビリティを保証するための明確で厳格な方法である(Payzant, 1996: 1-2)。

8 『子どもの重点化』政策は、2001-06年にも継続され、「ボストン公立学校の総合的改革プラン」と名付けられ、前回プラン(96-2001)の「7つの基本政策」が「6つの基本政策」に変更されされている。①リテラシーと数学教育の重点化、②生徒のニーズを掴むために生徒の学業とデータを用い、教育実践を改善し、経過を評価するこ

と、③教師と校長に教授を改善するためのスキルを提供するための職能開発の重点化、④最高の教授実践を確認し、反復すること、⑤全てのリソースを教授上の重点化に合致させること、⑥家族、地域社会、外部パートナーなどの参加を促し、包括的学校改善に協力させること (BPS, 2006b: 1-2)。

9 この財政上の支援内容は、96年から2002年までの間に学校教育局の予算が43％増加し、63,500万ドルとなったこと、96年から「英語」「数学」「理科」「社会科」などの新しい教科書開発に1,100万ドルを投資したこと、96-2003年の間に、ボストンは公立学校の校舎に約37,000万ドルを投資したことなどが挙げられる (BPS, 2006a: 5)。ポーツによれば、市全体の予算額に占める学校教育局の経費は、85年は29.3％であったが、2000年には37.2％に増額されている。同じような傾向は警察と消防関係でも見られる (Portz, 2004: 111)。

10 教育問題に深い関心を持つ市民代表で構成される「クリティカル・フレンズ (Critical Friends)」が実施したペイザント教育長に対する過去2年間のアセスメントの評価結果は相当に低かった。教育長と学校制度に与えられた61項目の評価のうちで、生徒の学力向上など22項目で「不満足 (unsatisfactory)」、教師の資質など24項目で「改善すべき (must improve)」、学校改革プランなど7項目で「満足 (satisfactory)」、資金源の確保など3項目で「期待以上 (above expectations)」であった。総合評価は、「生徒の学力は満足できるものではないこと」「学校制度はコミュニティの支援を求めて一層開放的で積極的であること」「職員の仕事に対する評価システムが欠けていること」などが指摘された (Boston Globe,1997.12.4.)。

11 ボストンの場合は、82年に「教育課程目標」が決定され、それに基づく「教育課程準拠テスト (Curriculum Refernced Test)」によって 読解力、数学 (k, 1-12学年)、「メトロポリタン学力試験」で読解力、数学 (1, 3-5, 11学年)、「ボーテル読解力テスト (Botel Reading Milestones Test)」で読解力 (1-3学年)、「読解力等級テスト (Degree of Reading Power)」で読解力 (4-12学年)のテストが実施されていた (坪井, 1998: 342)。

12 同じような傾向は「スタンフォード9テスト」においても見られ、上位3階層のレベルに到達した生徒の割合を97年と2000年で比較すれば、「読み取り」(75％から81％に上昇)と「数学」(52％から63％に上昇)で数％の上昇が見られたに過ぎない。また「下位レベル」の割合もすべての学年でわずかに減少したに過ぎなかった。さらには、公立学校生徒の出席率も97年の90.5％から2000年の92.2％へと上昇し、落第率は99年の9.4％から2000年の8.3％へと減少したに過ぎない (BPS, 2006a: 6)。

引用・参考文献

川島正樹 1997「ボストン・スクール・バスィング論争再訪－「失敗」神話の検証に向けてー」アメリカ学会『アメリカ研究』No. 31, pp. 59-81.

篠原岳司 2007「現代ボストン学区における教育専門職リーダーシップーペイザント教育長 (1995-2006) の改革を事例にー」日本教育行政学会第42回大会 (神戸大学), pp. 1-20.

篠原岳司 2008「現代米国教育委員会制度改革と教育専門職リーダーシップーBoston Planfor Excellence のコーチングに着目してー」日本教育行政学会『日本教育行政学

会年報』第34号, pp. 143-159.
坪井由実 1998『アメリカ都市教育委員会制度の改革-分権化政策と教育自治-』勁草書房.
Boston Globe, 1996.1.1 〜 2002.3.31
BPS 2001 *Massachusetts Comprehensive Assessment System, Results: May, 2001,* Boston School Committee, pp. 1-17.
BPS 2003 "Class of 2003; Status of Meeting Graduation Requirements, MCAS Standards vs.Local Requirements", *Focus on Children*, Boston School Committee, pp. 1-3.
BPS 2006a *Focus On Children 2: Boston's Education Reform Plan, 2001-2006*, Boston School Committee, pp. 1-24.
BPS 2006b *Focus On Children II: 2001-2006:A Comprehensive Reform Plan for the Boston Public Schools*, Boston School Committee, pp.1-2. http://boston.k12.ma.us/teach/foc.asp [2007.2.24取得].
BPS 2006c *The Boston Public Schools at a Glance*, Boston School Committee, pp. 1-8. http://boston.k12.ma.us/bps/bpsglance.asp#students％5b[2007.2.24取得].
BPS 2006d *Boston Public Schools: 2006 District Report Card*, Boston School Committee, pp1-13. http://boston.k12.ma.us/bps/reportcd.doc.[2007.3.5取得].
Boston School Committee 1991 *An Act Reorganizing the School Committee of the City of Boston,Chapter 108*, pp.1-3. http://boston.k12.ma.us/schcom/ch108.asp [2007.10.31.取得].
City of Boston *2006 Biography of Thomas M. Menino*, Official Web Site of the City of Boston, pp.1-2. http://www.cityofboston.gov/mayor/bio.asp[2007.3.6.取得]
Elmore, R. 2004 *School Reform from the Inside out Policy, Practice, and Perfomance*, Cambridge, MA: Harvard Education Press (神山正広訳 2006『現代アメリカの学校改革-教育政策・教育実践・学力』同時代社).
Greenblatt, Alan 2005 Govering:Public Officials of the Year, Thomas W. Payzant, Governing, pp. 1-2.http://www.governing.com/poy/2005/payzant.htm[2007.10.1.取得].
Levine, Marsha & Trachtman, Roberta 1988 *American Business and the Public School; Case Studies of Corporate Involvement in Public Education*, N.Y.: Teachers College Press.
MDE 1998a *MCAS Testing Information*, MA: Massachusetts Dept.of Education.
MDE 1998b *School District Profiles, Vol.1-2; 1997-1998 School Year*, MA: Massachusetts Dept. of Education.
MDE 1998c *1998 MCAS Results*, MA: Massachusetts Dept. of Education,. pp. 1-17. http://www.doe.mass.edu/mcas/results.html?yr=98[2006.8.19取得].
MDE 1999 *Massachusetts Comprehensive Assessment System, Spring 1999: Boston Public Schools*, MA: Massachusetts Dept.of Education, pp. 1-5. http://www.doe.mass.edu/mcas/results.html?yr=98[2006.8.19取得].
MDE 2004 *96 Percent of Class of 2004 Meet MCAS Requirement In Time For Graduation, MA* Dept.of Education, pp.1-3.http://www.doe.mass.edu/news/news.asp?id=1963 [2006.9.1.取得].
Menino, Thomas M. 2003 Remarks of Boston Mayor Thomas M. Menino, *Harvard*

University Gazette (2003.10.3) .pp.1-3. http://www.news.harvard.edu/gazette/daily/0310/07-menino.html [2007.3.6.取得].

Payzant, Thomas 1996.3.12. *System-Wide School Reform: A National and Local Perspective*, American Youth Policy Forum, pp.1-3. http://www.aypf.org/forumbriefs/1998/fb031298.htm [2007.2.25.取得].

Ports, John 1999 *City Schools & City Politics :Institutions and Leadership in Pittsburgh,Boston,and St. Louis*, Kansas: University Press of Kansas.

Ports, John 2004 "Boston: Agenda Setting and School Reform in a Mayor-centric System" in Henig, Jeffrey R. & Rich, Wilbur C. Princeton, *Mayors in the Middle; Politics, Race, and Mayoral Control of Urban Schools*, pp.96-119, N.J.: Princeton University Press.

Wong, Kenneth K. 2002 "The New Politics of Urban Schools," In *City, Politics, and Policy: A Comparative Analysis* (ed. John P. Pelissero), Chicago: Loyola University, pp. 283-311.

第10章
ケンブリッジ学区における学力向上政策

黒田友紀

はじめに

　現在アメリカでは、州によって実施されるスタンダード・テストを基盤とした改革が推進されており、初等中等教育法の改正法である 2002 年の「どの子も置き去りにしない法（No Child Left Behind Act of 2001）」（以下、「NCLB法」と略す）の制定以降、州、学区及び学校にアカウンタビリティを負わせる学力向上政策が強化されている。学力向上は、83 年の『危機に立つ国家（A Nation at Risk）』以降のアメリカの主要な教育課題であり、ブッシュ元大統領は 89 年に教育サミットを開催し、91 年に「2000 年のアメリカ：教育戦略（America 2000: An Education Strategy）」を提案した。ブッシュ大統領の学力向上政策を引き継いだクリントン大統領は、「2000 年の目標：アメリカを教育する法（Goals 2000: Educate America Act）」の立法化と「初等中等教育法（Improving America's School Act of 1994）」の改正を 94 年に行い、スタンダードの設定とアカウンタビリティに基づく学校改革の基礎を準備した。これまで学区による地方自治を掲げていたアメリカにおいて、94 年のこの二つの法律の制定は、連邦政府と州政府による地方教育行政への直接介入を可能にした大きな転換点といえよう。

　本章では、マサチューセッツ州の「ケンブリッジ・パブリック・スクール学区（Cambridge Public Schools）（以下、「ケンブリッジ学区」と略す）を取り上げ、93 年の「マサチューセッツ州教育改革法（Massachusetts Education Reform Act）」（以下、「州教育改革法」と略す）の制定を境に、いかにアカウンタビリティに基づく学力向上政策が実施されているかをその実態に即して検討したい。

先行研究では、93年の「州教育改革法」制定以降の知事主導のアセスメント行政を検討した研究、州のテスト政策の動向を検討した研究や近年の学力向上政策がバイリンガル教育へ与える影響を考察した研究が存在する（北野, 2003, 2007a, 2007b）。州レベルでの学力向上政策の様相が解明されつつあるが、都市部の学区における学力向上政策の実態を解明した研究は日米双方においては見当たらない。ケンブリッジ学区の学力向上政策の解明は、前章でも述べられたボストン学区の研究と合わせて、マサチューセッツ州における州─学区─学校という中央集権的な学力向上政策の実態を明らかにすることではあるが、同時にケンブリッジ学区の独自の学力向上政策の取り組みを解明することに他ならない。

ケンブリッジ学区は、州統一テストを重視する改革に反対する人々によって構成された非営利組織である「フェア・テスト（Fair Test）」の本部があり、MCASテストをボイコットするといったテスト政策への抵抗運動を最も激しく展開した学区でもある。そのため、ケンブリッジ学区の学力向上政策に着目することは、現在強力に推進されつつある州主導の学力向上政策に対してケンブリッジ学区がどのように独自の対応をとったかがより鮮明に解明できると考えられる。

本章では、第一に、93年以前の教育政策、特に81年の統制型の学校選択の導入経緯を解明しながら、無秩序な学校選択に対して人種の割合を均衡に保つように統制を加えた「統制型の学校選択制度」の特徴を解明する。この統制型の学校選択制度を取り上げる理由は、ケンブリッジ学区のコミュニティが民主的な合意をいかに形成したかを明らかにするものであり、同州の中でも独自の教育政策の実施に取り組んでいたケンブリッジ学区の事例を通じて、州による学力向上政策が導入される以前の同学区の民主的な教育政策の実態を解明するものである。第二に、93年の「州教育改革法」の制定とテスト政策の推進以降、ケンブリッジ学区のMCASテストに対するボイコット運動やテストに対する意識に焦点をあてながら、MCASテストの成績の動向と学力向上政策を検討することである。これらの課題を通して、テストによる「スタンダード」と「アカウンタビリティ」を要求する学力向上政策をめぐる問題点を検討する。なお、考察にあたっては、筆者が1999年、2002年、

2004年、2008年にケンブリッジ学区において行ったインタビュー調査と、ケンブリッジ学区教育委員会などが刊行する資料を基本資料とする[1]。

1 ケンブリッジ学区の教育政策

まず、学力向上政策が導入される以前のケンブリッジ学区における教育政策を検討することによって、ケンブリッジ学区の特徴をみていこう。ケンブリッジ市は、60カ国以上の国からの移民が住み、50以上の言語を持つ多様な人々によって構成されている人口約10万人の都市である。ケンブリッジ学区は、12の公立の初等・中等学校（K-8）と唯一の公立の高校である、「ケンブリッジ・リンヂ・アンド・ラテン校（Cambridge Rindge & Latin School）」（以下、「CRLS」と略す）がある単一の学区であり、州内でも私立学校の多い地域である。

ケンブリッジ市は、学区の一人当たりの教育費が州の平均を超え、大学や企業も多い比較的恵まれた地域ではあるが、英語を第一言語としない生徒や低所得層出身の生徒が多いことが特徴である。マサチューセッツ州全体では白人人口が多いが、ケンブリッジ学区の公立学校に通う生徒の構成比をみると、表10-1が示すように、アフリカン・アメリカンが36％、ヒスパニックが14％を占め、白人は35％である。また、低所得層が42％、英語を第一言語としない生徒が30％であり、都市部の人種、社会経済的地位の構成比に近い（MDE, 2008）。近年、ケンブリッジ学区を含む都市部ではミドルクラス化が進んでおり、階層格差は拡大傾向にあるという[2]。

ケンブリッジ学区は、ハーバード・スクエアを中心としてリボンのような形をした小さな都市であり、その東側に移民が多く居住し、人種統合教育（Integrate Education）をめぐってこれまでに初等学校のアテンダンス・ゾーン（入学するべきとされる通学区域）の改変や学校の配置換えが何度か行われてきた（黒田, 2003: 100）。ケンブリッジ学区では、81年より「統制型の学校選択（Controlled Choice）」を実施しており、社会経済的地位、人種／民族のバランスを保つように初等学校の入学者をコントロールしている。この学校選択制度は、従来の通学区域が廃止されてすべての生徒が学校を選択できるように

表10−1　ケンブリッジ学区における人種構成等の比率

人種・民族構成比			Selected Population		
Race/Ethnicity	CPS	State	Status	CPS	State
African American	36.0	8.2	First Language not English	30.0	14.9
Asian	11.0	4.8	Limited English Proficient	6.9	5.6
Hispanic	14.7	13.3	Low Income	42.7	28.9
Native American	0.6	0.3	Special Education	22.4	16.9
White	35.7	71.5			
Multi-race, Non-Hispanic	1.8	1.7			

(出典：State profile 2007-2008, Massachusetts Department of Education website より、筆者が作成(http://profiles.doe.mass.edu/state.asp))

なったが、様々な指標で統制を加えるため、生徒と保護者はその選択で必ずしも第一希望の学校に入学できるとは限らない。

　ケンブリッジ学区における学校選択の事例は、チャブとモー（J.E. Chubb and T.E. Moe）の1990『政治・市場・アメリカの学校（*Politics, Markets, & America's School*）』の中で、ニューヨーク・イーストハーレム第4学区の事例をミネソタ州モンクレアの区域外学校選択の事例とともに、学校選択による学校改革を正当化する典型例として取り上げられた（Chubb and Moe,1990: 210-215)。このチャブとモーの主張は、アメリカにおける学校選択の大きな推進力となり、市場原理による統制を主張する学校選択の議論を浸透させた。しかし、ケンブリッジ学区における統制型の学校選択の位置づけは、市場による統制というよりはむしろ、市場に対してコミュニティによる民主主義的な合意、つまり民主的な統制が機能している事例である。

　ケンブリッジ学区は、その歴史をたどると60年代から人種的な不均衡を起こしている学校が問題となっており、65年に州教育委員会が「州人種不均衡是正法（Massachusetts Racial Imbalance Act）」を提出し、白人以外の生徒が半数を超えて在籍する学校をなくすように勧告した。この法令により、学区は学校の収容人数を増やし、アテンダンス・ゾーンの再区画化を試みたが、人種差別撤廃に対する効果はあまり見られなかった（Willie & Alves, 1996)。72年には、学区が「ケンブリッジ・プラン（Cambridge Plan）」というオープン・エンロールメント・プランを計画し実施に至るが、このプランは学校に空き

があれば生徒と保護者の選択によって希望の学校に入学できるというものであり、人種バランスに悪影響を与えるような生徒の移動は禁止されていたが、結果として人種差別撤廃には効果をもたらさなかった。その後、74年にはマグネット・スクールやマグネット・プランを作り、人種統合を目指した政策がとられてきたが、「人種バランスに悪影響を及ぼさない限り」という制約しかない状況では、人種差別と学校での人種的な偏りは助長される結果となった。

　70年代半ば、ボストンでは人種差別撤廃政策として強制バス通学の方策がとられていた。その様子をつぶさにみてきた市民の中から、ボストン市のようにならないために人種差別撤廃と統合を求めて声が上がり始めた。77年に学区の教育委員会は、初等学校が企画する人種差別撤廃計画に親や市民のリーダーたちが参加し、彼らの意見が反映されるような会議を企画、提案した。14の初等学校は、人種差別撤廃計画のための代表者を選出し、77年から79年の間に委員会を設置した。学区の教育委員会は、親とコミュニティを人種差別撤廃計画に引き込むために、異なるバックグラウンドを持つ生徒の学びや生活を教室の中で共有、統合し、コミュニティを一つにするためのプロジェクトやプログラムを導入している[3]。

　ケンブリッジ学区では、79年から81年の3年間で「統制型の学校選択」制度を準備し実施に至ったが、70年代後半から、教師、親、教育委員会を中心に議論が起こり、裁判所や州主導の命令にただ従うだけではなく、コミュニティの一員として人種統合に向けてケンブリッジ学区独自のプランを生み出そうという機運が高まった[4]。実際に、統制型の学校選択の制度では、州や裁判所が決定した人種の割合ではなくケンブリッジ学区の人種構成比が用いられているが、これはトップダウン式の命令を受け入れることを拒否し、市全体でのコンセンサスを形成する中で生み出された基準であった。

　このプランでは、従来のアテンダンス・ゾーンが廃止され、すべての学校を選択できるようになった。ただし、生徒は第一希望の学校に必ず入学できるわけではなく、1) 保護者と生徒の好み、2) 選択した学校への人種バランス、3) 選択した学校の空き、4) 兄弟の通学校、5) 家から学校までの距離という5つの基準に則って通学校が決定される。81年に統制型の学校選択が準

備された時に、「ファミリー・リソース・センター (Family Resource Center)」と「ファミリー・コーディネーター／リエゾン (Family Coordinator/Liaison)」が設置され、ケンブリッジ学区で重要な役割を果たすことになる。ファミリー・リソース・センターは、ハーバード大学近くのCRLSの敷地内にあり、学校選択に関する情報提供と生徒の登録と割り当ての機能を担う。ファミリー・コーディネーター／リエゾンは、各学校に配置され、学校の施設やプログラムの説明を行い、親やコミュニティを対象に討論会や集会を行ってきた。しかし、学校選択のプランが実施された当初からこのような親の参加が達成されていたわけではない。77年以降、ケンブリッジ学区の学校と社会的なリーダーたちにより人種差別撤廃計画がすすめられたが、親たちの声を反映させ、学校と親やコミュニティをつなぐ役割を果たしたのがファミリー・リソース・センターとファミリー・コーディネーター／リエゾンだったと言えよう。

また、統制型の学校選択の制度のもとで、平等とエクセレンスを求めるカリキュラム改革を行ってきた歴史もある。ケンブリッジ学区では、特別な生徒のみならず「普通の生徒」も利用できる、力強く魅力的な「普通教育 (General Education)」を開発することが求められた。このような普通教育のプログラム開発は、これまであまり注目されてこなかった一般生徒のニーズに応え、学習者の学習過程全体の公正を保障しようとするものであった。カリキュラムの開発と同様に重視されたのは、スタッフ開発と育成であった。多様な生徒のニーズを満たすようなアプローチや授業スタイルの開発が求められ、さらには教師の割合も生徒の割り当て基準同様にケンブリッジ学区の人種構成比を反映する配置が議論された[5]。89年当時、ケンブリッジ学区では多文化的なパースペクティブをもったスタッフ育成のプログラムが存在し、多文化主義の思想と実践に根ざした専門的な成長を目指した環境を作ることが重視されていた（Downey and Stern ,1989: 25-31）。グラハム＆パークス校 (Graham and Parks School) の校長であったソロ (Leonard Solo) も、学校におけるスタッフ育成の必要性を述べ、スタッフ育成の職員を設けることによって学校におけるスタッフ開発を助け、結果としてカリキュラムが開発され実践が発展すると主張している（Solo, 1985: 332-340）。プログラム開発のみならず、スタッ

フの育成にこそ全ての生徒のための教育の質の保証の鍵があるとも言えよう。

　従来、ケンブリッジ学区の統制型の学校選択制度は、その学校選択の市場原理による統制が機能して人種バランスが均衡に保たれたと評価されてきた（黒崎，1994；本図，1994）。しかし、実際は統制型の学校選択が実施される以前の無秩序な学校選択に対して、コンセンサスを形成する中で生み出された統制が機能した改革であった。このようなコンセンサス形成の中でケンブリッジ学区の教育政策は生み出され、弾力的で、変容可能なシステムが構築された。統制型の学校選択制度は継続されるが、2001年以後、学校選択の割り当ての主たる基準を、人種／民族のバランスから社会経済的地位のバランスへと変更した。数年ごとに学校選択制度をレビューし、コミュニティのニーズに応えた結果であった[6]。ケンブリッジ学区においては、これまでトップダウン式の政策に対して、学区内におけるコンセンサスを形成する形で進められてきていたといえよう。

2　MCASテストの成績とテストへのリアクション

　ここでは、MCASテストが導入されてから2002年までの、ケンブリッジ学区のテスト成績とテストに対するリアクションを検討したい。ケンブリッジ学区は、MCASテストに対して大規模なボイコット運動を起こした学区でもある。

　表10-2は、ケンブリッジ学区の第10学年におけるMCASテストの98年度から2006年度の結果を示したものである。ケンブリッジ学区は、2005年度までは、「要改善」と「警告・落第」の割合が半数以上を占め、「最優秀」の割合が州全体の平均値と比較しても低く、2006年まで州の平均を上ることはほとんどなかった。93年の州教育改革法において第10学年のMCASテストの結果が卒業要件として規定され、2002年以降には実際に高校卒業要件となり、アカウンタビリティ達成の指標となっている。高校の卒業要件としてCRLSでは、英語、科学、数学、社会、歴史、外国語、アートといった定められた最低224単位が必要であり、それに加えて第10学年でMCAS

表10－2　第10学年における「英語」と「数学」テストのケンブリッジ学区及び州平均(%)

English	Advanced		Proficient		Need Improvement		Warning / Failing	
	CPS	State	CPS	State	CPS	State	CPS	State
1998	3	5	34	33	33	34	30	28
1999	3	4	21	30	36	34	40	32
2000	4	7	11	29	19	30	67	34
2001	10	15	27	35	33	31	30	18
2002	15	19	25	40	30	27	30	14
2003	17	20	31	41	31	28	21	12
2004	12	19	35	43	32	27	21	11
2005	12	23	32	42	37	25	18	10
2006	8	16	55	53	29	24	7	7

Math	Advanced		Proficient		Need Improvement		Warning / Failing	
	CPS	State	CPS	State	CPS	State	CPS	State
1998	9	7	13	17	24	24	54	52
1999	9	9	12	15	17	23	61	53
2000	6	15	9	18	11	22	75	45
2001	17	18	19	27	28	30	36	25
2002	17	20	13	24	29	31	42	25
2003	20	24	23	27	26	28	31	21
2004	23	29	23	28	28	28	26	13
2005	21	35	20	27	31	24	28	15
2006	32	40	27	27	27	21	13	12

(出典：Massachusetts Department of Education, Report of 1998 Statewide Results: The Massachusetts Comprehensive Assessment system(MCAS), 1998 及び、State Profile(http://profiles.doe.mass.edu/home.asp?mode=o&so=-&ot=5&o= 373&view=all から筆者が作成した。この結果は、ケンブリッジ学区の生徒全体の結果であるが、人種・ジェンダーなどのステータスごとの結果も発表される。)

テストの英語と数学で合格点である 220 点を満たさねばならない[7]。合格点に達することができなかった場合は、卒業までに 6 回の再テストの機会が用意されており、その間に英語と数学の両方のテストに合格しなければならない。

　ケンブリッジ学区は、2005 年度までは、「要改善」と「警告・落第」の割合が半数以上を占め、2006 年まで州の平均を上ることはほとんどなかった。MCAS テストの結果が公表されると、地元紙である『ケンブリッジ・クロニクル（Cambridge Chronicle)』『ケンブリッジ・タブ（Cambridge TAB)』『ボスト

ン・グローブ（Boston Globe）』では、試験結果をめぐって様々な議論が巻き起こる。99年には、「点数はほとんど同じである」という見出しで、全体としては98年からあまり変化のないことを伝えているが、第10学年に関して言えば州平均と比べて点数が低いことを取り上げている（Cambridge Chronicle, 1999.12.8）。2001年には、「MCASの点数がかなり上昇した」という見出しで、最優秀と習熟レベルの生徒が増加したことを指摘している（Cambridge Chronicle, 2001.11.7）[8]。その後、2006年に飛躍的にMCASテストの成績が向上し、ケンブリッジ学区及びCRLSの学力向上が大々的に報じられ、CRLSの大幅な学力向上にはCRLSの改革が功を奏したという記事が掲載されている（Boston Globe, 2006.9.28, 2006.10.8）。

　ケンブリッジ学区では、MCASテストに対してボイコット運動が頻発したことは特筆すべきである。99年にMCASテストをボイコットしたのは主に高校生（第10学年）であり、「テストは不公平で時間の無駄である」としてテストの受験を拒否した。また、初等学校の生徒を持つ親も、「20時間を家庭学習に充てる方がましだ」として、ボイコットを表明している[9]。州の教育長であるドリスコル（David Driscoll）は、テストのボイコットに対して厳しく対処すべきであると述べているが、一方でケンブリッジ学区では、テストで生徒が落第という結果になるだけで特に停学になる等の処置はないとしている（Boston Globe, 1999.5.21）。

　98年から2000年までのテスト結果は悪く、特に他の都市部の学区同様にマイノリティの生徒が警告・落第レベルにあった。この理由として、多くの生徒がテストをボイコットし、ボイコット者の点数が200点（＝0点）として計算されたことが関係しているという。事実、CRLSにおいて2000年には85人がテストをボイコットしたが、2001年にはわずか10人だったと報告されている（Boston Globe, 2000.11.26）。その結果として、2001年の成績は「最優秀」「習熟」レベルの割合が増加している。

　2001年以降のボイコット運動が激減した裏には、MCASテスト結果の卒業要件化がある。実際に、『ケンブリッジ・クロニクル』には、「昨年MCASテストをボイコットした第10学年の多くの生徒達が、州から学位を与えられないことを怖れ、ついにテストを受けた」と二人の子どもをもつ母親の記

事が掲載されている（Cambridge Chronicle, 2001.11.7）。MCASテスト結果の卒業要件化によって、近年このようなボイコット運動は低学年化し、縮小傾向にある。初等学校では、2001年にはキング・オープン校（King Open School）では56人、グラハム＆パークス校では16人がMCASテスト受験をボイコットしたという（Boston Globe, 2002.5.26）。これまでボイコットの主体は主に高校生であったが、上述のように第10学年のMCASテスト結果が高校の卒業要件となったことによって、MCASテストのボイコットは、高校卒業資格を獲得できず大学に進学できないことを意味するようになった。そのため、否応無しにMCASテストを受験しなければならず、ボイコット運動は低学年化することになった。

　以上のように、卒業資格を得るためにMCASテストを受験するといった事態が生じているものの、「それでもMCASテストをやめさせる運動は、この州やここ（ケンブリッジ市）ではまだ強い」という（Cambridge Chronicle, 2001.11.7）。テストのボイコット自体は減っているものの、ケンブリッジ学区にとって、MCASテストは好ましく受け止められてはいない。たとえば、2000年当時のケンブリッジ市の教育長であるアレッサンドロ（D'Alessandro）は、MCASテストは卒業要件となっているため重要であることは認識しているが、生徒の学力を評価する方法の一つでしかない、ということを強調している（Boston Globe, 2000.11 26.）。また、学区全体として、親、教師、教育委員会にもテスト反対の雰囲気があったことが指摘されている（Boston Globe, 2002.9 22.）。2007年に行われたケンブリッジ学区に住む子供をもつ親への調査では、「教育長ともし話しをすることになったら、ケンブリッジ学区をよりよくするために教育長と話したいことは何か」という質問に対して（複数回答可）、教師の質の向上（15%）、よりよいプログラムや教育の質の向上（13%）などがトップ項目として並ぶが、「テストを重視しないこと（4%）」という項目が上位にランクインしている（Opinion Dynamics Corporation, 2007）。

　キング・オープン校のファミリー・リエゾンであるエリーナ（Elena James）に2008年3月にMCASテストやテストのボイコットについてインタビューしたところ、学校のスタッフは「テストのための授業は好ましいと思えないため、MCASテストに積極的に関与したいとは思っていない」と答えた。

しかし、MCAS テストは実際に学校や授業を変えたという。具体的には、カリキュラムが変わり、テストに対する授業が増えている。それでも、キング・オープン校では、様々なプログラムを持ち、アセスメントはテストだけではなく、様々な評価を行っているという。テストのボイコットについては、「ボイコットをした生徒も不合格の生徒も罰則があるから、基本的にはボイコットは減った」という。しかし、キング・オープン校の実践やスタッフたちの思いとは裏腹に、州による MCAS テスト、学区によるテストなどが課される状況は、二重、三重のスタンダードによって管理され、査定されていることを示している。

ケンブリッジ市には、MCAS テストに対して反対する人々や組織が存在する。その一つにマサチューセッツ州に本部を置く「フェア・テスト」が挙げられる。MCAS テストをボイコットした生徒の保護者の多くはこのメンバーである。フェア・テストは、85 年にスタンダード・テストの誤用をやめさせ、公正で差別がなく妥当性のある評価を保証するために設立された。その下部組織にあたる「教育におけるオーセンティックな改革のための連盟（Coalition for Authentic Reform in Education）」は、州よりはむしろ学区や学校ごとに卒業を決定する評価システムを作り、州のスタンダードを基礎としてアカウンタビリティと評価計画を開発するべきだというスタンスに立つ（黒田, 2006: 17）。これらの組織がケンブリッジ学区全体の反テスト運動を後押ししているが、現状として、2002 年以降の MCAS テストの卒業要件化と NCLB 法の制定によって、不利益を被らないために否応なくテストを受験するというケンブリッジ学区の教師や生徒や保護者の苦悩が見え隠れしている。

3　ケンブリッジ学区の学力向上政策

MCAS テストの結果が卒業要件となった 2001 年以降、生徒と保護者によるボイコット運動は激減し、テスト政策の大きなうねりに巻き込まれていっている。ここでは、テスト結果に基づいてケンブリッジ学区がいかなる学力向上策を行っているかを見ていこう。

2001 年以降、テストのボイコット数が減少した結果、テスト成績はあ

る程度向上したものの、依然として学力問題は大きな課題であった。ボストン・グローブ紙によると、ケンブリッジ学区の CRLS の学力成績が向上せず、2003 年に「学校とカレッジのニューイングランド協会（New England Association of Schools & Colleges）」のアクレディテーションチームによる批判的なレポートカードの提出を受けて、CRLS の改革が行われることとなった。批判の対象となったのは、CRLS におけるカリキュラム・スタンダードの欠如と 2000 年から始まった 5 つのスモール・スクール制度といった学校組織の構造であった（Boston Globe, 2003.1.19）。そのため、CRLS の校長が新たに任命され、CRLS 改善のための委員会が準備された。

2003 年に、アレッサンドロの任期終了とともにトーマス・フォーラー・フィン（Thomas Fowler-Finn）が新たな教育長に就任している。彼は、それまでの 20 年間都市部の高校の学力向上改革に携わり、テスト政策に対するリーダーシップのとれる人物であった。彼は、10 月に教育委員会のメンバーと協力してケンブリッジ学区の改革プランを提出した（Boston Globe, 2006.6.14）。この声明では、全ての生徒の MCAS テスト成績の向上を達成することだけでなく、学区全体で CRLS の改革を支援することも掲げている（Cambridge Public Schools, 2003）。中でも、CRLS と校長を支援することなどの以下の 4 項目が目標として掲げられた。

　<Goals Statement 2003-2004>
　1. 全ての生徒の学力成績を上げ、成績のギャップを減らすために学校を改善し様々な部署が提携する
　2. 評価、生徒の学習、職員のためのシステムを十分に開発する
　3. 州やアメリカの中で、生徒の成績と安全面でトップの高校をめざし、CRLS の教育コミュニティを強化するために校長を支援する
　4. 必要な情報を利用できるようにデータベースを構築すること

2004 年に発表された「学区改善計画（District Improvement Plan）」は、上記の声明を引き継ぎ、学区のミッションに定めた（Cambridge Public Schools, 2004）。この学区の改善計画を受けて、2005 年より CRLS では具体的に改革

が実行されている。

　まず、CRLSの構造改革が行われ、新しいカリキュラムの下で評価方法、授業の改善に取り組んだ（Cambridge Rindge and Latin School, 2004）。学力向上策として、MCASのためのカリキュラムを作り全学年の生徒を支援すること、MCASテストの準備授業を行うこと、MCASセンターの設置が決定、実施されている。MCAS準備授業（MCAS Prep Class）では、第10学年のはじめの学期に数学と言語の領域のテスト準備を行ったり、合格できなかった第11・12学年の生徒のための授業を行ったりする。MCASセンターでは、コーディネーター（スタッフ）を雇用し、MCASテストに合格できなかった生徒が弱点項目に基づいて学習でき、MCASに合格できるよう支援をする。CRLSの図書館のウェブサイトには、教科に関するリンクとして、MCASセンターが出しているMCASテスト対策用のプリントがPDFファイルで開けるようにしてある。そのプリントには、MCASテストの多項目選択問題や読解問題や作文問題の解き方のポイントなどが書かれており、参考にできるようになっている。そのほか、チューターセンター、ホームワークセンターの設置や、MCASテスト以外のSATテストなどの受験を促進するようなセンターが設置され、生徒が学習をより効率的に行うことができるように組織されている。

　このような努力の結果、CRLSでは2006年には第11学年の生徒の大多数が試験に合格するだけでなく、非常に良い成績（最優秀か習熟）を修めることができたという（Boston Globe, 2007.10.8）。この結果をもたらしたのは、2003年から3年をかけて学力向上政策をとってきた教育長の功績だという。学力向上を主たる達成目標と掲げた現教育長への交替と、強力なリーダーシップを発揮してハイスクールの改革を行ったことが学力向上をもたらしている。

おわりに

　マサチューセッツ州では、知事と州議会によるリーダーシップのもとで強力に改革を進め、94年の連邦法「2000年の目標：アメリカを教育する法」

に先行して 93 年に「州教育改革法」が制定されている。この教育改革法の制定を起点として、現在のアカウンタビリティとテストに基礎をおく改革を準備し、NCLB 法の制定を待たずして、テスト政策を強力に促進し一定の査定システムを構築した。

今回検討したケンブリッジ学区は、ボイコット運動をはじめとするテスト政策への抵抗運動が起こっていた学区であり、反テストを掲げるフェア・テストのような組織が存在する地域である。しかし、MCAS テストに対して抵抗運動がある学区であっても、93 年の「州教育改革法」制定以降、特に MCAS テストでの合格が高校卒業要件となる 2001 年頃より、州によるトップダウンの改革が強制される形でテスト政策が推し進められている。ケンブリッジ学区は、2003 年に学力向上を明確に主張する教育長に交代し、現在も学力向上政策がとられている。

現在、テストによる測定と、アカウンタビリティの名のもとで点数・数値による学校の評価と管理が進んでいる。ケンブリッジ学区においても、MCAS テストの結果の上昇と第 10 学年 (以降) の MCAS 合格点数 (Competency Determination) を満たした生徒の割合の上昇は非常に目覚ましく、人種・民族間の学業成績のギャップも縮まってきている。本章では、テスト自体の分析は行っていないが、州によるテストの信憑性に疑問がないわけではない。州によるテスト成績や卒業要件となる合格率がインフレを起こしているのではないかとの懸念や (Massparents, 2005)、「全米学力調査 (National Assessment of Educational Performance)」(以下、「NAEP」と略す) における習熟レベルと州統一テストの習熟レベルを比較すると大きな隔たりがある州もあるという指摘もある (Fuller, Wright, Gesicki, 2007)[10]。

また、アメリカのテストをめぐる問題に関して興味深いことは、経済協力開発機構 (OECD) による「生徒の学習到達度調査」(以下、「PISA」とする) といった国際的な調査や NAEP による全米テストの結果よりもむしろ、州による統一テストの結果が重視されている点である。もちろん、国際テストの順位がすべてを示しているわけではないが、PISA 2006 の調査において、アメリカは OECD 諸国の平均を下回るところに位置する。現在のアメリカは、州による統一テストの結果に一喜一憂しているような印象さえある。しかし、

いっそう深刻な事態は、学校や教師が信頼されずテスト点数や数値しか信頼できない「査定社会（audit society）」において改革が進行していることである。NCLB 法の実施以降、査定と評価があまりに強調されることによって、学力達成度も学校評価も測定可能で数値化しうるものとして捉えられ、実態を見誤りかねない状況が起こりうる。学校現場の実態を見極め、学力テストの点数に振り回されずに、子どもたちの学習を保障し、信頼される学校をまもっていくことこそ考えるべき課題であろう。

注

1 99年10月、2002年5月、2004年3月、2008年3月の調査・インタビューによる。ケンブリッジ市ハガティ校（Haggerty School）の元校長であるペトナー（Joseph Petner）と、キング・オープン校のファミリー・コーディネーターであるエリーナ（Elena James）へのインタビュー調査を行った。貴重な時間をいただいたことを感謝したい。

2 2002年5月に行ったペトナー元校長へのインタビューでは、都市部のミドルクラス化が進みつつあり、居住パターンの問題が教育以上に問題となっている、との回答を得た。ハーバード・スクエア近くで部屋を借りる場合、ワンルームタイプの1か月の家賃が約1,800ドルと高額である。また、物価高騰も影響している。

3 たとえば、異なるバックグラウンドを持つ親やグループが、それぞれの習慣や食べ物を共有したり、学校について討論したりするための多文化の活動に参加している。このように、人種統合を目指して多文化教育を目指していたことが分かる。

4 裁判所の命じた人種バランスの基準は、マイノリティの生徒が30％から50％の割合で学校に在籍し、30％以下にならないような「バランスのとれた学校」を要求したが、ケンブリッジ学区では、この基準はケンブリッジ学区には適合しないと判断した（Willie & Alves, 1996）。

5 スタッフの人種バランスを達成することが述べられているが、81年当時ほとんど達成できていない（Cambridge School Department, 1980: 12. Cambridge School Committee, 1981: 22.）。

6 学区が行った調査の中で、低所得者が48％であることが指摘され、社会経済的地位の低い家庭出身の生徒が集まる学校の学力成績が不振であること、入学希望者数が少ないという結果が出された（Cambridge Public Schools Office of Legal Counsel, 2001, Controlled Choice Plan）。

7 「Academic Procedures」として、卒業要件の単位数等が記載され周知されている（CRLS web site,http://www.cpsd.us/ crls/about/procedures.html［2008.5.10取得］）。

8 2001年のテスト結果は、基準点の見直しが行われ全体的にテスト結果が向上したと言われており、それ以前のテスト結果と単純に比較することはできない（Boston Public Schools, 2001: 1-17）。

9 「20時間」とは、MCASテストに要する時間として親が答えた時間であり、正確なテスト時間ではない。ボイコット運動は、ケンブリッジ学区のみならず、サマービ

ル学区、ニュートン学区、ボストン学区でも生じた。
10 MCASテストの結果はNEAPとあまりギャップがないという。しかしながら、このことが即座にMCASテストの適切さや学力向上を必ずしも意味するわけではない。

引用・参考文献

北野秋男 2003「〈研究ノート〉マサチューセッツ州におけるテスト政策と教育アセスメント行政の実態―『マサチューセッツ州総合評価システム―』の成立と影響」日本教育学会『教育学研究』第70巻第4号, pp. 559-56.

北野秋男 2007a「米国マサチューセッツ州における学力向上政策―ブルックライン学区の場合―」日本大学教育学会『教育学雑誌』第42号, pp. 1-11.

北野秋男 2007b「アメリカにおける学力向上政策―MCASテストによる教育アセスメント行政の実態―」大桃敏行他編『教育改革の国際比較』ミネルヴァ書房, pp. 111-126.

黒崎勲 1994『学校選択と学校参加―アメリカ教育改革の実験に学ぶ―』東京大学出版会.

黒田友紀 2003「ケンブリッジ市における「統制型の学校選択(Controlled Choice)」の再検討」日本比較教育学会『比較教育学研究』第29号, pp. 97-113.

黒田友紀 2006「ボストン市におけるパイロット・スクール改革の検討―『真正の評価(オーセンティック・アセスメント)』に焦点をあてて―」アメリカ教育学会『アメリカ教育学会紀要』第17号, pp.13-21.

本図愛実 1994「アメリカにおける学校選択の研究―『市場性』とコントロールドチョイス―」日本教育行政学会『日本教育行政学会年報』第20号, pp. 202-215.

Boston Globe 1999.5.21. "Cambridge Teens Refuse to Take MCAS".
Boston Globe 2000.11.26. "MCAS Scores Show A Drop-off".
Boston Globe 2002.5.26. "Boycott of MCAS is Smaller, Younger".
Boston Globe 2002.9.22. "At Rindge, a Last-Gasp Effort at Passing the MCAS".
Boston Globe 2003.1.19. "Facing Bad Report Card, Rindge Drops Small-School Model".
Boston Globe 2006.6.14. "Cambridge Schools Chief Vows to Lighten up: Superintendent says he will soften his ways".
Boston Globe 2006.9.28. "A Crucial Leap in MCAS".
Boston Globe 2006.10.8. "At Rindge and Latin, A Major Corner Turned".
Boston Public Schools 2001 "Massachusetts comprehensive assessment system, result: May, 2001" Boston Public Committee, pp. 1-17.
Cambridge Chronicle 1999. 12.8. "Cambridge's MCAS score stay about the same".
Cambridge Chronicle 2001. 11.7. "MCAS scores up significantly in Cambridge".
Cambridge Public Schools 2003 Goals Statement 2003-2004.
Cambridge Public School District 2004 District Improvement Plan 2004-2006.
Cambridge Public Schools Office of Legal Counsel 2001 Controlled Choice Plan
Cambridge Rindge and Latin School 2004 Two-Year progress Report Submitted to The New England Association of Schools and Colleges Commission on Public Secondary Schools.

Cambridge School Department 1980 "Cambridge School Desegregation Plan".
Cambridge School Committee, 1981, タイトルなし.
Chubb, J.E. & Moe, T. M. 1990 *Politics, Markets, and America's Schools*, Washington, D.C.: Brookings Institution.
Downey, Joan and Stern, Ann Swanson 1989 "Staff Development: An Approach to Curriculum Reform in Cambridge, Massachusetts", *Equity and Choice*, pp.25-31.
Fuller, Bruce. Wright, Joseph. Gesicki, Kathryn. 2007 "Gauging Growth: How to Judge No Child Left Behind ?" *Educational Researcher*, Vol.36, No.5, pp. 268-278.
Massachusetts Department of Education (MDE) 2008, State Profile, http://profiles.doe.mass.edu/state.asp (2008.12.1.取得).
Massparents 2005 DOE Pass Rates Inflated, http://www.massparents.org/news/2005/pass_rates.htm, [2008.5.10取得].
Opinion Dynamics Corporation 2007 Cambridge Public Schools.
Solo, Leonard J. 1985 "School Site Staff Development Structures and Processes", *Education and Urban Society*, pp.332-340.
US Department of Education, Mapping 2005 State Proficiency Standards on to the NAEP Scales.
Willie, Charles V. & Alves, Michael J. 1996 *Controlled choice - A new approach to school desegregation and school Improvement*, MA: Education Alliance Press and the New England desegregation assistance center Boston University.

第3部
NCLB法制定後の学力向上政策

第11章
NCLB法の制定背景、特殊性、現状と課題

吉良　直

はじめに

　「どの子も置き去りにしない法（No Child Left Behind Act of 2001）」（以下、「NCLB法」と略す）は、83年の『危機に立つ国家（*A Nation at Risk*）』刊行後に全米に広がった学力向上を目指したアカウンタビリティ重視の改革を推進してきたアメリカにおいて、学力格差是正のために制定された民主・共和両党の支持を得た歴史的な連邦教育法である。65年に制定された「初等中等教育法（Elementary and Secondary Education Act）」の最新の改定法であるNCLB法は、ジョージ・W・ブッシュ前大統領（第43代）が2001年1月就任後の最初の週に公表したものである。同法は、同年9月11日の同時多発テロ直後の12月に連邦議会上下両院の超党派の支持を得て可決され、翌2002年1月8日に同大統領が署名して成立し、2002-03年度から実施されてきた。

　NCLB法は、学力格差是正のために連邦政府の役割を大幅に拡大した過去に例を見ない連邦教育法である。そこで、本章では、同法制定の「背景」「概要と特殊性」「成果」「問題点」、そして「今後の課題」について主要文献や公式文書などを基に解明することを目的とする。これまでの国内におけるNCLB法に関する先行研究は、「アカウンタビリティ」「学力テスト」「実施状況」に焦点を当てており、同法の制定背景に言及したものは皆無である[1]。本研究の独創性と意義は、NCLB法の制定背景を詳しく解明した点にあるが、合わせて同法の成果と課題も総括することによって、NCLB法の全貌を解明したいと考える。

1 NCLB法制定の背景

　NCLB法自体に関する検討を行う前に、まずは同法制定の背景について二つの視点から考察する。第一には、教育に関する連邦政府、州政府、地方自治体の役割の関係性の変遷であり、第二には、二大政党の民主党、共和党の教育政策の相違点とその変遷の確認である。本節では、この二つの視点から見た場合、NCLB法が歴史的にも異例のものであった点を解明しながら、合わせて同法成立の要因についても考察したい。

　第一の視点は、アメリカの教育行政制度の構造の問題に着目するものである。アメリカでは教育に関する合衆国憲法上の規定がなく、教育の権限が州政府に委ねられてきたという教育行政システムがNCLB法を理解する上でも重要となる。アメリカでは、歴史的には州政府の緩やかな監督下で学区を中心とする地方分権的な教育制度が維持され、多様な形態の教育が提供されてきた。財政面でも、連邦政府は、初等・中等教育に関する予算の7～8％を賄ってきたに過ぎず、残りは州と学区が負担してきている。州と学区の割合は、1920年代には学区が8割以上も捻出していたが、その後州政府の負担額が増加し、80年代以降は学区と同程度か、それ以上の教育費を捻出している（高木, 1990；吉良, 2001a: 34）。一方、連邦政府の役割と言えば、教育の機会均等の保障への支援、連邦教育法の制定など限定的なものにとどまっていた[2]。

　学区を中心とする地方分権主義を特色とする教育体制に連邦政府が結果責任を求める形で介入する潮流ができたのは、83年の『危機に立つ国家』以降である。この連邦教育省長官の諮問委員会による報告書は、凡庸な教育による生徒の学力低下が国際競争力を減退させているとして全米に衝撃を与え、その後の学力向上を重視した様々な改革の契機となった。83年以降の改革は、しばしば次の三つの波に大別される（Chapman, et. al, 1996: 9-10；橋爪, 1999；吉良, 2001b: 275-6）。第一の波は、『危機に立つ国家』刊行直後から始まり、「卒業要件の厳格化」「年間の授業日数の増加」などの政策強化によるものが中心となった。第二の波は、80年代後半から推進され、「学校の再構造化」「教師の専門職化と権限拡大」「親の学校選択権の拡大」「スクール・ベー

スト・マネジメントの導入」、そして「チャーター・スクールの導入」などの学校の再構造化と自律性、そして教育への市場原理の導入に基づく改革が中心に実施された。そして、第三の波は、90年代初頭からのシステム・レベルの改革で、それまで学区中心の地方分権的だった教育行政に対し、連邦政府が州政府を通して結果責任を求める形で介入するようになった点が特徴的である。NCLB法は、この第三の波の中で制定された教育法として位置づけることができるため、以下にその詳細を考察する。

　第三の波は、89年に共和党・ブッシュ元大統領（第41代）の下で全米州知事による歴史的な「教育サミット」が実現した時期に始まったと言える。そのサミットで発案され、合意された6項目は、「2000年のアメリカ：教育戦略（America 2000: An Education Strategy）」（1991年）の構想を経て、93年1月に就任した民主党・クリントン元大統領の下で2項目を加えた8項目からなる「2000年の目標：アメリカを教育する法（Goals 2000: Educate America Act）」（1994年）として立法化された[3]。この学力向上を至上命題とした連邦教育法は、初めて全米の教育目標を法制化し、連邦政府と州政府の地方教育行政への介入を明確にしたものである。教育目標の中には、第4・8・12学年で主要教科の学力測定を行うことや「数学」「理科」で世界最高水準の学力を達成することなどが盛り込まれた。

　同じ94年には、クリントン元大統領の下で初等中等教育法の改定法として「アメリカ学校改善法（Improving America's Schools Act, IASA）」も民主党主導の議会を通過し、立法化された。そして、連邦政府は州レベルのスタンダード（standards）、つまり教科課程基準の設定、ならびに同基準の測定・評価を目的とするテスト政策の導入を条件に州政府への補助金を支給することを通して、2000年の目標を目指していった。この教科課程基準に基づく90年代からの改革は「スタンダードに基づく運動（Standards-based Movement）」と呼ばれ、全米の多くの州が連邦政府からの補助金を基にスタンダードとテストによるアカウンタビリティ・システムを構築していった。州レベルでの標準テストの試験的な実施時期が終わった90年代後半から2000年代初頭にかけて、いくつかの州ではテストで基準点を超えないと高校を卒業できない、あるいは進級できないといった結果責任を伴う試験制度 (high-stakes testing) に

基づく厳しいアカウンタビリティ・システムが構築されていった。たとえば、マサチューセッツ州では93年に「マサチューセッツ州教育改革法」が成立し、州テストである「マサチューセッツ州総合評価システム」（MCAS）を中心として、州知事主導の改革が実施されてきた（北野, 2003, 2006）。

　そして、連邦政府が州政府を通して地方教育行政への介入をさらに強化したものが、NCLB法である。連邦政府の地方教育行政への介入は、アメリカの独立期以来の教育史上でも稀有なことであるが、90年代からの全米の教育目標の設定に端を発するスタンダードに基づく運動の延長線上にあるとも解釈できる。ただ、90年代に展開されたスタンダードに基づく運動では、多元的な能力を測定するためにポートフォリオ評価などの様々な評価方法が用いられていたが、NCLB法制定により、州レベルの統一テストの一元的な評価方法に集約する方向に進んだことは特筆すべきことである。

　NCLB法制定の背景として重要な第二の視点は、二大政党の民主党と共和党の教育政策である（Toch, 1996；佐藤, 1996；DeBray, 2006）。民主党は、連邦教育予算の拡充を通して学力格差是正を目指し、技能重視の進歩主義的教育実践を支持する傾向にある。そのため、共和党の市場原理に基づく政策は弱者切り捨てになるとして、学校選択制度にしても公立学校内のみにとどめ、あくまで公立学校の質的向上による教育改革を目指してきた。一方、共和党は小さな政府と地方自治の原則を堅持し、連邦教育省の廃止を目指し、伝統的価値観を重んじ知識重視の教育実践を支持する傾向にある。そのため、新自由主義に基づく市場原理を教育界に導入する改革を推進し、私立学校も含む学校選択制度などを通して親の選択権を拡大してきた。このように、社会の弱者を救済するための連邦政府の役割を重視し、地域社会に根ざした公教育の再生を目指す民主党の理念と、小さな政府を標榜し保護者に選択権を与え市場原理に委ねることを推進する共和党の理念にはかなりの差異があった。

　しかしながら、とりわけ90年代からのアカウンタビリティ重視の改革が実施される中で、学力向上が両党にとっての至上命題となり、各党が妥協することで両党が支持する改革案が浮上してきた。民主・共和両党が支持する改革案の例として挙げられるのが、「チャーター・スクールの推進」「スタンダードの策定」「テスト政策の実施」などであり、連邦政府の教育への介入

表11－1　民主党、共和党の主な教育政策の比較

教育政策	民主党	共和党
両党で異なる政策	➢ 連邦教育予算を拡充して貧困層の学力向上を目指す ➢ 技能重視の進歩主義的教育を支持する傾向 ➢ 格差是正のため、公立学校の改革、公立学校内の学校選択制を推進	➢ 小さな政府と地方自治の原則を堅持し、連邦教育省の廃止を目指す ➢ 伝統的価値観を重んじ、知識重視の伝統的教育を支持する傾向 ➢ 格差是正のため、競争原理による宗教系の私立も含む学校選択制、ヴァウチャー制を推進
両党が支持する政策 （90年代以降）	➢ チャーター・スクールの推進 ➢ 連邦レベルの教育目標の設定 ➢ 州レベルの教科スタンダードの策定、テスト政策の実施 ➢ 学力格差を是正するためのNCLB法の制定	

をさらに拡大する政策としてのNCLB法へと行き着いたことになる[4]。両党が支持する改革案が浮上してきた背景には、上記の共和党・ブッシュ元大統領の下で89年に開催された教育サミットに、93年に就任した民主党・クリントン元大統領が当時のアーカンソー州知事として参加し、その後の改革の主流となった「全米の教育目標の策定」「スタンダード・テストの策定」などに合意していたことは特筆すべきことである。二大政党間の教育政策の相違点と類似点をまとめたのが**表11－1**である。

しかし、民主・共和両党が支持する政策が出てきた中で見過ごしてはならないのは、両党の主張には依然大きな隔たりがあった点である。たとえば、両党はチャーター・スクールを推進しながらも、その政策には顕著な相違点が見られる。すなわち、民主党はチャーター・スクールを公教育再生のための新たな選択肢としているのに対し、共和党は私立学校も含めた本格的な学校選択制度確立への踏み台と考えている（Hassel, 1999）。

NCLB法に関しても様々な相違点があり、両党の妥協を通して法案がまとめられていった。その妥協案の内容は、民主党側が弱者救済のための連邦教育予算拡大を勝ち取るために、各州の統一試験によるアカウンタビリティ・システムの強化を容認した一方で、共和党側はアカウンタビリティ重視の体制と補習授業の実施を勝ち取るために、地方主権の原則とより広範なヴァウチャー制度を容認している。さらに注目すべきことは、各党内も一枚岩では

なかったことである。民主党内では州の統一テストによって結果責任が厳しく問われるシステムの実施に関して賛否両論があり、共和党内では連邦教育省廃止を教育政策の主要項目としていたことからも明らかなように、連邦教育省の影響力を拡大する政策には賛否両論あった。

政党間だけでなく、各党内にも意見の対立がある中で、ブッシュ前大統領がNCLB法を超党派の支持を得て成立させられた背景には、主として三つの要因が指摘される。第一の要因は、全米のみならず全世界を震撼させた2001年9月11日の同時多発テロ事件である。この事件が米議会での法案通過を遅らせる可能性もあったが、テロ直後の国粋主義的な雰囲気の中で、逆に党派間の対立を超越する機運が高まり、一気に議会を通過し立法化されたという特殊事情があった (Peterson & West, 2003: vii)。つまり、ブッシュ前大統領が9・11以降もアメリカが平常通り機能していることを示すための象徴としてNCLB法の成立を目指したため、超党派の妥協案となったという解釈である。

この点に関しては、単なる妥協案ではなく、緊急事態に直面したブッシュ政権への結束を高め忠誠を誓うために、多くの共和党議員が自分たちの主義主張を曲げてまで賛成票を投じたという意味で「主義主張からの離脱 (ideological defections)」だとする論考もある (DeBray, 2006)[5]。実際、94年の再改定の際には下院、上院の共和党員の賛成票がそれぞれ19％、53％と低かったのに対して、2001年の再改定の際には、85％、94％と非常に高くなっていることからも、NCLB法成立が稀有な現象だったことが窺える (DeBray, 2006: 125)。

第二の要因は、民主党・クリントン元大統領が、94年の初等中等教育法の再改定 (IASA) を通して、連邦政府からの補助金受給の条件として州レベルのスタンダードとアカウンタビリティ制度の確立を推進していたことが挙げられる。このような連邦政策がすでに実施されていたことで、アカウンタビリティ政策をさらに強化したNCLB法が、超党派の支持を得て連邦議会を通過しやすい土壌ができていたということも指摘できる。

さらに、第三の要因としては、大統領と議会多数派が同じ党からなる「統一政党政治 (unified party government)」であった点を指摘できる (DeBray, 2006)。「初等中等教育法」の改定は大統領が主導する場合が多かったが、統

一政党政治の状態でなく、大統領が議会の多数派と対立した場合は改定法が議会で成立せず、次期大統領に持ち越されることもしばしばあった。実際、クリントン元大統領が94年の改定を実現した時は民主党の統一政党政治によるものであり、ブッシュ前大統領が2002年の改定を実現した時は共和党の統一政党政治によるものだったのである。そして、NCLB法に関しては、2000年にクリントン元大統領が改定を試みたが、共和党主導の議会に阻まれ立法化できず、その後2001年に就任したブッシュ前大統領の共和党統一政党政治の下で成立することとなる。

　本節の考察からわかることは、NCLB法が、アメリカの教育史上異例なものであったということである。アメリカの教育行政制度の視点から見ると、NCLB法とは、歴史的に学区を中心とする地方分権的だった教育行政に、学力向上を至上命題として、連邦政府が州政府を通して最大限関与することを規定した教育法であったと結論づけることができる。また二大政党の教育政策の視点から見ると、NCLB法とは、元来さまざまな相違点により対立を繰り返してきた共和党と民主党が、学力向上のための結果責任重視の改革を推進する中で、同時多発テロ事件の特殊事情を契機に制定された連邦教育法と指摘することができる。

　しかし、同法を成立させた同時多発テロ直後の党派間の対立を超越する機運、並びに党内の意見対立を集約する機運は一時的なものであったため、後述するように、NCLB法に関するブッシュ前大統領や連邦教育省長官への批判は、民主党内のみならず当時の与党共和党内からも様々なレベルで噴出していた。同時に、NCLB法の起草者である民主党の故エドワード・ケネディ上院議員やジョージ・ミラー下院議員は、低所得者層や人種的マイノリティなどに対する教育の改善のために連邦教育予算の拡大を目指してきたが、反対派の多い民主党内で、改善すべき点を指摘しつつ、NCLB法の擁護に終始してきたことも特筆すべきことである（Kennedy, 2006, 2008）。

2　NCLB法の概要と特殊性

　本節は、NCLB法の概要と特殊性について、連邦教育省の同法に関する公

式ホームページ (U.S. Department of Education, 2002) とその他の主要文献を基に検討する。NCLB法は、民主党・ジョンソン大統領が提唱した「貧困との戦い (War on Poverty)」の一環として、学力格差是正を目指して65年4月9日に同大統領が署名して立法化された、「初等中等教育法」を改定したものである。初等中等教育法は時限立法であり、連邦議会は同法を65年以来8度拡大・修正してきており、2002年1月8日に制定されたNCLB法はその最新の改定である。

第107回議会で成立したNCLB法 (Public Law 107-110) は、「タイトルⅠ (Title I)」から「タイトルⅩ (Title X)」の10項目からなり、670ページにも及ぶ法律である。同法の公式文書の最初に書かれている目的は、「どの子も置き去りにしないように結果責任、柔軟性、選択により学力格差を縮めること」である。そして同法で最も重要なのは、「貧困層の学力を向上させること」を目的とする「タイトルⅠ」である。この「タイトルⅠ」に関してジョンソン大統領は、「低所得層の家族の特別な教育的ニーズ、そして適正な教育プログラムを支援しようとする時に、低所得層の家族が集中することが地方の教育機関の能力に与える影響を考慮して、連邦議会は財政支援を提供することをアメリカの政策とすることをここに宣言する」[6] と述べている。

つまり、「タイトルⅠ」は低所得層の子どもの学習を改善するための学校や学区のプログラムを支援するものであり、連邦教育省は低所得層の子どもの数に応じて「タイトルⅠ」の資金を州政府経由で学区に支給してきたのである。しかし、65年以来2,000億ドル近くの連邦資金を投入しながら、未だに多くの低所得者層やマイノリティの子どもたちの学力向上が実現されない現状を憂慮して、NCLB法では初等・中等学校における生徒の学力格差——主として「人種」「所得」「障害」「限定的英語習熟度」に基づくもの——を是正することを目的としている。

連邦教育省によると、NCLB法は、(1) 結果に対するアカウンタビリティの強化、(2) 州、学区、学校の地方の権限と柔軟性の拡大、(3) 科学的に立証された教育実践の重視、(4) 親や生徒の選択権の拡大、という四つの基本理念に基づくものである。これらの基本理念の中で最も重要なのは、第一の結果に対するアカウンタビリティの強化であり、それは、NCLB法の最重要

表11－2　NCLB法が2007年度末までに州レベルに要求する試験科目、学年、頻度

学年（日本の学年）	読解（Reading）	算数・数学（Mathematics）	理科（Science）
第3学年（小3）	年1回	年1回	3年間に1回
第4学年	年1回	年1回	
第5学年	年1回	年1回	
第6学年	年1回	年1回	4年間に1回
第7学年（中1）	年1回	年1回	
第8学年	年1回	年1回	
第9学年			
第10学年（高1）	3年間に1回	3年間に1回	3年間に1回
第11学年			
第12学年			

（出典：Wenning, Richard, et al. (2003) を基に作成）

項目の一つである「タイトルI」の強化を意味する。

　特筆すべきは、連邦政府が各州に対して前例のないレベルでのアカウンタビリティ・システムを構築することを要求している点である。具体的には、州政府に対して、重要科目と指定された第3～8学年（小3～中2）の「読解」と「算数・数学」に関する教科課程基準と到達点としての習熟（proficiency）レベルを設定し、その基準を満たすための「適正年次進捗度（Adequate Yearly Progress）」（以下、「AYP」と略す）と測定のための年次テストの策定を義務づけており、第10～12学年（高校3年間）のうちに一度テストを受けることも規定している。2007-08年度からは「理科」も含まれており、「理科」に関しては第3～5学年、第6～9学年、第10～12学年の間にそれぞれ一回テストを受けることを規定している。その根底にあるのが、2013-14年度の終わりまでには全ての生徒が習熟レベルに達することも義務づけられている点である。NCLB法が現時点で各州に要求している「試験科目」「学年」「頻度」をまとめると**表11－2**のようになる。

　さらに、すべての公立学校は州政府が定めたAYPを達成する義務があり、達成できない場合には「要改善（"in need of improvement"）」と指定される。要改善の状態が2年間続くと、生徒の親に同じ学区内の他の公立学校に行く選択権や補習教育サービスを受ける権利が与えられるなどの罰則が詳細に規定されている[7]。そして、NCLB法が生徒の学力格差の是正を目的にしている

ため、各州に対して「人種」「所得」「障害」「限定的英語習熟度」などのサブ・グループ別のテスト結果と学校単位のテスト結果をまとめた実績通知書を毎年作成することが義務づけられている。

　NCLB法では、生徒の学力に多大な影響を与えることが研究で証明されていることを根拠として、教員の質の確保を重視している。具体的には、NCLB法は2005‐06年度末までに、公立の小学校並びに中等学校で教える全教員が、担当するそれぞれの主要科目に関して、州の「高い資格を有する教員（Highly Qualified Teachers）」の基準を満たすことを義務づけている[8]。この主要科目とは、「英語」「読解」「算数・数学」「理科」「歴史」「公民・政治」「地理」「経済」「芸術」と「外国語」であり、「特殊教育」と「ESL」の教員も同様に質の高い教員であることを義務づけている。同法における「高い資格を有する教員」とは、第一に学士号を持ち、第二に州ごとに規定された教員資格を有し、第三に担当するそれぞれの教科において州が定めるレベルの能力を持っていることを実証できることとしている[9]。生徒が達成すべき習熟レベルと同様に、教員の質に関しても最終的な基準は州に一任されており、州の特殊事情に応じて資格を定義する裁量権が与えられている。そして、同法は初等・中等教育、そして新任教員とベテラン教員に対して実情に合わせた規定を設けるように各州に要求している。

3　NCLB法の実施状況と成果

　NCLB法の最大の功績は、「所得」「人種」「障害」「限定的英語習熟度」などを基にした学力格差是正を明確な目標として打ち出したことであり、置き去りにされてきた生徒たちの問題が改めて注目されるようになったことは賞賛に値する。後述するように、その前提や実施方法に関して同法に対してはかなりの批判があるものの、同法の目的に関しては称賛する声が多い。だからこそ同法は、制定時に超党派の支援を得られたということが指摘されよう。

　NCLB法の実績に関して、連邦教育省は2006年5月に発表したメモで、「NCLB法は成果を出している」としている[10]。その根拠として、2005年7月に公表された「全米成績通知表（the Nation's Report Card）」とも呼ばれる「全

米学力調査（National Assessment of Educational Progress）」（以下、「NAEP」と略す）の結果を挙げ、小学生の「読解」と「算数」の学力が史上最高レベルを記録し、学力格差も縮まっているとしている[11]。具体的には、9歳児の「読解」が71年以来最高、「算数」が73年以来最高となっており、13歳児の「数学」の点数は史上最高だとしている。学力格差に関しては、アフリカ系アメリカ人とヒスパニック系アメリカ人の9歳児の「読解」と「算数」の点数が過去最高レベルに達したこと、同13歳児の「数学」の点数がやはり過去最高レベルに達したことを公表している。さらには、白人系アメリカ人対アフリカ系アメリカ人、並びにヒスパニック系アメリカ人の9歳児の「読解」と「算数」の学力格差が史上最少になったことも挙げている。

ホワイトハウスも同時に、NCLB法制定から6年目の前日の2008年1月7日に同法が成果を出していることを報道している[12]。そのデータ表の中でも、2007年秋に公表されたNAEPの結果を基に、4年生（9歳児）の「読解」の点数が過去最高、4年生と8年生（13歳児）の「算数・数学」の点数が過去最高をそれぞれ記録したこと、白人系アメリカ人対アフリカ系アメリカ人の4年生の「読解」の学力格差が史上最少になり、アフリカ系アメリカ人の4年生と8年生の「算数・数学」の点数が過去最高を記録し、ヒスパニック系アメリカ人の4年生の「読解」と4年生と8年生の「算数・数学」の点数が過去最高を記録したことを具体的な成果として挙げている。

このような成果は、上述したように94年に制定された「2000年の目標」「アメリカの学校改善法」の連邦法に基づく州政府主導のスタンダードに基づく運動により州レベルのスタンダードとテストが実施されてきた成果でもあり、NCLB法自体の成果として切り離すことは困難である。しかしながら、80年代後半からの結果重視の学力向上を目指す改革により、アメリカの生徒たちの試験結果に現れる学力は、全体的に見て上昇傾向にあることは確かであろう[13]。

2005-06年度末までに、公立学校の全教員が満たすことを義務づけていた州の「高い資格を有する教員」の基準に関しては、連邦教育省主催の調査で取り上げられた33州の報告によると、後述する問題もあるが、ほとんどの授業（9割かそれ以上）は各州が定めた「高い資格を有する教員」が担当して

いたとされている (Birman, et al., 2007)。

　ただ、ブッシュ前大統領は NCLB 法制定から僅か 2 年後の 2004 年から同法が成果を出していることを主張し始め、同年の大統領選挙戦中に生徒の学力向上と学力格差縮小を強調している。これに対して、2005 年の NAEP の結果を基に、ワシントン・アナリストの第一人者ジェニングズ (Jack Jennings) は、「学力の進捗度は NCLB 法実施前の［1990 年代に定着した州主導の改革期の］方が速く、同法が全米の学力進捗度を減速させているのではないかという疑問がある」(In Dillon, 2005) と述べている。つまり、NCLB 法の成果の主張に関しては誇張があるのではという疑問も投げかけられているのである (Fuller, 2003; Fuller, et al., 2006)。さらにこのような成果の背景には、後述するように、公立学校が試験に出る主要科目を重視し、試験対策を重視してきた結果でもあり、逆に試験に出ない科目を軽視してきたという問題点も忘れるべきではない。

4　ＮＣＬＢ法の問題点

　NCLB 法の施行から 7 年半以上が経過したが、施行当初から同法の前提や実施方法などに様々な批判が噴出してきた。学力格差是正という崇高な目標を掲げながら、NCLB 法にはなぜさまざまな批判が巻き起こってきたのだろうか。その最大の争点は、州政府の専権事項である教育への連邦政府の影響力の大幅な拡大に対する懸念であり、特に「連邦資金の裏づけがない義務 (unfunded mandate)」を州や学区に課すことが合衆国憲法上許されるかという点である。つまり、連邦資金獲得の条件として課せられた州レベルの統一テストの実施とその結果報告、そして「要改善校」での補習の実施などの義務の遂行に多額の費用がかかり州財政を圧迫しているという問題、さらには連邦資金の裏づけがない義務づけが合衆国憲法違反ではないかという問題などである。

　NCLB 法に対抗する州レベルの動きを代表するものとしては、ユタ州とコネティカット州を挙げることができる (土屋, 2006)。ユタ州は、上記の連邦資金の裏づけがない義務が課せられていることを根拠に、NCLB 法よりも同

州の教育目標を優先するとした州法を 2005 年 5 月に制定している。同様の理由で NCLB 法を順守しないとする法案を審議している州が多い中で、コネティカット州は、NCLB 法の成立以前にすでに質の高いスタンダードとテスト制度を確立していた州として、「NCLB 法の詳細な規定に合わせる必要はない」と主張している。コネティカット州は、このような理由で連邦政府に対抗している数少ない事例となっている。

さらに、主要文献の中で取り上げられた NCLB 法の問題点を二つのカテゴリーに分けてまとめると以下のようになる。第一のカテゴリーは、NCLB 法が非現実的な前提に基づくため、運用上の問題点が多いことに関連するものである。NCLB 法では、低所得で学力の低い生徒が集中する都市部などの学校も、裕福で学力の高い生徒が集中する郊外などの学校も、同一の習熟の基準と AYP によって評価されているが、長年続いてきた学力格差を、結果責任を厳しくするだけで是正できるとする前提には無理があることが最大の問題である（Meier & Wood, 2004; Sunderman, et al., 2005）。このような低所得層の学力格差の問題は深刻であるが、さらに障害のある児童・生徒や英語を母語としない生徒も同一の基準で AYP を満たさなくてはならないという規定も現実的でないものとなっている。

NCLB 法施行前から学力レベルが低かった学校は、学力が向上していても AYP に満たないと「要改善」と指定されるために、教員の達成感が得られずモラルが下がり教員の離職率が上がるという現象がたびたび見られる。そもそも「要改善」とされる学校に集う子どもたちは、低所得者層出身者が多く、過去に十分な教育機会が与えられてこなかったことが問題なのであり、教育レベルを向上するための財政的・人的資源が必要だが、NCLB 法に明記され約束された資金や補習のための補助教員などが、州政府や学区に提供されていないという問題も浮上している。こうした事実は、NCLB 法による学力向上政策の実効性に課題を残すものとなっている。

第二のカテゴリーとしては、NCLB 法がテスト結果重視の罰則をともなう法律であるため、様々な歪みが生じていることが挙げられる。たとえば、試験に出る科目は政策的に重視され、予算も増え授業時間数も増やされる一方、試験に出ない主として「美術」「音楽」といった芸術系の科目などは軽視さ

れ、予算削減により、授業時間数も減らされている (Dillon, 2006)。極端な例としては、試験科目以外の教科の専任教員が解雇され、非常勤講師で代替されるという現象も全米のかなりの学校で起こっている (Meier & Wood, 2004: xii)。そして、学校側がテスト科目を重視した知識偏重の授業を実施するため、生徒の豊かな学びの機会や幅広い学習体験の場が制限されていることも問題視されている (Meier & Wood, 2004: 42-44)。さらには、学校側が適正年次進捗度を達成するために、学力の低い生徒の受験を妨げ、そのような生徒を中途退学に追い込むような方策を実施したり、試験結果や中途退学者の数を良く見せるための虚偽報告をしている実態も明らかになっている (Meier & Wood, 2004: 36-38)[14]。このような政策実施上の歪みは、まさにNCLB法の支援対象となっている低所得者やマイノリティの生徒たち、及び彼らが集中する学校でしばしば行われている。事態は深刻であると言わざるを得ない。

　このような主として学校レベルでの歪みだけでなく、州レベルでも歪みが出ている。最大の問題は、NCLB法がAYPを満たし、2013‐14年度までにすべての生徒が習熟レベルに達することを義務づけているため、その目標を達成しやすいように各州が習熟レベルを低く設定していることである。フラーら (Fuller, et al., 2006, 2007) は、州テストによる習熟レベルの生徒の割合とNAEPのそれとを比較しているが、ほぼすべての州で大きな差が出ているとしている。たとえば、アラバマ州は2003年の第4学年の「読解」に関して、77％の生徒が習熟レベルであったとしているが、NAEPでは僅か22％の生徒が習熟レベルとなっている (Fuller, et al., 2007: 271)。唯一の例外となるのがマサチューセッツ州で、2003年の「読解」と「算数」のどちらも誤差が10％以内となっている。この歪み現象から見えてくることは、連邦政府が権限を拡大し、NCLB法のAYPと罰則を通して厳しく結果責任を問う制度を州レベルで義務づけているのにもかかわらず、地方自治の原則から習熟レベルやスタンダード、テストの作成はすべて州に一任していることからくる政策の整合性の欠如の問題である。

　このように、共和・民主両党の支持で立法化されたNCLB法は、2002年に施行されて以来さまざまな問題が浮上し、学校現場の校長・教師など、そして政治的には野党民主党陣営から多くの批判が噴出しているが、当時の与

党共和党支持者の間でも批判が出ていた。民主党陣営からは、各州の限定的な統一テストが生徒や学校の評価を決め、罰則を通して結果責任が厳しく問われる制度だけでなく、試験対策を重視した教育の蔓延への批判も多く出ている。

これに対して共和党陣営からは様々な意見が出ているが、連邦政府の教育分野の権限拡大に関して相反する主張がなされている。まず保守派のあるグループは、NCLB法が州や地方学区による地方自治を尊重する保守派の理念に反することを主張しており、連邦政府が、教育に関して憲法上の権限がないことを強調している。この例として挙げられるのが、上述したユタ州であり、共和党主導の同州議会では連邦資金の裏づけがない義務づけに反発し、NCLB法よりも州の教育目標を優先する州法が制定されている。

それに対して、保守派の教育史研究者として知られるラヴィッチ（Ravitch, 2005）は、ニューヨーク・タイムズ紙に掲載された「すべての州が置き去りに」と題する記事の中で、現行のNCLB法では「50の州、50の基準、50のテスト」となっているが、「アメリカは、ナショナル・スタンダードとテスト、そしてナショナル・カリキュラムを必要としていることを認識しなければならない」と述べている。つまり、AYPを通して学力向上のスピードまで規定しているのにもかかわらず、基準やテスト内容は各州に任されていることを問題視しているのである。ラヴィッチは、ブッシュ前大統領が連邦レベルの制度導入を追及しなかった理由として、「共和党の地方自治の哲学に反するため」（Ravitch, 2005）だと分析している。そして、現行の50の州レベルの基準とテストが不適切であることを示す最もよい例として、上述したフラーらの研究結果と同様に、ほとんど全ての州が各州の独自のテスト結果により、かなり高い割合の生徒が州ごとの習熟レベルの基準を満たしたとしているのにもかかわらず、2005年のNAEPの結果ははるかに低かった、と指摘している。そして、「州は低レベルの基準と評定インフレを容認している」（Ravitch, 2005）と批判している。もともと連邦教育省廃止を政策に掲げ連邦政府の役割を縮小しようとしていた共和党陣営でも意見が割れており、ナショナル・スタンダードとテストを求める意見は少なからずあるのが現状であり、今後の動向が注目される（Matthews, 2006）。

5　今後の研究課題とアメリカ教育界の課題

　本章の目的は、NCLB法の制定背景を理解することで、同法の成果と課題をより鮮明に解明することであった。NCLB法は、同時多発テロ事件直後の党派間対立を超越する機運の高まりの中で幅広い支持を受けて成立したが、一時的な特殊事情の中で制定されたため、実施開始後は民主党関係者のみならず、当時の与党共和党関係者の中からも批判が噴出してきた。さらに、同時多発テロ事件という特殊事情の中で、党派間対立の超越だけでなく、党内の意見集約も行われたため、両党関係者の中に賛否両論があることも特筆すべき点である。教育問題は民主党が主導して取り組んできていた中で、共和党が有権者の関心の高さへの対応として、新自由主義的な思想を背景に教育問題を取り上げるようになってきたが、NCLB法の非現実的な前提や罰則に伴う歪み等の予想可能な問題を残したまま同法を法制化したことで、共和党の教育政策に関する蓄積の少なさが露呈した形になった。

　今後の研究課題としては、主に次の三点を挙げることができる。第一には、今後のアメリカ教育界の動向をより深く理解する上でも、さらなる制定背景や制定過程の理解が必要になる。それは、NCLB法に関しては賛否両論ある中で批判的な見解が多い傾向が見られ、どのようなグループや個人がいかなる主張を展開しているかを理解するためには、制定の背景を理解し、どのような妥協により同法が制定されたかの理解が不可欠になるからである。第二には、本稿ではNCLB法制定によりテスト政策が強化されたことを強調したが、同時に州の統一テスト重視の一元的な学力観に基づく政策に対抗し、グローバル化し多様化した民主主義社会が市民に求める多元的な能力を伸ばし測定するための様々な実践もあるため、そのような動向に関しても今後研究を進めていく必要がある（吉良，2003；Goodman, 2006）。第三には、アメリカのテスト政策が、2007年4月の全国学力調査の復活などが顕著な例となるように、日本の教育界にも影響を与えてきているので、今後その成果と課題に関してのさらなる研究が必要になる。その際、世界的に導入が進んできた新自由主義による教育改革の功罪についての研究が緊急の課題であり、特に学力テストと学校選択制度を連動させるような政策が低所得層の通う学校

にどのような影響を与えているかなどについての検証が必要である。

　次に、アメリカの教育界の今後の課題について述べる。NCLB 法が義務づけた結果責任を伴う州レベルの統一試験の実施により、アメリカの公立学校は未曾有のテスト漬けの混乱状態に直面している。アカウンタビリティ重視の改革には、これまで置き去りにされてきたマイノリティや貧困層の生徒やそのような生徒が集中する学校が改めて注目され、試験対策を充実させることでテスト結果に現れる学力が向上する例もあり成果があることは確かである。しかし、知識偏重のテスト政策のみでは、グローバル社会が要求する思考力、判断力、応用力、問題解決能力などの育成が軽視されてしまうことが懸念される。同法の問題点として上述した悪影響を最も受けているのは、郊外などの富裕層の子どもたちが通う学校や学区ではなく、低所得層の子どもが通う学校や学区であることは言うまでもない。実は、NCLB 法が支援対象としている低所得層やマイノリティの子どもたちこそがしばしば被害者となっている現実は、結果だけを求める教育政策の矛盾を露呈するものとなっているため今後の改善が求められる。

おわりに

　上述した「統一政党政府」の理論に基づいて現状を分析すると、民主党クリントン元大統領が共和党主導の議会の抵抗を受け 2001 年 1 月の大統領の任期切れまでに初等中等教育法の再改定を断念したのと同様に、共和党ブッシュ前大統領も 2007 年 1 月に就任した民主党主導の議会の抵抗を受け 2009 年 1 月までの再改定を断念することになった。そして、2008 年 11 月の大統領選挙を制して 2009 年 1 月 20 日に就任した民主党・オバマ大統領と民主党主導の議会からなる「統一政党政府」の下で再改定が行われることになったが、様々な批判が噴出しているため、NCLB 法の問題点がどのように修正されるかが注目される。現時点で確実に言えることは、オバマ大統領が、全ての生徒に質の高い教育を提供することを目指していることである（Darling-Hammond, 2009）。具体的には、十分な教育予算を確保し、テスト結果が不十分だった学校や生徒を罰するのではなく、支援するような政策を実現してく

ものと考えられるし、それを期待したい。

　ただ、NCLB法のもう一つの大きな問題として、同法には、学力格差を是正するための教育以外の政策が伴っていないことが挙げられる（Meier & Wood, 2004, p.45）。民主党・オバマ政権が学力格差是正に真摯に取り組むのであれば、その背景にある経済格差・地域格差をも是正する政策を強化することが必要不可欠となるが、大恐慌以来の金融危機と二つの戦争に直面する厳しい状況の中での今後の動向を注視していきたい。

注

1　国内におけるNCLB法に関する研究としては、矢野（2003）、赤星（2005、2007）、土屋（2006）などが挙げられ、これらの論文の著者は、主にNCLB法のアカウンタビリティと学力テストに関して概説し、同法の施行状況における問題点を中心に考察している。例外的に同法制定の背景に言及している研究としては、本論文の基となった吉良（2006、2009）が挙げられる。

2　連邦教育法の例としては、57年に当時のソ連の人工衛星スプートニク号打ち上げに衝撃を受けて59年に制定された「国家防衛教育法」、そして本章で取り上げている学力格差是正を目的として65年に制定された「初等中等教育法」などが挙げられる。

3　『2000年の目標』は、以下の8項目からなる：　①すべての子どもが就学時に学習準備を完了、②ハイスクールの卒業率90％、③第4、8、12学年で主要教科の学力判定実施、④すべての教員の職能向上、⑤数学、理科で世界最高水準の学力達成、⑥すべての成人の識字能力向上、国際競争の中での職業技能向上、⑦薬物使用、暴力行為の憂いから解放、⑧教育に対する親の責任と関与の拡大（橋爪、1999）。

4　そもそも教育は民主党が主導して取り組んできた事項であり、共和党は地方自治の原則の堅持と60年代からの民主党主導の教育政策の失敗の批判から、95年に就任したギングリッチ下院議長や96年の大統領候補のドール上院議員が、連邦教育省の廃止を教育政策の主要事項としたこともあった。そして、共和党が有権者の支持を得るために教育政策に積極的に取り組むようになったのは、96年の大統領選挙でドール上院議員が教育改革を重視したクリントン元大統領に敗れてからだという見解もある（DeBray, 2006: 37）。さらに、ブッシュ政権下で最終案が策定されたNCLB法では、もともと教育政策には蓄積が少ない共和党は保守系のシンクタンクを重用し、教育研究者の研究成果をほとんど取り入れずに最終案が決定したことが同法実施時の運用上の問題につながった、という指摘もある（DeBray, 2006: 37）。

5　「主義主張からの離脱」の例として挙げられるのは、共和党・ディレイ多数党院内副総裁のラジオでの発言で、「連邦教育省の廃止するためにワシントンに来たので、連邦教育省の権限を拡大させる法案に賛成票を投じるのは非常に難しい決断だった。しかし、この法案は大統領の最重要課題であり自分がそれを妨げる存在になりたくなかった……私は今までに自分の信念に反して投票した覚えが無い」と述べている（DeBray, 2006: 92）。

6 Title 1に関するページを一部和訳して引用(http://www.title1project.com/title1.html [2006.11.23取得])。

7 具体的には、要改善状態が2年間続くと、当該学校の生徒に学区内の別の学校に転校する選択権が与えられる。要改善状態が3年続くと、生徒には転校の選択権に加えて州が定めた補習教育サービスを受ける権利が与えられる。要改善状態が4年続くと、転校する選択権、補習教育サービスを受ける権利に加えて、当該学校は学校改善のための是正措置の実施が義務づけられる。要改善状態が5年続くと、当該学校は再編成を迫られ、公立のチャーター・スクールとして再開や教職員の大幅入れ替えなどの措置を取ることが義務づけられる。

8 連邦教育省のNCLB法公式ホームページの"What Does 'Highly Qualified' Mean for Teachers?"より引用(http://www.ed.gov/teachers/nclbguide/ toolkit_pg6.html#provision[2008.11.30取得])。

9 同上。

10 連邦教育省のNCLB法公式ホームページの"No Child Left Behind Act Is Working"より引用(http://www.ed.gov/nclb/overview/importance/nclbworking.html[2006.11.23])。

11 NAEPは69年に始まり、アメリカで実施されてきた唯一の全国規模の教育達成度に関する指標である。

12 ホワイトハウスのホームページの"Fact Sheet: Six Years of Student Achievement Under No Child Left Behind"より引用(http://www.whitehouse.gov/news/releases/2008/01/print/20080107-1.html[2008.5.3取得])。

13 矢野(2003)は、2000年のOECDの学習到達度調査(PISA)の結果と2000年までのNAEPの結果を基に、「アメリカの生徒の学力は、全国的にみて横ばいないし緩やかながら上昇傾向がみられ、しかも国際的にもけっして低い水準とは言えない」としている(50頁)。

14 ブッシュ前大統領がNCLB法の基にしたテキサス州での教育改革の「成功」にも中途退学者数の虚偽報告などの不正があったことが伝えられている(http://www.factcheck.org/article181.html[2006.11.30取得])。

引用・参考文献

赤星晋作 2005「NCLB法における学力テストとアカウンタビリティ」アメリカ教育学会『アメリカ教育学会紀要』第16号, pp. 66-74.

赤星晋作 2007「NCLB法における学力テストの成果と課題―フィラデルフィア市の事例を中心に」アメリカ教育学会『アメリカ教育学会紀要』第18号, pp. 3-14.

北野秋男 2003「〈研究ノート〉マサチューセッツ州におけるテスト政策と教育アセスメント行政の実態―マサチューセッツ州総合評価システムの成立と影響」日本教育学会『教育学研究』第70巻第4号, pp. 89-98.

北野秋男 2006「マサチューセッツ州における学力向上政策とMCASテスト―州知事主導型教育改革と教育アセスメント行政」日本教育学会『教育学研究』第73巻第1号, pp. 39-41.

吉良直 2001a「学校主導の米国公教育改革―アカウンタビリティと公共性の視点から」淑徳大学国際コミュニケーション学会『国際経営・文化研究』Vol.5, No.1, pp. 33-50.

吉良直 2001b「世界銀行の教育地方分権化政策のジレンマーアメリカ教育改革の潮流が示唆するもの」江原広美編著『開発と教育―国際協力と子どもたちの未来』新評論, pp. 271-286.
吉良直 2003「民主的教育の理念と実践―個性と社会性を育成する教育の模索」江原裕美編著『内発的発展と教育―人間主体の社会変革とNGOの地平』新評論, pp.383-412.
吉良直 2006「No Child Left Behind Act」矢口祐人・吉原真里編著『現代アメリカのキーワード』中公新書, pp.236-240.
吉良直 2009「どの子も置き去りにしない(NCLB)法に関する研究―米国連邦教育法の制定背景と特殊性に着目して―」『教育総合研究』日本教育大学院大学紀要第2号, pp. 55-71.
佐藤学 1996『カリキュラムの批評―公共性の再構築へ』世織書房.
高木英明 1990『比較教育行政試論』行路社.
土屋恵司2006「2001年初等中等教育改正法(NCLB法)の施行状況と問題点」国立国会図書館調査及び立法考査局『Foreign Legislation:外国の立法(立法情報・翻訳・解説)』No. 227, pp. 129-136.
橋爪貞雄 1999「21世紀に橋を架ける80～90年代の改革動向(第1節)」佐藤三郎編『世界の教育改革―21世紀への架ヶ橋』東信堂.
矢野裕俊 2003「アメリカにおける学力問題―基準の設定とアカウンタビリティがもたらすもの」日本比較教育学会『比較教育学研究』第29号, pp. 42-52.
Abernathy, Scott Franklin 2007 *No Child Left Behind and the Public Schools*. Ann Arbor, MI: University of Michigan Press.
Birman, Beatrice F., et al. 2007 *State and Local Implementation of the No Child Left Behind Act, Volume II – Teacher Quality under NCLB: Interim Report*. Washington D.C.: U.S. Department of Education.
Chapman, Judith D., Boyd, William L., Lander, Rolf, & Reynolds, David (Eds.) 1996 *The Reconstruction of Education: Quality, Equality and Control*. New York: Cassell.
Darling-Hammond, L. 2009 "President Obama and Education: The Possibility for Dramatic Improvements in Teaching and Learning." *Harvard Educational Review*, 79(2), pp.210-223.
DeBray, Elizabeth H. 2006 *Politics, Ideology, and Education: Federal Policy during the Clinton and Bush Administrations*. New York: Teachers College Press.
Dillon, Sam 2005 "Education Law Gets First Test in U.S. Schools." *The New York Times*, October 20. [http://www.nytimes.com/] より取得
Dillon, Sam 2006 "Schools Cut Back Subjects to Push Reading and Math." *The New York Times*, March 26. [http://www.nytimes.com/] より取得
Fuller, Bruce 2003 "Are Test Scores Really Rising?" *Education Week*. October 13. [http://www.eweek.org/] より取得
Fuller, Bruce, Gesicki, Kathryn, Kang, Erin, & Wright, Joseph 2006 *Is the No Child Left Behind Act Working? The Reliability of How States Track Achievement*. Berkeley, CA: Policy Analysis for California Education (PACE), University of California, Berkeley.
Fuller, Bruce, Wright, Joseph, Gesicki, Kathryn, & Kang, Erin 2007 "Gauging Growth:

How to Judge No Child Left Behind?" *Educational Researcher*, 36(5), pp. 268-278.
Goodman, Jesse. 2006 *Reforming Schools: Working within a Progressive Tradition during Conservative Times*. Albany, N.Y.: State University of New York Press.
Hassel, Bryan C. 1999 *The Charter School Challenge: Avoiding the Pitfalls, Fulfilling the Promise*. Washington, D.C.: Brookings Institution Press.
Kennedy, Edward M. 2006 "Foreword." *Harvard Educational Review*, 76(4), pp. 453-456.
Kennedy, Edward M. 2008 "How To Fix 'No Child.' " *The Washington Times*, January 7, p. A17.
Kimmelman, Paul L. 2006 *Implementing NCLB: Creating a Knowledge Framework to Support School Improvement*. Thousand Oaks, CA: Corwin Press.
Loveless, Tom 2003 *The 2003 Brown Center Report on American Education: How Well Are American Students Learning?* Washington, D.C.: The Brookings Institution.
Matthews, J. 2006 "National School Testing Urged: Gaps between State and Federal Assessment Fuel Call for Change". *The Washington Post*, p.A1, September 3.
Meier, Deborah, & Wood, George (Eds.) 2004 *Many Children Left Behind: How the No Child Left Behind Act Is Damaging Our Children and Our Schools*. Boston, MA: Beacon Press.
Peterson, Paul E., & West, Martin R. (Eds.) 2003 *No Child Left Behind? The Politics and Practice of School Accountability*. Washington, D.C.: The Brookings Institution.
Ravitch, Diane 2005 "Every State Left Behind." *The New York Times*, November 7.
Sunderman, Gail L., Kim, James S., & Orfield Gary 2005 *NCLB Meets School Realities: Lessons from the Field*. Thousand Oaks, CA: Corwin Press.
Toch, Thomas, with Daniel, Missy 1996 "Fixing Schools: The Debate That Really Matters." *U.S. News and World Report*, October 7, pp. 58-64.
U.S. Department of Education 2002 The Official Page on No Child Left Behind Act, [http://www.ed.gov/nclb/landing.jhtml] [2006年11月22日取得]
Wenning, Richard, Herdman, Paul A., Smith, Nelson, McMahon, Neal, & Washington, Kadesha 2003 "No Child Left Behind: Testing, Reporting, and Accountability." ERIC Digest: ED480994.

第12章
NCLB法制定後のマサチューセッツ州における学力向上政策

北野秋男

はじめに

　ブッシュ（George W. Bush）大統領が発表し、2002年に制定された教育改革法案は「どの子も置き去りにしない法（No Child Left Behind Act of 2001）」（以下、「NCLB法」と略す）と命名された。教育における連邦政府の役割は「制度に奉仕するのではなく、子どもたちに奉仕する」と述べられた。そして、ブッシュ大統領はNCLB法の「序文」において、「超党派的な教育改革は私の政権の基礎である」としながら、「もし我々の国がすべての子どもを教育するというその責任で失敗するなら、多くの他のエリアでも失敗する可能性が高い。けれども、もし我々が若者を教育することに成功するなら、多くの他の成功が我々の国全体や市民生活でも起こるであろう」（Bush, 2001: 1）と述べている。教育改革の基本方針は「結果責任と高い基準」であり、「各州・各学区・各学校は、恵まれていない学生を含めて全ての学生が高い学問的な基準を満たすことを保証することに責任がなくてはならない。各州が学問的な達成を改善することを学区・学校に責任を持たせるための制裁と報酬のシステムを開発しなくてはならない」（Bush, 2001: 1）とされた。

　アメリカの教育政策における「平等性」の問題に詳しいハウ（Kenneth R. Howe）によれば、こうしたNCLB法の特色は「アカウンタビリティのメカニズムと選択を一つの政策において明確に結びつけている」ことであり、「スタンダードに基づくテストの制度によってもたらされる情報は、それに対する報奨と罰の適用によって直接的に、また親が選択権を行使するために必要な情報を提供するものとして間接的に、学校にアカウンタビリティを負わせ

る」（ハウ, 2004: vi）というものであった。NCLB法は、テスト政策をアカウンタビリティと親の学校選択権に直結させた極めて異例な連邦教育法であった。それは、一言で言えば、テスト政策による強圧的な教育管理政策の展開を意味した。

　本章の目的は、NCLB法制定後のマサチューセッツ州における「全米学力調査（National Assessment of Education Progress）」（以下、「NAEP」と略す）やMCASテストの学力結果を検討し、学力向上の実態を考察することである。その際の具体的な課題は、第一には、NCLB法制定後のマサチューセッツ州への影響と学力向上政策の特質を解明することである。第二には、州全体のMCASテストの結果、ならびにボストン学区やブルックライン学区のMCASテストの結果を検証することである。とりわけ、NCLB法制定後のマサチューセッツ州の学力向上政策が成功したか否かを、人種・民族、貧困、言語、障害などによる格差、学区間格差、学校間格差などの側面から検討するものである。

1　NCLB法のマサチューセッツ州への影響

　NCLB法の詳細は、前章でも確認された事ではあるが、本章でもその要点を確認しておきたい。第一には、「適正年次進捗度（Adequate Yearly Progress）」（以下、「AYP」と略す）によって州・学区・学校における学校の出席率、ドロップアウト率、卒業率、毎年達成すべき最低限の改善内容の報告が義務づけられている[1]。第二には、NCLB法は各州に対して学力測定に関する毎年の達成基準を定め、その基準に基づいて全ての生徒に対する学力検査の実施を求めている。第三には、主要科目（英語・数学・理科・社会・外国語など）において、各学校が「高い資格を有する教員（Highly Qualified Teachers）」を配置して生徒指導を行なっていることを報告する義務も課している（NCLB, 2005: 1-2）。とりわけ、AYPは各州における児童・生徒の学力向上の指標となっただけでなく、各学区・学校の教育活動の成果を測定・評価する指標にもなったのである。そして各学区・学校は、2年連続で目標値に到達できなければ、複数年の改善計画を立案しなければならない。さらには、親に対しては学区内の

公立学校に対する選択権も付与される。3年目、4年目でも目標値の達成ができなければ、順次厳しい改善要求を求められ、5年後にはリストラクチャリングの対象となる（矢野, 2003: 46-47）。

さて、NCLB 法に基づいて実施された 2003 年の NAEP の試験結果は、前章でも述べられたように、その成果は見事なものであった[2]。連邦教育省長官ペイジ（Rod Paige）も、「これらの結果は NCLB 法が約束した教育革命が始まったことを示している」（Press Releases, 2003: 1）と述べている。ペイジ長官は、第 4 学年と第 8 年生の数学においては「黒人、ヒスパニック、低所得層の生徒たちのギャップが極めて小さくなった」と述べ、「これはアメリカの教育の歴史で重要な転機となるもの」として「歴史的な偉業」にも匹敵すると強調している。「数学」は「90 年以降で最高」であり、「読解（Reading）」は、「英語に不自由な生徒の成績が伸びている」と指摘している（Press Releases, 2003: 2）。そして、この優れたテスト結果を達成した教師、教育行政官、児童・生徒らを「誇りに思うべきである」と称賛の言葉を惜しみなく与えている（Press Releases, 2003: 1）。

ところで、州における各学校の出席率、ドロップアウト率、卒業率、毎年達成すべき最低限の改善内容の報告などを義務づけた AYP は、マサチューセッツ州ではどのように達成されたのか。同州における 2003 年の AYP の基準は、以下のような 4 つのカテゴリーが設定されている（McQuillan, 2003: 2）。

マサチューセッツ州における 2003 年の AYP 基準

① 2003 年の MCAS テストへの参加率
② 数学と英語における州の学力目標と比較した場合の 2003 年 MCAS テストにおける生徒の学力状況
③ 2001 年と 2002 年の MCAS テストの結果と比較した学区・学校の改善状況
④ エレメンタリーとミドル・スクールの出席率、ハイスクールの学力到達度

この NCLB 法による学力向上政策は、マサチューセッツ州内の学校現場や学区レベルに重大な影響を及ぼしている。テスト結果とは、生徒の学力を

測定する「たんなる尺度」に過ぎないが、教育改革戦略に欠くことのできないものとして、「しばしば総合的な改革と混同される」ことになる（Reville, 2004: 592）。すなわち、テスト結果が学区・学校に対するアカウンタビリティとなっただけでなく、生徒の学力情報を教師に提示できる診断手段ともなった訳である。NCLB法は、MCASテストの学力向上の結果だけでなく、MCASテストに基づく数学と英語の科目におけるAYPの改善状況（92％以上の出席率、70％以上の高校卒業率など）の報告も求めている。そして、AYPの基準をクリアできなかった学区・学校は、2年連続で基準に到達することに失敗すれば、正式に改善を必要とする学区や学校と見なされることになる。

NCLB法に基づいて実施された2003年における全米規模でのNAEPの試験結果は見事な成果を示しているが、とりわけマサチューセッツ州における2003年のNAEPの結果は全米でもトップ・レベルにあることを示した。たとえば、第4学年の「数学」は全米平均が234点であったが、同州では242点となり、全米の最上位に位置した。第8学年の場合は全米平均が276点、同州では287点となり、全米第2位に位置した。同じく、「読解」でも全米1位となり、「読解」の第8学年の全米平均が261点、同州の平均点は273点となった（Reville, 2004: 593）。

2003年12月4日に州教育長代理のマクイラン（Mark McQuillan）が行ったAYPに関する緊急報告によれば、州内の237学区中での94％に相当する学区と州内の1,698校の85％に相当する学校が「英語」と「数学」の両方で基準がクリアされている[3]。このNAEPの結果を、各学区や学校ごとの「限定的英語技能の生徒（Limited English Proficiency Students）」（以下、「LEP」と略す）特別支援児童（障害者や学習遅滞児など）、ランチ支給児童（無料か減額）、人種別（白人、黒人、ヒスパニック、アジア、アメリカン・インディアンなど）の統計から見ると、「英語」ではLEPとヒスパニックを除く全ての生徒が、「数学」ではLEP、ヒスパニック、障害者を除く全ての生徒がAYPの基準を達成している。マクイランは、「学校教師は、これらの結果を一層の注意が必要な生徒や科目を確認するために用いることを期待する。私たちの希望は、これらの年次報告書に対し各学校が何らかの重大な結果に直面することに頭を悩ます以前に、改善を必要とする分野を浮き彫りにできるようにすることであ

る」(McQuillan, 2003: 1) と述べている。

2　2003年のMCASテストの結果

　NCLB法によるAYP報告は、マサチューセッツ州内の学区・学校の学力や学習環境の改善状況を詳細に報告し、その到達度目標の達成を強制するものであった。その際の学力の到達度目標は、MCASテストの結果が指標となった。MCASテストは、州の学力基準となっただけでなく、連邦政府の求める学力基準ともなり、その役割はさらに強固なものとされている。連邦政府によるNCLB法の規定は、州政府の学力向上政策とも統合され、学区や学校現場に対し連邦政府、州政府による「ダブル・スタンダード」「ダブル・アカウンタビリティ」を求める状況となっている。

　まずは、**表12－1、表12－2**によって、98年から2007年までの第10学年におけるMCASテストの「英語」と「数学」の得点結果の推移を確認しておきたい。98年から開始されたMCASテストは、2001年の第4回MCASテストにおいてテスト結果が大幅に改善されているが、その理由は、第6章でも述べたように同年に採点基準が大幅に変更になったためである。

　採点基準が変更になったとは言え、NAEPの試験結果同様、2003年のMCASテストの結果も過去最高の水準を示すものとなった。厳しいテスト政策の実施が真の学力改善になったか否かは別としても、「テストの得点結果は見事に改善された」といえる。

　2003年のテストは、第3学年から第8学年までと第10学年の合計7学年の約527,000名の生徒が10種類のテストを受験している。「英語」は第3・第4・第7・第10学年の生徒、「数学」は第4・第6・第8・第10学年の生徒、「理科（テクノロジー・エンジニアリングを含む）」は第5・第8学年の生徒だけが受験している（MDE, 2003: 3）。テスト結果の公表は、2003年からは「英語」「数学」「理科」のみになっている。第10学年の生徒で「要改善」以上の合格基準をクリアーした者は、「英語」では89％、(前年度は86％)、「数学」では80％（前年度は75％）となった。この結果、2003年春に実施されたMCASテストで高校卒業資格を得た生徒は75％となった。前年度の69％と比べて

第12章　ＮＣＬＢ法制定後のマサチューセッツ州における学力向上政策　271

表12－1　1998年～2007年州全体のMCASテストの結果（第10学年「英語」）

	最優秀	熟達	要改善	警告・落第
1998年（第1回）	5%	33%	34%	28%
1999年（第2回）	4%	30%	34%	32%
2000年（第3回）	7%	29%	30%	34%
2001年（第4回）	15%	36%	31%	18%
2002年（第5回）	19%	40%	27%	14%
2003年（第6回）	20%	41%	28%	11%
2004年（第7回）	19%	44%	27%	10%
2005年（第8回）	23%	42%	25%	10%
2006年（第9回）	16%	53%	24%	7%
2007年（第10回）	22%	49%	24%	6%

（出典：MDE, 1998-2007）

表12－2　1998年～2007年州全体のMCASテストの結果（第10学年「数学」）

	最優秀	熟達	要改善	警告・落第
1998年（第1回）	7%	17%	24%	52%
1999年（第2回）	9%	15%	23%	53%
2000年（第3回）	15%	18%	22%	45%
2001年（第4回）	18%	27%	30%	25%
2002年（第5回）	20%	24%	31%	25%
2003年（第6回）	24%	27%	29%	20%
2004年（第7回）	29%	28%	28%	14%
2005年（第8回）	35%	27%	24%	15%
2006年（第9回）	40%	27%	21%	12%
2007年（第10回）	41%	27%	22%	9%

（出典：MDE, 1998-2007）

も着実な改善結果を示すものとなった。この第10学年の合格者の割合を人種別・民族別に見てみると、「英語」では「白人」が94％、「アジア人」が87％、「アフリカン・アメリカン」が75％、「ヒスパニック」が66％であった。「数学」では「アジア人」が87％、「白人」が86％、「アフリカン・アメリカン」が57％、「ヒスパニック」が53％であった。

　この人種的なギャップは、図12－1が示すように、98年の第1回から2003年の第6回までのMCASテストの結果を比較した場合、確かに人種間格差は縮まっているものの、依然として格差が残存していることが明白となる。

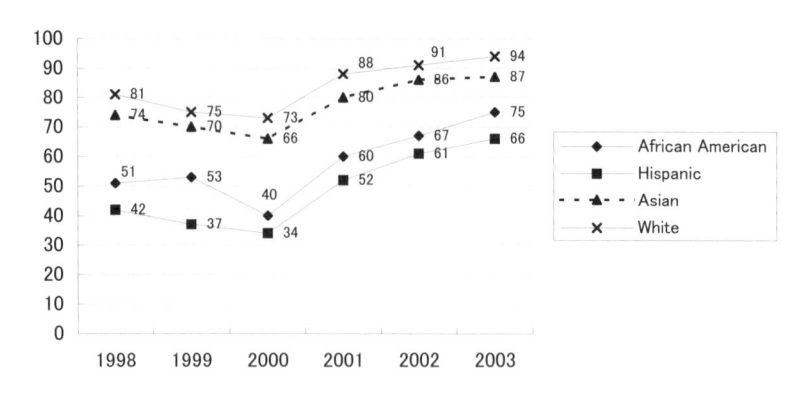

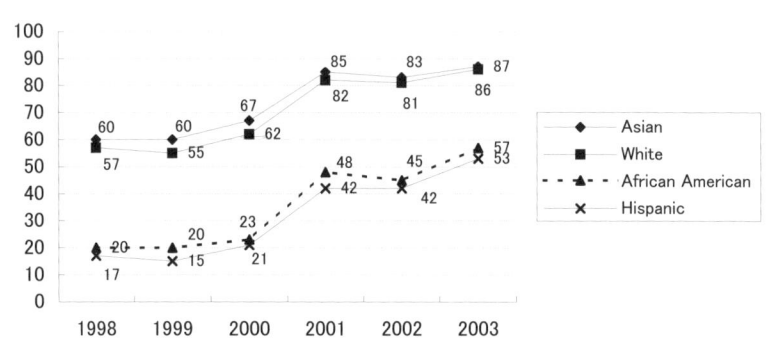

272 第3部 NCLB法制定後の学力向上政策

図12−1 第10学年の「英語」「数学」：1998−2003年までの合格者の割合
(出典：MDE, 2003: 34)

その他、2003年のMCASテストの全体結果の特徴は、以下のように要約されている（MDE, 2003: 4-5）。

① 98年の第1回MCASテストが実施されて以来、全ての科目で得点結果が改善されている。98年の「習熟」と「最優秀」のレベルを比較すると、「英語」では23％、数学では27％向上している。
② 「英語」では第4・第7・第10学年の学力が向上している。とりわけ、第10学年の「警告・落第」は11％であり、前年度の14％よりも減少している。一方、「習熟」と「最優秀」は61％であり、前年度の59％よりも増加している。「数学」では第4・第6・第8・第10学年の学

力が向上している。とりわけ、第10学年の「警告・落第」は20％であり、前年度の25％よりも減少している。一方、「習熟」と「最優秀」は51％であり、前年度の44％よりも増加している。

③第4・第7・第10学年の「英語」の学力は、前年度と比較した場合、全ての人種・民族において改善されている。唯一の例外は、第7学年の「ネイティヴ・アメリカン」で変化がなかった点と第10学年の「アジア人」がわずかに低下したこと、「ヒスパニック」において変化がなかった点である。また、「数学」においても前年度と比較した場合、多くの人種・民族においても学力が向上している。「アフリカン・アメリカン」と「ネイティヴ・アメリカン」は第4・第6・第10学年で、「アジア人」「ヒスパニック」「白人」は第4・第6・第8・第10学年で学力が向上している。

④「障害を持つ生徒（students with disabilities）」は「英語」と「数学」の両科目、LEPの生徒は「数学」においても学力が向上している。

3 MCASテスト結果の分析

次に、2004年の第7回MCASテストの結果に基づく高校卒業要件をクリアーした者の結果も確認しておこう。卒業するまでに年2回の再試験を受験することが可能であるとはいえ、2004年の「警告・落第」レベルは州全体でも2,582名（生徒数61,338名のうちの4％）に達している（MDE, 2004: 1-3）。この内訳は、61,338名の生徒のうち59,547名（97％）が「英語」の試験に合格し、59,258名（97％）が「数学」に合格した。しかし、マイノリティの生徒に限れば「障害を持った生徒」が84％、「LEP」が78％、「アフリカン・アメリカン」が88％、「ヒスパニック」が85％、「ネイティヴ・アメリカン」が94％であった。98％の「白人」が合格レベルであった事実と比較すれば、そこには大きな格差が見られる。

人種・民族、貧困、言語、障害者などのカテゴリーの視点から見て、MCASテストの結果が見事に改善されたという指摘は多い。しかし、2003

年から実施された第10学年の生徒が、MCASテストの「英語」と「数学」において「要改善レベル」(220点)以上をクリアーできなければ、高校を卒業できないとした政策に関しては批判が多い。2003年からの第10学年の生徒は、卒業までの年2回の再試験を含め、MCASテストの「英語」と「数学」の試験で合格基準に達しなければならいことが求められた。つまりは、第10学年の生徒に対しては「州政府は生徒が高校卒業資格を得るために必要とする援助を提供することは保証するし、必要とする限りは生徒を支援する」が、「誰も4年間での卒業証書は保証されない」というものであった（Reville, 2004: 594）。州政府は、多額の予算を使って通常の学期中や夏季休暇中に補習教育の機会を提供し、教育機会の不平等を改善し、全ての生徒の学力向上を目標に掲げている。しかし、こうした生徒に対する「厳しい罰」を与えるやり方に対する批判も多いが、結果的には罰を伴う高い学力基準が設定されたからこそ同州の学力向上が達成された、と指摘する意見も見られる。

　まずは、NCLB法以後のMCASテストの得点結果の向上を指摘したレヴィル（Paul Reville）の見解を確認してみよう（Reville, 2004: 595）。

①2003年の高校卒業者の中で、95％がMCASテストに合格し、高校を卒業した。アフリカン・アメリカンの生徒は、92％が「英語」、90％が「数学」、88％が両方に合格している。ヒスパニックの生徒は、90％が「英語」、88％が「数学」、85％が両方に合格している。ELL（English-Language Learners）の生徒は、86％が「英語」、90％が「数学」、83％が両方に合格している。障害を持つ生徒は、90％が「英語」、83％が「数学」、85％が両方に合格している。

②州内の全ての学区が2001年のMCASテストにおいて大幅な改善がなされている。とりわけ、高校レベルでの学力向上はめざましく、「習熟」以上を98年と比較すると、「数学」では24％から44％へ、「英語」では38％から59％に上昇している。

③2000年から2001年の第10学年の試験では、人種ごとに合格者の驚異的な上昇率が見られた。「英語」の試験では、白人が20.5％、ヒ

スパニックが53％、アフリカン・アメリカンが50％、アジア人が21.2％であり、全体平均でも24.2％であった。「数学」では、白人が32％、ヒスパニックが100％、アフリカン・アメリカンが109％、アジア人が27％であり、全体平均でも36.3％であった。

　レヴィルも指摘するように、MCASテストの結果は2000年に入った頃から急速に改善され、たんに州全体の学力レベルが向上しただけでなく、確かに人種・民族、貧困、言語、障害などのカテゴリーに属する児童・生徒の学力は改善されたことになる。また、生徒の出席率とMCASテストの結果における強い相関関係も指摘され、年間10％（18日）以内の欠席率しかない第10学年の生徒は、94％が数学と英語で合格基準点に達していることも指摘されている(Reville, 2004: 596)。MCASテストの理念が「スタンダードに基づく改革」であり、「州内の全ての児童・生徒が高度な理解に到達することができるという信念」(Reville, 2004: 596)を前提とするものであった。それは、これまでの人種・民族的にマイノリティに属する貧困家庭の児童・生徒が暗黙の内に「低い学力しか持ち得ない」という前提を否定するものであり、そうした前提を「深く染みこんだソフトな差別」であったと非難するものであった。
　一方、MCASテストの結果を批判的に分析するバーガー（Joseph B. Berger）の見解を確認しておこう。バーガーは、MCASテストの結果が人種・民族、貧困、言語、障害の有無などのカテゴリーの視点から見て、依然として教育格差が解消されていない、と指摘する（Berger, 2003: 8-9）。

①2001年春の第10学年におけるMCASテストの「英語」と「数学」の基準点をクリアーした合格者は約68％であり、秋に実施された再テストの結果でも合格者は約75％であった。2002年の春のMCASテストでも、合格者は約81％に過ぎない。
②同じく2001年のMCASテストの結果は、裕福な学区の生徒の約95％が第10学年のテストに合格しているが、貧困学区の生徒は2003年の再テストを受験しても59％に過ぎない。
③2001年の第10学年の生徒が3回目の試験を2002年に受験した際に、

合格率は約81％になったが、この内訳は、通常の公立学校生徒の合格率が87％、障害を持った生徒が55％、LEP生徒が33％であった。
④ 2002年の第10学年の生徒が2003年までの3回の再テストを受験した際に、合格率は約87％になったが、この内訳は、アジア人とネイティヴ・アメリカンが83％であった。同じく、アフリカン・アメリカンが56％、ヒスパニックが50％であった。

バーガーも指摘するように、人種・民族、貧困、言語、障害などのカテゴリーの視点からMCASテストの結果を分析すると、そこには白人や裕福な家庭の生徒との歴然とした差異が見出されることになる。すなわち、レヴィルの見解とは全く相反するものとなっている。レヴィルとバーガーの見解の相違は、「数値」をめぐる評価のあり方と、再テストの結果に注目するか否かが原因である。要は、MCASテストを「支持する者」と「反対する者」の見解の相違であるとも言えよう。

4　ボストン学区の学力向上政策

本書は、バーガーの見解を支持するものであるが、バーガーの見解を筆者の観点から確認するためにも、貧困層のマイノリティを多数抱えるボストン学区と裕福な階層や知識階層が多いとされるブルックライン学区を比較しながら、MCASテストの結果が「全ての児童・生徒」の学力改善になっているか否かを、検討したいと考える。

ところで、連邦政府が2002年に制定したNCLB法は、連邦政府からの学区に対する資金援助を増大させただけでなく、各州に対して学力測定に関する毎年の達成基準を定め、それぞれの州内の公立学校に対してAYPの報告を求める学力向上政策を規定した。マサチューセッツ州内の各学区は、このNCLB法の規定によって州と保護者に対して「児童・生徒の成績」に関する「学校報告書（school report cards）」を作成し、MCASテストの結果や「高い資格を有する教員」に関する報告が求められた。保護者は、この報告書によって、学区や学区内の各学校がどのような生徒指導を実施しているかを確認で

きることになる。

　ボストン学区の報告書も、NCLB 法が要求する州の正規の教員免許を取得した学区内の「教員の割合」と「高い資格を有する教員の割合」、MCAS テストにおける児童・生徒の学力、学区・学校のアカウンタビリティの情報を明示している（BPS, 2006d: 1-13）。たとえば、2005 年度の報告書の具体的内容はボストン公立学校の人種別入学率、教員数と州の正規の教員免許を取得した教員の割合など、MCAS テストの各学年の科目別の結果、数学と英語の AYP の全体の結果と学校毎の結果などが報告されている。

　第 6 章でもすでに述べたが、MCAS テストの実施方法や結果における大きな変化は、第一には、2003 年から数学と英語だけが公表されたこと、第二には、ボストン学区も含め州全体のテスト結果が飛躍的に向上し、学力向上の成果が目に見える形で改善されたことである。州政府は、州内のすべての学区で学力向上を達成することを目的として、テスト結果に基づく「厳しい結果」を求めた。たとえば、2003 年から州内全ての第 10 学年の生徒が卒業するためには、①「英語」と「数学」の 2 科目において、MCAS テストの「要改善レベル」以上の合格基準をクリアーすること、②学校の成績や出席率などのボストン公立学校卒業基準をクリアーすることが求められた。

　こうした基準が設定された結果、2003 年 4 月の時点で、第 10 学年の生徒 3,539 名の内、MCAS テストの合格基準に到達した生徒が 2,903 名（82％）、ボストン公立学校の卒業基準に到達した生徒が 3,125 名（88％）であった。結局、MCAS テストとボストン公立学校基準の両方の基準を満たし、卒業資格を得た生徒は 2,670 名（75％）に過ぎなかった（BPS, 2003b: 1）[4]。MCAS テストに失敗する生徒は、年 2 回実施される再テストに挑戦し、高校の最終学年までに基準に到達することが求められた。

　第 1 回 MCAS テストの結果と NCLB 法制定後の MCAS テストの結果を、**表 12 － 3**、**表 12 － 4** によって比較し、ボストン学区における学力向上政策の結果を確認しておきたい。テスト結果の向上は、「警告・落第」の推移を確認するだけでも一目瞭然となろう。

　また、2005 年の NAEP においても、ボストン学区の第 4・第 8 学年の数学の学力が飛躍的に向上したという報告がなされている。とりわけ、第 4 学

表 12 − 3　ボストン学区の MCAS テストの結果（第 10 学年「英語」）

	最優秀	熟達	要改善	警告・落第
1998 年（第 1 回）	1％	17％	24％	57％
2001 年（第 4 回）	9％	22％	30％	40％
2002 年（第 5 回）	9％	25％	30％	36％
2003 年（第 6 回）	9％	27％	35％	29％
2005 年（第 8 回）	11％	29％	37％	23％
2006 年（第 9 回）	9％	42％	35％	15％

＊ 2003 年からは、英語と数学のみ公開。＊「failing」には欠席者も含む。
(出典：マサチューセッツ州教育委員会 HP の MCAS Results（1998-2006 年）から作成)

表 12 − 4　ボストン学区の MCAS テストの結果（第 10 学年「数学」）

	最優秀	熟達	要改善	警告・落第
1998 年（第 1 回）	3％	10％	13％	75％
2001 年（第 4 回）	13％	15％	25％	47％
2002 年（第 5 回）	12％	12％	24％	52％
2003 年（第 6 回）	20％	17％	27％	35％
2005 年（第 8 回）	24％	18％	30％	29％
2006 年（第 9 回）	32％	21％	25％	22％

(出典：マサチューセッツ州教育委員会 HP の MCAS Results（1998-2006 年）から作成)

年の生徒における「数学」の成績は、4 段階の成績基準——「基礎以下（below basic）」「基礎（basic）」「習熟（proficient）」「最優秀（advanced）」——においては、2003 年度においては「基礎」以上のレベルに達した者が 58％に過ぎなかったが、2005 年度は 72％に改善されている（Jan, 2005: 1）。こうしたボストン学区の学力レベルは、アメリカの他の 11 の都市部（NY、シカゴ、ロサンゼルス、ヒューストンなど）と比較すれば、学力それ自体は中位レベルであるが、改善された度合いが最高であった[5]。ペイザント教育長も「改善内容には驚いた」としながらも、「全ての生徒が習熟レベルに到達するまでは完全ではない」（Jan, 2005: 2）と述べている。

5　ボストン学区ハイ・スクールの学力格差

次に、ボストン学区内の高校の各学校の学力実態を 2003 年の「学校報告書」

第12章　ＮＣＬＢ法制定後のマサチューセッツ州における学力向上政策　279

によって確認してみよう。「学校報告書」は、ボストン市内の全ての公立学校の教授と学習に関する年次報告書であり、親や学区内など人々に「入学情報」「バイリンガル・プログラム」「進級」「出席」「停学」「ドロップアウト率」などの学校・教育に関する情報を提供することを目的としている。また、NCLB法に規定された内容やMCASテストの結果に関する各学校の学力情報（2001年・2002年）も記載されている。

　本節では、ボストン学区内の三つの高校を取り上げ、MCASテストの結果に関する高校間の比較を行う。「ボストン・ラテン・スクール（Boston Latin School）」は、白人生徒が多数を占める州内でも最高の大学進学校である。「サウス・ボストン高校（South Boston High School）」「ドーチェスター高校（Dorchester High School）」は、黒人やヒスパニックなどが多数を占める学力底辺校である。この三校を比較することで、黒人やヒスパニックのマイノリティが多数を占める学校の学力がいかに低いかを明白にしたい。ところで、「学校報告書」ではボストン学区の学校を10の学校群（clusters）に区分し、それぞれの学校群はハイ・スクール、ミドル・スクール、エレメンタリー・スクール、職業高校などの異なるレベルの学校によって11〜19校で構成されている（BPS, 2003b）。以下は、「学校報告書」に記載された3校の基本情報と第10学年の「英語」と「数学」のレベルごとの割合である。

ボストン・ラテン・スクール（第7群）：①生徒数：2,339名。進級（98.5%）、出席（95.5%）、ドロップ・アウト率（0.2%）。停学26名。②人種・民族構成：アジア人（28.8%）、黒人（6.1%）、ヒスパニック（6.1%）、白人（51.3%）。③教師数：124名。

表12−5　（2001年・2002年）第10学年のMCASテストの結果

レベル	英語（2001年・2002年）		数学（2001年・2002年）	
最優秀	56%	60%	68%	76%
習熟	41%	38%	29%	21%
要改善	2%	1%	2%	3%
警告／落第	1%	1%	1%	0%

（出典：BPS, 2003b: 194）

サウス・ボストン高校（第4群）：①生徒数：977 名。進級（69.1％）、出席（81.6％）、ドロップ・アウト率（12.7％）。停学 119 名。②人種・民族構成：アジア人（17.1％）、黒人（46.5％）、ヒスパニック（14.2％）、白人（21.6％）。③教師数：80 名。

表 12 − 6　（2001 年・2002 年）第 10 学年の MCAS テストの結果

レベル	英語（2001 年・2002 年）		数学（2001 年・2002 年）	
最優秀	0％	1％	0％	1％
習熟	4％	13％	4％	6％
要改善	21％	33％	24％	23％
警告／落第	74％	52％	72％	71％

（出典：BPS, 2003b: 86）

ドーチェスター高校（第10群）：①生徒数：929 名。進級（73.8％）、出席（78.9％）、ドロップ・アウト率（12.3％）。停学 61 名。②人種・民族構成：アジア人（1.3％）、黒人（70.7％）、ヒスパニック（24.8％）、白人（2.8％）。③教師数：80 名。

表 12 − 7　2（001 年・2002 年）第 10 学年の MCAS テストの結果

レベル 英語	英語（2001 年・2002 年）		数学（2001 年・2002 年）	
最優秀	1％	2％	0％	0％
習熟	7％	10％	5％	4％
要改善	26％	33％	26％	17％
警告／落第	66％	55％	69％	79％

（出典：BPS, 2003b: 288）

　MCAS テスト結果は、98 年の第 1 回と 2006 年の第 9 回を比較するとボストン学区全体の平均レベルは驚異的に改善されている。98 年の第 10 学年におけるMCAS テストの「警告・落第」は、「英語」で 28％、「数学」で 52％という高い数値となっているが、2006 年の第 10 学年における MCAS テストの「警告・落第」は、「英語」で 15％、「数学」で 22％となり、半分以下

の数値となっている。しかし、上記の3校の比較でも明確なように白人と黒人・ヒスパニックが多数を占める学校間には歴然とした格差が存在している。

6　ブルックライン学区の学力向上政策

　ボストン市に隣接するブルックライン学区でも、NCLB法の規定に従って州と保護者・地域住民に対して「児童・生徒の成績」に関する「学校報告書」を作成し、MCASテストの結果と「高い資格を有する教員」に関する報告を行っている。保護者や地域住民は、このレポートによって、学区や学区内の各学校がどのような生徒指導を実施しているかを確認できることになる。ところで、ブルックライン市教育委員会が2004年に定めた「ブルックライン学校区の基本方針：全ての生徒に対する学力向上（Core Values of Brookline Public Schools: High Academic Achievement for All Students）」では、「ブルックライン市は積極的に学習に取り組み、上手に考え伝達できて、批判的思考能力の向上に努める生徒の育成に従事している」とし、①教室での教授を学校制度の根幹とする「優れた教授（Excellence in Teaching）」、②教育目標の達成に際して、人種の多様性を長所と考える「人種の違いに対する敬意（Respect for Human Differences）」、③教職員・行政・地域の協力関係を促進する「協力関係（Collaborative Relationships）」の三つの柱を掲げている（Brookline School Committee, 2004: 1）。

　そして、ブルックライン学区の「学校報告書」の第1部は、州の正規の教員免許を取得した学区内の「教員の割合」と「高い資格を有する教員の割合」も明示している。第2部は、2003年のMCASテストの結果を学年と科目に分けて情報が提示されている。第3部は、2002～2003年におけるAYPの結果が英語と数学に分けて報告され、併せて2001年と2002年のMCASテストとの比較もなされている（Brookline School Committee, 2004:1-2）。さらには、バイリンガル教育を受ける生徒に関してはTBEに代わる1年間の英語教育（Sheltered English Immersion）プログラムの導入によって、毎年春には英語能力テスト（Massachusetts English Proficiency Assessment）の受験も義務づけられてい

る。

　本節において MCAS テスト実施後のブルックライン学区における学力向上政策に注目した最大の理由は、マサチューセッツ州の教育アセスメント行政が、いかに学区や学校現場に多大な影響を与えたかを解明するためであった。しかし、ブルックライン学区はボストン学区に隣接するものの、もともとは専門職の仕事に就く裕福な階層が多く、学力レベルも高かった。**表12－8、表12－9** は、98 年の第 1 回 MCAS テストの結果と NCLB 法制定後の MCAS テストの結果テストを示したものである。

　ブルックライン学区の MCAS テストの結果からも理解できるように、2002 年の NCLB 法制定によって、同学区の学力向上政策はさらに強化され、その結果も改善されている。とりわけ、2003 年からは NCLB 法の制定によっ

表12－8　ブルックライン学区の MCAS テストの結果（第10学年「英語」）

	最優秀	熟達	要改善	警告・落第
1998 年（第 1 回）	14%	50%	27%	9%
2001 年（第 4 回）	27%	39%	25%	8%
2002 年（第 5 回）	33%	44%	15%	7%
2003 年（第 6 回）	37%	43%	14%	5%
2005 年（第 8 回）	35%	41%	19%	5%
2006 年（第 9 回）	36%	50%	11%	3%

＊ 2003 年からは、英語と数学のみ公開。　＊「failing」には欠席者も含む。
(出典：マサチューセッツ州教育委員会 HP の MCAS Results（1998-2006 年）から作成)

表12－9　ブルックライン学区の MCAS テストの結果（第10学年「数学」）

	最優秀	熟達	要改善	警告・落第
1998 年（第 1 回）	20%	32%	24%	24%
2001 年（第 4 回）	30%	40%	19%	11%
2002 年（第 5 回）	42%	27%	18%	13%
2003 年（第 6 回）	47%	27%	17%	9%
2005 年（第 8 回）	51%	27%	14%	8%
2006 年（第 9 回）	64%	20%	11%	5%

(出典：マサチューセッツ州教育委員会 HP の MCAS Results（1998-2006 年）から作成)

て、全ての外国人生徒にも MCAS テストの受験が義務づけられている。英語ができるか否かに関係なく、MCAS テストは強制されている。この年、ブルックラインの公立学校で日本語を教えていた一人の日本人教員は、MCAS の受験が例外なく強制された状況について、次のように述べている。「これまでは、日本から来て2年未満の子どもたちは免除されていたが、今年からはそのような生徒も、英語でテストを受けることになるわけだ。私はこの方針に真っ向から反対だ。いくらその子どもに思考能力があっても、英語力がまだおぼつかないから、何を聞かれているのか理解できず、テストの結果は散々になってしまう」(石坂, 2003: 1)。

 すなわち、MCAS テストは日本人を含めた英語に堪能でないバイリンガル教育で学ぶ児童・生徒に対しても受験を義務づけただけでなく、バイリンガル教育で学ぶ生徒の学力が低いと断定される判断材料ともなったのである。現在、同州では NCLB 法導入後の 2004 年あたりから体育、音楽、バイリンガル関係の専任教員がパートタイムになっている。こうした問題の背景には、州の教育費の削減だけでなく、テスト教科以外の科目が軽視されるようになったことが指摘されている(山本, 2006: 68-72)。

おわりに

 MCAS テストの結果は、マサチューセッツ州内における人種・民族、貧困、言語、障害などのカテゴリーから見た場合、ないしは貧困学区と裕福な学区を比較した場合には、明白な学力格差が存在することを明らかにしている。さらには学力の低い底辺校、職業高校などの学校間格差も明白であった。すなわち、NCLB 法制定後のマサチューセッツ州内の各学区の学力向上は数値上では現実のものとなったが、依然として人種・民族、貧困、言語、障害などによる格差、学区間格差、学校間格差などが明白に残存し、NCLB 法や MCAS テストが掲げる「全ての生徒の学力向上」は未だ達成されていない。

 そもそも、テスト結果による数値上の改善は、「学力向上」を意味するのであろうか。NCLB 法は、州規模での統一試験の実施が義務づけられ、たと

284 第3部 ＮＣＬＢ法制定後の学力向上政策

えバイリンガル・プログラムで学ぶ外国生まれの生徒であれ、障害児、職業高校の生徒であれ、貧困家庭の子弟であれ、全ての生徒がテストを受け、その結果を公表し、改善することが求められている。しかし、毎年、同じ傾向のテストを実施すれば、事前に児童・生徒、教師、親はテスト対策を行うようになる。テスト会社もテスト対策用の受験雑誌を多く刊行し、購入者の危機意識を煽る。こうして、学校や教師はテストに合わせた授業や何らかのテスト対策を余儀なくされ、テストの結果が各学校における独自のカリキュラムや教授方法を画一化する危険性を生み出していく。MCASテストを例外なく強制する州の強圧的な教育政策は、NCLB法制定以前に実施されていたものではあるが、NCLB法の制定によって、より一層同州の教育アセスメント行政は強化され、州内の各学区・学校、児童・生徒、親はMCASテストの結果に一喜一憂することになる。テストは、その結果が一目瞭然であり、様々な比較も用意であるからこそ、その使い方には細心の注意が必要となろう。

注

1 このNCLB法は、学力格差是正をめざして65年に制定された「初等中等教育法」を改定したものである。65年以来2,000億ドル近くの連邦資金を投入しながら、未だに多くの低所得者層やマイノリティの子どもたちの学力向上が実現されていない現状を憂慮して、NCLB法では初等・中等学校における生徒の学力格差—主として人種、所得、各種障害にもとづく学力格差—を是正することを目的としている。なお、NCLB法の内容と問題点に関しては、土屋恵司2006「2001年初等中等教育改正法（NCLB法）の施行状況と問題点」（国立国会図書館調査及び立法考査局『Foreign Legislation:外国の立法（立法情報・翻訳・解説）』(No. 227, pp. 129-136)や矢野裕俊2003「アメリカにおける学力問題—基準の設定とアカウンタビリティがもたらすもの」（日本比較教育学会『比較教育学研究』第29号, pp. 42-52)などが詳しい。

2 NAEPの「数学」と「読解(Reading)」の試験結果は、第4学年と第8学年を対象に「全米成績通知表(the Nation's Report Card)」として刊行され、テスト結果は全米の平均、州ごとの教科の成績、学習指導の経験、教育環境、男女別、人種別（白人、黒人、ヒスパニック、アジア系・太平洋諸島、アメリカン・インディアンなど）に結果が公表された。ただし、生徒個人や学校の得点は公表されていない。2002年度は、「読解」と「作文(Writing)」が50州で実施され、2003年度は「数学」と「読解」が実施された。2003年度における全体的な結果は、「数学は1990年以降で最高」となり、「読解は現

状維持」となった。次の実施年は2005年度であった。
3 ただし、237学区の中の164学区が数学と英語のどちらかの科目、ないしは両方の科目でLEP、特別支援児童、ランチ支給児童、人種別の統計区分の1つ以上で基準を達成していない。また基準を達成していない256校のうちで、60校が英語で、106校が数学で、90校が英語と数学の両方でAYPの基準を達成していないことも報告されている(McQuillan, 2003: 1)。
4 2003年に卒業資格を得られなかった生徒869名(25％)の内訳は、MCASテストで基準に達しなかった生徒が455名(13％)、ボストン公立学校卒業基準に達しなかった生徒が233名(7％)、両方の基準に達しなかった生徒が181名(5％)であった(BPS, 2003b: 1-2)。
5 2006年のボストン市の公立学校の概要は、生徒数57,900名、公立学校145校(エレメンタリー・スクール67校、ミドル・スクール18校、ハイ・スクール30校)であり、その人種構成比率は黒人44％、ヒスパニック33％、白人14％、アジア人9％、アメリカン・インディアン1％、であった。学齢期の児童・生徒の21,130名(全体の27％)が私立学校・教区学校、METCOによる郊外学校、チャーター・スクールに入学した(BPS, 2006c: 2)。

引用・参考文献

石坂有里子 2003. 3.11.「マサチューセッツ州統一テスト」ashi.com: MYTOWN USA, pp. 1-2, http://mytown.ashi.com [2005.7.26取得].
北野秋男 2006『アメリカの教育アセスメント行政の構造研究-米国マサチューセッツ州 における教育管理政策の展開-』日本学術振興会科学研究費報告書, pp. 1-100.
北野秋男 2007「米国マサチューセッツ州における学力向上政策-ブルックライン学区の場合-」日本大学教育学会『教育学雑誌』第42号, pp. 1-12.
ハウ, ケネス(大桃敏行他訳)2004『教育の平等と正義』東信堂.
矢野裕俊 2003「アメリカにおける学力問題―基準の設定とアカウンタビリティがもたらすもの」日本比較教育学会『比較教育学研究』第29号, pp. 42-52.
山本由美 2006「一斉学力テストによって競争的になっていく学校」『女性のひろば』日本共産党中央委員会, No. 326, pp. 68-72
Berger, Joseph B. 2003 "Bridges and Barriers: Equity Issues in High Stakes Testing", *Education Connection Magazine*, University of Massachusetts Amherst School of Education, pp. 6-10.
Boston Globe, 1995 〜 2000
BPS 2003a "Class of 2003; Status of Meeting Graduation Requirements, MCAS Standards vs.Local Requirements", *Focus on Children*, Boston School Committee, pp. 1-3.
BPS 2003b *Boston Public Schools: 2003 District Report Cards*, Boston School Committee, pp 1-292.
BPS 2006a *Focus On Children II: Boston's Education Reform Plan, 2001-2006,* Boston School Committee, pp. 1-24.
BPS 2006b *Focus On Children II: 2001-2006:A Comprehensive Reform Plan for the Boston Public Schools*, Boston School Committee, pp. 1-2. http://boston.k12.ma.us/teach/foc.asp

[2007.2.24取得].
BPS 2006c *The Boston Public Schools at a Glance*, Boston School Committee, pp. 1-8. http://boston.k12.ma.us/bps/bpsglance.asp#students％5b[2007.2.24取得].
BPS 2006d *Boston Public Schools: 2006 District Report Cards*, Boston School Committee, pp 1-13.http://boston.k12.ma.us/bps/reportcd.doc[2007.3.5取得].
BPS 1996 *Brookline Public Schools, TBE/ESL Program; Policies and Procedures*, Brookline, MA: Brookline Public Schools, pp. 1-7.
BPS 1994 *At School in Brookline*, Brookline, MA: Brookline Public Schools.
Brookline School Committee 2004 *Core Values of Brookline Public Schools: High Academic Achievement for All Students*, pp. 1-3.
Bush, George W. 2001 *No Child Left Behind*, pp. 1-16.http://www.whitehouse.gov/news/reports/no-child-left-behind.html#2[2006.11.5.取得].
Churchill, Andrew 2003 "Conclusions: The Impact of Education Reform after Ten Years", *Education Connection Magazine*, University of Massachusetts, pp. 34-36.
Jan, Tracy 2005.12.2.Boston schools get an 'A' for improvement in math, But scores remain in middle, US says"*Boston Globe*, pp. 1-3.
McQuillan, Mark 2003.12.4. "Immediate Release", *Headline*, pp. 1-2.
MDE 1999a *Goals 2000 Five year Master Plan*, MA: Massachusetts Dept. of Education, pp.1-25.http://www.doe.mass.edu[2003.10.21.取得].
MDE 1999b *Testing; Schedule For State Educational Testing(1997-2000)*, MA: Massachusetts Dept. of Education, pp. 1-25.
http://www.doe.mass.edu/edreform/edreformreport/erprogrpt597-1.html#schedule [2002.7.30.取得].
MDE 1999c *Massachusetts Comprehensive Assessment System: 1998 Technical Report*, MA: Massachusetts Dept. of Education, pp. 1-135.
MDE 2003 *Spring 2003 MCAS Tests: Summary of State Results*, MA: Massachusetts Dept. of Education, pp. 1-36.
MDE 2004 *96 Percent of Class 2004 Meet MCAS Requirement in Time for Graduation*, Massachusetts Dept. of Education, pp. 1-3
http://www.doe.mass.edu/news/news.asp?id=1963[2006.7.30.取得].
MDE 2005 *Spring 2005 MCAS Tests: Summary of State Results*, MA: Massachusetts Dept. of Education, pp. 1-39.
MDE 2007 *Spring 2007 MCAS Tests: Summary of State Results*, MA: Massachusetts Dept. of Education, pp. 1-60.
NCLB 2005 *No Child Left Behind: Teacher Quality, National Conference of State Legislatures*, pp. 1-6,http://www.ncsl.org/programs/educ/NCLBTQ.htm [2005.8.20.取得].
Press Releases 2003 *Results From Nation's Report Cards Show Improvement in Math; Narrowing of Achievement Gap*, U.S. Department of Education, pp. 1-3
http://www.ed.gov/news/pressreleases/2003/11/11132003.html [2006.11.5.取得]
Reville, Paul 2004 "High Standards ＋High Stakes＝High Achievement in Massachusetts", *Phi Delta Kappan*, April, Vol. 85, No. 8, pp. 590-597.

第13章
標準テスト批判の諸相
―「真正の評価」の理論と実態―

遠藤貴広

はじめに

　NCLB法制定後の標準テストを中心とした学力向上政策によって、次のような問題が起こってきていることが指摘されている（Darling-Hammond, 2007）。
・カリキュラムのレベルが下がっている。
・ドリル主義的な指導が助長されている。
・成功している学校を誤って失敗とみなすようになっている。
・教師や中流階級の生徒が学校から追い出されるようになっている。
・学力テストの点数を上げるために行われる、不適切な評価と、低い点数の生徒を追い出す努力によって、特別支援教育の生徒と英語学習者が阻害されるようになっている。

　そして、このような問題を回避するために、NCLB法下のテスト政策に対抗する動きが見られるようになっている。マサチューセッツ州内では、たとえばMassCARE (Massachusetts Coalition for Authentic Reform in Education) と呼ばれる組織がMCASテストに代わる評価方法を模索する運動を展開している[1]。

　このような運動を支えている教育評価の考え方の1つに「真正の評価 (authentic assessment)」と呼ばれるものがある。それは後で詳述するように、現実世界で大人が直面するような課題に取り組ませる中で評価することを志向するものである。米国の学力低下を憂えて83年に出された報告書『危機に立つ国家（*A Nation at Risk*）』を契機に、各州のスタンダードに基づいた標準テストによるトップダウン型のアカウンタビリティが求められるようになった80年代後半、標準テストに依存する体制を批判する中で生まれたの

が「真正の評価」論である。この評価の立場から、パフォーマンス評価やポートフォリオ評価といった、標準テストの代替となる新たな評価方法の開発・実践が進められた。

　「真正の評価」論に関する論考をレビューしたジョイ・カミングとグラハム・マクスウェル（J. Joy Cumming & Graham S. Maxwell, 1999）によれば、学習と評価の文脈で「真正の（authentic）」という言葉を初めて公式に用いたのはドウ・アーチボルドとフレッド・ニューマン（Doug A. Archbald & Fred M. Newmann, 1988）であり、「真正の評価」なる言葉を使い始めたのはグラント・ウィギンズ（Grant P. Wiggins, 1989a）である。しかし、教育界に広く「真正の評価」論が浸透する中で、アーチボルドとニューマンが唱えた基本原理は実際には持続されなくなっているという。「真正の評価」論を日本に紹介した澤田稔（1997）も、この点に関わって次のように述べている。「『真正の』という言葉は、『民主的』という言葉と全く同様に、誰にも反論の余地のない、理想的な意味内容を含むように見えるので、この大いなるスローガンの傘の下には、さまざまな社会的立場にある人々が雲集する」（澤田, 1997: 58）。「真正の評価」という言葉が意味するところは論者によって全く異なるのである。

　このような現状を踏まえれば、「真正の評価」とは何か、その基本原理を再確認するとともに、それがなぜ必要だったのか、その提唱理由を明確にする作業を、論者を絞った上で行う必要が出てくる。そこで、本章ではまず、「真正の評価」論の提唱者として米国で知られるウィギンズの教育評価論に対象を絞り、彼が80年代後半に「真正の評価」論として提唱した内容を概観する[2]。次に、米国における「真正の評価」論成立に大きく寄与した実践として、84〜95年頃の「エッセンシャル・スクール連盟（Coalition of Essential Schools）」（以下、「CES」と略す）の取り組みに注目し、「真正の評価」に向けて具体的にどのような改革が実践されていたかを明らかにする。さらに、この実践の事実から、「真正の評価」が学校改革に果たす役割を指摘したい。

1　ウィギンズの「真正の評価」論

　88年、ウィギンズは初めて教育評価に焦点化した論文を発表している

(Wiggins, 1988)。それは、成績評定（grading）について、学校できちんと議論することを要請するものであった。ウィギンズによれば、成績評定の方針は、その学校のスタンダードを示す重要なものであるにも関わらず、学校ではほとんど議論されていないという。つまり、学校は国や州が規定したスタンダードに黙従しているだけ、ということである。それは、事実上学校にはスタンダードがない状態を意味し、そこから引き起こされる問題は深刻である。たとえば、スタンダードが曖昧だと、生徒は向上するために何をすべきか分からなくなる。また、教師も成績評定について自分勝手になり、単純なテストに頼りがちになる。さらに、評価規準も曖昧になってしまうことで、成績通知表も無意味なものになってしまうという。というのも、外部の人は評定しか見ることができないのに、その評定が何を意味しているか分からないからである。そして、このことが、標準テストのみで生徒の学びを見ようとする元凶になっているという。

とはいえ、成績評定方針は、正しく議論されれば「生徒と教師が熱望できる学校規模のスタンダード確立の梃子に、そして、そのスタンダードに到達するよう生徒を動機づける道具になりうる」(Wiggins, 1988 : 20)。そこで、ウィギンズは規準を明らかにし、重要であることをテストし、生徒を動機づける評価を設計するための工夫を紹介しながら、成績評定に関する議論を学校の中核に据え、学校において明確なスタンダードを確立することを主張するのである。これが、ウィギンズが教育評価論に参加する出発点になっている。

しかしながら、米国教育界においては、その直後に発表された「真正の評価」論に衆目が集まった。ウィギンズの「真正の評価」論が提唱されたとされる89年、「真正のテスト」[3]の一例として彼は次のような課題を紹介している（Wiggins, 1989a: 706-707）[4]。

【口述歴史プロジェクト（9年生）】
　あなたは、インタビューや文書資料に基づいて口述歴史を完成させてから、授業中口頭で自分の知見を発表しなければなりません。題材の選択はあなたに任せます。たとえば、自分の家族、小ビジネス経営、麻薬中毒、労働組合、十代の親、最近の移民といったトピックが考えられま

す。自分の予備調査に基づいて仮説を3つ立て、それぞれの仮説を検証するための問いを4つ考えて下さい。評価規準は以下の通りです。
・3つの仮説について調査している。
・長期間に渡る変化について少なくとも1つは述べている。
・自分で背景調査をしたことを示している。
・資料として適当な4人にインタビューしている。
・各仮説に関連する質問を4つ以上準備している。
・誘導や偏りのない質問をしている。
・適切な時に追質問をしている。
・得られた回答の中で事実と意見の重要な違いを示している。
・最も良い仮説を支持するための証拠を用いている。
・自分の書いたものと授業で発表したものをまとめている。

そして、このような「真正のテスト」に共通する基本特性をウィギンズは次のようにまとめている。「第一に、その分野でのパフォーマンス[5]を真に描写するよう設計されている。評定の信頼性やテストの計算法が問題とされるのは、このときだけである。第二に、評価に使われる規準の指導と学習に非常に大きな注意が払われている。第三に、従来のテストに比べて自己評価が果たす役割がたいへん大きい。第四に、自分の見かけの習得が本物であることを確かめるために、生徒は頻繁に自分の作品を示し、公に口頭で自分自身を弁護することを期待される」（Wiggins, 1989b: 45）。

彼はなぜこのような「テスト」を提起するに至ったのだろうか。指導の役に立たない集団準拠（norm-referenced）テストの数値が一人歩きし、統計的正確さや節約を名目に人の判断が無視されていた状況を憂えたウィギンズは、「本当のテストとは何か」と問う。この問いに対して、彼は「知的能力についての本当のテストは、典型的な課題でのパフォーマンスを必要とする」（Wiggins, 1989a: 703）とした上で、次のように述べている。「第一に、真正の評価は、作家、ビジネスマン、科学者、コミュニティー・リーダー、デザイナー、あるいは歴史家に典型的に差し迫る難題やパフォーマンスのスタンダードを模写している。そこには、「エッセイやレポートを書く」「個人や

グループで調査を行う」「提案や原寸模型を設計する」「ポートフォリオを整理する」などといったことが含まれる。第二に、正当な評価は、個々の生徒や学校の文脈に敏感である。評価は、人の判断や対話を伴うとき最も正確で公正な（equitable）ものになり、それで、テストされる者が問いを明確にすることを求めたり、自分の答えについて説明したりできる」（Wiggins, 1989a: 703-704）。この第1点目の主張、つまり、大人が実際に直面する課題を模写するということが特に注目され、それが「真正の評価」論の出発点となった[6]。

このような主張の背景には、「テストが指導の中心になっている」というウィギンズの洞察があった。それは、「テストのために教える」という宿命を容認するものであり、それゆえ「テストは本物の知的挑戦を生徒に提供しなければならない」（Wiggins, 1989a: 704）という主張である。つまり、標準テストが悪影響を及ぼしているからと言って、テストを学習活動から遠ざけるのではなく、テスト自体を実施するに値するものに変えるという発想である。

このような（真正の）テストは、大きな労力を要し、時間のかかるものであり、さらに他人との比較が難しいとされる（Wiggins, 1989a: 704）。これが、それまでに似たようなものが提唱されながら定着しなかった理由であり、標準テストが根強く残る原因であった。しかしながら、いくら効率が良くても、それが学習や指導に役立つものでなければ意味がない。逆に、効率が悪く見えるものでも、それが改善に寄与するものであれば、実施する意味がある。ウィギンズは、その実施するに値するものを「真正の評価」に求めたのである。

では、このときウィギンズが「真正の評価」に求めたものとは一体何だったのだろうか。「真正の評価」の設計にあたって、まず「生徒に得意になってもらいたい実際のパフォーマンスが何であるかを最初に決めなければならない」ことをウィギンズは強調する（Wiggins, 1989a: 705）。したがって、評定方法などは、この「望ましいパフォーマンス」が決められた後に考慮される。それは、従来の標準テストに基づく評価が効率化や序列化を志向するあまり、その子ができること、そして、その子がすべきことについて何も示してくれない状況を憂慮してのことである。テストは何より、目指すべきスタンダードを設定し示してくれるものでなければならない。

ここではまた、「知っていることの証拠」についての問い直しが図られて

いる。ウィギンズにおいて「習得（mastery）」とは、口先だけで答えることではなく、「思慮深い理解（thoughtful understanding）」を伴うものである。そして、この「思慮深い理解」には「問題や複雑な状況に、効果的な、変形力のある、あるいは斬新なことができる」という意味が込められている（Wiggins, 1989a: 705）。これを見ようと思えば、当然、現実に近い複雑な状況設定が必要となる。さらに、それがたんなる偶然ではないということを保証するために、長期間に渡って、そして様々な文脈で観察する必要も出てくる。ウィギンズによれば、一般に生徒の短期再生（short-term recall）について調べられることはあまりにも多いのに、生徒にとって最も重要な「精神の習慣（habits of mind）」についてはほとんど調べられていないという。そして、この「精神の習慣」なるものを重視して、彼は次のように主張するのである。すなわち、「もし我々が本気で観念の思慮深い統制を生徒に示させようとするなら、単一のパフォーマンスでは不十分である。我々は、矢継ぎ早の質問への返答の中で吐き出される機械的な教理問答ではなく、生徒の・レ・パ・ー・ト・リ・ーを観察する必要がある」（Wiggins, 1989a: 706）。

　このような認識に立てば、いわゆる「目標に準拠した（criterion-referenced）」テストにも不適切なものが多くあることが分かる。というのは、その問題が人為的であり、その手がかりも人工的なものばかりだからである（Wiggins, 1989a: 706）。重要なのは、そのテストが、大人が実際に直面する難題を模写しているかどうかである。そのため、複雑な状況の中で、曖昧にしか定義できない事象を扱うことになるのである。これが、「真正の評価」論としてウィギンズが最初に提起したことである[7]。

2　エッセンシャル・スクール連盟の取り組み

　以上は「真正の評価」論の提唱者の所論に注目したものであるが、それはたんに思弁的に構想されたものではなく、その構想を支えていた確かな実践基盤があった。以下、米国における「真正の評価」論成立に大きく寄与した実践として、84〜95年頃の「エッセンシャル・スクール連盟」（CES）の取り組みに注目し、「真正の評価」に向けてどのような改革が実践されていた

かを明らかにする。

　エッセンシャル・スクール連盟（CES）は、セオドア・サイザー（Theodore R. Sizer）が 84 年にブラウン大学（ロードアイランド州プロヴィデンス）に設立した中等学校改革支援組織である。サイザーは 79〜84 年に行われた「ハイスクール研究（*A Study of High Schools*）」を主導した人物で、その研究成果から CES の活動を方向付ける、次のような「共通原則（Common Principles）」を導き出している[8]。

　①生徒が自分の知性をうまく使うことを学べるよう援助することに焦点化する。
　②限られた数の本質的な技能と知識を習得させる。
　③目標は全生徒に適用するが、目標達成のための手段は生徒によって異なる。
　④教授と学習は可能な限り生徒一人ひとりに合わせたものにする。
　⑤生徒をワーカーと見なし、指導方法はコーチングが優先される。
　⑥卒業認定は学習発表会に基づいて行われる。
　⑦礼儀正しさと信頼のある気質を作る。
　⑧教職員はスペシャリストである前にまずジェネラリストとして学校全体に関わる。
　⑨教師一人あたりの生徒数を 80 人以下にすることに加えて、教師による共同計画のための時間や、仕事の達成に応じた給与を保障することなどを、学校運営上・財政上の目標とする。

　CES 加盟校はこの原則に基づいた改革実践を進め、連盟がその活動を支援している。
　この共通原則の中に「学習発表会による卒業証書（Diploma by Exhibition）」ないしは「習得の披露（Demonstration of Mastery）」と呼ばれるものがある（第六原則）。それは、卒業研究発表会など、学習成果を発表する場を通して卒業審査を行うもので、卒業生には、そこで学校が求める技能と知識の習得を披露することが求められる。この学習発表会による卒業審査と、そこで用い

られていたポートフォリオが、本物の学力を評価するものとされ、後に米国で「真正の評価」の代表モデルとなっていった（たとえば、Darling-Hammond, et al., 1995）。

この学習発表会の実施にあたり、CES では、「逆向き計画（Planning Backwards）」と呼ばれる方策が強く打ち出されていた。それは、まず学校が卒業生に求めるものを明らかにし、次にそれを実現させるための方策を構想した上で、それを実行できるように学校のシステムを調整するというものである。これが、CES の改革を支える重要な基盤となっていた（McDonald, 1993）。

CES が公刊した文書の中で「逆向き計画」を主題とするものが出てきたのは、ジョゼフ・マクドナルド（Joseph P. McDonald）らによって「学習発表会プロジェクト（Exhibitions Project）」の報告書が出されるようになってからである（91年〜）。マクドナルドによれば、CES の「逆向き計画」は、政策立案の方法としてリチャード・エルモア（Richard Elmore）が提唱していた「逆向きマッピング（backward mapping）」（Elmore, 1979-80）を応用したもので[9]、この方策により、目標設定・スタンダード設定・アカウンタビリティという営みを、学校システム改善の中核基盤たり得るものにすることが目指されていたという（McDonald, 1992: 152-153）。

前述の通り、「逆向き計画」は、CES 共通原則の第六原則「学習発表会による卒業証書」を実現しようとする中で考案されたものである。この第六原則については、次のように説明されていた（Sizer, 1984/1992: 226-227）。

> 中等学校の学習に入る生徒は、その学校の目的に向けて専心する者で、言語・初等数学・基本公民において能力を示すことができる者である。伝統的な高校の年代で、中等学校の学習に入るのに適切な能力レベルにまだない生徒たちには、すぐにスタンダードに達することを助けるための集中的な補習が行われる。卒業証書は、卒業のための最後の習得披露の場――学習発表会――での成功に基づいて授与される。その学校のプログラムの中核技能と知識をつかんでいることを生徒自身が示すこの学習発表会は、教職員ならびにそれよりも高い権限を付与された当局が一緒になって施行すべきものである。学習発表会は、後者が学校のプログ

ラムに与える主要かつ適切な影響を代表するものということである。学習発表会でうまくやれて初めて卒業証書が授与されるので、学校のプログラムは、厳格な年齢による学年段階や、授業での「時間経過」で「単位稼ぎ」が行われてしまうようなシステムで進められたりはしない。その強調点は、生徒が重要なことをできるということを披露できたかどうかに置かれる。

　これは、中等学校において、年齢主義や履修主義ではなく修得主義の原理を採ることはもちろん、その修了認定も、学校で求められている技能と知識の習得が、そのシステムに関わる人が参加する学習発表会で示されて初めて行われることを宣言するものである。
　この学習発表会により、その学校で学んだ技能や知識が本当に使えるものになっているかどうかを確かめた上で生徒を卒業させることが目指されていた。その一方で、学習発表会での生徒のパフォーマンスの実際から、その学校が提供するプログラムや教育・研修システムの長短所を見出し、実際、それを学校システムの改善につなげていた。つまり、学習発表会という「真正の」場での生徒のパフォーマンス評価に基づいて、その学校のシステムの分析・改善が行われていた。そして、「逆向き計画」の核心も実はこの点にあったというのである (McDonald, 1993: 3)。マクドナルドは、CES の初期の実践から、「逆向き計画」の段階を、以下の4つのメタファーで整理している（McDonald, 1993）。
　第一は、「ビジョンの定義 (Defining a Vision)」と呼ばれる段階である。ここで、自分の知性をうまく使うことができる[10]卒業生の姿をイメージし、それを学校で追求するビジョンとして明らかにする。この作業にはすべての利害関係者 (stakeholders) が関わる。その中には、教師、保護者、生徒はもちろん、実業家、学者、地域文化の継承者なども含まれる (McDonald, 1993: 4-5)。
　第二は、「舞台の設定（Building a Platform)」と呼ばれる段階である。上で定義した卒業生のビジョンに向けて学校全体が動いていくわけだが、実際に卒業する生徒がそのビジョン通りに育つとは限らない。そこで、学校が生徒に求める本質的な知的技能を、卒業しようとする生徒が本当に身に付けて

いるかどうかを確かめる場が必要となる。それが、学習発表会という舞台（platform）であり、核となる評価装置である。そして、これが卒業認定のみならず、学校システム分析の要になる。このような評価計画の構想を、求める卒業生の姿を定義した後すぐに行うのである（McDonald, 1993: 5-6）。

　第三は、「編み直し（Rewiring）」と呼ばれる段階である。ここでは、たとえば次のようなことが問われる。「スピーキングとライティングでの9年生の経験は、12年生の舞台［引用者註—卒業認定のための学習発表会］の要求にどう調和するものか？　そこに至るまでに他にどのような舞台が必要か？　子どもの進歩のより良い軌跡をどうやって残すことができるか？　彼らが進んでいる方向を彼らにどう示すことができるか？　私たちは集団で自分たちの仕事を見てきているが、どうやったらその仕事自体をより集団的にすることができるか？」これは、学校の教育システムを再構築（restructuring）する営みであるが、学校は様々なネットワークによって成り立っていることから、そのネットワークの編み直しという意味で"Rewiring"というメタファーが用いられている。ここで、保護者とのコミュニケーション・ネットワークの編み直しも図られる（McDonald, 1993: 7-9）。

　第四は、「調律（Tuning）」と呼ばれる段階である。ここでは、学校外の利害関係者との調整が図られる。たとえば、次のようなことが問われる。「地域のビジネス・コミュニティが新しい労働者に最も重んじる5つの技能は何か？　地域の文化コミュニティが青少年に最も重んじる5つの態度は何か？　作文を専門とする地域の教授たちはある学校の上級生のエッセイについてどのようなことを述べるか？」学校は、このような問いに答えるために地域の優れた人材を取り込み、その答えに思いをめぐらす。CESは、生徒の作品や発表をめぐって学校外の「批判的友人（critical friends）」とも面と向かって議論できる場を確保することで、地域の「調律」メカニズムの確立を目指していた。そして、この中で、「標準化なしのスタンダード（standards without standardization）」（Wiggins, 1991）についての議論が行われるというのである（McDonald, 1993: 9-11）。

　たとえば、CES最初の加盟校、セイヤー中・高等学校（Thayer Junior-Senior High School, Winchester, NH）[11]では、学校改革の最初の段階として、その学校

で卒業までに生徒に身に付けさせたい技能を、教師だけでなく生徒や地域住民も巻き込んで明らかにしていき（Fried & Karlan, 1985）、その技能習得を実現させるためのカリキュラム改造が進められた（Colpoys, 1985）。しかし、当初はその技能習得を確かめる証拠をどうやって得るかが定かではなく、学校改革の進行を妨げていた。そこで、学年プロジェクトに合わせた学習発表会を設定し、そこで披露される技能習得の証拠をポートフォリオに収め、そのポートフォリオで卒業認定が行われるようになった（Eibell, 1993）。また、卒業発表会の様子はビデオとなって検討にかけられ、その検討結果に基づいて学校システムの点検が行われるようになった（Washor, 1993）。このように、セイヤー校では卒業に必要な技能や知識の習得が「学習発表会」で確かめられ、そこで見られる生徒のパフォーマンスを検討することから学校システム分析が行われていた[13]。

　このセイヤー校の取り組みを、マクドナルドの言う「逆向き計画」の４段階に照らして考えた場合、次のような言い方もできる。すなわち、セイヤー校ではCES加盟後すぐに卒業技能を特定するという形で「ビジョンの定義」（第１段階）が行われ、それに基づいてカリキュラム改造実験という形で学校ネットワークの「編み直し」（第３段階）が図られた。これは第２段階「舞台の設定」を飛ばした状態であったが、その問題は教師の疑問という形で浮き彫りになる。そこで、「舞台の設定」として学習発表会の計画が行われるようになると、第１段階として定義したビジョンもより具体的なものとなり、それがより確かな「編み直し」と「調律」（第４段階）につながっていった。このように、求める技能の習得を披露させる、学習発表会という「真正の評価」の場が保障されるようになって、ようやく学校改革のシステムが機能するようになったのである。

3　学校改革における「真正の評価」の役割

　同じ頃、ニューヨーク市のセントラル・パーク・イースト中等学校（CPESS: Central Park East Secondary School）にいたデボラ・マイヤー（Deborah Meier）が、ポートフォリオによる修了認定システムを同校に導入し、学校の建て直しに成功

した[13]。それは「イースト・ハーレムの奇跡」とも呼ばれ、90年代中頃には、全米各地の教育現場でポートフォリオが使われるようになっている。

ただ、これはあくまで個々の教室ないしは学校独自の取り組みであって、学区ないしは州レベルの取り組みには至っていない。たとえばヴァーモント州でポートフォリオ評価が州全体の取り組みとして一部導入されているが（松尾，2003）、大規模調査としての信頼性と効率性の問題が克服できず、全米への広がりには至っていない。むしろ、NCLB法制定後のハイステイクス・テストの圧力により後退している。

このように、「真正の評価」は学区や州レベルの教育政策としてはまだ課題が多いわけだが、少なくとも学校レベルの取り組みとしては、依然大きな役割が期待されている。そこで、以下、学校改革の実践の中で「真正の評価」がどのような役割を担っていたのか、簡単にまとめておきたい。

まず指摘すべきは、学習発表会という「真正の評価」の場が、学校改革の梃子の1つとなっていたという点である。セイヤー校では、学校で身に付けさせたい技能を特定し、それを実現させるためのカリキュラム改造が行われたわけだが、そこに学習発表会やポートフォリオによる修了認定システムが位置づけられてようやく改革が進展した。

学習発表会という「真正の評価」の場はまた、学校の教育システムを分析するときの起点となっていた。セイヤー校では、学習発表会が学校のアカウンタビリティ・システムの中核に位置づけられ、標準テストの結果ではなく、学習発表会で見られる生徒の「真正の」パフォーマンスをビデオで検討することを出発点に、学校の教育システムの分析が行われていた。

学習発表会という「真正の評価」の場はさらに、生徒たちの学習に関わる学校内外の人々をつなげる役割も果たしていた。セイヤー校では、毎月テレビ会議システムを使った遠隔ワークショップが行われていたが、この時、学習発表会での生徒のパフォーマンスを撮影したビデオの検討も行われ、これを素材に学校を超えた教育議論が具体的に行われるようになり、それが学校内の協働も促していた。

こうして見ると、現在「真正の評価」と呼ばれるものでも、学校改革の装置として有効に機能していたのは、実施される評価課題の状況が現実世界の

文脈に近かったからというよりも、むしろ、その評価方法がその学校の教育実践に関わる人々をつなぎ、生徒の実際のパフォーマンスから学校の教育システムを分析することに寄与していたからであることが分かる。学校改革にとっては、「真正の」課題で見られる生徒のパフォーマンスの質そのものよりも、むしろ、そこから学校の教育システムを分析し、それが学校の教育実践に関わる人々をつなぐ原理になっていたことが重要なのである。

したがって、実践の検討にあたっては、ポートフォリオやパフォーマンス評価といった「真正性」を指向する評価法が導入されているか否かという点よりも、むしろ、それが学校の教育システムを分析する装置として有効か、学校内外の協働を促す装置となりえているかという視点が重要である。学区や州レベルの学力向上政策にも、この「教育評価」の基本原理を否定しない論理が求められよう。

おわりに

2008年春、CES発足の地であるロードアイランド州で注目すべき出来事があった。ロードアイランド州内すべての高校を対象に、米国で初めて、州の政策としてパフォーマンス評価を盛り込んだ高校卒業資格認定が実施に移されたのである。

2003年、ロードアイランド州初等中等教育評議委員会（Rhode Island Board of Regents for Elementary and Secondary Education）の主導で「ロードアイランド州高校卒業資格認定システム（Rhode Island High School Diploma System）」が新しく制定された。これにより、核となる6つの教科領域（英語、数学、理科、社会、芸術、技術）の内容に関わる知識の習得を示すとともに、知識を現実世界でのプロジェクトや問題に応用するときに必要となる技能（批判的思考、問題解決、調査研究、コミュニケーション、意思決定、情報解釈、分析的推論、個人的・社会的責任）で熟達を示すことが、ロードアイランド州内の高校を卒業する生徒全員に求められるようになった（McWalters, 2005; Rhode Island Department of Elementary and Secondary Education, 2005）。この制度は2008年から本格実施され、CESの学習発表会と同様の方法で卒業認定を行っている学校が多く出てい

る（Cech, 2008）。

これまでCESの支援を得ながら、学校独自で「真正の評価」に取り組むところは多かった。ただ、学区や州といったより大きな単位の動きに呑み込まれ、改革が頓挫することがあった。ロードアイランド州の取り組みは、学習発表会での習得の披露による卒業認定というCES共通原則を州全体で実現しうるものである。今後の展開に注目したい。

一方で、元々ロードアイランド州にこのシステムを醸成させるテスト戦略があったことも見逃せない。たとえば、90年代初めに立てられた「ロードアイランド州総合教育戦略（Rhode Island Comprehensive Education Strategy）」[14]において、多肢選択式の標準テストの限界が共通認識されており、批判的思考のような高次の技能を扱えるカリキュラムと評価を実現するために、ヴァーモント州などと連携して「新スタンダード準拠試験（New Standards Reference Exams）」と呼ばれる自由記述式のテストを98年から毎年実施していた。また、「教授と学習のための学校アカウンタビリティ（School Accountability for Teaching and Learning）」と呼ばれる組織を作り、単純な統計データに依存せずに、教育者と地域住民が協働して学校の実践を質的に評価する体制が整えられていた（McWalters, 2005）。ロードアイランド州高校卒業資格認定システムはこのような動きに後押しされて成立しているのであり、これらを複合的に検討した上で政策を評価することが求められる。今後の研究課題としたい。

注

1 http://www.parentscare.org/（2008.7.7.取得）
2 なお、アーチボルドとニューマンの「真正の評価」論については、澤田（1997）ならびに松尾（2005）を参照のこと。
3 当時（1989年）、ウィギンズは「真正のテスト」や「本当のテスト」という表現を使っているが、そこで想定されている「テスト」は、いわゆる「標準テスト」のことではない。「テスト」という言葉の語源について言及していることからも分かるように、彼は「テスト」という言葉をその原義、すなわち「人の努力の価値を決める全ての手続き」という意味で用いていた（Wiggins, 1989b: 708）。
4 この課題は、ロードアイランド州プロヴィデンスにあるホープ高校（Hope High School）で使われていたもので、エッセンシャル・スクール連盟の「共通原則（Common Principles）」の1つである「学習発表会による卒業証書（Diploma by exhibition）」（Sizer, 1984/1992: 226）に依拠したものである。ちなみに、エッセンシャル・スクール連盟においてウィギンズは、サイザー（Theodore R. Sizer）が提起し

5 ウィギンズによれば、「パフォーマンス」の動詞形「perform」は、「完成する(consummate)」あるいは「成し遂げる(accomplish)」という意味が原義にあることから、「課題を果たし、完成に持ち込む」という意味の言葉である。このことから、パフォーマンスは、知識や技能を用い、手近にある特定の文脈に対応しながら、自分自身の作品を生み出す中で検証されることになる(Wiggins, 1993: 209)。

6 なお、第2点目は、教育評価における「公正(equity)」をめぐる主張であるが、本節での対象とはしていない。この点については、Wiggins (1989b: 708-711)を参照のこと。

7 なお、このウィギンズの提起に対しては、様々な批判も寄せられている。ウィギンズの「真正の評価」論をめぐる論争については、遠藤(2003)を参照のこと。

8 Sizer (1984/1992: 225-227)に基づいて筆者要約。訳出・要約にあたっては、安藤(1997: 5-6)、後藤(2002: 206-207)、佐藤(1991: 63)を参考にした。現在の共通原則については、CES本部のホームページで閲覧可能である(http://www.essentialschools.org/pub/ces_docs/about/phil/10cps/10cps.html〔2008.9.29取得〕)。

9 「逆向きマッピング」を発展させたエルモアの教育政策論は、Elmore (2004)にまとめられている。その中で「逆向きマッピング」については次のように説明されている。「この用語は、それでもって政策の効果が決定されるプロセスを言い表す。つまり、政策の効果は、その政策が形成された方法によって決まるのではなく、しばしば不完全で暫定的ではあるが、諸個人と諸組織がその政策に対応する方法によって決まる」(邦訳:4-5)。

10 これは、CES共通原則の第一原則として求められているものである。

11 当時(1980年代後半)のセイヤー校の校長デニス・リッキー (Dennis Littky)は、全米で最も著名な校長の一人とされ、彼の取り組みを描いた本(Kammeraad-Campbell, 1989/2005)を原作とした映画も公開されている(NBC-TV, *A Town Torn Apart*, 1992)。

12 詳細については遠藤(2007)を参照のこと。

13 CPESS校の取り組みについては、Meier & Schwartz (1995)ならびに安藤(1997)を参照のこと。

14 Comprehensive Education Strategyも略してCESと呼ばれることがあるが、本稿でCESと書かれているものはすべてCoalition of Essential Schools (エッセンシャル・スクール連盟)のことである。

引用・参考文献

安藤輝次 1997「ポートフォリオ評価法によるカリキュラム改革と教師の力量形成(I)―エッセンシャル・スクール連合の試み―」『福井大学教育実践研究』第22号、pp. 1-19.

石井英真・田中耕治 2003「米国における教育評価研究の動向―『真正の評価』論の展開を中心に―」田中耕治〔編〕『教育評価の未来を拓く―目標に準拠した評価の現状・課題・展望―』ミネルヴァ書房.

石井英真 2008「アメリカにおける学力向上政策の教訓―アカウンタビリティを民

主的な教育改革の力に一」田中耕治〔編〕『新しい学力テストを読み解く一PISA／TIMSS／全国学力・学習状況調査／教育課程実施状況調査の分析とその課題一』日本標準.
遠藤貴広 2003「G.ウィギンズの教育評価論における『真正性』概念―『真正の評価』論に対する批判を踏まえて―」教育目標・評価学会『教育目標・評価学会紀要』第13号, pp. 34-43.
遠藤貴広 2004「G.ウィギンズの『看破』学習―1980年代後半のエッセンシャル・スクール連盟における『本質的な問い』を踏まえて―」日本教育方法学会紀要『教育方法学研究』第30巻, pp. 47-58.
遠藤貴広 2005「G.ウィギンズのカリキュラム論における『真正の評価』論と『逆向き設計』論の連関―『スタンダード』概念に注目して―」『京都大学大学院教育学研究科紀要』第51号, pp. 262-274.
遠藤貴広 2007「米国エッセンシャル・スクール連盟における『逆向き計画』による学校改革―セイヤー中・高等学校の実践を例に―」『京都大学大学院教育学研究科紀要』第53号, pp. 220-232.
遠藤貴広 2008「米国エッセンシャル・スクール連盟の学校改革における『真正の評価』の役割―ホジソン職業技術高校の卒業プロジェクトを事例に―」『福井大学教育地域科学部紀要 第IV部 教育科学』第64号, pp.1-12.
黒田友紀 2006「ボストン市におけるパイロット・スクール改革の検討―『真正の評価(オーセンティック・アセスメント)』に焦点をあてて―」『アメリカ教育学会紀要』第17号, pp. 13-21.
後藤武俊 2002「米国エッセンシャル・スクール連盟の学校改革支援活動―コミュニティとしての学校』理念を中心に―」日本教育学会紀要『教育学研究』第69巻第2号, pp. 205-214.
佐藤学 1991「『個性化＝選択』原理を超えて―アメリカの中等学校改革の現場リポート―」教育科学研究会編『教育』No.537, pp.59-66.
澤田稔 1997「アメリカ合衆国における教育方法改革の最前線」松浦善満・西川信廣〔編〕『教育のパラダイム転換―教育の制度と理念を問い直す―』福村出版.
田中耕治 2008『教育評価』岩波書店.
松尾知明 2003「バーモント州におけるポートフォリオ評価プログラム」『アメリカ教育学会紀要』第14号, pp. 38-48.
松尾知明 2005「アメリカ合衆国の教育改革と『真正の評価』」論文集編集委員会『学力の総合的研究』黎明書房.
Archbald, D. A. & Newmann, F. M. 1988 *Beyond Standardized Testing: Assessing Authentic Academic Achievement in the Secondary School.* Reston, VA: National Association of Secondary School Principals.
Cech, S. J. 2008 "Showing What They Know" *Education Week, 27* (42), pp. 25-27.
Colpoys, L. 1985 "Thayer's Two Week Thing" *Horace, 2* (1). Providence, RI: Coalition of Essential Schools, Brown University.
Cumming, J. J. & Maxwell, G. S. 1999 "Contextualising Authentic Assessment" *Assessment in Education, 6*(2), pp. 177-194.
Darling-Hammond, L. 2007 "Evaluating 'No Child Left Behind'" *The Nation* (May 21,

2007 issue).
Darling-Hammond, L., Ancess, J., and Falk, B. 1995 *Authentic Assessment in Action: Studies of Schools and Students at Work.* New York: Teachers College Press, Columbia University.
Eibell, B. A. 1993 "Developing an Exhibition of Skills: A Cooperative Venture" *Studies on Exhibitions* (No.11). Providence, RI: Coalition of Essential Schools, Brown University.
Elmore, R. F. 1979-80 "Backward Mapping: Implementation Research and Policy Decisions" *Political Science Quarterly, 94,* pp. 601-616.
Elmore, R. F. 2004 *School Reform from the Inside Out: Policy, Practice, and Performance.* Cambridge, MA: Harvard Education Press.＝神山正弘〔訳〕2006『現代アメリカの学校改革―教育政策・教育実践・学力―』同時代社.
Fried, R., & Karlan, J. 1985 "Students at Thayer Ask: What's Important in a High School Education?" *Horace, 1* (1). Providence, RI: Coalition of Essential Schools, Brown University.
Janesick, V. J. 2006 *Authentic Assessment Primer.* New York, NY: Peter Lang.
Kammeraad-Campbell, S. 1989/2005 *DOC: The Story of Dennis Littky and His Fight for a Better School.* Alexandria, VA: Association for Supervision and Curriculum Development.
McDonald, J. 1992 "Dilemmas of Planning Backwards: Rescuing a Good Idea" *Teachers College Record, 94*(1), pp. 152-169.
McDonald, J. 1993 "Planning Backwards from Exhibitions" in McDonald, J., Smith, S., Turner, D., Finney, M. and Barton, E. *Graduation by Exhibition: Assessing Genuine Achievement.* Alexandria, VA: Association for Supervision and Curriculum Development.
McWalters, P. 2005 *The Rhode Island High School Diploma System* (A Brochure). Providence, RI: Rhode Island Department of Education.
Meier, D., & Schwartz, P. 1995 "Central Park East Secondary School: The Hard Part Is Making It Happen" in M. W. Apple & J. A. Beane (Eds.), *Democratic Schools.* ASCD.＝澤田稔〔訳〕1996「ポートフォリオによる新たなカリキュラムづくり―セントラル・パーク・イースト中等学校の〈物語〉―」M.アップル・J.ビーン『デモクラティックスクール―学校とカリキュラムづくりの物語―』アドバンテージサーバー.
Rhode Island Department of Elementary and Secondary Education 2005 *Rhode Island High School Diploma System* (Technical Assistant Bulletin). Providence, RI: Rhode Island Department of Elementary and Secondary Education.
Sizer, T. 1984/1992 *Horace's Compromise: The Dilemma of the American High School.* Boston, MA: Houghton Mifflin.
Washor, E. 1993 "Show, Don't Tell: Video and Accountability" *Studies on Exhibitions* (No.10). Providence, RI: Coalition of Essential Schools, Brown University.
Wiggins, G. 1988 "Rational Numbers: Toward Grading and Scoring That Help Rather than Harm Learning" *American Educator, 12*(4), pp. 20-48.
Wiggins, G. 1989a "A True Test: Toward More Authentic and Equitable Assessment" *Phi Delta Kappan, 70*(9), pp. 703-713.
Wiggins, G. 1989b "Teaching to the (Authentic) Test" *Educational Leadership, 46* (7), pp. 41-47.

Wiggins, G. 1991 "Standards, Not Standardization: Evoking Quality Student Work" *Educational Leadership, 48*(5), pp.18-25.

Wiggins, G. 1993 *Assessing Student Performance: Exploring the Purpose and Limits of Testing*. San Francisco, CA: Jossey-Bass.

第14章
ボストン学区におけるパイロット・スクール改革の検討
―「真正の評価」に焦点をあてて―

黒田友紀

はじめに

　本章の目的は、マサチューセッツ州ボストン学区におけるパイロット・スクールの改革、特に「真正の評価（Authentic Assessment）」に焦点をあてて、同学区における公立学校改革の特徴と構造を検討することである。

　パイロット・スクールは、ボストン学区、教員組合、教育長の協同のもとに学区内に創設された実験学校であり、公教育費の学区外への流出と教育の私事化を進めると危惧されるチャータースクールの代替案として創設されている。アカウンタビリティに基づく改革では州統一テストの結果に依拠せざるを得ないが、パイロット・スクールは「真正の評価」を基盤とした学校独自の評価基準を考案しようとしている。テスト政策とアカウンタビリティを重視する改革が公立学校全体で推進されている現在、マイノリティや低所得者が集中し、学力や社会経済的地位等の格差が拡大しているボストン学区において、この試みは挑戦的である（Logan, Oakley and Stowell, 2003）。

　これまでの先行研究において、州統一テストやアセスメント行政に関する研究（北野，2003, 2007）や、アカウンタビリティと罰則を改革の中心に据えたNCLB法の問題点を指摘する研究は存在する（Deborah and George, 2004; 赤星, 2005）。しかし、パイロット・スクールに関する研究は、パイロット・スクールの支援団体である「協同的な教育のためのセンター（Center for Collaborative Education）」のレポートと、パイロット・スクールの創設期を扱った研究は存在するが、その後の展開や「真正の評価」を扱った研究は少ない（Evan, 2000）。

本章では、第一に、パイロット・スクールの成立過程を明らかにし、チャータースクールへの代替案としてうみだされたパイロット・スクールの特徴を描き出す。第二に、パイロット・スクールにおいて実践されている「真正の評価」とはいかなるものであるかを示し、支援団体の検討を通してパイロット・スクールの実践が支えられていることを描く。第三に、「真正の評価」に基づき、学校独自の評価基準を考案しているパイロット・スクールの実践を検討する[1]。

1　パイロット・スクールの成立と特徴

　ボストン学区は、2007年の時点で約56,200人の生徒を抱える学区であり、州内で最も大きな学区である。ボストン学区の公立学校の人種構成比は、黒人41％、ヒスパニック35％、白人14％、アジア人9％、ヒスパニックではない他民族1％であり、給食費が無料もしくは減額されている生徒は74％に上る（Boston Public schools, 2007a）。ボストン市では、93年にメニーノ（Thomas Menino）が市長となって以降、市長が教育に深く関与する「市長中心」の教育政策がすすめられている（Portz, 2004）[2]。

　パイロット・スクールは、マサチューセッツ州で93年に制定された「マサチューセッツ州チャータースクール法（Massachusetts Charter School Law）」へのリアクションとして、95年にボストン学区、教員組合、教育長の協同によって生みだされた学校である。学区の中にありながら、財政とカリキュラムの両面で自律性を保ち、学習コミュニティの新しいモデルを模索している。パイロット・スクールは、チャータースクールのように契約制の学校であるが、5年ごとに学校の質を問うレビューを通して説明責任を問う更新制をとっている[3]。教員の雇用条件に関しては、教員組合からの支持を得ているため、これまでと同水準の教師の地位や給与、労働条件などの取り決めが守られている。2008年5月の時点で18校のパイロット・スクールが存在するが、ほとんどの学校が小規模な学校である[4]。また、パイロット・スクールの人種・民族等の構成比率は、ボストン学区の比率をほぼ反映しており、偏りが少なく様々な人々に寄与することを目指している。

マサチューセッツ州では、93年の「マサチューセッツ州教育改革法 (Massachusetts education Reform Act)」（以下、「州教育改革法」と略す）制定と同年に「マサチューセッツ州チャータースクール法」が制定され、94年にチャータースクールが開校した。同州のチャータースクールは、91年にウェルド知事が提案した「2000年のマサチューセッツ (Massachusetts 2000)」という改革プランの中で「企業家の (the Type of Entrepreneurial-Style)」学校として設置が求められたものである。チャータースクールなどの学校選択の政策が推進されていく経緯においては、民主党と共和党の超党派的な動きがあった点が注目される。当初、共和党は学校選択による政策を推進し、民主党は教育の質を高める政策をそれぞれ求めていた。民主党内において、従来の官僚的な統制では公立学校改革に効果がないという意見が出されていたことが超党派の動きを推し進めた理由の一つであるという (Boston Globe, 1991.11.26.)。両党の政治的な争点は、ヴァウチャー制を導入して私立学校までを選択の範疇に入れるかどうかであり、チャータースクールの推進に関しては両党には対立は見られない。

　パイロット・スクールは、チャータースクールが議論されている時期と同時期にボストン市が後援する形で教師と教育委員会によって考案されている。93年の夏には教育委員会と教員組合が250時間にも及ぶ交渉を行い、学区内に自律性を持った学校を創ることを協議している。94年の夏にはパイロット・スクール開校のための会議が行われ、パイロット・スクールを設立しようとする機運が盛り上がりを見せた (Boston Globe, 1994.6.6.)。その後、教員組合、市教育委員会、教育長からなる委員会が17校のパイロット・スクールの提案を検討し、94年10月には6校のパイロット・スクールを認可、95年9月の開校を決定した。これは、マサチューセッツ州でのチャータースクールの開校時期と重なる。地元紙の『ボストン・グローブ (*Boston Globe*)』では、パイロット・スクールの開校は「チャータースクールの開校とは偶然ではない」と述べ、パイロット・スクールはチャータースクールを強く意識して創られたことを指摘している (Boston Globe, 1997.10.27.)。パイロット・スクールは、教員組合などの規制からは自由であるが、ボストン学区の教育関係者とは協力関係にある。一方で、チャータースクールの場合は「様々な規制か

ら自由で、公的に資金を与えられた事業である」と評価されている（Boston Globe, 1997.10.27.）。「事業」という表現から、チャータースクールが公教育の領域を企業化し、さらには私事化を進めていることを示していよう。

チャータースクールは、州知事と議会の主導により超党派で推進されたが、教師や教員組合は、州教育改革法の制定過程において提案されたテニュアの廃止をはじめとする教員政策に断固反対しており、チャータースクールの創設にも反対を表明している。このことは、教員組合と学区によるパイロット・スクール創設を推進した要因の一つとなった。特に、ボストン市はチャータースクールの申請が最も多くなされた学区であり、学区の教育資金が州によって後援されるチャータースクールへ支払われることは、学区に財政上の打撃を与えかねないという学校財政への不安もこれを後押しした[5]。

パイロット・スクールでは、スタッフの雇用、学校予算、カリキュラムと評価、学校の方針、学校の授業時間の5つの領域に自由裁量を認め、自律性を保証しようとしている[6]。この自律性に加え、1）アカウンタブルであること（accountable）、2）学校規模が小さいこと（small）、3）明確なビジョンを持つこと（vision-driven）、4）公正に焦点を当てていること（focused on equity）の4つの項目にもとづいてそれぞれの学校がさまざまな実践を行っている（CCE, 2007: 1-2）。

このように、ボストン市におけるパイロット・スクールの設立は、公教育費の学区外への流出と教育の私事化を進めかねないチャータースクール運動に対する対抗軸として検討されたものである。マサチューセッツ州には、公立学校の中に、コモンウェルス・チャータースクール（Commonwealth Charter School）、ホーレスマン・チャータースクール（Horace Mann Charter School）、コモンウェルス・パイロット・スクール（Common Wealth Pilot School）、そしてボストン市のパイロット・スクールが設置されている。ホーレスマン・チャータースクールは、パイロット・スクールを参考にして創設された州独自のチャータースクールである。2006年に提案されたコモンウェルス・パイロット・スクールもまた、ボストン市のパイロット・スクールをモデルとして創設された新しい学校である[7]。

表14－1に示した通り、マサチューセッツ州のコモンウェルス・チャー

ータースクールとパイロット・スクールには、「創設」「運営方法」「財政」「教員組合との関係」において、それぞれ独自の特徴を持っている。両者の決定的な差異は二点ある。第一には、学区や教員組合との関係である。パイロット・スクールは、学区や教員組合などの規制からは自由で自律性を持ちながら、両者との協力関係を結んでいる点である。このことは、学区において改革を行うことで学区全体に良い影響を広げたいというパイロット・スクール支援者の願いでもある。一方、コモンウェルス・チャータースクールには学校や学区と協力関係を結ぼうという姿勢はない。第二には、生徒や教師、学校の評価の方法である。パイロット・スクールは、マサチューセッツ州で推進されつつあった標準化とテスト成績による査定・管理に対する代替案を採用している。具体的には、標準化されたアセスメントによる一元的な評価を行うのではなく、「真正の評価」や「ポートフォリオ」による学校独自の評価とその基準を準備し、多様な方法で評価して卒業資格を出そうとしていることである。一方で、チャータースクールは、テスト成績に依存せざるを得ないのが現状であり、テスト成績の向上が重要にならざるを得ない。

　マサチューセッツ州には様々なタイプの公立学校が存在し、この他に伝統的な公立学校と私立学校があることは言うまでもないが、コモンウェルス・チャータースクール改革への対抗軸として登場したパイロット・スクールが、学区内での自律性を保ちながら、学区と協力関係を築くことによって州の公立学校全体に影響を与えているという構造が浮かび上がる。ボストン学区のパイロット・スクールが公立学校の新しいモデルとなり、学区との協力関係に基づいて公教育システムを多様化しているといえよう。

2　パイロット・スクールにおける「真正の評価」

　本節では、パイロット・スクールの特徴の一つである評価方法を検討する。チャータースクールは、その評価基準を州統一テストに頼らざるを得ないが、ボストン市のパイロット・スクールは、95年の創設以来標準テストに代わりうる評価として「真正の評価」を導入しようとしている。この「真正の評価」に関しては、すでに前章でも論じられた事柄ではあるが、本節でも「真

表14—1 マサチューセッツ州のチャータースクールとパイロット・スクール

種 類	コモンウェルス・チャータースクール	ホーレスマン・チャータースクール	ボストン・パイロット・スクール
制定／開校年	1993年制定 1994年開校	1997年制定、開校	1994年制定 1995年開校
開校数	54校（ボストン市16校）	7校（ボストン市2校）	18校
創設／経営／支持	・親、教師、非営利団体、コミュニティのリーダー等によって開校でき、様々な規制から自由に独立して経営される。 ・新設か公立学校からの転向が認められるが、私立やパロキアルスクールはチャータースクールになることはできない。営利団体は運営には関わることはできる。 ・学区／地域の人口、MCASテストの成績などの設置条件がある。	ボストン市のパイロット・スクールを参考にして創設される。 Center for Collaborative Education が支援	・ボストン学区とボストン教員組合と教育長の協同により創設される。 ・様々な規則からは自由。創設の際は教師か行政官を含むこと ・新設か既存の公立学校のコンバート
チャーター付与機関	州教育委員会により5年のチャーターが付与される。	地域の学校委員会と教員組合長と州教育委員会により5年のチャーターが付与される	学区と数年の契約制
財 政	学区の一人あたりの教育費を一括で受け取り、100％の自律性を持つ。	毎年学区の教育長に予算案を提出し、学区から財源を得る。	
教員免許	・2000年8月10日以降に雇用された全てのチャータースクールの教師は、資格を持っているか、州の教師テスト（MTEL）に合格しなければならない。		州が実施する教師テスト（MTEL）に合格し、高い資格をもつ教師であること（Highly Qualified Teachers）が求められる。
教員組合	・教員組合から反対されている。 ・教師は教員組合からの様々な保証がない。	・教師は、契約の期間も組合のメンバーであり続け、教師はこれまでに得た地位を失わず、給与、労働時間等の取り決めが守られる。 ・教員組合からの支持がある。	
学力評価	主としてMCASテストによる。	多様な評価基準を持つ学校もあるが、基本的にはMCASテストによる。	州統一テストは一つの指標としつつ、学校独自の評価基準を持ち、卒業基準とするところもある。

（出典：Massachusetts Department of Elementary and Secondary Education の Q&A や CCE の資料から筆者が作成した）

正の評価」とはいかなる評価法であり、どのような組織によって支援されているかを確認しておきたい。

「真正の評価」とは、大人が現実社会で直面するような課題に取り組ませる中で評価することを志向するものである[8]。ダーリング-ハモンド（L. Darling-Hammond）も指摘するように、「真正の評価」とは、学校の内外で活動する人（worker）がするのと同じ方法で評価を行うことができる点に特色があり、具体的な方法として選択式のテストよりも、実際の文脈の中で実験や社会科学の研究を行ったり、エッセイや論文を書いたり、問題解決に取り組むことが可能である（Darling-Hammond, 1995: 2）。パイロット・スクール全体で共有されている「真正の評価」の定義は、以下のように述べられている。

> 「真正の評価は、子どもが複合的な方法で自分の能力を示すことができるものである。子どもは、精神の習慣（Habits of Mind）を使ったり適用したりしたパフォーマンスを基盤とした技能や、自分が生み出した知識を基盤として活動する。徹頭徹尾、生徒は自分の学びを評価したり考え直したりする能力を開発するために自分の活動と思考を反省することが求められる。……中略……真正の評価は、現在進行しているカリキュラムに埋め込まれており、それと同時にパフォーマンスを最高潮にするものの中にも埋め込まれている。典型的な真正の評価は、プロジェクト型学習であり、学習発表、ポートフォリオとデモンストレーションを含むものである」（CCE, 2004: 4）

パイロット・スクールはこのような定義を共有し、学校独自で評価基準を考案する試みを行っている。これらの評価方法は、エッセンシャル・スクールズ連盟の影響を強く受けており、2001年の時点で11校のパイロット・スクールのうち7校がエッセンシャル・スクールズ連盟に加盟していた。これら11校全てが「真正の評価」の実践を学校に取り入れようとしており、中でも5校は生徒の卒業や進級を決定する際にも学校独自の評価基準を使用している（CCE, 2001）。パイロット・スクールの実践を支援する上で大きな役割を担っているのは、「ボストン・パイロット／ホーレスマン・スクール

ズ・ネットワーク（the Boston Pilot/Horace Mann Schools Network）」と「教育におけるオーセンティックな改革のための連盟（Coalition for Authentic Reform in Education）」（以下、「CARE」と略す）」である。

　前者の「ボストン・パイロット／ホーレスマン・スクールズ・ネットワーク」は、「協同的な教育のためのセンター（Center for Collaborative Education）」（以下、「CCE」と略す）」の下部組織である。94年にCCEが作られたが、97年までパイロット・スクールには協力体制がなく、学区とパイロット・スクールがそれぞれ個別に交渉していた。そのため、CCEをネットワークとして機能させることにパイロット・スクール側が合意した[9]。CCEは、「生徒の学習を改善するための新しい教育のモデルを再構築し、創設することに関心のあるボストン市内外の学校を支援すること」を目的としており、ホーレスマン・チャータースクールを含む19校がこのネットワークに加盟している。CCEは、進歩主義的な公立学校を支援している非営利組織であり、その構成員は教師や校長やハーバード大学のスタッフなどからなる教育の専門家集団である点が特徴的である[10]。

　CCEは、約20人のスタッフによって、パイロット・スクールの研究と開発を行っており、「プログラム・チーム」「コミュニケーション・チーム」といったグループを組み、それぞれのパイロット・スクールにおいてアドバイスを行い、ともにカリキュラムを作成し、カリキュラム開発の支援を行っている。また、授業研究や同僚による授業観察も取り入れ、学習コミュニティづくりを始めている。このような支援を行うことによって、パイロット・スクール自体の支援と、学校間のネットワークづくりを行っている。現在改革が行われているコモンウェルス・パイロット・スクールに対しては、リーダーシップのサポート、データ探し、計画へのアドバイス、新しいコミュニティを作る手助けなども一緒に行なわれている[11]。また、CCEは、2001年から始まっているボストン学区での高校改革も支援している。このボストン学区の高校改革は、ボストン・パイロットスクールとホーレスマン・チャータースクールも存立させながら発展しており、高校段階での大規模で・複合的な学習コミュニティを作りだそうとしている。

　後者のCAREは、「フェアテスト（Fair Test）」の下部組織の地域団体である。

フェアテストは、85年に設立され、標準化テストの誤用をやめさせ、公平で差別がない妥当性のある評価を保障するために設置されている。本部はマサチューセッツ州に置かれ、現在この理事会には、パイロット・スクール創設に関わったデボラ・マイヤー（Deborah Meier）もメンバーとして名を連ねている。CAREは、州よりはむしろ学区や学校ごとに卒業を決定する評価システムを作るべきであり、州が決定したスタンダードを基礎としてアカウンタビリティと評価計画を開発するべきである、という方針を掲げている。CAREは、ボストン市のパイロット・スクールやマサチューセッツ州のホーレスマン・チャータースクールの成功事例を元に、実践の効果を評価するためのアカウンタビリティ・システムを考案することも提案している（CARE, 2004）。

このように、パイロット／ホーレスマン・スクールズ・ネットワークやCAREの活動によって、「真正の評価」を採用するパイロット・スクールの活動が支援され、運営や実践の方法を共有することを可能にしている。

3　パイロット・スクールの実践

次に、「真正の評価」を採用しているパイロット・スクールの実践を検討する。

(1) ミッション・ヒル校（Mission Hill School）

ニューヨーク・イーストハーレム第4学区の改革に携わったデボラ・マイヤーが創設に関わり協同で校長を務めたミッション・ヒル校は、ボストン市のロクスベリー（Roxbury）地区の比較的低所得者層の多い地域に位置する[12]。97年に開校し、2007‐08年度には、約170人の生徒が在籍する就学前教育2年から第8学年までの初等・中等教育学校である。人種構成比は、19.0％がヒスパニック、55.4％がアフリカン・アメリカン、1.8％がアジア人、21.4％が白人である（Boson Public Schools, 2007b: 1）[13]。この学校の特徴は、「芸術（Arts）」を通して、「科学」「歴史」といった伝統的な教科を統合しようとする学際的なカリキュラムを持つ点にある。民主主義的な学校を作るために、

多文化で反人種差別であることも方針としている。

　ミッション・ヒル校では、州による統一テストも評価の一つとしながら、学校独自の評価基準を創る努力をしている点が注目される。同校の進級、卒業条件は、生徒のパフォーマンスによるものとされており、第8学年の生徒が高校での学習を行う能力があるかということを、「知性の習慣」に基づいて評価する[14]。生徒は卒業のための課題の作成を第6学年から始める。その際、生徒には担任以外に一人のアドバイザーが付き、生徒の学習を支援し責任を持つ。生徒は、ポートフォリオや展示や発表を計6回行うことになっている。課題全体の評価は、最後の出展物まで総合的に行われ、評価委員会で発表することによって最終的な卒業が判定される（Mission Hill School, 2001）。その判定では、学校独自のスタンダードを具体化したルーブリック（Scoring Rubric）に従って、いかに「精神の習慣」を通して生徒が学習したかを評価する。この評価委員会は教師、生徒、コミュニティの人や専門家から構成され、生徒の発表と質疑応答により総合的な評価が決定される。その評価は、「合格」「条件付き合格」「部分的合格」「不合格」の4段階であり、プレゼンテーションによって弱点や補強点が見つかればそれを改善するためにアドバイザーや生徒が支援をし、生徒は何度でも挑戦できるようにデザインされている（Mission Hill School, 2001）。

　卒業課題のための発表以外にも、生徒が学んだことを発表しあう「共有の時間（Sharing Time）」が図書館で行われている。この学校は、子どもの興味を中心とした進歩主義教育の伝統を受け継いでおり、玄関を入ると正面に図書館があり作業場や発表の場として活用されている。この時間には、子ども達が学習したことに基づいた作品をそれぞれ発表しあい、生徒の保護者も図書館に集まり発表を参観する。マイヤーによると、このような時間の共有により、「ポートフォリオ・コミュニティ」を作り上げているという[15]。つまり、「真正の評価」を作り上げていく試みが学校全体で行われているということである。

　もう一つ特徴を挙げるとすれば、それは親の参加とパートナーシップである。ミッション・ヒル校では親の参加を重視しており、親と教師が互いの仕事に責任を持つことができるように、親は定期的な会議においてだけではな

く、日常的にも支援をし、子どもが学校で楽しい時間を過ごせるように促している。これはマイヤーが求め望んでいる、子どもが良く知っている大人であり、かつ子どもを良く知っている大人のなかでこそ子どもは育つという理念を具現化するものである。このような信頼こそが学校を改善させるのであり、テストによって信頼は得られないという（Meier, 2000）。マイヤーが求めているのは、スタンダード・テストの評価に基づく改革ではなく、生徒と親と教師が共有する信頼と責任とに基づいた民主的な学校である。「真正の評価」を実践していく上では、このような親の参加とパートナーシップによる信頼が基盤となり、こうした環境においてこそ、生徒の学びも保障されるであろう。

(2) ボストン・アーツ・アカデミー (Boston Arts Academy) 校

　ボストン・アーツ・アカデミー校は、ボストンレッドソックスが所有するフェンウェイ・パークの裏側に位置する。94年に17の提案から6校のパイロット・スクールの開校が初めて認可された時の学校の一つである。98年の秋に開校し、2007-08年度には、約400名の生徒が在籍する第9から第12学年までの芸術専門高校である。その人種構成は、48.3％がアフリカン・アメリカン、17.1％が白人、29.7％がヒスパニック、3.2％がアジア系である（Boston Public Schools, 2007c: 1）。同校は、ボストン学区の人種等の構成比に近づけようとはしているものの、特別教育とバイリンガル教育を必要とする生徒が少ない点で特殊である。

　ボストン・アーツ・アカデミー校は、アメリカ国内でも数少ない芸術を専門とした中等学校である。この学校のミッションは、「ダンス」「音楽」「劇場」などの芸術分野に関心をもつ若者の可能性を開花させようというものである。そのために、「バレエ」「ダンス」「ジャズ音楽」「舞台装置・衣裳」「演劇」「デザイン」「デッサン」といったあらゆる芸術の授業が設置されている。学校の主な活動は芸術的な科目と活動であり、学校設備は豊富である。4階建てのビルの中には、バレエなどのレッスン室、ジャズをはじめとした演奏を行う防音室、演劇を行うための舞台と装置一式、展示室や道具一式も備わっている。もちろん、数学や人文系の授業も行われている。

同校の特徴として、学校とパートナーを結んでいる組織・団体の豊富さも挙げることができよう。同校は、ボストン学区との密接な協力関係を持つことは言うまでもないが、その他にも6つの組織からなるプロの芸術連盟（Professional Arts Consortium）と協力関係を結んでいる[16]。この協力関係によって、夏休み期間に大学で行われる「芸術」や「美術」の授業に、同校の生徒は参加することができる。また、同校で教育実習を行う芸術や美術の教育実習生は、この協力校からやってくる。ボストン・アーツ・アカデミー校は、従来の公立学校ではなかなか実現できなかったプログラムを、ボストン学区の組織や団体と協力関係を結ぶことによって達成しようとしている。

生徒の評価に関して言えば、パイロット・スクールは各学校がそれぞれの評価基準を持ち、生徒の達成度を判断し、責任を持つという形態をとる。ボストン・アーツ・アカデミー校では、生徒は「ポートフォリオ」「展示品」「パフォーマンス」を通して、自分の技術や知識を示すことによって評価が行われている。「ポートフォリオ」は、生徒が行った作業や研究や解決した問題などの軌跡であり、「宿題」「プロジェクト」「活動」の総体であると捉えられている。卒業するためには、生徒全員が最終的なポートフォリオを完成させねばならない。また、「展示品やパフォーマンス」は、生徒が普段どのような活動や作業をしているかをみんなに示すための機会でもある。その作品に関して生徒は説明を求められたり、教えたりすることを要求される。少なくとも一回は作品を提出しなければならない。その際、たとえばダンスを専攻している生徒は、ダンス専攻者による舞踏の振り付けの発表会が学校の劇場で行われ、ダンサーや他の芸術関係の専門家から質問を受ける機会を得ることができる。つまり、生徒は本物のレスポンスを得る機会が用意されている（CCE, 2004: 10）。このような機会は、ボストン・アーツ・アカデミー校が様々な組織との協力体制をとっているからこそ実現されるものであり、「真正の評価」の一つの実践例であろう。

評価の過程において、年に2回、家族協議（Family Conference）と呼ばれる、日本における三者面談のような協議が行われる。これは、生徒と家族とアドバイザーの三者が会って、生徒の授業の評価や生徒の改善のための提案などが書かれたナラティブズ（Narratives）とよばれるレポートをもとに、卒業に

向けて進度について話しあうものである。このように、生徒の学習に関して学校と家庭とが協力し責任をともに負うシステムを作り出していることも同校の特徴の一つである。

　ボストン・アーツ・アカデミー校は高校であるため、進学適性試験である SAT（Scholastic Aptitude Test）や「マサチューセッツ州総合評価システム（Massachusetts Comprehensive Assessment System）」（以下、「MCAS」テストと略す）のような標準テストとは無縁ではない。MCAS テストは、2002 年度の結果から卒業要件となっており、州による規定を無視することはできない。2006-07 年度の同校の卒業率は 84％であり州平均を超えてはいるが、MCAS テストは生徒の達成度を測るための一つの方法でしかなく、同校では評価の一部としては使用されるが、独自の評価基準を保っていることが特徴的である（Boston Public Schools, 2007c: 1）。

4　パイロット・スクールの評価と影響—パイロット・スクール改革の広まり—

　マサチューセッツ州では、ボストン市のパイロット・スクール改革をモデルとして新たな学校制度が創設されている。97 年にホーレスマン・チャータースクール、2007 年にはコモンウェルス・パイロット・スクールという新しい学校制度が制定されている。

　ホーレスマン・チャータースクールは、97 年に「第三のオプション」として議会が提案し、州が創設した学校システムである。2008 年現在 7 校が開校されており、ボストン市には 2 校が開校されている。

　93 年の州教育改革法とチャータースクール法の制定にあたって、教員組合はテニュアの廃止と教育の質の低下を招くような政策には断固反対していた。特に、コモンウェルス・チャータースクールが地域や学区から完全に自立し管理統制を受けない点、営利企業による学校運営が行われかねないシステムをとっている点、教師資格のない教師が教えているという点を問題視していた。ホーレスマン・チャータースクールは、コモンウェルス・チャータースクールとは異なり、州教育委員の認可に加えて教員組合と学区からも認可を受けねばならない。コモンウェルス・チャータースクールが州から直接運

営資金を得るのに対して、ホーレスマン・チャータースクールは、毎年学区の教育長に予算案を提出し、学区から資金を得ている。パイロット・スクールをモデルとしているのは、学区内における公立学校改革を求めていた点と、教師がこれまでに得た地位やキャリアを継続して求めたためである。コモンウェルス・チャータースクールの教師は、教員組合からの保証がなく、これまでに得た地位、給与、労働条件等の最低限の取り決めを全て受けることができない。以前にチャータースクールの教師として働いた経験を持つ教師の多くは、チャータースクールでは保証がない点を指摘しながら、教師の直面する身分上の問題点の改善を求めており、そのような要求を反映したのが、ホーレスマン・チャータースクールであった[17]。

コモンウェルス・パイロット・スクールは、2006年に議会で提案され2007-08年度には4つの学校が開校した。まだ始まったばかりの試みであり詳細な検討や評価はできないが、特徴などをおおまかに記しておきたい。この学校は、ボストン市のパイロット・スクールを参考にして州が創設した学校であり、州教育委員会の中の公立学校の再建を担う部署である「スクール・リデザイン（School Redesign）」の管轄下にある。この学校への転向の対象となるのは、学力やその他における「成果のあがらなかった学校」、すなわち、AYPを継続して達成できず「リストラクチャリング」の段階にある学校である。

2006年11月の州議会において、州教育委員会はこれまで成果のあがらなかった4校に対してコモンウェルスPSに転換することを提案した。その際、ボストン市のパイロット・スクールが、出席率、卒業率、大学進学率、MCASテストの結果において学区の平均を上回っていること、小規模校であること、学校文化が醸成されていること、授業計画のための教師の時間が確保されていること、卒業基準の設定の面で優れていることから、コモンウェルス・パイロット・スクールのモデルとして掲げた。この学校の最大の特徴は、最大限の自律性を認める代わりに、生徒の成績に対するアカウンタビリティを強化していることである（MDESE, 2007）。つまり、学力向上に主眼を置いた、よりターゲット化した改革であるといえよう。このコモンウェルス・パイロット・スクールは、まだ開校したばかりであり実態は明らかではない

が、学区からも CCE といった外部の組織からも支援を得ながら、学校のスタッフが協力して公立学校を再建することを目指しており、一つの改革の方向性は示している。

　ボストン学区には、2008年現在パイロット・スクールは18校、ホーレスマン・チャータースクールが2校、そしてコモンウェルス・パイロット・スクールが1校あり、現在も進行中の挑戦的な試みである。ボストン学区の公立学校が145校あることを考えると、パイロット・スクールの数は決して多いとは言えない。また、現在創設されている自律性の高い学校のほかに、既存の公立学校や私立学校があることも忘れてはならない。しかし、テスト政策が強化されている現在、パイロット・スクールの影響はより大きくなってきている。コモンウェルス・パイロット・スクールもまた、ボストン学区のパイロット・スクールをモデルとしていた。この新しい学校の成果に対する評価を行うのは時期尚早であるが、ボストン学区のパイロット・スクールがマサチューセッツ州に対して影響を与え続けていることは明らかであろう。

　これまでに、公立学校改革の中で、パイロット・スクールがチャータースクールや州統一テストに対抗する公立学校の新しいモデルとなりうることを述べてきた。これまでのパイロット・スクールの特徴と構造の検討から、以下の三点が明らかになるだろう。

　第一に、チャータースクールへのリアクションとしてパイロット・スクールが学区の中に創設され、学区がパイロット・スクールに自律性を与えることによって、評価方法やシステムに多様性をもたらしたことである。

　第二に、パイロット・スクールが独自のシステムと真正の評価に基づく評価基準を開発し、子どもの学びを保障しようとしている点である。このことは、テスト政策とアカウンタビリティに基づく改革の中で、学校が主体となって子どもの学びに沿ったアカウンタビリティ・システムを考案する可能性を示唆している。

　第三に、「真正の評価」を支援する団体が存在し、パイロット・スクールや「真正の評価」を支持する組織のネットワークを広げていることである。このような組織の存在は、自律性が認められる学校においても、その学校を支援する内部システムが必要であることを示すものでもある。これらの組織の活動

は、パイロット・スクールのみならず公立学校全体を支える基盤となりうると考えられる。

おわりに

　マサチューセッツ州は、93年に「州教育改革法」を制定し、98年よりMCASテストが実施され、学校や学区はアカウンタビリティを満たすことを求められるようになった。また、2002年には「初等中等教育法（Elementary and Secondary Education Act）」の改正法であるNCLB法が制定されて以降、MCASテストやアカウンタビリティに基づく改革は強化され続けている（Reville, 2004: 593）。

　このNCLB法の制定以降、学校や学区にアカウンタビリティが求められるようになり、テスト政策がより強化されている。パイロット・スクールは州による統一テストにおいても比較的好成績を修めているが、パイロット・スクールにおける「真正の評価」が現在のテスト政策に対していかなる影響を与えていくことができるのか、また、この実践が十分に公立学校に浸透していくことができるかどうかはさらなる検討を要する。また、マサチューセッツ州では、ホーレスマン・チャータースクールやコモンウェルス・パイロット・スクールといった新しいタイプの学校が出てきており、公立学校のシステムが多様化している。マサチューセッツ州の公立学校システムのどのような点が教育の私事化を推し進め、どのような点が公共性を強化していくのかに関しては、個別の事例の検討も含めて今後の課題としたい。

注

1　2000年10月、2002年5月、2005年3月の調査による。2000年にBoston Arts Academyを、2002年5月にMission Hill Schoolを参観し調査した。年度始めや年度末のMCASテスト実施の多忙な時期に訪問させていただいたことをここに感謝したい。

2　市長中心の教育改革が行われているのは、例えばボルティモア、シカゴ、クリーブランド、デトロイトなどが挙げられる（Henig, Jeffrey R. and Rich, Wilbur C. 2004 Mayors in The Middle: Politics, Race, and Mayoral Control of Urban Schools, Princeton University Press）。

3 95年当初は、3年ごとの契約と規定されていた(Boston Public Schools, 1996: 2)。
4 2008年5月現在、18校あるパイロット・スクールの内訳は、幼児教育センター1校、初等学校3校、初等・中等学校4校、中等学校2校、高校8校である(Boston Public Schools, 2007a)。
5 当初、64件のチャータースクールの申請のうち、18件がボストン地区からのものであった(ネイサン(大沼安史訳), 1997: 115)。
6 パイロット・スクールでは、自ら学校の運営システムをつくり、生徒数に応じて受け取った予算の使い道やスタッフの決定に自由を認める。また、学校協議会にも責任を与える。年間の計画においては、教師には専門性の開発に充てる時間を、生徒には学びのための時間を増やすように計画する。
7 コモンウェルス・パイロット・スクールに関しては、2007-2008年度に初めて開校された学校であるため、まだ実態に関する検討は時期尚早であるため、今後の研究の課題としたい。
8 前章の遠藤論文により「真正の評価」の理論基盤は説明されているが、「真正の評価」に影響を与えたのは、グラント・ウィギンズ(Grant Wiggins)、ハワード・ガードナー(Howard Gardner)、セオドア・サイザー(Theodore Sizer)が挙げられる。サイザーは、子どもは小グループで深くトピックを学び、卒業の為には習得したスキルや内容を提示・発表するべきであると主張した。サイザーは、後にエッセンシャル・スクール連盟(The Coalition of Essential schools)を作り、「真正の評価」を取り入れ普及させている(Center for Collaborative Education, 2004: 4)。
9 この時、CCEはマサチューセッツ州における公式のエッセンシャル・スクール連盟のセンターともなった(Center for Collaborative Education website, http://www.ccebos.org/)。
10 理事会(Board of Directors)には、パイロット・スクールのスタッフであるデボラ・マイヤーやリンダ・ネイザン(Linda Nathan)、ハーバード大学の教授であるペドロ・ノグエラ(Pedro Noguera)やヴィト・ペローネ(Vito Perrone)、エッセンシャル・スクール連盟のセオドア・サイザーらが名を連ねている(Center for Collaborative Education website, http://www.ccebos.org/)。
11 2008年3月7日に行ったインタビューより。
12 現在の校長は、Ayla Govinsである(Boston public schools, 2007a)。
13 特別教育の生徒の割合は、17.8％であるが、バイリンガル教育の必要のある生徒の割合は0％である。また、英語を第一言語としない及び英語の学習が不十分な生徒は56.8％、低所得層が71.4％、特別教育を必要とする生徒が20.1％である。
14 ミッション・ヒル校での「知性の習慣」は、セントラル・パーク・イースト校でも用いられていた、生徒をよき学習へと導くための基準であり、数学や科学や文学や歴史、また学際的な活動の際のアプローチの際に使われる。具体的には、1. Evidence: 証拠、2. Viewpoint: 視点の提示、3. Connections/ Cause and Effect: 関係性、原因、結果の追求、4. Conjecture: 推測、5. Relevance: 関連性の追求の5項目である。
15 筆者が2002年5月に同校を訪問した際のデボラ・マイヤーの発言より。
16 ボストン建築センター(Boston Architectural Center)バークリー音楽大学(Berkley College of Music)、ボストン演劇学校(The Boston Conservatory)、エマソン大学(Emerson College)、マサチューセッツ芸術大学(Massachusetts College of Arts、ファ

インアーツ美術館(the School of the Museum of Fine Arts)の6つである(Boston Arts Academy, 2000;4-5.)。
17　2008年3月7日に行ったCCEのディレクターへのインタビューによる。

引用・参考文献

赤星晋作 2005「NCLB法における学力テストとアカウンタビリティ」アメリカ教育学会『アメリカ教育学会紀要』第16号, pp. 66-74
北野秋男 2003「〈研究ノート〉マサチューセッツ州におけるテスト政策アセスメント行政の実態―『マサチューセッツ州総合評価システム』成立と影響」日本教育学会『教育学研究』第70巻第4号, pp. 89-98.
北野秋男 2007「アメリカにおける学力向上政策」大桃敏行他編『教育改革の国際比較』ミネルヴァ書房, pp. 111-126.
黒田友紀 2009「アカウンタビリティに基づく公立学校改革の検討―マサチューセッツ州のチャータースクールに着目して―」藤田英典・大桃敏行編『学校改革』(リーディングス日本の教育と社会)第11巻, pp.311-331.
ネイサン、ジョー（大沼安史訳) 1997『チャータースクール　あなたも公立学校が創れる　アメリカの教育改革』一光社.
Boston Public Schools 1996 Request for proposal for 1996-97 Pilot Schools.
Boston Public Schools 2004 Focus on children: Mission Hill school SY2004-2005.
Boston Public Schools 2007a Focus on Children: Boston Public Schools at a Glance 2007-2008.
Boston Public Schools 2007b Focus on Children: Mission Hill K-8 school.
Boston Public Schools 2007c Focus on Children: Boston Arts Academy.
Center for Collaborative Education 2001 *Executive Summaries of CCE Reports on the Boston pilot schools network.*
Center for Collaborative Education 2004 *How Pilot Schools Authentically Assess Student Mastery?*
Center for Collaborative Education (CCE) 2007 *Strong Results, High Demand: A Four-year Study of Boston's Pilot Schools.*
Center for Collaborative Education (CCE) web site, http://www.ccebos.org/ [2008.5.10取得].
Coalition for Authentic Reform in Education web site, http://www.fairtest.org/care/accountability.thml [2008.5.10取得].
Darling-Hammond, L. Access, Jacqueline and Falk, Beverly 1995 *Authentic Assessment in Action*, New York, N.Y,: Teachers College Press.
Clinchy, Evans 2000 *Creating New Schools How Small Schools Are Changing American Education*, NY: Teacher College Press.
Henig, Jeffrey R. and Rich, Wilbur C. 2004 Mayors in the Middle: Politics, Race, and Mayoral Control of Urban Schools, Princeton University Press
Logan, John R. Oakley, Deirdre and Stowell, Jacob 2003 "Segregation in Neighborhoods and Schools: Impact on Minority Children in the Boston Region" in represented at the Harvard Color Lines Conference.

Massachusetts Department of Elementary and Secondary Education (MDESE), 2007, 2007 Guidelines for Commonwealth Pilot Schools Option, http://www.doe.mass.edu/sda/redesign/guidelines.html?section=all [2008.5.10取得].

Meier, Deborah 2000 *Will Standard Save Public Education?* Boston, MA: Beacon Press.

Meier, Deborah and George, Wood 2004, *Many Children Left Behind,* Boston, MA: Beacon Press.

Mission Hill School 2001 Overview of Mission Hill school's Graduation Requirements and Portfolio Process.

Portz, John 2004 "Boston Agenda Setting and School Reform in a Mayor-Ccentric System", in Jeffrey R. Henig and Wilbur C. Rich, *Mayors in the Middle Politics, Race, and Mayoral Control of Urban Schools*, pp. 98-119, Princeton, N.J.: Princeton University Press.

Reville, Paul 2004, "High Standards + High stakes = High achievement in Massachusetts", *Phi Delta Kappan*, Vol. 85, No. 8, pp.591-597.

The National Center for Fair & Open Testing web site, http://www.fairtest.org/ [2008.5.10取得].

第15章

「スタンダードに基づく教育改革」の再定義に向けて
― NCLB法制定後のアカウンタビリティ強化の観点から ―

石井英真

はじめに

　1999年に始まる学力低下論争、PISA2003の結果（読解力の順位が8位から14位に低下、なおPISA2006も同様の結果）が引き起こした「PISAショック」などを受けて、日本の教育政策において「ゆとり教育」から「学力向上」への方針転換は決定的なものとなった。学力向上をめざす文部科学省は、2007年4月24日に「全国学力・学習状況調査」を実施し、2008年3月28日には学習指導要領の改訂を行った。

　この一連の学力向上政策においては、学校教育の質を保証するシステム（義務教育制度におけるPDCA（Plan-Do-Check-Action）サイクル）の確立がめざされている。そして、そのモデルとなっているのは、80年代以降の英米における「スタンダードに基づく教育改革（Standards-based Reform）」である。公教育を通じて子どもたちに身につけさせたい知識・能力、および、その到達水準（「スタンダード（standards）」）を具体的に設定し、その達成を目指して実践や制度を組織し、その成果を検証しながら、すなわち、「アカウンタビリティ（accountability）」を果たしながら学校教育の質の向上を図るというわけである。

　規制緩和の名の下に公共部門にも市場原理が導入される中で、90年代中頃以降、アメリカでは、学力調査の結果を、学区や学校への予算の配分、教職員への処遇、そして、保護者による学校選択と結びつける改革が進められている。その結果、スタンダードに基づく教育改革は、学校間競争をあおり格差を拡大するものとして、あるいは、政府による学区や学校への管理体制

を強化するものとして批判されるようになった。今まさにスタンダードに基づく教育改革を進めようとしている日本でも、同様の問題が指摘されており、政府による学力調査や PDCA サイクル自体を全否定する論調も見られる。

　スタンダードに基づく教育改革という枠組みは無批判に受け入れその内部での学校改善を目指すか、さもなければ、その枠組み自体を根本から否定する。今必要なのは、そうした二者択一の議論ではなく、競争原理に埋め込まれたものとは異なった、スタンダードに基づく教育改革の形を探ることであろう。事実、アメリカでは、スタンダードやアカウンタビリティ・システムを、民主的な教育改革を実現する装置として編み直す試みも始まっている。

　そこで本章では、スタンダードとアカウンタビリティを機軸とする現代アメリカの学力向上政策の展開に対して、そうしたトップダウンの改革を教育現場の論理に即して積極的に活かしたり、問い直そうとしている取り組みを紹介する。その上で、スタンダードに基づく教育システムを民主的で教育的なものへと編み直す方策について論じる。

1　アメリカにおけるスタンダード運動の展開

(1) 学力向上をめざす教育改革のはじまり

　アメリカで学力向上が国家的な課題として認識されるようになった契機は、83 年の連邦教育省長官の諮問委員会による報告書『危機に立つ国家（A Nation at Risk）』の発表であった[1]。『危機に立つ国家』は、アメリカの子どもたちの学力の危機を明らかにするとともに、70 年代後半から 80 年代初めにおけるアメリカ経済の低迷の一因を学校教育の「凡庸性（mediocrity）」に求め、「卓越性（excellence）」の追求を強調した。これを受けて、ほとんどの州では、ハイスクール卒業要件の厳格化、授業日数の延長、教員の待遇改善などの教育改革が進められていった。

　89 年には、共和党のブッシュ（先代）大統領の呼びかけで全米の州知事を招いて教育サミットが開催され、「全米教育目標（National Education Goals）」が公表された。さらに、91 年には、その目標を達成すべく、「2000 年のアメリカ：教育戦略（America 2000: An Education Strategy）」が発表され、スタンダー

ドの設定、優秀教員や優れた成果を収めた学区に対する報奨金の支給などの実行策が示された。これ以後、スタンダードを開発しそれに基づいて学力向上を進めていく手法（スタンダードに基づく教育改革）が全米的に展開することになる（「スタンダードに基づく運動（Standards-based Movement）」）。その基本的な発想は、州レベルでスタンダードを設定し、それに基づく学力評価を実施する一方で、規制緩和により学区や学校の主体的な取り組みを促すというものであった。

連邦政府は、1991年、州レベルのスタンダード開発を支援すべく、民間の各教科の専門団体にナショナル・スタンダードの開発を要請し、補助金の交付を行った。第2章でも論じたように、この連邦や州の動きに先駆けて、89年3月、「全米数学教師協会（National Council of Teachers of Mathematics）」（以下、「NCTM」と略す）による「学校数学のためのカリキュラムと評価のスタンダード（Curriculum and Evaluation Standards for School Mathematics）」が自発的に開発されていた（NCTM, 1989）。このNCTMのスタンダードのカテゴリー構成や開発方法をモデルに、他教科でもスタンダードの開発が本格的に始まり、97年までには英語、理科、地理、歴史、外国語などの主要教科のほか、保健、家庭科などのスタンダードも完成した。この各教科のナショナル・スタンダードをもとに、90年代前半には各州においてスタンダード開発の動きが活発化することになる。

アーカンソー州知事として「全米教育目標」策定にも中心的役割を果たした民主党のクリントン大統領は、94年に教育改革に関する初の連邦法「2000年の目標：アメリカを教育する法（Goals 2000: Educate America Act）」を制定した。州の教育改革に補助金を交付する条件としてスタンダードの設定を盛り込むなど、基本的にブッシュ政権の改革を継承したものであった。この法制化により、州によるスタンダード設定がさらに進み、作業の進展状況やスタンダードを設定している教科の数にばらつきがあるにしても、98年末までにはほぼすべての州でスタンダードが設定された。

こうした各州におけるスタンダードの整備を背景に、90年代後半には、多くの州がスタンダードに対応した州共通の評価法の開発に着手した。さらに、いくつかの州は、州の統一テスト（「標準テスト（standardized test）」）の結

果に基づいて、報奨や制裁などの行政措置を講じるアカウンタビリティ・システムを構築するに至っている。標準テストが、子どもや学校にとって大きな利害のからむ「ハイステイクス（high-stakes）」なテストとしての性格を強めていったのである。

(2) スタンダードに基づく教育のローカルな展開

　連邦、州政府主導のスタンダードに基づく運動に対しては、厳しい批判もなされた。一連の改革は、各地域、各教師の実践の自律性と創造性を阻害するものであり、特定の文化を押し付け不平等を拡大するものだと批判されたのである。他方、歴史科のスタンダードに対しては多文化主義の行き過ぎが指摘されるなど、各教科団体の開発したスタンダードの内容の革新性が保守勢力から批判された。加えて、94年の選挙での共和党の大勝利という政界の変化により、スタンダードに基づく運動を支えた超党派の合意が崩れたこともあり、90年代中頃には、連邦、州政府レベルでのスタンダードに基づく運動は一時的に衰退した。

　こうした批判がある一方で、共通カリキュラムの必要性というスタンダードに基づく運動の提起は、70年代の人間中心カリキュラムの下で極度に多様化の進んだアメリカの学校カリキュラムの現状や、そうした状況下で知的教科の学習が軽視されがちであったことへのアンチテーゼとしての意味を持っていた。また、インプットではなくアウトプットにおいて教育の成功を捉えようとする視点は、結果の平等の追求につながりうるものである。こうしたスタンダードに基づく運動の教育的意義に着目し、スタンダードをローカルな学校改革や日々の授業改善に積極的に活かしていこうとする実践（「スタンダードに基づく教育（Standards-based Education）」）も展開されている。たとえば、マルザーノ（R. J. Marzano）らは、学力保障をめざしたマスタリー・ラーニング（mastery learning）や「成果に基づく教育（Outcome-based Education）」（以下、「OBE」と略す）の延長線上に、スタンダードに基づく教育を位置づけ展開させようとしている（Marzano and Kendall, 1996）。

　60年代にブルーム（B. S. Bloom）によって提唱されたマスタリー・ラーニングは、正規分布曲線に基づく相対評価を批判し、目標準拠評価を生かした

授業改善を通して結果の平等の実現をめざした。そしてそれは、教育目標の明確化と系統化、目標に照らした形成的評価の実施、形成的評価の結果に応じた回復学習と発展学習の組織という形で具体化された。スパディ（W. G. Spady）らによって提唱された OBE は、80 年代の全米的な学力向上政策の展開の中で誕生したローカルな学力保障論であり、授業レベルの取り組みであったマスタリー・ラーニング論を、カリキュラム開発や学校改善のレベルへと飛躍させるものであった。

またスパディは、従来のマスタリー・ラーニングが、基礎的な知識・技能の教え込みに陥りがちであったことへの反省から、「成果（outcome）」を、真正の文脈における能力の実演として、あるいは、「意義ある学習（significant learning）」の表現として捉えた。そして、伝統的な教科内容の上位に、市民としての責任ある行為能力や他者と協働する能力などの包括的価値を志向する高次の目標を位置づけ、それらを重視した（Spady, 1995）。OBE は、ニューヨークのジョンソン・シティ学区を中心に、全米的な実践家や学校のネットワークを構築した。だが、価値志向的な目標内容が、急進的な思想と結びつくこともあったため、OBE は「根本主義者（fundamentalist）」など保守勢力の批判を浴び衰退していった。

マルザーノらによるスタンダードに基づく教育は、OBE と取り組みのレベルを同じくしながら、各教科団体が開発したスタンダードの内容に依拠することで、科学や学問の成果の教育を重視するとともに、思考力についてもカリキュラムレベルで明示的に位置づけていこうとするものである[2]。第 2 章で紹介したように、マルザーノらは、フォーマットや記述の具体性においてばらつきのある各教科のスタンダードを整理・統合した、McREL データベースを開発するなどして、学区、学校レベルのローカルなスタンダード開発とそれに基づく教育実践を支援する取り組みを行っている。

(3) スタンダードと真正の学習とをつなぐ

スタンダードに基づく運動は、下記のような評価研究の新たな展開も生み出している。一般に各教科の専門団体や州が開発したスタンダードには、知識・技能のみならず思考力も明示されている。だが、標準テストが測っ

ている内容は、断片的な知識の有無という評価しやすい部分に限定されがちであった。そこで、生きて働く学力を捉えるべく、「パフォーマンス課題（performance tasks）」（現実世界で直面するような真正の文脈を設定し、知識・技能の総合的な活用を要求する課題）や「ルーブリック（rubric）」（課題に対するパフォーマンスの熟達レベルを質的に判断する指標）などの新しい評価の方法が開発された（表15－1）。こうした「パフォーマンス評価（performance assessment）」の方法は、実際に各教室や各学校で実践されているカリキュラムの豊かさを可

表15－1　数学のパフォーマンス課題とルーブリック

居間の隅に置く新しいキャビネットを作ろうとしていて、私と家族は、今使っているテレビに合うよう、そのキャビネットをどれくらいの奥行きにすればいいか計算しなければなりません。私たちは、その新しいキャビネットの（壁沿いの）側面を同じ長さにしたいと思っています。下の図は平面図です。

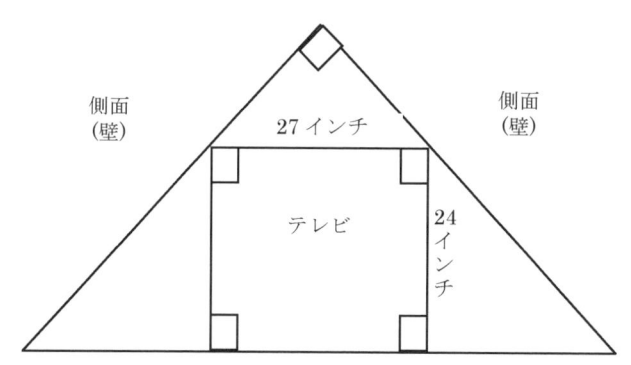

キャビネットの側面をどれくらいの長さにすればよいでしょうか。計算過程は全部示して下さい。そして、この問題にどうアプローチし、どのように解決したのかを説明して下さい。

【課題固有のルーブリック】

熟達者	課題に対して複数のアプローチを用い、正しい解法を見つけ出している。説明は生徒の思考を明確に示している。図の使用がしっかりしていて正しい。
一人前	正しい公式を用いて、問題への正しい解法を見つけ出している。説明は明確で簡潔である。図を用いた作業は正確である。
見習い	いくつかの正しい公式で、問題への部分的に正しい解法を見つけ出している。たいていの場合、説明が行き詰まっているポイントを含んでいる。時折、図を用いた作業が、いくつかの不正確な情報を含んでいる。
初心者	正しい公式の使用が、最小限しか、または全く見られない。説明が混乱と不正確な情報を表現している。図を用いた作業がまばらで不正確である。時には、最終的な答えが示されていない。

（出典：http://www.exemplars.com/samples.html）

視化し、その価値を広く保護者や市民にも認識可能なものとしていく意味も持っていた。パフォーマンス評価は「真正の評価（authentic assessment）」とも呼ばれるが、そこには、教師たちの創造的な教育活動の実態を、またそうした教育活動が育む本物の学力を映し出す評価という意味が込められているのである。パフォーマンス評価の方法は、90年代中頃には、メリーランド州やケンタッキー州などいくつかの州で、標準テストに加えてアカウンタビリティ・システムの中にも位置づけられた。

さらに、スタンダードの内容を分析しそれが要求している本質的な知識内容を明らかにした上で、知識を活用する力を評価するパフォーマンス課題を設計し、その課題を組み込んだ探究的な学びを組織するという具合に、スタンダードに基づく単元設計のプログラムも提案されている。たとえば、グラットホーン（A. A. Glatthorn）は、〈「スタンダードに基づくカリキュラム（standards-based curricula）」→「パフォーマンス評価（performance assessment）」→「評価に牽引された授業（assessment-driven instruction）」〉のサイクル（「学業達成のサイクル（achievement cycle）」）を通して、**表15－2**のような「真正の学習（authentic learning）」の実現を目指すという形で、スタンダードに基づく単元設計の基

表15－2　真正の学習と標準的な学校学習の比較

側面	標準的な学校学習	真正の学習
学習の目的	試験に通ること	理解（understanding）を深め、問題を解決すること
知識へのアプローチ	学習を示すのに知識を再生する	問題を解決するために知識を生産する
学習する内容	事実、データ、アルゴリズム、公式	鍵となる概念、方略
強調されている思考過程	再現、理解（comprehension）	分析、総合、評価
学習の深さ	浅い、網羅を達成する	深い、理解を達成する
提示される問題のタイプ	人工的で文脈に埋め込まれていない	有意味で文脈に埋め込まれている
反応のタイプ	短い答え	精緻で広範なコミュニケーション
メタ認知の重要性	限定的	決定的
評価のタイプ	正誤、多肢選択	パフォーマンス評価
情意と認知への関心	認知にのみ焦点化	学習の情意的要素に自覚的

（出典：Glatthorn, 1998: 12.）

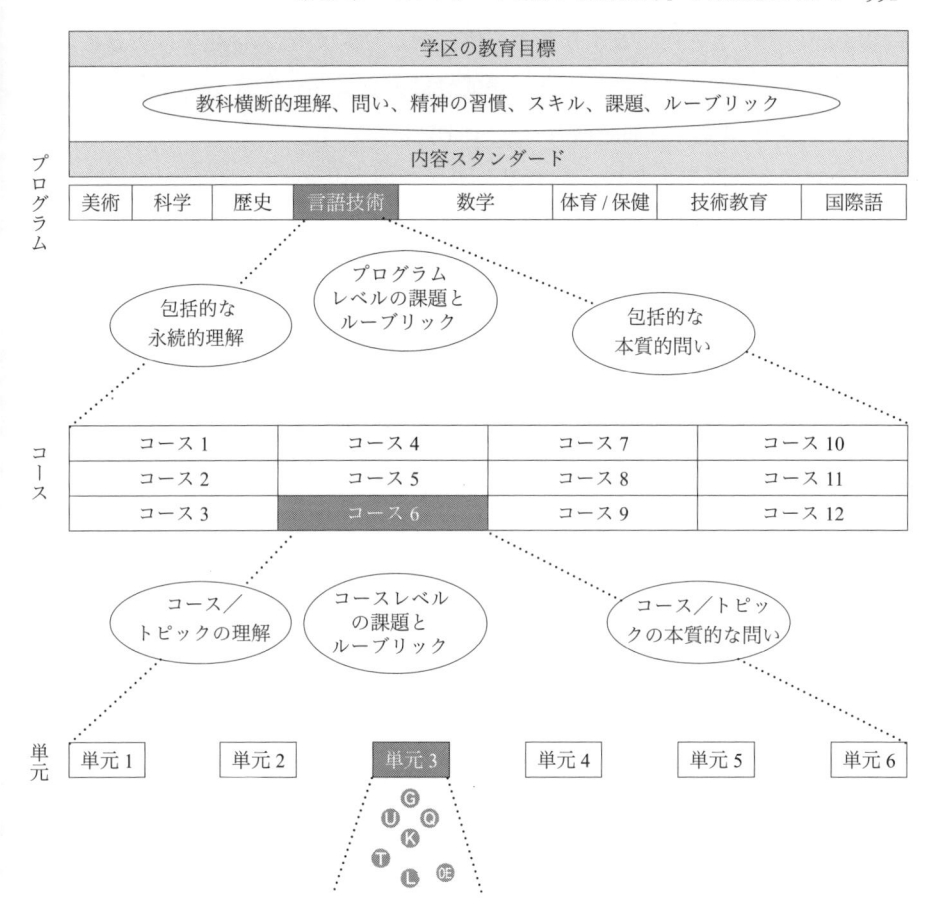

図15−1　UbDのカリキュラムの枠組み：マクロとミクロ
(出典：Wiggins and McTighe, 2005: .277.)

本的な方法論を定式化している（Glatthorn, 1998）。

　こうした単元設計のプログラムは、現状適応的な側面もある一方で、外的に要求されるスタンダードの内容・水準を各学校や教室の文脈に沿って解釈・再構成するのを支援することで、教師が教育実践への主体性を回復する出発点となりうる。また、実際の子どもの作品の分析を通してなされるルーブリックの作成・再構成の営みは、子どもの学びの事実からスタンダードの水準や

内容を問い直すことにつながりうる。特にウィギンズ（G. Wiggins）らによる、パフォーマンス評価を中心に据えた単元設計のプログラム（「理解のためのカリキュラム設計（Understanding by Design：UbD）」）は、州、学区レベルのマクロなスタンダード開発と学校、教室でのミクロのカリキュラム設計との溝に対し、**図 15 − 1** のように、後者から前者へのボトムアップのカリキュラム開発とスタンダード改定の道筋をも体系的に示すものとなっている（Wiggins and McTighe, 2005）。

2 ＮＣＬＢ法制定以降のアメリカ教育の動向

(1) NCLB 法がもたらしたもの

　ブッシュ前大統領は、大統領就任直後に 65 年初等中等教育法の改正法「どの子も置き去りにしない法（No Child Left Behind Act of 2001）」（以下、「NCLB 法」と略す）を公表した。同法は、連邦議会において党派を超えた幅広い支持を受けて可決され、2002 年 1 月、大統領の署名を得て成立した。65 年初等中等教育法は、教育の機会均等を目指して、少数民族、貧困家庭の子ども、障害児など社会的に不利な条件に置かれた子どもたちへの教育を州が実施することに対し、連邦補助金を支出することを主な内容としていた。NCLB 法は、学力水準の向上とともに学力格差の縮小を重視することで、スタンダードに基づく教育改革の一層の徹底を図るものであった。

　NCLB 法は、アカウンタビリティの強化、親や子どもの学校選択の拡大、州、学区、学校の裁量の拡大などを政策の柱としており、不利な条件に置かれている子どもとそうでない子どもとのギャップの解消を 12 年間という期限付きで達成することを目指していた。第 11 章で紹介しているように、NCLB 法では、数学や英語（読み）、あるいは科学について、特定の学年のすべての子どもたちを対象とする州統一テストを実施し、事前に設定した「適正年次進捗度（Adequate Yearly Progress）」（以下、「AYP」と略す）の達成状況によってアカウンタビリティを果たすものとされている。複数年にわたって AYP を達成できないと、当該学校に対して、改善計画の提出を求めたり、補償教育サービスの提供を義務づけたり、子どもたちに学校選択権を与えたりと段

階的に制裁が実行される。そして、5年間AYPを達成できなければ、その学校は「学校再建（reconstruction）」の対象とみなされ、教職員の総入れ替えやチャータースクールへの転換といった措置が講じられる。

　NCLB法がアメリカの子どもたちの学力の底上げにつながっているかどうかの検証は、今後の調査研究の結果を待たねばならない。だが、現時点で多くの研究がNCLB法による意図せざる負の結果を明らかにしている（Meier and Wood, 2004; Sunderman, 2008）[3]。

　まず、標準テストのハイステイクス化は、社会科や美術科など、テストで出題されない教科の軽視をもたらしている。また、授業がテスト準備に焦点化されてきている。標準テストが、基礎的な知識・技能を問う傾向にあることも手伝って、学校での学習経験の幅が狭まってきているのである。さらに、AYPの達成が学校の至上命題となる中、低学力の子どもを学校から排除する事態も起こっている。学校の平均点を上げるために、低学力の子どもたちについて、障害児教育の枠に押し込んだり、学年を留め置いたり、入学を制限したり、退学を勧めたりする事例が報告されている。

　最後に指摘しておきたいのは、改善を必要とする学校に指定される学校のほとんどが、マイノリティや低所得者層の子どもたちが多く通う教育困難校だという点である。これらの学校における学力不振の背景には、家庭や地域の厳しい問題状況がある。そうした社会の問題にメスを入れずに、もっぱら学校と教師に責任を転嫁する構造が見られるのである。しかも、一度改善を必要とする学校に指定されると、その学校は出口の見えない悪循環に陥る。子どもに公立学校の選択権を与えることは、学校の予算の減少につながる。また、教師たちは問題を抱えた学校を避けたり、そこから早期に逃げ出す傾向にある。さらに、教職員の入れ替えは、学校共同体を解体し、教師が安心して仕事をする基盤を弱体化させる。その結果、教育の質は悪化し、優秀な教師や比較的恵まれた条件にある子どもはさらに学校から流出する。NCLB法は、「どの子も置き去りにしない」という名称とは逆に、社会的に不利な立場にある子どもたちをより不利な条件に追い込む危険性を持っている。なお、アカウンタビリティのための評価方法としてパフォーマンス評価を採用したメリーランド州などでも同様の事態が起こっている（恒吉, 2007）。

(2) NCLB法制下のアカウンタビリティ・システムへの挑戦

　こうした問題状況を生み出している現在のシステムは、アカウンタビリティの唯一の形ではない。現在のアカウンタビリティの性格を規定しているポイントは、次の3点にまとめることができよう。①トップダウンで強制される一発勝負の標準テストが評価方法の中心に据えられている。②学区、学校に対して挑戦的な要求を提示しその結果に対して賞罰を与えることが、連邦や州の仕事となっている。③連邦や州が、学区、学校、教師に対して一方的に結果責任を要求する構造になっている。

　これに対して、現在のアカウンタビリティの形に問いを投げかけ、独自の形を模索している団体や州、学区も存在する。たとえばリーヴス（D. B. Reeves）らは、標準テストを中心とするアカウンタビリティは、体重の変化だけでその人の健康状態を断定するようなものであると批判する。そして、学業達成という「結果（effect variables）」のみならず、それを生み出した「原因（cause variables）」（例：教室の授業、カリキュラム、父母や地域住民の参加、学校管理者のリーダーシップ）を対象とし、量的データのみならず実践の物語という質的データも重視するアカウンタビリティの形（「全体的アカウンタビリティ（holistic accountability）」）を提案している（Reeves, 2004）。テストの点数の意味を、その背後にある物語と文脈の中に位置づけて解釈することで、教育実践のミクロな改善と教育政策のマクロな改善の土台となるデータ収集と科学的研究のサイクルを確立しようとするわけである。

　リーヴスらは、各学区や学校の教師、スクールリーダー、行政担当者のリーダーシップをサポートする活動を行うとともに、全体的なアカウンタビリティを創出する手順を10段階（作業部会の設立、アカウンタビリティ・システムにおいて重視する原理の確定、現行のアカウンタビリティ・システムの理解、新たなアカウンタビリティ・システムが評価する指標や評価方法の策定、ステイクホルダー（stake holders）への報告、データに基づく改善など）で定式化している（Reeves, 2002: chap.7）。

　また、アメリカのテスト政策に対して批判意識を持つ父母、教師、生徒たちが結成した草の根の非営利団体である「フェアテスト（Fair Test）」は、全

米各地においてテストに対する反対運動を展開したり、各地のテスト政策の実情やそれに関する研究を収集・発信したりしている[4]。その基本的な主張は、真正の評価や形成的評価の重視であり、教師の日常的な実践とそこでの質的判断に基づく「教室での実践に基づく評価（classroom-based assessment）」をアカウンタビリティの中心に据えるというものである。

特に、マサチューセッツ州では、MCASテストの実施に対し、フェアテストの地方団体である「教育におけるオーセンティックな改革のための連盟（Coalition for Authentic Reform in Education）」（以下、「CARE」と略す）が、ローカルで総合的なアカウンタビリティへの移行を訴えている。その主張の内容は、次のようなものである。①州のスタンダードをふまえるという条件や、パフォーマンス課題を盛り込むという方針などは州から示しつつ、目標設定、評価手続き、評価結果の用い方など、評価実践に関わる重要な決定を学区や学校にゆだねる。②標準テストは、読み書き計算に限定して実施し、ハイステイクスな性格をなくし抽出調査とする。③各学校は、多様な評価資料に基づきながら、州や自校の目標に対する進歩の状況、出席や退学に関する情報、学校の利用できる人的・物的資源に関する情報などを毎年報告する。④各学校は、4、5年ごとに詳細な自己点検を実施する。その際、専門家チームによる「学校視察（inspection）」も受ける。この専門家チームは、教育実践や教育条件の質についても、授業観察や子どもの作品の分析などを通して評価し、その結果に基づいて改善のためのフィードバックを行う。

さらに、ネブラスカ州では、クリステンセン（D. Christensen）教育長のリーダーシップの下、教育の中央集権化を進める連邦政府に従わず、教育の地方分権の理念を堅持しながら、STARS（School-based, Teacher-led, Assessment Reporting System）と呼ばれる独自のアカウンタビリティ・システムを実際に採用している[5]。STARSの最大の特徴は、州統一の標準テストだけを用いるのでなく、各学区が独自に評価方式を考案するという点にある。多くの学区では、州統一テスト、NAEPなどの全米的なテスト、学区独自のテストの結果、そして、教師による平素の評価などを総合して評定する方式をとっている。

毎年、各学区はそれぞれの評価実践をまとめたポートフォリオを州の教育委員会に提出する。ポートフォリオは、州の内外から集められた評価専門家

のグループにより、次の6つの観点で評価される。①評価方法は州や学区のスタンダードと合致しているか。②スタンダードの内容を習得するのに必要な学習機会が提供されているか。③評価に偏りはないか。④評価方法のレベルは適切か。⑤信頼性や一貫性のある採点がなされているか。⑥習熟レベルは適切か。これらの観点と評価基準は公開されており、各学区や学校の評価実践の指針、いわば評価スタンダードとして機能している。こうして、評価実践に対する自己評価と相互評価を通して、各学区や学校の評価実践の質を保証するわけである。

　さらにSTARSでは、教師の専門性の向上にも大きな投資がなされている。たとえば、州各地のリーダー的存在の教師や学校管理者を集めて、毎年夏に研修会が開催される。そこでは、評価法の開発、データの分析、評価結果の伝達方法などに関する知識・技能（「評価リテラシー（assessment literacy）」）や学校改善を実行するためのリーダーシップ・スキルが指導される。STARSでは、最良の評価ができるのは教師であるという考え方に基づき、その専門性が尊重されているのである。特に、アカウンタビリティの評価指標の包括性を重視するリーヴスらとは異なり、STARSは学校統治における権力関係の編み直しを明確に視野に入れている。

3　アカウンタビリティの新たなモデル

(1) 新しい形のアカウンタビリティの基盤

　ジョーンズ（L. Jones）は、標準テストという単一の指標により、学区、学校、教師、子どもに対してのみアカウンタビリティを求める不均衡に異議を唱える。そして、全米で草の根的に展開しているローカルな事例の一般化を行い、新しい形のアカウンタビリティの基盤となる考え方を下記の4つにまとめている（Jones, 2004, 2006）。

　第一に、子どもの学習経験や学力の実相を、それが埋め込まれている文脈において総合的に評価することを中軸に据えることである。こうした評価のあり方は、各学区、学校が実際に教えているカリキュラムに即して、知識・技能の有無のみならず思考力なども評価対象とすることを意味し、標準テス

トに加えて多様な評価指標を採用することを要求する。またそれは、子どもたちの学習スタイルや文化的背景の多様性に対応すべく、文章記述、口頭での質疑応答、操作活動など多様な評価形式を用いることも含む。たとえば、学びの文脈を重視するパフォーマンス評価は、文化的多様性に対応し子どもたちの本物の学力を評価する上で有効である。なお、多様な評価指標の活用に関しては、たとえば、テスト成績の低さを卒業率の改善で相殺するという具合に、それらを相補的な形で活用するという方策も他の論者により提案されている（Kornhaber, 2008: 53）。

こうしたローカルで総合的な評価において、主たる評価主体となりうるのは、教師をはじめ、子どもたちの学習の質を彼らの置かれている固有の文脈において理解できる人物である。そこからは、豊かな情報に基づく教師の専門的判断を信頼し、教師の評価リテラシーの育成に力を注ぐ、および、子どもの学力やその評定を巡る議論への保護者や地域住民の参加を重視するといった原則が導き出される。

第二に重要なのは、すべての子どもたちに対して、スタンダードの達成に必要な学習機会（opportunity-to learn）が公平に提供されているかを問うことである。もちろん各学校は、すべての子どもたちに対して平等に学ぶ機会を提供できているかどうかを問わねばならない。さらに、そうした平等な学習機会の保障の前提として、州や学区も、物的・人的資源や財政上の不均衡を是正する責任などが問われねばならない。

「学習機会」をどう規定するかは論者によっても異なり、財政上の問題に止まらず、教師の専門的力量やその形成のための時間的余裕の保障、さらには、学力とケアを保障する学校環境の整備などが含まれる場合もある。ジョーンズは、学習機会の保障を二つの側面から捉えている。一つは、個々の教師の質の保障であり、専門職スタンダードに基づく物語形式の授業観察記録など、質的評価と実践改善を重視した「ピアレビュー（peer review）」が効果的な方法とされている。もう一つは、学校全体の質の保障であり、学校視察や「スクール・クオリティ・レビュー（school quality review）」により評価されるものである。こうした学校視察などは、各学校の自己評価を尊重しつつ「批判的な友人（critical friends）」という関係性の下で行われることが肝要であるとされる。

第三にジョーンズは、子ども、保護者、地域共同体を学校教育の最も重要なクライアントとしてエンパワーすべきだと主張する。現在のアカウンタビリティ・システムにおいて、何をどういう方法で評価するのかの決定は、教室や地域の文脈から遠く離れた州レベルでなされる。州が統制するシステムは、地域の宗教的・政治的利害に左右されず、公平で民主的な教育を実現するものと期待された。しかし、すでに指摘したように、それは実際にはマイノリティの声に対する応答性を欠き、彼らを不利な状況に追い込んでいる。スタンダードの中身やアカウンタビリティの方法に関する決定を学区の教育委員会に委ねたり、学校評議会など、クライアント自身が学校改善に関する意思決定に参加する機会を設けたりすることで、意思決定の場をローカルなレベルに引き戻し、子ども、保護者、地域共同体に対する応答性の高いアカウンタビリティ・システムを創出することが求められる。

　第四に、学力向上政策を進めるうえで、学校の内在的な力（「組織としての力（organizational capacity）」）に着目することの重要性が挙げられる。スタンダードの達成、および、その前提となる学校改善は、教師個々人の努力のみでは実現困難であり、学校単位で責任を引き受けていく発想が求められる。また、連邦や州が提示する外在的な政策は、一過性のパフォーマンスの向上に陥りがちであり、各学校の内的必然性と結びつかない限り、実質的な学力向上や学校改善にはつながらない。校長や指導主事のリーダーシップのもとで、専門職としての教師の意思決定が尊重され、子どもの学習を促進することを目指して教師同士が協働し育ちあう学校組織が構築されることが必要である。また、外部からの要請如何に関わらず、内的なアカウンタビリティ・システムを構築していくことも重要である。すなわち、学校として実践に関するデータを収集・分析し、その結果に基づいてゴールや優先事項を決め、その達成に向けての取り組みをモニターし、最終的な発見や活動を公衆に報告していく。そうした内在的な学校改善のサイクルを確立していくことは、学校や教師たちの自律性を高めていくことにつながるだろう。

(2) 相補的なアカウンタビリティと州政府の役割の再定義

　NCLB法の下で、連邦や州は、ハイステイクスなテストの実施とそれに基

づく制裁を通して、学区や学校のカリキュラムや教育実践への官僚的支配を強めてきた。これに対して、ジョーンズが提起する新しいアカウンタビリティのシステムは、そうした官僚的な上下関係を崩し、新たな関係性の下に連邦や州の役割を再定義することを要求する（Jones, 2004: 69-70）。

　教師や学校は授業や学校組織を改善し、子どもたちに学力を保障することに対して責任を負っている。その一方で、教育行政、特に連邦や州は、各学区、学校がローカルなアカウンタビリティ・システムを構築するためのスタンダードを設定するとともに、個々の教師の専門的力量や学校組織全体の質など、子どもをとりまく学習機会の実態をモニターし、必要に応じて、教材や学習環境の整備、教員研修の実施、財政上の支援など、教育条件や教育資源の整備を行うことに責任を負っている（「相補的アカウンタビリティ（reciprocal accountability）」）。なお、教師、学校、学区、州、連邦、父母や地域住民、それぞれに固有の役割と責任の分有関係については、**表12－3**のようなエルモア（R. F. Elmore）のモデルが参考になる。

　またダーリング-ハモンド（L. Darling-Hammond）は、連邦や州による介入が有効な問題とそうでない問題とを区別する必要性を説いている（Darling-Hammond, 1997: chap. 7）。連邦や州の介入は、「公平性（equity）」に関わる問題には有効だが、「生産性（productivity）」に関わる問題には有効ではない。連邦や州は、資源の配分や再配分を通じて不平等を緩和することができる。公平性に関する問題は、マジョリティとマイノリティ、あるいは、権力を持つものと持たざるものとの間の利害の対立から生じるものであり、マジョリティが多数を占める地方政治に任せておくだけでは解決しない。これに対して、教育実践の成功は多様な子どもたちへの適切な対応にかかっており、制度的な標準化では対応できない。そうした教育実践の生産性に関わる部分に連邦や州が介入することは、斧で手術をするようなものである。そして、ダーリング-ハモンドは、連邦や州が担うべき役割として、教育目的に関する政治的合意を形成し、改革を牽引する質の高いスタンダードを創造すること、資源の配分の適切性や公平性を保障すること、専門スタッフの力量形成を促すこと、学校間の組織的な学び合いなどを支援し学校としての力を向上させていくことを挙げている。

表12－3　教育行政と教育実践に関する役割と責任の分有のモデル

リーダーシップの役割	リーダーシップの機能
政策（政治・統治） 　公選または任命による職 　・州議会議員 　・州教育長 　・州教育委員 　・学区教育委員	・成果目標の設定 ・スタンダードの承認 ・実践の観察・監視 ・報償を受ける機関の承認と監視 ・デザイン問題の監視、再デザイン ・デザインや成果に関わる事項を超えての紛争の審査 ・行政の報償と処罰 ・教育事務事項の緩和
専門職 　・優れた教育実践家 　・専門職能開発者 　・研究者	・スタンダードの開発と精査 ・新たな教育実践の開発と試験的実施 ・教員養成、現職者研修のデザイン ・モデル的な専門職能開発の指揮 ・教育内容や教育実践の評価指標づくり ・新たな教育の構造の開発と試験的実施
システム 　・教育長 　・教育委員会事務職員	・システム改善政策のデザイン ・学校、校長、教員への報償構造のデザインと実施 ・校長の採用と評価 ・改善政策と一致する職能開発の提供 ・システムリソースの教育実践への分配 ・校長や教員の教育事務事項の緩和
学校 　・校長 　・管理職教員（教頭他）	・学校改善戦略のデザイン ・教員や支援スタッフの報償構造の実施 ・教員の採用と評価 ・改善政策と一致する職能開発への仲介 ・学校の資源の教育実践への分配 ・教員の教育事務事項の緩和
教育実践 　・教員 　・専門職能開発者	・専門職能開発のデザイン、指揮、参加 ・新教員の任用過程への参加 ・専門職能開発の評価 ・同僚の専門的実践への相談、評価 ・生徒の活動への評価 ・新たな専門職能開発実践への参加

（出典：エルモア, 2006年：76-77。ただし、訳語は部分的に変えている。）

おわりに

　公教育の責務として、現代社会をよりよく生きていく上で必要な知識・能力をどの子にも確実に習得させたい。そのために、目標を明確化し、目標の

達成状況を評価し、その結果に応じて支援や制裁措置を実施する。スタンダードに基づく教育改革がうたうこうした目的と手段は、一見すると何の疑問の余地もないように思われる。本章で紹介したように、1990年代中頃の民主党政権の時代には、ローカルなレベルで、スタンダードに基づく教育改革を学力保障の文脈に位置づけていく可能性も模索されていた。だが、NCLB法制定以降、アメリカにおいてスタンダードに基づく教育改革は、競争原理の文脈において遂行され、学力保障とは真逆の結果を生み出していることはすでに紹介したとおりである。

　スタンダードやアカウンタビリティを、学力保障を実現する装置として機能させていくには、本章でも論じてきたように、現在のアカウンタビリティの形を相対化し、別の形を構想する作業がなされねばならない。そのためには、たんに評価方法を真正なものにするのみでは不十分で、アカウンタビリティの主体や対象、ならびに、評価結果の活用方法に関する議論が必要である。そして、アメリカにおける革新的な取り組みからは、教育実践の改善に寄与する新しいアカウンタビリティ・システムの具体的な形が見えてくる。

　新しいアカウンタビリティ・システムにおいては、実質的な学力向上と持続的な学校改善を目的に据え、教師の専門的判断を信頼し、父母や地域住民の参加を促すローカルなシステムを中軸に据えることがまず重要である。ただし、そうして教師の専門性や、父母や地域住民の参加、そして、各教室や学校で実践されているカリキュラムを尊重するシステムは、学区、州、連邦といった、教室、学校、地域の外部からの支援的介入を排除するものではない。教師、学校、学区、州、連邦、父母や地域住民が、それぞれに固有の役割と責任を分有しながら、組織的に目的の実現を目指すことが、新しいアカウンタビリティ・システムの要諦である。

　そうした新しいアカウンタビリティ・システムは、市民によるローカルな意思決定を重視する参加型民主主義の理念を具体化するものである一方で、それは専門職である教師の自律性、および、教育や教科の専門団体による集約的な仕事を尊重するものでもある。よって、上記の新しいアカウンタビリティ・システムは、民主的であると同時に教育的であることによって特徴づけられるものであろう。

この民主的で教育的なアカウンタビリティ・システムは、学力保障という目的自体の捉え方を問い直す視点を内在させている。たとえば、ハウ（K. R. Howe）は、真に平等な教育を実現するには、学力達成における結果の平等のみを追求するの（補償論的解釈）では不十分であり、多様な集団、特に社会的に不利な状況に置かれてきた集団に対し、学力の中身を決める民主的な議論への参加の機会が保障されていること（参加論的解釈）が重要だと述べている（ハウ，2004）。こうして、誰によって決められた、誰のための学力なのかを問うことが、学力保障を考える上で不可避の課題とみなされることになる。

この参加論的解釈をふまえるなら、アカウンタビリティ・システムと、スタンダードの設定・再構成のプロセスとの内在的な結びつきが強調されねばならない。また、スタンダードとアカウンタビリティのサイクルは、スタンダードの達成を組織的に実現する装置であるだけでなく、様々な社会的立場の人たちの要求を調整していく政治的議論の場でもあるという視点が求められる。つまり、スタンダードとアカウンタビリティへの問いは、教育的価値に関する公共圏の成立という観点からも深められる必要があるのである[6]。

日本においてもスタンダードに基づく教育改革の是非が問われつつある現在、その是非を論じる前に、「スタンダードとは何か」、「アカウンタビリティとは何か」といった問いに正面から向き合うことがまず必要ではなかろうか。そうしたスタンダードやアカウンタビリティに関する客観的な議論を通してこそ、現在のスタンダードに基づく教育改革を制御あるいは相対化し、その新たな形を構想していくことができるだろう。

注

1　80年代から90年代にかけてのアメリカの学力向上政策の展開については、橋爪，1992、岸本，2000に詳しい。

2　こうした教育内容選択における教科専門家の役割の重視や、科学的で学問的な内容の重視は、2章でも論じたMcRELデータベースと、保守的傾向の強いハーシュ（E. D. Hirsch）の文化的リテラシーとの差異とされている（Marzano, Kendall, Gaddy, 1999: chap 2）。

3　NCLB法の内容やそれが教育現場にもたらしている結果については、日本でも紹介がなされている。特に、世取山，2004, 2008は、NCLB法の発想の経済学上の基盤

第15章　「スタンダードに基づく教育改革」の再定義に向けて　343

にまでさかのぼってその内在的な問題点を明らかにしている。
4　フェアテストについては、Janesick, 2006やhttp://www.fairtest.org/（2008年10月1日取得）を参照。また、後述するCAREについては、http://www.fairtest.org/call-authentic-state-wide-assessment-system/（2008年10月1日確認）を参照。日本でも、フェアテストについては田中, 2008が、CAREについては赤星, 2005がその存在を紹介している。
5　Nebraska Department of Education, *STARS Summary*, 2006（http://www.nde.state.ne.us/stars/documents/STARSbooklet.2006.pdf）（2008年10月1日確認）を参照。
6　公共圏については、齋藤, 2000を参照。

引用・参考文献

赤星晋作 2005「NCLB法における学力テストとアカウンタビリティ」アメリカ教育学会『アメリカ教育学会紀要』第16号, pp. 66-74.
エルモア, R. F.(神山正弘訳) 2006『現代アメリカの学校改革－教育政策・教育実践・学力－』同時代社.
岸本睦久 2000「アメリカ合衆国」本間政雄・高橋誠『諸外国の教育改革－世界の教育潮流を読む』ぎょうせい, pp. 30-79.
齋藤純一 2000『公共性』岩波書店.
世取山洋介 2004「アメリカ新自由主義教育改革における教育内容基準運動と『サンクション』としての学校選択」堀尾輝久・小島喜孝編『地域における新自由主義教育改革－学校選択、学力テスト、教育特区－』エイデル研究所, pp. 200-220.
世取山洋介 2008「アメリカにおける新自由主義教育改革へのふたつの対抗軸－学校における共同と教育における平等－」佐貫浩・世取山洋介編『新自由主義教育改革－その理論・実態と対抗軸－』大月書店, pp. 297-315.
田中耕治 1995「OBEの現状と課題－アメリカにおける学力保障論の展開－」稲葉宏雄編著『教育方法学の再構築』あゆみ出版, pp. 71-92.
田中耕治 2008「学力調査と教育評価研究」日本教育学会『教育学研究』第75巻第2号, pp. 2-12.
恒吉僚子 2007「ハイ・ステークスな学力テストを用いたミクロ・レベルの教育管理－アメリカ、メリーランド州学力テスト底辺校の事例から－」教育目標・評価学会『教育目標・評価学会紀要』第17号, pp. 30-37.
ハウ, K. R.(大桃敏行他訳) 2004『教育の平等と正義』東信堂.
橋爪貞雄 1992『2000年のアメリカ：教育戦略－その背景と批判－』黎明書房.
Darling-Hammond, L. 1997 *The Right to Learn: A Blueprint for Creating Schools that Work*, Jossey-Bass.
Glatthorn, A. A. 1998 *Performance Assessment and Standards-Based Curricula: The Achievement Cycle*, Eye On Education.
Janesick, V. J. 2006 *Authentic Assessment*, Peter Lang.
Jones, K. 2004 "Authentic Accountability: An Alternative to High-Stakes Testing", in Mathison, S. and Ross E. W. eds. *The Nature and Limits of Standards-based Reform and Assessment*, Teachers College Press, pp. 57-70.

Jones, K. 2006 "A New Model for School Accountability" in Jones, K. ed., *Democratic School Accountability: A Model for School Improvement*, Lanham, Rowman & Littlefield Education.

Kornhaber, M. L. 2008 "Beyond Standardization in School Accountability" in Sunderman, G. L. ed. *Holding NCLB Accountable: Achieving Accountability, Equity, and School Reform*, Corwin Press, pp. 43-55.

Marzano, R. J. and Kendall, J. S. 1996 *A Comprehensive Guide to Designing Standards-Based Districts, Schools, and Classrooms*, ASCD and McREL.

Marzano, R. J. Kendall, J. S. Gaddy, B. B. 1999 *Essential Knowledge: The Debate Over What American Students Should Know*, McREL.

Meier, D. and Wood, G. H. eds. 2004 *Many Children Left Behind: How the No Child Left Behind Act Is Damaging Our Children and Our Schools*, Beacon Press.

National Council of Teachers of Mathematics 1989 *Curriculum and Evaluation Standards for School Mathematics*, NCTM.

Reeves, D. B. 2002 *Holistic Accountability: Serving Students, Schools, and Community*, Corwin Press.

Reeves, D. B. 2004 *Accountability for Learning: How Teachers and School Leaders Can Take Charge*, ASCD.

Spady, W. G. 1995 "Outcome-Based Education: From Instructional Reform to Paradigm Restructuring", in Block, J. H., Everson, S. T. and Guskey, T. R. (eds.) *School Improvement Programs*, Scholastic, pp. 367-398.

Sunderman, G. L. ed. 2008 *Holding NCLB Accountable: Achieving Accountability, Equity, and School Reform*, Corwin Press.

Wiggins, G. and McTighe, J. 2005 *Understanding by Design Expanded 2nd Edition*, ASCD.

終章
マサチューセッツ州教育改革の評価

北野秋男

はじめに

　最後に本書の結論として、テストに基づくアメリカ教育改革の動向とマサチューセッツ州教育改革に対する総括を行いたい。また、アメリカのテスト政策が我が国の今後の教育改革（テスト政策）に与える影響も合わせて考察したい。本書の目的は、米国マサチューセッツ州を事例として、現在進行中の州統一テストによる学力向上政策の理論と実態を解明することであり、その政策評価を行うことである。その際に「スタンダード」「アカウンタビリティ」「アセスメント」の3つのキーワードによって、連邦政府－州政府－学区におけるテスト政策による学力向上政策を解明することを目指した。

　本書の具体的な課題は、1998年から開始された州統一テスト（MCASテスト）の内容や影響を分析することであり、MCASテストが「学区・学校のランキング化」「高校卒業要件」「教員評価」「バイリンガル教育廃止」「教育財政改革」などに一元的に利用される教育アセスメント行政の展開を解明することであった。そして、同時に、この教育アセスメント行政を存立させる基盤となった連邦政府－州政府－学区－学校の権限関係の変容、教育内容や評価のスタンダード化、教育政策の説明責任や結果責任を実施主体に求める教育アカウンタビリティと政策の展開などを解明することも試みた。アメリカの教育史上において、州統一テストが実施され、州内全ての児童・生徒の学力向上を求める「ハイステイクス・テスト（high-stakes test）」として、州の教育改革を達成するための「万能薬（panacea）」と見なされたことは、先例のない画期的な出来事であった。

1 アメリカの教育改革 ―「スタンダード」「アカウンタビリティ」「アセスメント」―

　本書では、アメリカの教育改革を分析するキーワードとして、「スタンダード」「アカウンタビリティ」「アセスメント」の三つを挙げているが、その概念分析を主要課題としたわけではない。本書の課題は、これらのキーワードを用いたアメリカの教育改革と教育政策の展開を分析することであった。そこで、アメリカの教育改革の潮流をこれらのキーワードを使って総括してみたいと思う。まず最初に登場する用語が「アカウンタビリティ」であるが、その理念や政策が多岐にわたるために、一般的には明確な定義づけがないままに用いられる場合が多い。ただし、現在のアメリカ教育改革における主要なキーワードとなっていることは間違いない。アメリカの教育界でアカウンタビリティ概念が最初に問題視されたのは1960〜70年代と考えられるが、その背景としては次第に増大する教育費に見合うだけの学力成果を求める納税者（市民）の要求の高まりが指摘される。すなわち、初期の教育アカウンタビリティでは教育費の増大と学校の生産性の問題が問われ、「アウトプットとしての教育の成果」が「インプットとしての教育費の問題認識」（山下, 1998: 44）と結びつき、財政的効率性を教育政策に適用して、経済的な指標によって責任の遂行を測定することが求めらるようになる。

　しかしながら、83年の『危機に立つ国家』によって、児童・生徒の学力低下が国家的課題として認識されるようになると、各州で高校卒業要件の厳格化、授業日数の延長、教員の待遇改善などの教育改革が実施されることとなり、教育アカウンタビリティの意味内容も児童・生徒の学力向上を保障する概念へと変容していった。そして、児童・生徒の学力向上を保障する教育アカウンタビリティ政策を実施するためには、州ごとに教育内容や学力に関する「スタンダード」が設定される必要があった。この「教育スタンダード」は、一般的には各州が設定するものと各教科の専門団体が設定する全国的なものの二種類が存在する。たとえば、カリフォルニア州では先駆的に82年に各教科に関する「教育スタンダード」を設け、州カリキュラムと学力テストの導入が行われているが、他の多くの州では89年から92年の間に

実施されている（岸本, 1998: 30）。また、各教科の専門団体が連邦政府の補助金を受けながら設定した「教育スタンダード」に関しては、第2章でも詳しく述べられていることではあるが、89年に「全米数学教師協会（National Council of Teachers of Mathematics）」によって開始されるカリキュラムと評価に関する各教科のスタンダード化がなされている。各学区・学校レベルにおけるスタンダード化の動きを支援したMcREL（Mid-continent Regional Educational Laboratory）は、95年に各教科のナショナル・スタンダードを整理・統合したデータベースを開発している（石井, 2006）。

　一方連邦政府の場合には、89年に登場するブッシュ大統領（George H.W. Bush）以降において連邦政府主導の学力向上政策が顕著になり、91年の「2000年のアメリカ：教育戦略（America 2000:An Education Strategy）」によって、2000年までに達成すべき6つの教育目標が提案された。クリントン（Bill Clinton）大統領は、それらの目標を継承して、94年には「2000年の目標：アメリカを教育する法（Goals 2000:Educate America Act）」と題する連邦法を成立させている。この連邦法では、学校教育における教育内容に関する基準設定と効果的な試験制度の開発によって、2000年までに「第4、第8、第12学年において、主要教科について一定の学力水準に到達させる」や「数学・理科の世界最高水準の学力を達成する」などの具体的な教育目標が掲げられた。

　こうした教育内容のスタンダードや州統一テストによる到達度の測定・評価を行うものが「教育スタンダード運動」と呼ばれるものであり、その達成度に従って「アメとムチ（報奨と制裁）」を課す教育政策が行われていった。たとえば、アップル（Michael M. Apple）はスタンダード運動を「新自由主義的な意味での市場志向、建前上の弱い国家、カリキュラムや価値観に対するより強力な統制の新保守主義的な押しつけ、そしてすべてのレベルの学校に厳格な形式の説明責任を導入する『新管理主義』的な提案」であった、と総括している（Apple, 2006: 29）。アメリカの80年代以降の教育政策は、児童・生徒の学力向上を至上命題として教育内容における知識や能力のスタンダード化、およびその到達水準を求めた「スタンダードに基づく教育改革（Standards-based Reform）」が実施されるが、その成果を検証するという意味のアカウンタビリティとアセスメント（テスト政策）と連動しながら公教育の

質的向上を図るという教育政策が実施されることになる。

　ハーバード大学のエルモア（Richard F. Elmore）は、90年代初頭以降における教育改革政策の中心テーマが生徒の学力達成についてのアカウンタビリティであったとし、それは「連邦、州、地方の政策の焦点がインプット（主として資金）の配分からアウトプット（一般的に、生徒のテストの成績という形をとる）へと劇的に持続的に移ったことを現している」（Elmore, 2004: 3）と述べている。エルモアは、学校自身が子どもの学習改善を果たす上での「内部アカウンタビリティ」を定式化・構造化し、教育行政による「外部アカウンタビリティ」がこれを支援することが重要であるとしている（Elmore, 2004: 120）。エルモアは、「スタンダードに基づく改革」ではなく「達成に基づく改革（Performance-based Reform）」を支持し、教室内の児童・生徒の教育と学習の達成という公共利益のためにアカウンタビリティを機能させるべきであると主張する。エルモアが支持する「達成に基づく評価」とは、第13章でも述べられているが、各州のスタンダードに基づいた標準テストによるアカウンタビリティが求められるようになった80年代後半において、標準テストに依存する体制を批判する中で生まれた「真正の評価（authentic assessment）」に他ならない。

　そして、2002年1月にブッシュ（George W. Bush）大統領が署名した「どの子も置き去りにしない法（No Child Left Behind Act of 2001）」（以下、「NCLB法」と略す）は、全ての児童・生徒の学力向上、アカウンタビリティの強化、学校選択制度の拡大、連邦補助金の使用における州・学区の裁量権の拡大などを目指すものであった。とりわけ、州統一学力テストの実施と結果の公表による「アカウンタビリティ」を全ての州・学区に課し、「適正年次進捗度（Adequate Yearly Progress）」を達成できない学校に関しては改善計画の実施を求め、かつ児童・生徒には学校選択権を保障するものとなっている。このNCLB法の規定によって、現在、アメリカでは「教育スタンダードとテスティング等に関する州法を有する州は、全米50州中、アイオワ州を除く49州」（杉浦, 2006: 85）にも達し、テストを用いて教育改革の成果や生徒の学力向上の結果を測定・評価する教育アセスメント行政が展開されている。それは、「ハイステイクス・テスト、ないしはタフ・テスト（high-stakes test or tough test）」

と呼ばれる州統一テストの実施であり、80年代までの標準テストとは異なった強行的・強圧的なテストと評価されるのものである。

マサチューセッツ州の場合は、この州統一テストを使って学区・学校の評価のみならず、教員評価、高校卒業要件への導入、バイリンガル教育存続の有無への判断材料、教育行財政改革などが行われている。まさにテストによる「教育管理政策」の展開である。つまりは、NCLB法に基づいて整備された各州のアカウンタビリティ・システムの成否は、テストの得点結果によって左右される成果主義・結果主義的なものとなっている。

2 アメリカのテスト政策批判

ところで、80年代以降から今日までのアメリカの「スタンダードに基づく教育改革」による「アカウンタビリティ」や「アセスメント」の強化を求める運動に関しては、アメリカの研究者の間でも賛否両論が渦巻いている。とりわけ、そもそもテストの得点結果が教育成果となりうるのかという根本問題だけでなく、テストの得点結果によって学区・学校・教師などに対する制裁措置のあり方、人種・民族、貧困、言語、障害などによる学区間格差・学校間格差など多くの問題点も指摘される。

テスト政策の理念を教育哲学的立場から批判的に検証するハウ（Kenneth R. Howe）は、テストの「偏り」が特定の集団に関わって生じる場合には、テスト自体の「正当性が欠如」していると見なす（ハウ, 2004: 151-152）。その場合の「偏り」とは、特定集団のテストの得点が他の集団と比べて明確な差異があれば、それは「外的な偏り」を意味する。たとえば、MCASテストにおいては、黒人（アフリカ系アメリカ人）やヒスパニック（ラテン系アメリカ人）などのマイノリティ生徒の得点が低いだけでなく、貧困者、障害者、バイリンガル教育を受ける生徒の得点も低い。またテストに内在する諸特徴、とりわけテスト問題それ自体に差異があれば、それは「内的な偏り」である。たとえば、MCASテストの「数学」の問題には、そもそも白人の生徒が学んでいる数学的知識が黒人やヒスパニックが多数を占める学校では教授されていない場合が見られる。つまりは、現在アメリカで実施されているテスト

それ自体に、そもそも「外的」「内的」にも「明確な偏り」が存在しているわけである。「技術主義者」が、こうした実態を無視してテストの正当性を主張することは誤りである。

ハウは、「技術主義者」が主張するテストには「基準の偏り」が存在することも指摘し、「テストに過度に頼ることは、テストが正確に測定しうる基準、特に様々な勉学上の才能や成績の重要性を不当に高め、事実上どのような領域でも適用するすべての目的に役立つ資格のように、この基準を見なすことになる」（ハウ, 2004: 153）と述べている。すなわち、MCASテストを生徒の学習到達度の評価だけでなく、学区・学校の評価、高校卒業要件、教員評価、教育行財政改革などにも安易に適用する教育政策は誤りである[1]。いずれにせよ、テストそれ自体の「正当性」や「偏り」を問題としても、テストを実施する側が自ら前提としている概念を表明することは希であり、多くの場合は諸概念が混在しているに過ぎない。さらに重要な問題として、ハウはテストによる統一的なスタンダードとアセスメントが測定の専門家によってトップダウン方式によって実施されることこそ、「アセスメントという尾が教育という犬を支配し続けるという、本末転倒の状況を奨励する」（ハウ, 2004: 153）ものであると指摘する。

スタンフォード大学教育学大学院教授のダーリング‐ハモンド（L. Darling-Hammond）も、90年代以降のテスト政策を批判的に論じている。ダーリング‐ハモンドは、近年の過度な標準化された試験を実施する改革を「スタンダードに基づく改革」と呼び、過度な標準化された試験の実施は教育をパターン化してしまう危険性を持っていることを指摘している（Darling-Hammond, 2005: 2）。また、試験の結果が教師や生徒の努力を反映するものであり、点数の低い者は努力不足が主なる原因であると見なし、「報酬と制裁」という古い教育理論が採用されてしまう点も指摘する。ダーリング‐ハモンドは、カリフォルニア州やニューヨーク州など各州で実施されているテスト結果に基づく学校のランキング化や高校卒業要件への適用といった教育改革が、必ずしも生徒の学力向上には結びついていない状況を報告している。これらの州では、試験問題が生徒の暗記や計算能力などを試す〇×式の「多肢選択問題（multiple-choice questions）」で構成され、生徒の課題探求能力や文章表現能

力などが減少してる点も指摘している。また、テスト結果の平均点の上昇は成績の悪い生徒が排除された結果でもある。教員の評価は、この試験の結果によってなされ、給与に反映される。そして、有能な教師は教育現場から去っていく（Darling-Hammond, 2005: 4-5）。ダーリング - ハモンドは、こうしたテスト政策とは対照的で、テスト政策以上に大きな結果をもたらす試みとして、以下のような3つの動きを指摘している（Darling-Hammond, 2005: 2）。

①生徒の学力評価をテストではなく「真正の評価」によって行うこと。テストは生徒に対するアメとムチになるが、「真正の評価」は、ティーチングの向上をもたらす情報を提供し、必要とされる支援を喚起する。
②教師に対する専門的な学習機会を提供する。
③生徒の学習機会や学校の変化に対する支援などを精密に検証する学校のアカウンタビリティに対する方策を作り出す。

以上のような特色は、高品質なカリキュラムを持ちながら生徒の学習機会を豊かにし、教師の専門性を向上させ、学校に対しては平等な資源を与えることを可能とする。ダーリング - ハモンドは、こうしたテスト結果による評価とは異なる評価を"Performance-based Assessment"に基づく「真正の評価」と呼び、コネティカット州、ケンタッキー州、バーモント州などでの教育実践の事例を紹介している（Darling-Hammond, 2005: 15）。とりわけ、コネチカット州ではテストによる学区・学校のランキング化は行われず、学習に問題がある生徒こそを重点的に指導する。学習形態はグループ学習などによる協同学習を取り入れ、生徒のパフォーマンス能力である課題発表、作文、実験、調査などを行う。ダーリング - ハモンドは、コネチカット州の生徒の基礎学力は全米のトップレベルであり、かつ指導する教員の資質も全米で最高であるとしながら、テストに基づく評価はテストの点数を上げるために成績の悪い生徒が排除される危険性があること、長期的には生徒の学力低下を引き起こすか、優秀な教員のやる気をそぎ、教員が教育現場から離れていくことなどを指摘している（Darling-Hammond, 2005: 16）。

　もちろん、アカウンタビリティの強化を目指したテスト政策のプラス面を

論じた研究も多い。たとえば、スカラー（Linda Skrla）らはテスト政策が人種間格差や経済格差に基づく学力格差を縮小し、教育的公平を達成するためには有効であるとみなしている（Skrla & Scheurich, 2004: 3）。また、次節で紹介するレヴィル（Paul Reville）も「学区・学校の努力とパフォーマンス」に報いるだけでなく、学力に関する高い期待が非効果的で不平等な公立学校制度を改善するものになるという支持的な見解を表明している（Reville, 2004）。

　以上の点を総括すれば、80年代から今日までのアメリカの教育改革は「スタンダード」「アカウンタビリティ」「アセスメント」をキーワードとしながら、新自由主義的な教育改革の潮流の中で、これらの用語が全ての児童・生徒の学力向上を求める際の政策的キーワードとなっていることが指摘される。しかしながら、そもそもテストの得点結果の向上が教育の質的改善になったのか、アカウンタビリティやアセスメントの責任主体を論じる場合に権限と責任の所在を明確に出来るかなど、多くの問題点も指摘されよう。

3　MCASテスト支持者の見解

　次に、「スタンダード」「アカウンタビリティ」「アセスメント」を特色とするアメリカの教育改革の事例研究として取り上げたマサチューセッツ州の場合を総括してみよう。まずは、MCASテストに対する賛否両論を確認しながら、同州のテスト政策に対する本書の見解を示してみたい。すでに第6章、第12章でも確認したことではあるが、現在でもテスト結果に基づくアカウンタビリティを求める「スタンダードに基づく改革（Standards-based Reform）」に対する評価は真っ二つに別れている。教育における「優秀性（excellence）」を達成することには何人も異論はなかろう。しかし、テスト結果によるアカウンタビリティ・システムが公立学校改革の中核的役割を担い、「ハイステイクス・テスト」として「全ての児童・生徒の学力向上を実現」する「万能薬」と見なされるとなると評価は二分される。

　支持者の一人であるレヴィルは、マサチューセッツ州のテスト政策を中心とする教育改革は「スタンダードに基づく改革」であり、「公正（fairness）」を基本原則とするものであった、と評価する[2]。この「スタンダードに基づ

く改革」とは、職業人や市民として成功するために全ての生徒にとってに必要な知識や技能を反映する「明確で挑戦的なスタンダード」であり、全ての生徒に学習機会を提供し、高校の卒業証書を授与する「高度なスタンダード」を意味するものであった（Reville, 2004: 592）。全ての生徒に高い学力と高校の卒業証書を授与することになれば、必然的に大学進学と大学での成功も保証することになる。つまりは、高い学力を目指すことは各人の未来の成功への橋渡しにもなり、個人の成功の鍵ともなる重要な課題であった。

　レヴィルは、MCASテストが「ハイステイクス・テスト」であったとしても、その効果や意味を強調する。その理由は、MCASテストが学区・学校の「努力とパフォーマンスに報いるための動機を生み出すために工夫された明確な政策干渉」であること、テスト結果に基づく学力評価のアカウンタビリティ・システムの一環であること、さらには「学力に関する低い期待を撃退する方向へと向かわせ」、現状の非効果的で不平等な公立学校制度を改善するものとなる、と指摘する（Reville, 2004: 594）。レヴィルによれば「ハイステイクス・テスト」がなぜ効果的かといえば、それは、歴史的には「ハイステイクスでないテスト」は、「変革や改善をほとんどもたらさない」からであった。MCASテストは、以下のような点で、まさに変革を引き起こす手段であった（Reville, 2004: 594）。

①より多くの資源と注意が州内の見捨てられた児童・生徒にも向けられ始めた。
②教師は、これまで以上に自らの専門的能力を開発している。
③州基準と合致したカリキュラム編成が行われている。
④様々なアセスメントの結果が有効であり、教授活動などに幅広く活用されている。

　MCASテストを支持するその他の見解としては、テスト政策はたんなる個人的問題ではなく、低い学力しか持ち得なかった学区・学校の学力格差も改善するものとなり、「全体として生徒、学校、社会の利益」となる、というものでもある (Berger, 2003: 7)。まさに、テスト政策を学力向上政策の「万能薬」

と位置づけるものである。テスト結果に対する責任は、児童・生徒と教師の側にあるというストレートな指摘もある。ピーターソンとウエスト（Paul E. Peterson & Martin. R. West）らは「近年における学校のアカウンタビリティのメッセージは単純明快である」として、それは「公立学校が強固な学問的基準を持つべきこと」「テストは児童・生徒が何を学んでいるかを測定するために実施されるべきこと」「教師に教授の責任があるように、児童・生徒もスタンダードに到達する責任を持つべきである」（Peterson, 2003: 80）と指摘している。

また、チャーチル（Andrew Churchill）は93年の「州教育改革法」成立以後の同州の教育改革全体の評価を行っているが、その中からMCASテストによる州統一テストそれ自体、ないしはテスト政策に関連する政策に対する評価も試みている（Churchill, 2003: 34）[3]。州教育改革における「成功した領域」としては、第一には「州教育省は高品質で、十分に統合されたスタンダードとアセスメントを発展させた」というものであり、教員養成から教室内の授業、学区・学校のアカウンタビリティに至るまで組織的な改革が実施された点を評価している。第二には、「生徒はおおむね学力を改善している」という点である。MCASテストだけでなく、NAEP、SAT、TIMMSなどのテストでも見事な改善がなされている。また、全ての学区に対する「標準財政」システムの確立、支援を最も必要とする生徒への教育資源や補償教育などの提供、各学区のカリキュラムと教授に対する配慮の増大なども成功例として指摘している。

4　MCASテスト批判者の見解

次に、MCASテストに対する批判的な見解も確認しておきたい。上記で述べた支持者の一人であったチャーチルは、同州の教育改革において「改善が必要な領域」として10項目の問題点も指摘している。その中のMCASテストに関連する事柄を取り上げてみたい（Churchill, 2003: 35-36）。

第一には「学力のギャップが解消されていない」点である。一般の生徒の大部分はMCASテストによる高校卒業要件をクリアーしているが、障害を

持つ生徒、LEP 生徒、貧困学区の生徒、黒人やヒスパニックの生徒は基準をクリアーできていない者が多い。第二には「数学の学力が不十分」な点である。「英語」の学力が良好であるのに比べれば、第4・第8学年の「数学」の学力は不十分である。特に、第8学年の1/3程度が「警告・落第レベル」である。第三には MCAS テストの最低限の学力レベルを「要改善レベル」と設定しているが、これを「習熟レベル」へと上げる必要がある。また、アカウンタビリティの適切な実施、高校卒業後の選択の整備、「高い資格を有する教員」の確保と配置、教育改革の努力への継続的なモニタリングと評価の実施なども指摘されている。

　テスト政策に対する批判的な見解は、一般的にはテスト政策それ自体に向けられる。「学校のアカウンタビリティを求める運動は、本質的にはトップダウン方式による学校のより効果的なコントロールを求める運動なのである。その考え方は、もしも公的な当局が生徒の学力を向上させたいのであれば、彼らは学区の職員、校長、教師、及び生徒に自らの行動を生産的なやり方に変えさせるために設計された組織的なコントロールのためのメカニズム―テスト、学校報告書、報奨と罰など―を必要とする」(Peterson, P. E. & West, M. R., 2003: 81)。この指摘は、MCAS テストのような州統一テストが州政府・州教育行政機関のトップダウンによって強制され、学校に対するアカウンタビリティ運動の「中心的存在」になった点を批判するものである。

　また、仮にテスト結果が良好であったにせよ、テストの実施は「現存する教育的不平等を悪化させる」(Berger, 2003: 6) という批判的見解も見られる。「現存する教育的不平等」とは、そもそもテストを受ける前の日常的な教育の段階で不平等が発生しているというものであり、「教育内容の低レベル」「学校資源の劣悪さ」など、教育格差が改善されないままにテストを実施しても、学力格差は一層悪化するというものである。たとえば、全ての生徒に高校の卒業証書を授与するという「高度なスタンダード」は、黒人・ヒスパニックなどのマイノリティ生徒や貧困階層の子どもたちの越えられない障壁となる現実がある。結局、彼らは高校を卒業できないだけでなく、大学進学も断念せざるを得ないというマイナスの結果を生み出すに過ぎない (Berger, 2003: 7)。つまりは、高く設定された学力基準は、それを超えられない者にとって

は「挫折」と「あきらめ」の基準になる可能性がある。次節でも指摘するように、2006年のボストン学区のMCASテストの「落第率」は、98年の第1回テストと比べると大きく改善されたものの、依然として「英語」で15％、「数学」で22％という高い数値を示している。

すなわち、ボストン学区や近郊の貧困学区に居住するマイノリティ、貧困者、LEP、障害者などの限定的なカテゴリーで見れば、テストの得点結果は確かに改善されているものの、白人、アジア人、裕福な者などと比較した場合、その格差は依然として解消されていない。学力格差の本質的な問題とは、テスト結果のような表面的な数値の格差ではなく、貧困、家庭環境、教育内容、教授方法などの目には見えない格差から生まれる不平等に他ならない。言い換えると、貧困、言語、人種・民族、障害などの個人的バックグラウンドに関係なく、「全ての児童・生徒の学力向上を達成する」ことは、誰が考えても非現実的な目標である。公立学校が「偉大な平等装置であるというアメリカ神話」を実現するためのテスト政策は、悲しいかな夢物語に過ぎない。

5 MCASテストに対する評価

さて、これまではMCASテストに対する賛否両論やテストそれ自体の公正性の問題に関する議論を概観してきたが、次にMCASテストの実施が本当に生徒の学力向上に役立ち、「教育機会の平等」を実現することに貢献したか否かを検討しよう。言い替えれば、テスト結果を重視する一元的な教育改革の実施は、そもそも現実に存在している社会的・人種的不平等などを解消し、教育の「質」を高めることになったのであろうか、という問題の検証である。

そこで、第1回MCASテスト（1998年）から第9回MCASテスト（2006年）までのテスト結果に基づく学力の推移を確認してみよう。数字を見た限りでは、学力向上は確実に達成されたと言える。以下の指摘は、各章で論じてきた事柄の総括でもある。

（1）第1回MCASテストが実施されて以来、全ての科目と学年で得点結

果が改善されている。たとえば、第 10 学年における「警告・落第レベル」は 98 年では「英語」が 28％、「数学」が 52％であった。2006 年では「英語」が 7％、数学が 12％に激減している。ただし、2001 年に行われた評価基準の見直しによって成績は全体的に底上げされた影響も指摘される。
(2) 2003 年からは、第 10 学年における「英語」と「数学」のテストで「要改善レベル」(220 点以上) をクリアーすることが高校卒業要件とされ、卒業するまでに年 2 回の再試験を受けなければならない。それでも 2004 年には、州全体でも 2,582 名（生徒数 61,338 名のうちの 4％）が高校卒業資格を得られなかった (MDE, 2004: 1-3)。ボストン学区に限定した場合、2003 年 4 月の時点で、同学区の第 10 学年の生徒は 3,539 名であったが、MCAS テストの合格基準に到達した生徒が 2,903 名（82％）であった。結局、ボストン公立学校の卒業基準も満たし、卒業資格を得た生徒は 2,670 名（75％）に過ぎなかった (BPS, 2003: 1)。
(3) 2000 年から 2001 年の第 10 学年の試験では、人種ごとに合格者の驚異的な上昇率が見られたものの、人種間格差は依然として明白である。たとえば、2003 年の高校卒業者の場合 95％が MCAS テストに合格し、高校を卒業しているが、人種別に見てみると黒人生徒においては「英語」と「数学」の両方に合格した生徒が 88％、ヒスパニック生徒は 85％、「英語学習者 (English-Language Learners)」は 83％、「障害を持つ生徒 (the disabled students)」は 85％である (Reville, 2004: 595)。
(4) ボストン学区のようなマイノリティと貧困者が多数を占める学区の場合、裕福な学区との格差も歴然としている。ボストン学区の場合を見てみると、第 1 回 MCAS テストが実施されて以来、全ての科目と学年で得点結果が改善されてはいるもの、学力レベルは州内最低のままである。たとえば、第 10 学年における「警告・落第レベル」は、第 1 回テストでは「英語」が 57％、「数学」が 75％であったが、2006 年には「英語」では 15％、数学では 22％に激減してはいるものの、他の学区や州全体と比べれば依然として高い割合となっている。
(5) ボストン学区の「サウス・ボストン高校 (South Boston High School)」、「ドーチェスター高校 (Dorchester High School)」は、黒人やヒスパニックなど

が多数を占める学力底辺校である。これらの学校のMCASテストの結果は、「ボストン・ラテン・スクール（Boston Latin School）」のような白人生徒が多数を占める最優秀の大学進学校と比較すれば、その格差は歴然としている。

　上記で指摘されたMCASテストの結果から判断すると、本書における結論は「第1回MCASテストが実施されて以来、全ての科目、学年で得点結果が改善されている。しかし、人種間格差、学区間格差、学校間格差は依然として解消されないままである」。本書は、テストそれ自体やテストの実施に反対するものではないし、テストの正統性や有効性を議論するものでもない。本書の「ねらい」は、MCASテストを教育改革の「万能薬」とみなす教育アセスメント行政のあり方を問うことであった。最後に、マサチューセッツ州における教育アセスメント行政の問題点を確認し、本書の「結論」としたい。

6　教育アセスメント行政の展開

　第一には、マサチューセッツ州の教育改革が一貫して学区・学校に対して厳しいアカウンタビリティを求めている点である。それは、全ての学区・学校に対して「教育の成果と改善に関する明確な教育目標や指標を策定し、結果に対する結果責任を求める」（Weld and Cellucci, 1992: 2）ことが明言され、州が掲げる教育目標を達成できなければ、州教育機関の改善命令に従うことを強制するものである。さらに重要な問題として指摘できる点は、学校や個々の教員にとって、テスト結果が行政当局から強制される教育到達目標となっただけでなく、教育内容の統制や教師の教授活動の自由を著しく脅かし、かつ制限するものとなった点である。ボストン・アーツ・アカデミー（Boston Arts Academy）のネイザン（Linda Nathan）校長が指摘したように、「（テストによって）学校改革を行うとする考えは幻想」であり、テストによる画一的な評価基準は各学校の自由で多様な教育的営みを破壊するものであった（Nathan, 2002: 598）。MCASテストによる結果至上主義的な厳しい教育アセス

メント行政の展開は、各学区・学校における自由な教育内容・方法を統制し、教師の教授活動の自由を制限するものとなった。

　第二には、MCASテストが全ての学区・学校に学力向上を求める「ハイステイクス・テスト」であっただけでなく、テスト結果に基づく一元化された教育アセスメント行政が強行された点である。すなわち、MCASテストによって科目ごとの得点レベルの割合や平均点などによって学区・学校単位で測定・評価が行われただけでなく、教員評価、高校卒業要件の基礎資格、バイリンガル教育廃止、教育行財政改革などにも利用されている。同州におけるテスト結果に基づく一元的な教育管理政策の展開である。特に、MCASテストの結果を高校卒業要件とする政策は、現実に高校を卒業できない数千名の生徒を生み出しているために、最も批判される政策となっている。さらには、「州教育改革法」の制定による教員のテニュア制度も廃止され、新たな教員免許制度が設けられたことは、強圧的なものになった。

　以上のような、厳しい教育アセスメント行政の展開は、80年代までのマサチューセッツ州における学区自治を尊重した教育行政システムを弱体化するか、ないしは縮小することを目指したものである。93年の「州教育改革法」とは、いわば伝統的な学区自治に代わって、州政府や州教育機関が主導しながら標準的カリキュラムの策定、州統一テストの導入、教育財政改革などのイニシアティヴを取ることであった。言い換えれば、州政府や州教育機関の権限の強化・拡大であり、学区の権限の縮小・弱体化が目指されたわけである（McDermott, 2003: 31）[4]。

　第三には、一元化された教育アセスメント行政の実施を行うために、連邦、州レベルで「教育内容」や「評価」のスタンダードを開発し、それに基づいて教育改革が進められる「スタンダード運動」が展開された点である。このスタンダード運動は、州レベルでスタンダードを設定し、それに基づく学力評価を実施する一方で、規制緩和により学区や学校の主体的な取り組みを促すというものであった。マサチューセッツ州に代表されるように、全米の各州では90年代頃から教育内容のスタンダード化に対応した州統一テストを開発し、「アメとムチ（報奨と罰）」に基づくアカウンタビリティ・システムを構築している。

このアカウンタビリティ・システムは、2002年に制定されたNCLB法によって、さらに強化されることとなった。NCLB法は、全米各州で州統一試験の実施を義務づけ、たとえバイリンガル・プログラムで学ぶ外国生まれの生徒であれ、障害児、職業高校の生徒であれ、貧困家庭の子弟であれ、全ての生徒がテストを受け、その結果を公表し、改善することを求めている。MCASテストを例外なく強制するマサチューセッツ州の強圧的な教育政策は、NCLB法制定以前に実施されていたものではあるが、NCLB法の制定によって、より一層、マサチューセッツ州の教育アセスメント行政は強化されている。いわば、連邦と州政府からの「ダブル・スタンダード」「ダブル・アカウンタビリティ」が求められている状況と言える。

　第四には、MCASテスト導入による教育アセスメント行政の展開は、学区の教育財政に占める州及び連邦政府の教育補助金の額を飛躍的に高めたが、それは、教育財政のあり方が形式的なインプット・プロセス規制から、アウトプット規制へと転換し、「結果」をより重視した教育財政改革が断行されたことを意味した。たとえば、マサチューセッツ州では93年から2006年までに教育改革費が220億ドル以上も投入されているが、その財源は連邦政府からの補助金だけでなく、公立学校改革に必要な予算を固定資産税の増税か他の財源からの確保を強制するものであった。

　93年の「州教育改革法」は、州内の各自治体に対し、「標準予算（Foundation Budget）」方式によって学区間格差の是正を目指した教育財政の再配分政策を行っている。そして、「公正」で「適正」な補助金の配分システムを確立するために利用されたものがMCASテストの得点結果であった。しかしながら、州テストで好成績を上げている学区に対して適正な教育費を配分しようとする試みにはいくつかの問題点が指摘される。すなわち、州テストの結果が上位であれば、教育の「質」も保証されているという論理的な関係性が証明できないからである。たとえば、多額の教育予算が投入されれば、生徒の学力向上は必ず実現されるものなのであろうか。サフォーク大学助教授のケリー（Alison Kelly）らは、「生徒一人あたりの教育経費の増額は学力の改善にはならないことを全ての証拠が示している」と述べながら、「公立学校制度にお金を投げ込むことは目先の改善にもならない」（Boston Globe,

1992.6.19.）と断言している。すなわち、第4章でも指摘されているように、学力が高い学校と教育費の関係性を証明することは困難であったにもかかわらず、マサチューセッツ州の教育改革は、無理に「アウトプット」「アウトカム」を重視する政策に転換したことになる。

7　日米の教育改革の差異

　最後に、日米の教育改革思想の差異を確認して本書を終えたい。90年代から開始されたアメリカの教育改革は、連邦政府・州政府による結果至上主義的なテストを用いた学力向上政策を中心に展開された。この教育改革思想の思想的特質については、これまでも述べてきたように日米双方の研究者が「新自由主義者」や「新保守主義者」の存在を指摘している（Apple, 2006: 29、赤尾, 1996: 19-20、赤尾, 2002: 79）。前者の「新自由主義者」は、「学校選択の自由（school choice）」「ヴァウチャー（voucher system）」「税額控除（tax credit）」などの競争原理を意図した諸制度の導入よって、学校の整理・統合、ないしは学校改善に結びつけようと意図する。また、「新保守主義者」は教育内容のスタンダード化を推し進めながら、全米教育目標や標準テストなどの競争原理の導入によって、全ての児童・生徒の学力の底上げを図ろうと意図する。この「新自由主義者」や「新保守主義者」の動きは「表面的には矛盾しているように見えるが、深いレベルでは相補的な関係にある」（赤尾, 1996: 22）ことが指摘されている。それは、「新自由主義者」にせよ「新保守主義者」にせよ、かっての「平等な教育の機会均等」による個人的権利を、市場主義的な競争原理の中で弱体化するものであろう。言い替えれば、アメリカの財政危機を救う手段として、教育の「公共性」を弱める一方で、「私事性」を高めながら、「国家の正統性を保持するために表面的な国家支配を削減して、学校教育を市場に明け渡す」（赤尾, 1996: 23）ことであった。

　戦後の日米の教育改革の方向性は、日本がアメリカの教育改革をモデルとし、「後追い」をするような状態であった。しかし、近年の日米両国におけるテスト政策の展開は、アメリカが日本をモデルとしながらも、日本以上の厳しいテスト政策を展開している状況になっている。一方、日本は近年の国

際学力テストによる学力低下が問題とされ、慌ててアメリカやイギリスの後追いをする傾向にある。現状では、日本とアメリカのテスト政策における実施形態や方法が異なり、その力点の置き方にも違いがあるとは言えるが、その根源的・思想的な部分では共通点が多々みられるようになっている。しかし、日米の教育改革の動向をたんに「新自由主義者」と「新保守主義者」の共同戦線が教育改革を促進したと言う見方は皮相的であろう。確かに表面的には、日米両国において国家による中央集権的な教育政策によって、学力の一定水準の確保を至上命題とし、学区・学校をテスト結果によって整理・統合、ないしは改善するという「市場主義的な教育管理政策の展開」が始まろうとしている。

しかし、アメリカの場合は65年の「初等中等教育法」制定以来、多額の財政支出を必要とした一連の補償教育政策と専門職自治による地方分権主義的な教育政策の成果に対する批判が教育改革をもたらした。一方、我が国の場合には、60年代以降における「教育の多様化政策」による教育改革への批判が根底には見られる。黒崎は、こうした状況を日米両国の「教育制度の正当化の危機」（黒崎,1996: 124）としてとらえている[5]。日米両国の教育改革を表面的に理解するのではなく、両国の歴史的・社会的文脈に基づいて構造的に理解する重要性を肝に銘じたい。

注

1 さらに、ハウは「技術主義者」に対抗する論理を展開している「結果主義者」にも理論的な誤りがあることを主張する。それは、テストが正義の原則に適応するための基準の問題を「未解決のままにしている」（ハウ, 2004: 155）だけで、たんに多元的な基準や根拠を求めているに過ぎないと言う。

2 レヴィルは、ボストンの「教育調査・政策のレーニー・センター（the Rennie Center for Education Research and Policy）」の部長でハーバード大学教育学大学院講師の肩書きを持つ人物である。レーニー・センターは、マサチューセッツ州の公教育改善を促進することを使命とし、全ての子どもが生活、市民権、職業、生涯学習において成功を収めるための教育システムや教育政策を立案・開発する。

3 チャーチルは、マサチューセッツ州立大学アマースト校「教育政策センター（the Center for Education Policy）」副部長である。チャーチルのレポートは、2002年の「州教育改革の進歩に関する2002年年次報告（2002 Annual Report on the Progress of Education Reform in Massachusetts）」を分析したものである。教育改革の実施側の意見でもあり、やや肯定的である。

4 「州教育改革法」で規定された様々な教育改革を実現するためのスタッフ、資金、組織的整備など不十分なままであった。たとえば、80年に州教育省のフルタイムのスタッフは990名であったが、財政削減のために93年には325名に減少していた。98～2002年の間にようやく108名のスタッフが増員された（McDermott, 2003: 31-32）。

5 黒崎は、アメリカの全米教育目標の設定、テストによる学力向上政策、学校選択制度、ヴァウチャー制度などに見られる一連の市場原理に基づく教育改革がナショナリズムと市場経済が共犯的に連動したというよりも、「これまでの専門職主義の名の下で教育関係者の自由にゆだねられてきた教育システムの有効性を疑い、これに対して厳しく責任（アカウンタビリティ）を問う声が広がってきた」（黒崎、1996: 117）ことを指摘する。

引用・参考文献

赤尾勝巳 1996「アメリカの教育改革を導く思想」『理想』理想社, No. 658, pp. 16-26.
赤尾勝巳 2002「アメリカの教育改革をめぐる理論的潮流と課題－M. W. アップルの視座から－」お茶の水書房『アソシエ』No. 8, pp. 74-83.
アップル, マイケル W.（長尾彰夫訳）1994『カリキュラム・ポリテックス－現代の教育改革とナショナル・カリキュラム－』東信堂.
石井英真 2006「米スタンダード開発における方法原理の解明－McRELデータベースの検討を中心に－」日本学術振興会科学研究費報告書『学力向上をめざす評価規準と評価方法の開発－』pp. 21-30.
岸本睦久 1998「『教育スタンダード』をめぐる動向」現代アメリカ教育研究会編『カリキュラム開発をめざすアメリカの挑戦』教育開発研究所, pp. 17-37.
黒崎勲 1996「国家・アカウンタビリティ・市場：アメリカ教育改革の動向」東京都立大学人文学部『人文学報』No. 270, 教育学（31）, pp. 113-126.
ハウ, ケネス（大桃敏行他訳）2004『教育の平等と正義』東信堂.
杉浦慶子 2006「米国ワシントン州の教育スタンダードに基づく学力政策－制度的枠組みの生成とNo Child Left Behind（NCLB）法の影響－」『東北大学大学院教育学研究科年報』第55集・第1号, pp. 83-103.
山下晃一 1998「アメリカにおける教育アカウンタビリティの今日的課題－1980年代後半以降の動向を中心に－」関西教育行政学会『教育行財政研究』第25号, pp. 43-53.
Apple, Michael M. 2006 "Markets and Measurement; Audit Cultures, Commodification, and Class Strategies in Education"（山本雄二訳 2006「市場と測定－教育における監査文化・商品化・階級戦略」教育社会学会『教育社会学研究』第78集, pp. 25-44）
Berger, Joseph B. 2003 "Bridges and Barriers: Equity Issues in High Stakes Testing", *Education Connection Magazine*, University of Massachusetts Amherst School of Education, pp. 6-10.
Boston Globe, 1992.6.19.
BPS 2003 "Class of 2003; Status of Meeting Graduation Requirements, MCAS Standards vs.Local Requirements", *Focus on Children*, Boston School Committee, pp. 1-3.

Churchill, Andrew 2003 "Conclusions: The Impact of Education Reform after Ten Years", *Education Connection Magazine*, University of Massachusetts, pp. 34-36.

Darling-Hammond, Linda 2005 "Constructing Schools for Competence: Teaching, Assessing, and Organization for Student Success", pp. 1-31. (東京大学21世紀COE基礎学力研究開発センター・第4回国際シンポジウム『基礎学力－政策課題と教育改革』国連大学)

Elmore, R. F. 2004 *School Reform from the Inside out Policy, Practice, and Performance*, Boston, MA: Harvard University Press. (神山正弘訳 2006『現代アメリカの教育改革：教育政策・教育実践・学力』同時代社)

McDermott, Kathryn A. 2003 "Capacity to Implement Education Reform", *Education Connection Magazine*, University of Massachusetts, pp. 31-33.

MDE 2004 96 *Percent of Class of 2004 Meet MCAS Requirement In Time For Graduation*, MA Dept.of Education, pp.1-3.http://www.doe.mass.edu/news/news.asp?id=1963 ［2006.9.1.取得］

Nathan, Linda 2002 "The Human Face of the High-Stakes Testing Story", *Phi Delta Kappan*,Vol. 83, pp. 595-600.

Peterson, Paul E. & West, Martin. R. 2003 *No Child Left Behind ?: The Politics and Practice of School Accountability*, Washington D.C.: Brrokings Institution Press.

Reville, Paul 2004 "High Standards ＋High Stakes＝High Achievement in Massachusetts", *Phi Delta Kappan*, April, Vol. 85, No. 8, pp. 591-597.

Skrla, Linda & Scheurich, J.J. 2004 *Educational Equity and Accountability;Paradigms, Policies, and Politics*, New York: RoutledgeFalmer.

Weld, William and Cellucci, Argeo Paul. 1992 "A Message from His Excellency the Governor Recommending Legislation Relative to Reforming Public Education" *House of Representative*, No. 5750, pp. 1-5.

あとがき

1 本書執筆の経緯

　本書は、平成21年度の日本学術振興会科学研究費（学術出版助成金）を受領して刊行されたものである。本書は、編著者の北野を代表とし、黒田友紀（日本大学非常勤講師）、石井英真（神戸松蔭女子学院大学）、長嶺宏作（日本大学）、吉良直（日本教育学大学院大学）、遠藤貴広（福井大学）の若手研究者5名による分担執筆の形で執筆されたものである。まずは、本書が執筆されたきっかけ、次に、北野と5名の方々との「出会い」について簡単に述べたいと思う。

　まずは、本書の研究課題への最初の取り組みは、今からちょうど10年前の1999年であった。私は、日本大学海外長期留学制度によって、1999（平成11）年4月から1年間にわたってボストン大学教育学大学院のチャールズ・グレン教授にお世話になった。その際に、学位論文の下書きを書き終えた9月頃からボストン市や隣接するブルックライン市の公立学校調査にも時折出向き、いくつかの公立学校、チャーター・スクール、教育委員会を訪問した。その時に、聞いた言葉が「MCAS」であった。当時の私は、MCASテストの詳細を知らなかったし、アメリカ全体がテスト政策に覆われつつあることも知らなかった。

　私の学位論文の内容がアメリカの独立期の公教育思想形成の研究であり、勢い現代の教育問題への関心を希薄なものとしていた。しかし、だからこそ現実に目の前で起きているMCAS問題は新鮮でもあった。この時、私は、学位論文執筆後の研究のターゲットをMCAS問題にすることを決心した。その最初の成果が2003年12月の「〈研究ノート〉マサチューセッツ州にお

けるテスト政策と教育アセスメント行政の実態－マサチューセッツ州総合評価システムの成立と影響－」（日本教育学会『教育学研究』第70巻第4号, pp. 89-98）であった。以後、日本教育学会、日本比較教育学会、日本教育行政学会などで度々、研究成果を発表させていただいた。

私がMCASテストの研究に着手しようと決意してから10年の歳月が流れた。一番の大きな問題は、2007年4月24日（金）に日本でも実施された「全国的な学力調査」であった。この調査は、我が国の小学校6年生と中学校3年生の約240万人の生徒を対象とした全国学力調査であるが、すでに賛否両論が渦巻いている。私自身は、テストそれ自体に反対ではないし、テストそれ自体の客観性や公正性を論じても終わりのない議論になると考えている。それよりも、テストをどのように利用するかという問題こそ重要であると考える。本書の研究テーマも、テストの中身ではなく、テストの使い方（政策）の問題を論じたものである。

2 初出論文一覧

次に、本書の執筆に関する初出論文を挙げておきたい。2003年から2009年までの7年間で、編者、ならびに各章の執筆者は以下のような研究論文を刊行している。これらの論文は、本書の執筆に際して大幅に加筆・修正がなされている。

〈北野秋男〉

北野秋男 2003「〈研究ノート〉マサチューセッツ州におけるテスト政策と教育アセスメント行政の実態－マサチューセッツ州総合評価システムの成立と影響－」日本教育学会『教育学研究』第70巻第3号, pp. 89-98.

北野秋男 2004「現代のマサチューセッツ州における教育改革思想の分析－「共通学習内容」と「総合評価システム」の分析を中心として－」日本大学教育学会『教育学雑誌』第39号, pp. 1-12.

北野秋男 2004「マサチューセッツ州の教育改革とジョン・シルバーの新保守主義思想」日本学術振興会科学研究費報告書『多元文化国家米国における学校の公共性論議に関する史的研究』, pp. 187-200.

北野秋男 2006「マサチューセッツ州における学力向上政策とMCASテスト－州知事主導型教育改革と教育アセスメント行政－」日本教育学会『教育学研究』第73巻第1号, pp. 39-41.

北野秋男 2006「マサチューセッツ州におけるバイリンガル教育廃止運動－州知事・

州議会・州住民による政治的対立に焦点を当てて―」日本比較教育学会『比較教育研究』第32号, pp. 67-85.

北野秋男 2006「米国マサチューセッツ州におけるバイリンガル教育存続運動―『生徒と親にバイリンガル教育の選択を促進するための法律(2001年)を中心に―」日本大学人文科学研究所『研究紀要』第72号, pp. 37-50.

北野秋男 2006『アメリカの教育アセスメント行政の構造研究―米国マサチューセッツ州における教育管理政策の展開―』日本学術振興会科学研究費報告書, pp. 1-100.

北野秋男 2007「米国マサチューセッツ州における学力向上政策―ブルックライン学区の場合―」日本大学教育学会『教育学雑誌』第42号, pp.1-12.

北野秋男 2007「米国マサチューセッツ州における学力向上政策―MCASテストによる教育アセスメント行政の実態―」大桃敏行他編『教育改革の国際比較研究』ミネルヴァ書房, pp.111-126.

〈黒田友紀〉

黒田友紀 2003「ケンブリッジ市における『統制型の学校選択(Controlled Choice)』の再検討」日本比較教育学会『比較教育学研究』第29号, p. 97-113.

黒田友紀 2006「ボストン市におけるパイロット・スクール改革の検討―『真正の評価(オーセンティック・アセスメント)』に焦点をあてて―」アメリカ教育学会『アメリカ教育学会紀要』第17号, pp. 13-21.

黒田友紀 2008「米国マサチューセッツ州における学力向上政策―ケンブリッジ学区を事例として―」アメリカ教育学会『アメリカ教育学会紀要』第19号, pp. 3-14.

黒田友紀 2009「アカウンタビリティに基づく公立学校改革の検討―マサチューセッツ州のチャータースクールに着目して―」藤田英典・大桃敏行編『学校改革』(リーディングス日本の教育と社会)第11巻, 日本図書センター, pp.311-331.

〈石井英真〉

石井英真、田中耕治 2003「米国における教育評価研究の動向―『真正の評価』論の展開を中心に―」田中耕治編著『教育評価の未来を拓く―目標に準拠した評価の現状・課題・展望―』ミネルヴァ書房, pp. 200-217.

石井英真 2003「『改訂版タキソノミー』によるブルーム・タキソノミーの再構築―知識と認知過程の二次元構成の検討を中心に―」日本教育方法学会『教育方法学研究』第28巻, pp. 47-58.

石井英真 2003「メタ認知を教育目標としてどう設定するか―『改訂版タキソノミー』の検討を中心に―」『京都大学大学院教育学研究科紀要』第49号, pp. 207-219.

石井英真、田中耕治 2004「米国における『真正の評価』論の展開―G. ウィギンズの所論の検討を中心に―」日本学術振興会科学研究費報告書『指導要録改訂期における教育評価の問題』, pp. 96-105.

石井英真 2004「『改訂版タキソノミー』における教育目標・評価論に関する一考察―パフォーマンス評価の位置づけを中心に―」『京都大学大学院教育学研究科紀要』

第50号, pp. 172-185.
石井英真 2004「『基礎・基本』を豊かに学ぶ授業の創造－M.ランパートの計算指導に学ぶ－」京都大学大学院教育学研究科教育方法学講座『教育方法の探究』第7号, pp. 11-20.
石井英真 2005「アメリカの思考教授研究における教育目標論の展開－R. J. マルザーノの『学習の次元』の検討を中心に－」『京都大学大学院教育学研究科紀要』第51号, pp. 302-315.
石井英真 2007「アメリカにおけるスタンダード設定論の検討－McRELデータベースに焦点を当てて－」教育目標・評価学会『教育目標・評価学会紀要』第17号, pp. 46-56.
石井英真 2007「米国のスタンダード開発における方法原理の解明－McRELデータベースの検討を中心に－」日本学術振興会科学研究費報告書『学力向上をめざす評価規準と評価方法の開発』, pp. 21-30.
石井英真 2008「アメリカにおける学力向上政策の教訓－アカウンタビリティを民主的な教育改革の力に－」田中耕治編著『新しい学力テストを読み解く－PISA/TIMSS/全国学力・学習状況調査の分析とその課題－』日本標準, pp. 243-259.

〈長嶺宏作〉

長嶺宏作 2007「アメリカ連邦制度構造下におけるESEAによる補助金の意義－1965年の初等中等教育法の成立過程の考察を中心として－」日本大学教育学会『教育学雑誌』第42号, pp. 29-42.
長嶺宏作 2009「効果ある学校の制度化―アメリカにおける「体系的改革」の理念―」日本大学人文科学研究所『研究紀要』第76号, pp.69-80.

〈吉良直〉

吉良直 2003「民主的教育の理念と実践―個性と社会性を育成する教育の模索―」江原裕美編著『内発的発展と教育―人間主体の社会変革とNGOの地平―』新評論, pp. 383-413.
吉良直 2006「No Child Left Behind Act」矢口祐人・吉原真里編著『現代アメリカのキーワード』中公新書, pp. 236-240.
吉良直 2009「どの子も置き去りにしない(NCLB)法に関する研究―米国連邦教育法の制定背景と特殊性に着目して―」『教育総合研究』日本教育大学院大学紀要第2号, pp. 55-71.

〈遠藤貴広〉

遠藤貴広 2003「G.ウィギンズの教育評価論における『真正性』概念―『真正の評価』論に対する批判を踏まえて―」教育目標・評価学会『教育目標・評価学会紀要』第13号, pp. 34-43.
遠藤貴広 2004「G.ウィギンズの『看破』学習―1980年代後半のエッセンシャル・スクール連盟における『本質的な問い』を踏まえて―」日本教育方法学会『教育方法学研究』第30巻, pp. 47-58.
遠藤貴広 2005「G.ウィギンズのカリキュラム論における『真正の評価』論と『逆向き

設計』論の連関―『スタンダード』概念に注目して―」『京都大学大学院教育学研究科紀要』第51号，pp. 262-274.
遠藤貴広 2007「米国エッセンシャル・スクール連盟における『逆向き計画』による学校改革―セイヤー中・高等学校の実践を例に―」『京都大学大学院教育学研究科紀要』第53号，pp. 220-232.
遠藤貴広 2008「米国エッセンシャル・スクール連盟の学校改革における『真正の評価』の役割―ホジソン職業技術高校の卒業プロジェクトを事例に―」『福井大学教育地域科学部紀要 第Ⅳ部 教育科学』第64号，pp.1-12.

3 研究の経過と成果

　研究代表者の北野は、日本大学長期海外留学制度による1999年4月から2000年3月までのボストン大学教育学大学院での一年間の研究生活を契機として、マサチューセッツ州のMCASテストの実態と「新自由主義」「新保守主義」による学力向上政策の思想的な背景などを解明する研究活動に取り組んだ。本研究が進展する契機となったのは、2003～2005年に採択された日本学術振興会科学研究費基盤研究（C）による「アメリカの教育アセスメント行政の構造研究」（研究課題番号：15530517）であり、3年間の研究助成金を得た。この時は、北野が単独で研究活動を行っていた。その研究成果は、2006年3月に『アメリカの教育アセスメント行政の構造研究－米国マサチューセッツ州における教育管理政策の展開－』と題して報告書が刊行されている。

　2006年からは、研究代表者である北野一人の単独研究ではアメリカの連邦政府、マサチューセッツ州政府、各学区の教育政策や実態などを構造的に解明することは困難であると考え、研究領域が近い方々に研究協力をお願いした。それが2006～2008年に採択された日本学術振興会科学研究費基盤研究（C）による「米国マサチューセッツ州における教育管理政策の総合的研究」（研究課題番号：18530626）であり、3年間の研究助成金を得た。この3年間における研究内容は、研究代表者の北野が全体の統括とボストン市・ブルックライン市の学力向上政策の実態解明、長嶺宏作が連邦政府の教育行財政を中心とした教育改革の動向、黒田友紀がMCASテスト後の教育政策とケンブリッジ学区の教育改革の動向、吉良直がNCLB法の成立経緯と内容分析、

田部俊充（日本女子大学）が日本のテスト政策の動向解明などを行った。

　さらには、2007年8月の日本教育学会（慶応義塾大学）でのラウンドテーブル参加者であった石井英真、遠藤貴広、篠原岳司（北海道大学大学院）も加わり、石井はアメリカの教育内容に関するスタンダード運動について、遠藤は「真正の評価（オーセンテック・アセスメント）」の理論研究について、篠原はボストン市の教育専門職リーダーシップに関する研究活動を行った。また、京都大学大学院の斉藤桂も2008年より参加し、カリフォルニア州のテスト政策の実態について報告を行った。以上のようなメンバーによる研究成果は、2009年3月に『米国マサチューセッツ州における教育管理政策の展開』と題して研究成果報告書が刊行されている。

　本書執筆の契機は、2000年のアメリカ滞在がきっかけであったが、ちょうどその時から10年の歳月が流れた。この間、様々な学会で研究成果を報告し、色々な方から助言を頂いた。お名前を挙げることはしないが、この場を借りて感謝の意を表したい。また、私の研究内容に興味を持ち、進んで研究会に参加して頂いた長嶺宏作、黒田友紀、吉良直、田部俊充、石井英真、遠藤貴広、篠原岳司、斉藤桂の各氏にも深く感謝したい。本書は、いわば各分野の研究活動の最前線に立つ若手研究者を結集して書かれたものでもある。私自身は、この10年間で目が老眼気味になり、髪の毛も白くなったが、これらの若手研究者の「意欲的」「挑戦的」な研究活動に大いに触発された。重ねて御礼を申し上げたい。

　また、本書の刊行にあたり、暖かい励ましを頂いた東信堂の下田勝司社長には深く感謝したい。本書が、どのような評価や批判を受けるかは計りかねるが、アメリカ教育研究者のみならず幅広い分野の方々にお読みいただければ望外の喜びである。

　　　　　　　　　　　　　　　　　　　　2009年10月 自宅の書斎にて
　　　　　　　　　　　　　　　　　　　　　　　　北野　秋男

事項索引

※頻出の用語については該当章、節を表記した。

【ア行】

アウトプット	34, 42, 53, 99, 346, 348, 360, 361
アカウンタビリティ	序章3、第1章5、第15章3、終章1
──・システム	327, 330, 334, 338, 341, 342
アセスメント	序章4、終章1
新しい基準計画	88, 90
アネンバーグ財団	215
編み直し	296, 297
アメリカ学校改善法（IASA法）	27, 41, 247
アメリカ教員連盟	176
イースト・ハーレムの奇跡	298
一括補助金	35
イニシャティブ請願	182, 192, 193, 196, 197, 201
『今、成果のとき』	37
イングリッシュ・オンリー	184, 193
イングリッシュ・プラス	183, 184
インプット	34, 42, 53, 346, 348, 360
ヴァーモント州	298
ヴィジョン	55, 70, 73
永続的な理解	67
英語学習者プログラム	196
英語を話さない生徒の英語習得と教育成果を促進・改善する法律	194
エッセンシャル・スクール連盟(CES)	第13章2
オーセンティックな評価	172

【カ行】

学力の基準	118
学力保障	53, 327, 328, 341, 342
学力向上	325
学力向上政策	103
学習への機会	42
学習機会	337
──スタンダード	71
学習発表会による卒業証書	293, 294, 300
学習発表会プロジェクト	294
学童保育プログラム	214
学力格差	252
学区改善計画	236
学校群	212
学校視察	335, 337
学校選択	246, 248, 332
学校評議会	338
学校報告書	276, 279, 281
合衆国憲法修正第10条	92, 167
過渡期二カ国語教育（TBE）	135, 184, 185, 188-190, 200, 201, 284
TBE/ESL	187, 200
過渡期二カ国語教育法	127, 184
カリフォルニア州	191, 199, 200, 201, 346
間接イニシャティブ	197, 201
キー・コンピテンシー	73
『危機に立つ国家』	34, 37, 103, 165, 225, 246, 287, 346
技術主義者	350, 362
基礎に戻れ	165
逆向き計画	294, 295, 297
逆向きマッピング	294, 301
教育アセスメント行政	終章6
教育・芸術・人文学に関する合同委員会	195, 200
教育サミット	38, 40, 41, 247, 249
教育スタンダード	8, 9, 121, 346, 347
教育テスト・サービス	165
教育統合改善法（ECIA法）	35
教育におけるオーセンティックな改革のための連盟（CARE）	235, 312, 335
教育の卓越性とアカウンタビリティ法	169
教育のためのマサチューセッツ・ビジネス同盟（MBAE）	93, 105, 144, 164, 175
教育の地方分権	335
教科横断的な知的・社会的能力	61, 68
共通原則	294
教室での実践に基づく評価	335
教室内補助	188
教職の専門	165, 175-177
教授と学習のための学校アカウンタビリティ	300
共通原則	293, 294, 300
共和党	307
Question 2	第8章7

クリティカル・フレンズ	222
警告・落第	160
経済機会均等法	29
形成的評価	328, 335
結果主義者	362
結果責任	71, 246, 334
ケンタッキー州	330
ケンブリッジ学区	175, 225
ケンブリッジ・パブリック・スクール学区	225
ケンブリッジ・プラン	228
ケンブリッジ・リンヂ・アンド・ラテン校	227
権威ある説教	37
権威の借用	39
限定的英語習熟度	252
限定的な英語会話能力	184, 185
限定的英語技能の生徒（LEP）	269, 273
限定的英語能力の生徒	145, 184
権利放棄	198, 201
公共圏	342, 343
公共性	320
公選制教育委員会	209
高等教育法	173
高校卒業要件	152, 154, 273, 357, 359
公選制教育委員会	210
公立学校における英語教授に関する法律	192
子どもたちに英語を	191
『子どもの重点化』	第9章4
コネチカット州	351
『コールマン・レポート』	114

【サ行】

最優秀	160
──レベル	147
サウス・ボストン高校	279, 280, 357
参加	338, 341, 342
思考スキル	56, 63, 62, 65, 73
市の教育連合	207, 221
自由選択記述問題	146
自由な予算	31
州間新任教師評価支援協会（INSTAC）	166, 173
州教育委員会	125
州共通学習内容	122, 123, 125, 134
州統一テスト	143, 305
習熟	160
──レベル	147
集団準拠テスト	290
習得の披露	293
州内全ての生徒に英語学習の機会を強化する法律	194
住民提案第227号	190
自由選択記述問題	147-149
主義主張からの離脱	250
障害を持つ生徒	145, 155, 273, 357
初等中等教育法（ESEA法）	第1章1・2
──の改正	第1章3
初任者教員資格	175
初任者免許状	171
新自由主義	117
──者	361, 362
新スタンダード準拠試験	300
新連邦主義	第1章3
真正の学習	328, 330
真正の評価	序章5、第13章、第14章2
新保守主義	117
──者	117, 118, 120, 121, 126, 361, 362
スクール・クオリティ・レビュー	337
スクール・ベースド・マネージメント	36, 168
STARS	335, 336
スタンダード	序章2、第2章、第15章、終章1
スタンダードに基づく運動	第15章1
スタンダードに基づく改革	第15章
スタンダードに基づく教育	第15章
スタンフォード9テスト	215, 222
スパイラル・カリキュラム	64
精神の習慣	62, 292
成果に基づく教育（OBE）	327, 328
生徒と親にバイリンガル教育の選択を促進するための法律	193
生徒の学習到達度調査（PISA）	238, 324
セイフティーネット	100
セイヤー中・高等学校	296-298
宣言的知識	65
全体的アカウンタビリティ	334
全米学力調査（NAEP）	88, 238, 267-269, 284, 354
全米教育協会	176
全米教育スタンダードと改善協議会	41
全米教育目標委員会	41
全米教職専門基準委員会	166, 173
全米数学教師協会（NCTM）	53, 54, 326, 347
──のスタンダード	53, 54, 56, 70, 326
全米成績通知表	284

全米評価システム	165, 172	21世紀学校助成プログラム	214
専門職免許	171, 175	2000年のアメリカ：教育戦略	27, 38, 225, 347
専門性の開発のためのポイント（PDP）	171, 175	2000年のマサチューセッツ	168
セントラル・パーク・イースト中等学校	297	2000年の目標：アメリカを教育する法	27, 28, 41, 46, 123, 225, 237, 247, 347
相補的アカウンタビリティ	338, 339	2000年の目標：5年間の基本計画	第5章2
早期教育センター	214	二大政党の民主党と共和党の教育政策	248
組織としての力	338	ネブラスカ州	335
『備えある国家―21世紀の教師』	166		

【タ行】

体系的改革	39	【ハ行】	
タイトルⅠ	29, 31, 37, 42, 44, 252	パイオニア・インスティテュート	170
タイトルⅡ	35	ハイスクール研究	293
高い資格を有する教員	163, 174, 254, 267	ハイステイクス・テスト	143, 158, 298, 327, 345, 348, 352, 353
多肢選択問題	143, 147-149, 159, 350	ハイパー・メリトクラシー	69
達成に基づく改革	348	バイリンガル教育	第8章
タフ・テスト	348	――廃止運動	第8章
段階別得点	147, 149, 160, 217	バイリンガル教育法	183
地域・学校共同体の文化	69	パイロット・スクール	第14章
チャーター・スクール	247, 306, 307	パフォーマンス課題	60, 62, 63, 329, 330, 335
――の推進	248	パフォーマンス・スタンダード	65, 71
調律	296, 297	パフォーマンス評価	288, 299, 329, 330, 337
直接イニシアティブ	201	ハンコック判決	第4章4
提案2 1/2	93, 101, 102	ピアレビュー	337
適正年次進捗度（AYP）	174, 253, 257, 267-269, 332, 333, 348	ビジョンの定義	295, 297
手続的知識	65	PDCAサイクル	324
テニュア制度	129, 164, 169-171	批判的な友人	337
ドーチェスター高校	279, 280, 357	評価スタンダード	55, 336
統一政党政治	250	評価リテラシー	336
統一政党政府	261	標準テスト	第13章
統合統治	94, 205	標準予算	93, 185, 360
同時多発テロ	250	フェア・テスト	226, 235, 312, 334, 335, 343
統制型の学校選択	206, 208, 226, 227, 229	舞台の設定	295, 297
――制度	226	ブラウン大学	293
どの子も置き去りにしない法（NCLB法）	序章6、第11章、第12章1、第15章2	ブルックライン学区	第8章2、第12章6
どの子どもも勝利者に！	105, 167	分散型リーダーシップ	213
取り出し授業	186, 188	文化的リテラシー	342
		文化同化主義（人種のるつぼ）	184, 189
【ナ行】		文化複合主義（サラダボウル）	183
内容スタンダード	58, 67, 71, 118	ベンチマーク	60, 64
内容知	65	ボイコット（運動）	158, 226, 231, 233, 234
ナショナル・カリキュラム	第5章1	包括的学校改善	214, 215, 221
ナショナル・スタンダード	41, 52, 119, 259, 326	方法知	65, 73
ナショナル・テスト	第5章1	ボストン学区	第9章、第12章4・5、第14章
		ボストン・コンパクト	207, 213

ボストン・プラン	207, 208, 221
ボストン・ラテン・スクール	279, 358
ボストン市教育委員会	211
ボストン市教育委員会再編法	209
ボストン市任命制教育委員会	第9章2
ポートフォリオ	171, 172, 294, 297-299, 309, 311, 316, 335
——評価	288
ホープ高校	300
本質的な問い	68

【マ行】

マクダフィー判決	第4章3
マサチューセッツ州	第3章、第4章、第8章1、第12章、終章
——基本法：第71A章	184
——基本法：第218章	第8章6
マサチューセッツ州イングリッシュ・プラス連合	193
マサチューセッツ州教育改革法（州教育改革法）	第3章、第7章2・3
マサチューセッツ州教員組合（MTA）	157, 168-170
マサチューセッツ州教員免許試験（MTEL）	172-175
マサチューセッツ州教員連盟（MFT）	168-170
マサチューセッツ州共通学習内容（州共通学習内容）	第5章2・3
マサチューセッツ州総合評価システム（MCAS）	第6章、終章
——テスト	第6章、終章3・4・5
——テストの結果	第6章4、第9章5、第12章2・3
McRELデータベース	58
マサチューセッツ州の子どもたちに英語を	191
マス・インサイト教育研究所	144, 156

マス・パートナーズ	第7章
マスタリー・ラーニング	327, 328
マッチング・グラント	29, 30
短い解答問題	146, 147, 149
民主的で教育的なアカウンタビリティ・システム	342
民主党	307
メトロポリタン学力試験	215, 222
メリーランド州	330, 333
McREL	第2章2
——データベース	第2章2
目標準拠評価	327, 328
目標に準拠したテスト	292

【ヤ行】

要改善	160, 253
——レベル	147
容易化理論	186
抑制と均衡	30

【ラ行】

ライフスキル	61, 62, 65, 70
理解のためのカリキュラム設計	332
リード・ボストン	214
ルイジアナ州	14, 165
ルーブリック	66, 314, 329, 331
ローズ判決	第4章3
ロードアイランド州高校卒業資格認定システム	299
ロードアイランド州初等中等教育評議委員会	299
ロードアイランド州総合教育戦略	300
ローレンス公立学校	187, 188

人名索引

【ア行】

アーチボルド（Doug A. Archbald）	288, 300
アップル（Michael M. Apple）	121, 347
アルキンズ（Leonard C. Alkins）	153
アレキサンダー（Lamer Alexander）	28
アントニオーニ（Robert A. Antonioni）	193-195, 201
アントヌッチィ（Robert V. Antonucci）	91, 94, 134
石井英真	8
ウィギンズ（Grant P. Wiggins）	16, 67, 300, 301, 332
ヴィラクレス（G. Villacres）	197
ウィルソン（Steven Wilson）	177
ウエスト（Martin. R. West）	354
ウェルド（William F. Weld）	91-94, 97, 122, 125, 135, 160, 182
ウォン（Kenneth K. Wong）	35, 94, 205, 221
ウンツ（Ron K. Unz）	191, 192, 201
エリクソン（H. L. Erickson）	68
エルモア（Richard F. Elmore）	11, 205, 294,301, 339, 340, 348
オデイ（Jennifer O'Day）	39
オバマ大統領（Barack H. Obama, Jr）	261
オブライエン（Shannon P. O'brien）	192, 197

【カ行】

カースト（Michael. W. Kirst）	32
ガードナー (Howard Gardner)	16, 321
カブラル (A. F. D. Cabral)	201
カプラン（Martin S. Kaplan）	94, 122, 134
カミング（J. Joy Cumming）	288
カミンズ（Jim Kummins）	186
岸本睦久	121
ギャモラン（Adam Gamoran）	18
北野秋男	164
ギッテル（Marilyn, Gittell）	47
ギャリティ（W. Arthur Garrity）	206
クイル（Gavin Quill）	132, 133
グラットホーン（A. A. Glatthorn）	330
クリステンセン（D. Christensen）	335
クリントン（Bill Clinton）	27, 38, 39, 121, 247, 347
グルーバー（G. G. Groover）	192
グレン（Charles L. Glenn）	185
黒崎勲	362, 363
グロディス（G. Glodis）	190
ケネディ（John. F. Kennedy）	30
ケネディ（Robert. F. Kennedy）	31
ケリー（Alison Kelly）	360
コーサー（Kenn R. Kosar）	45
コゾル（Jonathan Kozol）	113
コナント（Js B. Conant）	29
ゴリ（Stephen E. Gorrie）	157

【サ行】

サーンストーム (Abigail Thernstrom and Stephan Thernstrom)	6
サイザー（Theodore Sizer）	293, 300
サックス（Peter Sacks）	9
ジェニングズ（J. Jennings）	256
ジェネシック（Valerie J. Janesick）	16
ジェンクス（Christopher Jencks）	21
篠原岳司	212, 213
シュラッグ（Peter Schrag）	97
シューリッヒ（J. J. Scheurich）	12
ジョーンズ（L. Jones）	336, 339
ジョイ・カミング	288
ジョンソン（Dale D. Johnson and Bonnie Johnson）	14
ジョンソン大統領（Lyndon Johnson）	252
シルバー（John Silber）	94, 118, 125-129, 131, 133, 135, 144, 189
スイフト（Jane Swift）	92, 194, 196, 201
スカラー（Linda Skrla）	352
スティーブンソン（Harold W. Stevenson）	21
スティグラー（James W. Stigler）	21
スパディ（W. G. Spady）	328
スミス（Marshall S. Smith）	39
セルーチィ（A. Paul Cellucci）	28, 92, 144, 154, 189

【タ行】

タマヨ（L. Jesus Tamayo）	192, 195-197
ダーリング - ハモンド（L. Darling-Hammond）	

	71, 339, 350, 351,
チャーチル（Andrew Churchill）	354, 362
チャブ（J.E. Chubb）	228
デラットレ（Edwin J. Delattre）	160
坪井由実	160
ドリスコル（David Driscoll）	94, 152, 156, 160, 189

【ナ行】

中野和光	73
ニューマン（Fred M. Newmann）	288, 300
ネイザン（Linda Nathan）	157, 358

【ハ行】

ハウ（Kenneth R. Howe）	266, 342, 349, 350, 362
バーガー（Joseph B. Berger）	275, 276
ハーシュ（E. D. Hirsch）	117, 120, 134, 342
バースジェン（Deborah A. Verstegen）	111
ハヌシェク（Erick Hanushek）	113
バーミンガム（Thomas F. Birmingham）	151
ハリソン‐ジョーンズ（Lois Harrison-Jones）	210, 211
バリオス（Barrios, J. Tomas）	193
ハンコック（Julie Hancock）	109
ピーターソン（Paul E. Peterson）	35, 354
ファーガソン（Ronald Ferguson）	134
ファーマン（Susan H. Fuhrman）	11
フィン（Chester E. Finn, Jr.）	134
ブッシュ（George H.W. Bush, 41代大統領）	27, 121, 266, 347
ブッシュ（George W. Bush, 43代大統領）	245
フラー（Bruce Fuller）	258
フリン（Raymond L. Flynn）	209-211, 221
フリン（Suzanne Flynn）	186
ブルーム（A. Bloom）	117
ブルーム（B. S. Bloom）	327
ペイザー（James Peyser）	94, 189
ペイザント（Thomas Payzant）	211- 216, 219- 222, 278
ペイジ（Rod Paige）	268
ペトナー（Joseph Petner）	177
ペローネ（Vito Perrone）	158
ポーツ（John Ports）	205, 222
ポッパム（James Popham）	9

【マ行】

マーシャル（Kim Marshall）	112, 156
マイヤー（Deborah Meier）	297
マクイラン（Mark McQuillan）	269
マクスウェル（Graham S. Maxwell）	288
マクダネル（Lorraine M. McDonnel）	14
マクダフィー（Jami McDufy）	100
マクドナルド（Joseph P. McDonald）	294, 295, 297
マクニール（Linda M. McNeil）	13
マクファーソン（R. Macpherson）	11
マザレアス（James Mazareas）	154
マダウス（George F. Madaus）	142
マーフィ（Jenome Murphy）	31
マリアーノ（R. Mariano）	190
マルケス（Madelaine S. Marquez）	134
マルザーノ（R. J. Marzano）	53, 58, 327, 328
メイヤー（John Myers）	111
メニーノ（Thomas M. Menino）	135, 206, 210, 211, 212, 214, 215, 219, 220
モー（T.E. Moe）	228

【ヤ行】

山下晃一	10
ヤング（Jeff Young）	157

【ラ行】

ライリー（Richard W. Riley）	38
ライル（G. Ryle）	73
ラヴィッチ（D. Ravitch）	55, 117, 118, 134, 259
ラーキン（Peter J. Larkin）	193-195, 201
ラッセル（Christine Rossell）	200
リーヴス（D. B. Reeves）	73, 334
リッキー（Dennis Littky）	301
ルーズベルト（Mark Roosevelt）	79
レイキンド（R. Leikind）	197
レヴィル（Paul Reville）	108, 274-276, 352, 353, 362
ロジネス（Mary S. Rogeness）	190, 194
ロムニー（Mitt Romney）	92, 197
ロンバーグ（T. A. Romberg）	55

執筆者紹介

黒田友紀（くろだ　ゆき）

日本大学非常勤講師
修士（教育学）、学校教育学専攻、1976年富山県生まれ。
〈主要論文・著作〉
単著 2003「ケンブリッジ市における『統制型の学校選択（Controlled Choice）』の再検討」日本比較教育学会『比較教育学研究』第29号, p. 97-113.
単著 2006「ボストン市におけるパイロット・スクール改革の検討―『真正の評価（オーセンティック・アセスメント）』に焦点をあてて―」アメリカ教育学会『アメリカ教育学会紀要』第17号, pp. 13-21.
分担執筆 2009「どの子も置き去りにしない法 テストとアカウンタビリティに基づく学力向上政策」佐藤学、北村友人、澤野由紀子編著『揺れる世界の学力マップ』明石書店, pp. 202-222.

石井英真（いしい　てるまさ）

神戸松蔭女子学院大学人間科学部子ども発達学科講師
博士（教育学）、教育方法学専攻（学力論）、1977年兵庫県生まれ。
〈主要論文・著作〉
単著 2003「『改訂版タキソノミー』によるブルーム・タキソノミーの再構築―知識と認知過程の二次元構成の検討を中心に―」日本教育方法学会『教育方法学研究』第28巻, pp. 47-58.
分担執筆 2008「算数・数学の学力と数学的リテラシー― PISA の提起するものをどう受け止めるか―」「アメリカにおける学力向上政策の教訓―アカウンタビリティを民主的な教育改革の力に―」田中耕治編著『新しい学力テストを読み解く― PISA/TIMSS/ 全国学力・学習状況調査の分析とその課題―』日本標準, pp. 243-259.
分担執筆 2008「学力を育てる授業」田中耕治、井ノ口淳三編著『学力を育てる教育学』八千代出版, pp. 103-124.

長嶺宏作（ながみね　こうさく）

日本大学国際関係学部助教
修士（教育学）、アメリカ教育行政・政策専攻、1976年大阪府生まれ。
〈主要論文〉
単著 2003「アメリカにおけるホームスクール運動の成長と変容―ホームスクール支援団体の理念と活動分析を中心として―」日本比較教育学会『比較教育学研究』第29号, pp. 114-132.
単著 2007「アメリカの連邦制度構造下における ESEA による補助金の意義―

1965 年の初等中等教育法の成立過程の考察を中心として－」日本大学教育学会『教育学雑誌』第 42 号, pp. 29-41.
単著 2009「効果ある学校の制度化－アメリカにおける「体系的改革」の理念－」日本大学人文科学研究所『研究紀要』第 76 号, pp.69-8.

吉良　直（きら　なおし）

日本教育大学院大学学校教育研究科教授
博士（教育学）、国際教育学専攻、1965 年東京都生まれ。
〈主要著作〉
分担執筆 2003「民主的教育の理念と実践－個性と社会性を育成する教育の模索－」江原裕美編著『内発的発展と教育－人間主体の社会変革と NGO の地平－』新評論, pp. 383-413.
分担執筆 2006「どの子も置き去りにしない法（NCLB Act）」矢口祐人、吉原真里編『現代アメリカのキーワード』中公新書, pp. 236-240.
共訳 2007 ネル・ノディングズ著、佐藤学監訳『学校におけるケアの挑戦－もう一つの教育を求めて』ゆみる出版.

遠藤貴広（えんどう　たかひろ）

福井大学教育地域科学部附属教育実践総合センター講師
修士（教育学）、教育方法学専攻、1977 年福井県生まれ。
〈主要論文・著作〉
単著 2004「G. ウィギンズの『看破』学習－1980 年代後半のエッセンシャル・スクール連盟における『本質的な問い』を踏まえて－」日本教育方法学会『教育方法学研究』第 30 巻, pp. 47-58.
分担執筆 2008「PISA が測定する問題解決能力－学力調査における状況依存性の問題－」田中耕治編『新しい学力テストを読み解く－ PISA ／ TIMSS ／教育課程実施状況調査／全国学力・学習状況調査の分析とその課題－』日本標準, pp. 199-218.
分担執筆 2008「学力をどう評価するか」田中耕治・井ノ口淳三編『学力を育てる教育学』八千代出版, pp.125-144.

編者紹介

北野秋男（きたの　あきお）

日本大学文理学部教授・日本大学大学院総合社会情報研究科教授
博士（教育学）、教育学専攻、1955年富山県生まれ。
〈主要著作〉
共著（田中智志編）1999『ペダゴジーの誕生－アメリカにおける教育の言説とテクノロジー――』多賀出版．
単著 2003『アメリカ公教育思想形成の史的研究－ボストンにおける公教育普及と教育統治－』風間書房．
編著 2006『日本のティーチング・アシスタント制度―大学教育の改善と人的資源の活用―』東信堂．
分担執筆 2007「米国マサチューセッツ州における学力向上政策－MCASテストによる教育アセスメント行政の実態－」大桃敏行他編『教育改革の国際比較研究』ミネルヴァ書房, pp.111-126．

The Development of an Education Assessment Administration in the United States Today:
Focusing on the MCAS Test in Massachusetts

現代アメリカの教育アセスメント行政の展開－マサチューセッツ州（MCASテスト）を中心に－
2009年11月20日　初　版第1刷発行　　　　　　　〔検印省略〕

＊定価はカバーに表示してあります

編者Ⓒ北野秋男　発行者　下田勝司　　　　　印刷・製本　中央精版印刷
東京都文京区向丘1-20-6　郵便振替 00110-6-37828
〒113-0023　TEL 03-3818-5521(代)　FAX 03-3818-5514　　発　行　所
E-Mail tk203444@fsinet.or.jp　　　　　　　　　　　株式会社 東信堂

Published by TOSHINDO PUBLISHING CO.,LTD.
1-20-6, Mukougaoka, Bunkyo-ku, Tokyo, 113-0023, Japan
ISBN978-4-88713-947-3　C3037 Copyright©2009 KITANO, Akio

東信堂

比較教育学——越境のレッスン	M・ブレイ編 馬越徹・大塚豊監訳	三六〇〇円
比較教育学——伝統・挑戦・新しいパラダイムを求めて	馬越徹・大塚豊監訳	三八〇〇円
世界の外国人学校	末藤美津子他編訳	三八〇〇円
ヨーロッパの学校における市民的社会性教育の発展——フランス・ドイツ・イギリス	福田誠治編著	三八〇〇円
世界のシティズンシップ教育——グローバル時代の国民／市民形成	新井浅浩・藤典子編著	三八〇〇円
市民性教育の研究——日本とタイの比較	嶺井明子編著	二八〇〇円
多様社会カナダの「国語」教育（カナダの教育3）	平田利文編著	四二〇〇円
国際教育開発の再検討——途上国の基礎教育 普及に向けて	関口礼子編著	三八〇〇円
アメリカの教育支援ネットワーク——ベトナム系ニューカマーと学校・NPO・ボランティア	浪田克之介編著 西村史子	二四〇〇円
中国教育の文化的基盤	北村友人他編著	二四〇〇円
中国大学入試研究——変貌する国家の人材選抜	野津隆志編著	二四〇〇円
大学財政——世界の経験と中国の選択	顧明遠 大塚豊監訳	二九〇〇円
中国の民営高等教育機関——社会ニーズとの対応	大塚豊監訳	三六〇〇円
「改革・開放」下中国教育の動態	呂達編 成瀬龍夫監訳	三四〇〇円
中国の職業教育拡大政策——背景・実現過程・帰結	鮑威著	四六〇〇円
中国の後期中等教育の拡大と経済発展パターン——江蘇省と広東省の比較	阿部洋編著	五四〇〇円
中国高等教育の拡大と教育機会の変容——江蘇省の場合を中心に	劉文君	五〇四八円
バングラデシュ農村の初等教育制度受容	日下部達哉	三六〇〇円
オーストラリア学校経営改革の研究——自律的学校経営とアカウンタビリティ	佐藤博志	三八〇〇円
オーストラリアの言語教育政策	青木麻衣子	三八〇〇円
マレーシア青年期女性の進路形成——多文化主義社会における"多様性と「統一性」の揺らぎと共存	鴨川明子	四七〇〇円
「郷土」としての台湾——郷土教育の展開にみるアイデンティティの変容	林初梅	四六〇〇円
戦後台湾教育とナショナル・アイデンティティ	山﨑直也	四〇〇〇円

〒113-0023 東京都文京区向丘1-20-6　TEL 03-3818-5521　FAX 03-3818-5514　振替 00110-6-37828
Email tk203444@fsinet.or.jp　URL:http://www.toshindo-pub.com/

※定価：表示価格（本体）＋税

東信堂

グローバルな学びへ——協同と刷新の教育	田中智志編著	二〇〇〇円
教育の共生体へ——ボディ・エデュケーショナルの思想圏	田中智志編	三五〇〇円
人格形成概念の誕生——近代アメリカの教育概念史	田中智志	三六〇〇円
社会性概念の構築——アメリカ進歩主義教育の概念史	田中智志	三八〇〇円
教育の自治・分権と学校法制	結城忠	四六〇〇円
ミッション・スクールと戦争——立教学院のディレンマ	前田一男編	五八〇〇円
教育の平等と正義	大桃敏行・中村雅行編	三二〇〇円
学校改革抗争の100年——20世紀アメリカ教育史 末藤・宮本・佐藤訳	D・ラヴィッチ著 後藤武俊訳	六四〇〇円
国際社会への日本教育の新次元——今、知らねばならないこと	関根秀和編	一二〇〇円
ヨーロッパ近代教育の葛藤	関田啓幸	三二〇〇円
多元的宗教教育の成立過程——地球社会の求める教育システムへ	太田美幸	三二〇〇円
文化変容のなかの子ども——経験・他者・関係・性 アメリカ教育と成瀬仁蔵の「帰一」の教育	大森秀子編	三六〇〇円
教育的思考のトレーニング	高橋勝	二三〇〇円
NPOの公共性と生涯学習のガバナンス	相馬伸一	二六〇〇円
進路形成に対する「在り方生き方指導」の功罪——高校進路指導の社会学	高橋満	二八〇〇円
「夢追い」型進路形成の功罪——高校改革の社会学	望月由起	三六〇〇円
教育から職業へのトランジション——若者の就労と進路職業選択の教育社会学	荒川葉	二八〇〇円
「学校協議会」の教育効果——「開かれた学校づくり」のエスノグラフィー	山内乾史編著	二六〇〇円
教育と不平等の社会理論——再生産論をこえて	平田淳	五六〇〇円
オフィシャル・ノレッジ批判——保守復権の時代における民主主義教育	小内透	三二〇〇円
新版 昭和教育史——天皇制と教育の史的展開	野崎・井口・小暮・W・アップル著 池田監訳	三八〇〇円
地上の迷宮と心の楽園〔コメニウス・セレクション〕	久保義三	一八〇〇円
	J・コメニウス 藤田輝夫訳	三六〇〇円

〒113-0023 東京都文京区向丘1-20-6　TEL 03-3818-5521　FAX 03-3818-5514　振替 00110-6-37828
Email tk203444@fsinet.or.jp　URL:http://www.toshindo-pub.com/
※定価：表示価格（本体）＋税

東信堂

大学再生への具体像	潮木守一	二五〇〇円
フンボルト理念の終焉？――現代大学の新次元	潮木守一	二五〇〇円
いくさの響きを聞きながら――横須賀そしてベルリン	潮木守一	二五〇〇円
国立大学・法人化の行方――自立と格差のはざまで	天野郁夫	三六〇〇円
大学の責務	立川明・坂本辰朗・井上比呂子訳 D.ケネディ著	三八〇〇円
私立大学マネジメント	㈳私立大学連盟編	四七〇〇円
大学のイノベーション――経営学と企業改革から学んだこと	坂本和一	二六〇〇円
30年後を展望する中規模大学	市川太一	二五〇〇円
大学行政論Ⅰ――マネジメント・学習支援・連携	川藤八郎編	二三〇〇円
大学行政論Ⅱ	近森節子編	二三〇〇円
もうひとつの教養教育――職員による教育プログラムの開発	近森節子編	二三〇〇円
政策立案の「技法」――職員による大学行政政策論集	伊藤昇編著	二五〇〇円
大学の管理運営改革――日本の行方と諸外国の動向	江原武一編著	三六〇〇円
教員養成学の誕生――弘前大学教育学部の挑戦	杉原均編著	三三〇〇円
改めて「大学制度とは何か」を問う	遠藤孝夫 福島裕敏編	三二〇〇円
原点に立ち返っての大学改革	舘昭	一〇〇〇円
戦後日本産業界の大学教育要求――経済団体の教育言説と現代の教養論	舘昭	三三〇〇円
現代アメリカのコミュニティ・カレッジ	飯吉弘子著	五四〇〇円
――その実像と変革の軌跡	宇佐見忠雄	二三八一円
アメリカ連邦政府による大学生経済支援政策	犬塚典子	三八〇〇円
戦後オーストラリアの高等教育改革研究	杉本和弘	五八〇〇円
大学教育とジェンダー――ジェンダーはアメリカの大学をどう変革したか	ホーン川嶋瑤子	三六〇〇円
〔講座「21世紀の大学・高等教育を考える」〕		
大学改革の現在〔第1巻〕	有本章編著	三三〇〇円
大学評価の展開〔第2巻〕	山野井敦徳 山本眞一編著	三三〇〇円
学士課程教育の改革〔第3巻〕	清水一彦編著	三三〇〇円
大学院の改革〔第4巻〕	江原武一 馬越徹編著	三三〇〇円

〒113-0023 東京都文京区向丘1-20-6 TEL 03-3818-5521 FAX03-3818-5514 振替 00110-6-37828
Email tk203444@fsinet.or.jp URL:http://www.toshindo-pub.com/

※定価：表示価格（本体）＋税

東信堂

大学の自己変革とオートノミー―点検から創造へ	寺﨑昌男	二五〇〇円
大学改革 その先を読む	寺﨑昌男	一三〇〇円
大学は歴史の思想で変わる―FD・評価・私学	寺﨑昌男	二八〇〇円
大学教育の可能性―評価・実践・教養教育・FD・評価・私学	寺﨑昌男	二五〇〇円
大学教育の創造―歴史・システム・カリキュラム	寺﨑昌男	二五〇〇円
大学教育の思想―学士課程教育のデザイン	絹川正吉	二八〇〇円
あたらしい教養教育をめざして―大学教育学会25年の歩み…未来への提言	大学教育学会25年史編纂委員会編	二九〇〇円
現代大学教育論―学生・授業・実施組織	山内乾史	二八〇〇円
大学における書く力考える力―認知心理学の知見をもとに	井下千以子	三二〇〇円
ティーチング・ポートフォリオ―授業改善の秘訣	土持ゲーリー法一	二〇〇〇円
ラーニング・ポートフォリオ―学習改善の秘訣	土持ゲーリー法一	二五〇〇円
津軽学―歴史と文化	弘前大学21世紀教育センター・土持ゲーリー法一編	二〇〇〇円
IT時代の教育プロ養成戦略―日本初のeラーニング専門家養成ネット大学院の挑戦	大森不二雄編	二六〇〇円
資料で読み解く南原繁と戦後教育改革	山口周三	二八〇〇円
大学教育を科学する―学生の教育評価の国際比較	山田礼子編著	三六〇〇円
一年次(導入)教育の日米比較	山田礼子	二八〇〇円
大学の授業	宇佐美寛	二五〇〇円
大学授業の病理―FD批判	宇佐美寛	二五〇〇円
授業研究の病理	宇佐美寛	二五〇〇円
大学授業入門	宇佐美寛	一六〇〇円
作文の論理―〈わかる文章〉の仕組み	宇佐美寛編著	一九〇〇円
学生の学びを支援する大学教育	溝上慎一編	二四〇〇円
大学教授職とFD―アメリカと日本	有本章	三二〇〇円

〒113-0023 東京都文京区向丘1-20-6
TEL 03-3818-5521 FAX03-3818-5514 振替 00110-6-37828
Email tk203444@fsinet.or.jp URL:http://www.toshindo-pub.com/
※定価：表示価格（本体）＋税

東信堂

書名	副題	著者	価格
プラットフォーム環境教育		石川聡子編	二四〇〇円
環境のための教育		J・フィエン　石川聡子他訳	二三〇〇円
覚醒剤の社会史	ドラッグ・ディスコース・統治技術	佐藤哲彦	五六〇〇円
捕鯨問題の歴史社会学	近代日本におけるクジラと人間	渡邊洋之	二八〇〇円
新版 新潟水俣病問題	加害と被害の社会学	飯島伸子・舩橋晴俊編	三八〇〇円
新潟水俣病問題をめぐる制度・表象・地域		関礼子	五六〇〇円
日本の環境保護運動		堀田恭子	四八〇〇円
白神山地と青秋林道	地域開発と環境	長谷敏夫	二五〇〇円
現代環境問題論	保全の社会学	井上孝夫	三二〇〇円
環境と国土の価値構造	理論と方法のために	井上孝夫	二三〇〇円
空間と身体	新しい哲学への出発	桑子敏雄	三五〇〇円
森と建築の空間史	南方熊楠と近代日本	桑子敏雄編	二五〇〇円
環境安全という価値は…	再定置のために	千田智子	四三八一円
環境設計の思想		松永澄夫編	二〇〇〇円
環境文化と政策		松永澄夫編	二三〇〇円
責任という原理	科学技術文明のための倫理学の試み	H・ヨナス　加藤尚武監訳	四八〇〇円
主観性の復権	心身問題から『責任という原理』へ	H・ヨナス　宇佐美公生・滝口清栄訳	四八〇〇円
責任という原理	テクノシステム時代の人間の責任と良心	H・ヨナス　山本・盛永レ訳	三五〇〇円
食を料理する	哲学的考察	松永澄夫	二八〇〇円
経験の意味世界をひらく	教育にとって経験とは何か	市村・早川・松浦・広石編	三八〇〇円
教育の共生体へ	ボディ・エデュケーショナルの思想圏	静岡県総合研究機構 馬越徹監修 田中智志編	三五〇〇円
アジア・太平洋高等教育の未来像	人間諸科学の形成と制度化—社会諸科学との比較研究	長谷川幸一	三八〇〇円

〒113-0023　東京都文京区向丘1-20-6
TEL 03-3818-5521　FAX 03-3818-5514　振替 00110-6-37828
Email tk203444@fsinet.or.jp　URL:http://www.toshindo-pub.com/

※定価：表示価格（本体）＋税